범불안장애를 위한

정서중심치료

-두 의자 대화와 빈 의자 대화를 중심으로-

Jeanne C. Watson · Leslie S. Greenberg 공저 | 윤명희 · 안혜원 공역

EMOTION-FOCUSED THERAPY FOR
GENERALIZED ANXIETY

학지사

역자 서문

코로나 바이러스와 같은 사회적 변화 요인이 언제든지 일어날 수 있음을 겪으면서, 어느 틈에 불안과 걱정이 우리의 마음속에 깊숙이 들어왔음을 느끼게 된다. 상담자들은 현장에서 정체 모를 불안을 호소하는 내담자를 만나기가 어렵지 않을 것이다. 이러한 내담자들은 그러한 상태가 오래되고 깊어져서 다른 사람들보다 두려움, 불안 및 수치심이라는 고통스러운 감정을 더 많이 느끼며, 깊고 오래된 장애로 가져갈 수도 있다. 이른바 범불안장애(Generalized Anxiety Disorder: GAD)는 이러한 고통스러운 감정을 느끼며 치료 후에도 재발하는 경우가 많다. 이 책에서 왓슨(Watson) 박사와 그린버그(Greenberg) 박사는 GAD를 가진 내담자들과 함께 작업할 수 있는 새롭고 효과적인 방법으로 정서중심치료(Emotion-Focused Therapy: EFT)를 제시한다. GAD의 기반이 되는 부적응적인 정서도식을 중심으로 하여 내담자가 지속적이고 긍정적인 변화를 유지하도록 도울 수 있음을 보여 주고 있다. 특히 단기 치료를 어렵게 할 수 있는 이 장애의 만성적이고 발달적인 경로를 조명하여 치료의 저항성에 대한 이해를 돕고, 표식에 따른 EFT 과정이 사례와 함께 구체적으로 서술되어 있다. 제시되는 실용적인 에피소드들과 사례 연구는 GAD를 EFT에 적용하는 방법을 명료하고 자세하게 설명하고 있어서 비교적 따라 하기가 쉽다고 생각된다. 한 단계 한 단계씩 따라가다 보면 어느 순간 이 방법에 대해 확신하게 되는 힘을 느낄 수 있을 것이다. 정서에 접촉하고 다루는 면에 있어서 두 의자를 사용하는 방법뿐만 아니라 내담자와 상담자의 상호작용을 통해서도 그러한 작업이 가능함을 보여 주고 있다. 여러 상담이론에서 정서의 중요성이 부각되고 있지만,

EFT에서는 각 개인이 선택하는 정서를 구분하여 정서도식적으로 이해함으로써 체계적 접근을 하여 정서를 과학적이고 실천적으로 사용할 수 있는 영역으로 만들었다는 점이 EFT의 큰 업적이라고 본다. 두 분의 저자는 이 책의 출판 이전에 EFT를 우울증 치료에 적용하여 저술한 바가 있다[Greenberg, L. S. & Watson, J. C. (2006). *Emotion-focused therapy for depression*. American Psychological Association]. 그때의 방법론에 더하여 이번 저술은 GAD에 고유한 EFT적인 사례 공식화를 보다 체계화하여 정서를 다루는 방법을 제시하고 있다. 이 책을 통해서 초보자들도 따라 하기 쉬운 EFT의 틀을 익힐 기회를 가질 수 있기를 기대한다.

이 책의 세밀한 부분까지 점검하며 장기간의 작업에 정성을 다해 주신 편집부 분들께 감사드린다. 또한 번역을 결정하기부터 중간중간의 점검까지 자상하게 챙겨 주신 천성문 교수님께 존경과 감사의 말씀을 드린다.

역자 대표 드림

저자 서문

이 책은 많은 분의 도움으로 저술될 수 있었다. 탄탄하게 치료적 접근을 할 수 있도록 우리를 도와주시고 지식과 전문성을 나누어 주신 멘토, 스승, 동료들에게 특별히 감사드린다. 이 책은 범불안장애(Generalized Anxiety Disorder: GAD)의 변화 과정을 정확하게 이해하고 서술하기 위해 많은 시간을 들여 집중적으로 관찰하고 훈련한 덕분에 나오게 되었다. 우리 학생들은, 늘 그렇듯이, 일반 심리치료와 특히 정서중심치료(Emotion-Focused Therapy: EFT)의 변화 과정에 대해 우리에게 더 알려 주기 위해서 축어록 분석과 과정에 대한 학습에 노력과 시간을 다하면서, 영감과 지지를 주었다.

이 작업에는 강력한 편집 팀의 도움이 절대적으로 필요하다. 우리는 미국심리학회의 수잔 레이놀드(Susan Reynolds)에게 그녀의 변함없는 인내와 용기에 감사드리며 사의를 표하고 싶다. EFT에 대한 그녀의 믿음과 신념이 없었다면, 이 책은 출판될 수 없었을 것이다. 지도 편달해 주신 데이비드 베커(David Becker), 미국심리학회 팀뿐만 아니라 이 책을 강화하도록 논평해 주신 익명의 두 분 동료에게도 감사드린다. 아낌없이 내어 주신 그분들의 시간과 영혼에 깊은 감사의 말씀을 드린다. 우리는 그분들이 이 최종 결과물을 기뻐하시리라 믿는다.

언제나처럼 옆에서 응원하고 가사에서 벗어나서 집필에 집중할 수 있도록 도와주는 가족, 파트너, 아들과 딸들의 한결같은 지원, 사랑, 헌신에 감사드린다. 우리는 이 책이 쓰이고 있던 중에 돌아가신 브렌다 그린버그(Brenda Greenberg)에 대해서 특별히 말씀드리고 싶다. 우리는 그녀가 이 책을 자랑스러워하고 기뻐하리라 믿으며 우리의 시간이 뜻있게 사용되었다는 것을 알고 있다. 여러분 모두에게, 여러분의 사랑이 이 책의 출판을 위한 고되고 힘든 집필 과정을 지탱하여 주었고 헤아릴 수 없이 소중하였음을 알아 주시길 바란다. 우리는 이 책이 잘 받아들여질 것이며 여러분의 헌신이 그만한 가치가 있었다는 데 뜻을 같이 하시리라 믿는다.

서론

　범불안장애(Generalized Anxiety Disorder: GAD)는 사람들의 기능을 손상시키고 높은 사회적, 경제적 비용을 초래하는 심각한 장애이다(American Psychiatric Association, 2013; World Health Organization, 2016). 호프만 등(Hoffman, Dukes, & Wittchen, 2008)은 GAD가 동반 이환 장애가 있는 사람에게 훨씬 더 심각하게 유의미한 손상을 입힌다고 보았다. GAD가 있는 사람들의 경우, 그 상태가 신체적·정신적인 건강, 활력 및 사회적 기능을 포함하는 전반적인 건강에 부정적인 영향을 미치며, 고용 현장에서 장기 결근으로 인한 생산성 손실과 의료 자원 사용 증가로 이어진다(Porensky et al., 2009; Revicki et al., 2012). 따라서 건강관리 및 생산성 손실로 인한 비용이 다른 환자의 비용을 초과한다는 점이 주목을 받았었다. 더구나 GAD를 가진 사람들이 자신의 불안하고 걱정하는 행동을 자녀 및 다른 가족 구성원과 공유하여 전달하기 때문에 세대 간 전수로 이어진다.

　가장 흔한 불안장애인 GAD는 잘 알려지지 않고 있으며, 환자의 20~32%만 적절한 치료를 받고 있는 것으로 나타났다(Porensky et al., 2009; Revicki et al., 2012). 더 안 좋은 점은, 연구 결과에서 GAD가 치료 저항성을 지닌다는 점이다. 비록 50%가량의 환자가 단기 치료에서 반응을 보이지만, 다수의 사람들은 반응하지 않거나 치료 후에 재발하기도 한다(Borkovec, Newman, Pincus, & Lytle, 2002; Hanrahan, Field, Jones, & Davey, 2013). 결과적으로, 많은 연구자와 임상가에게는 이 장애에 대해 이전과는 다른 더 향상된 치료법이 필요하다(Craske & Waters, 2005; Hofmann & Smits, 2008; Roemer & Orsillo, 2002). 이 책에서 우리는 정서중심치료(Emotion-Focused

Therapy: EFT) 관점에서 GAD에 대한 이해를 제공하고, 정신 건강 종사자가 GAD 내담자의 긍정적이고 장기적인 변화 유지를 돕기 위해 사용할 수 있는 대안적인 치료 전략을 제시한다.

최근까지 EFT는 불안 이론, 더 구체적으로 말하자면, GAD에 대한 구체적인 이론 없이, 우울증(Greenberg & Watson, 2006), 외상장애(Greenberg & Paivio, 1997; Paivio & Pascual-Leone, 2010) 및 커플 치료(Greenberg & Goldman, 2008; Greenberg & Johnson, 1988; Johnson, 2004)에 중점을 두어 왔다. 일반적으로 EFT에서는 두려움, 슬픔 및 수치심에 대한 핵심적이고 부적응적인 고통스러운 정서도식의 활성화로 역기능이 일어난다고 본다. 또한 이어서 일어나는 고통스러운 정서를 상징화하고 조절하지 못하면서 이러한 도식이 통합되어 나타나는 취약한 자기 조직화에서도 역기능이 일어난다고 본다(Greenberg, 2002, 2011; Kennedy-Moore & Watson, 1999, 2001; J. Watson, 2011). EFT에서는 사람들이 불안을 경험할 때, 보호와 지원이 없는 상태에서 유해하고 고통스러운 경험에 대한 정서도식적 기억이 활성화되기 때문에 두렵고 취약하게 자아가 조직화된다. 결과적으로 사람들은 자기를 진정시키는 전략을 내면화하는 대신 부정적인 방식으로 자아를 결부시키고 정서를 조절하게 된다.

발달적으로, 진정, 돌봄, 보호 및 지지가 없는 상태와 연결되는 극심한 디스트레스 경험은 정서경험을 적절하게 조절하고 상징화할 수 없게 하고, 공포스러운 붕괴와 해체로부터 자아를 보호하기 위해 그 경험을 차단하고 중단시키는 고통스러운 경험으로 이어진다. 적절한 보호, 진정 및 지원이 없으면, 부정적인 정서조절 방식과 삶의 역경에 대한 부정적 대처 방식을 내면화하게 된다. 자신의 경험과 결부시키는 이러한 부정적인 방식에는 경험을 무시, 무효화하고, 자기 침묵, 부정적인 경험에 대한 자기 비난 및 자신은 사랑과 지지받을 가치가 없다는 자기 부인 등이 포함된다. 따라서 극도로 고통스러운 경험과 감정을 통제하려는 시도로 인해서, 사람들은 의식적으로 자신의 경험을 상징화하고 표상하는 데 어려움이 있는 것으로 자각하게 된다. GAD를 가진 사람들은 **미분화된 디스트레스**(undifferentiated distress)의 감각(sense), 즉 자각의 경계(edge of awareness)에서 느껴지는 막연한 신체적 느낌을 경험한다. 고통스러운 감정과 경험의 상징화 불능, 부정적 방식의 자기 대우 및 그로 인한 압도감의 정서를 진정할 수 없는 것이 합해져서, 개인의 정서조절능력의 손상과 붕괴에 대한 공포로 이어진다. 사람들은 두려움, 슬픔 및 수치심이라는 이면의 고통 감정에 대한 대처불능에서 오는 해체로부터 자아를 보호하기 위해서 걱정을 하게 된다.

💙 범불안장애

일반적으로 GAD의 평생 유병률 추정치는 1.9%에서 5.4% 사이이다. GAD는 남성보다 여성에게 2:1의 비율로 더 흔하다(Andlin-Sobocki & Wittchen, 2005; Brown, O'Leary, & Barlow, 2001). 노인층의 추정치가 훨씬 높으며 일부 연구자는 노인층 남성의 17%와 노인층 여성의 21.5%에서 GAD 치료가 필요하다고 본다(Brown et al., 2001; Salzmam & Lebowitz, 1991). GAD 진단을 받은 개인의 절반 이상이 아동기와 청소년기에 발병을 경험하지만 나중에 발병하는 경우에는 20세 이후에 일어난다(Andlin-Sobocki & Wittchen, 2005).

증상은 종종 스트레스 기간에 악화된다. GAD를 가진 대부분의 사람은 평생 동안 불안과 긴장감을 느껴 왔다고 보고하며, 이는 불안의 병인과 발달에 있어 초기 인생 경험의 역할이 중요함을 강조한다. 불안장애, 구체적으로 GAD는 DSM-5(American Psychiatric Association, 2013)의 기타 불안장애(예: 사회 불안장애, 외상 후 스트레스 장애, 공황 장애), 기분 장애, 중독 및 섭식 장애를 포함하는 기타 제1축 장애와 동반되는 것으로 나타났다(Carter, Wittchen, Pfister, & Kessler, 2001; Craske & Waters, 2005; Kessler, Ruscio, Shear, & Wittchen, 2009). 단극성 우울증은 양극성 우울증보다 GAD에서 4배 더 흔하며, 발병률은 각각 67%와 17%이다(Judd et al., 1998). 회피성 및 의존성 성격 장애를 포함하는 제2축 장애에서도 중복이 발견되었다(Mauri et al.,

1992). 일부 연구자는 초기 발병 시, 불안은 동반 이환이 많은 다른 장애 중에서 일시적으로 주요한 것으로 간주되어야 한다고 제언했다. 그들은 불안의 조기 발견과 치료가 다른 장애의 발병에 영향을 줄 수 있다고 보았다(Kessler et al., 2009).

다른 불안장애(예: 사회 불안, 공포증)와는 달리 GAD에는 명확한 촉발 요인이 없다. 특정 자극(예: 높이, 뱀)과 관련이 없지만 다양한 상황과 자극에 의해 활성화된다(American Psychiatric Association, 2013; World Health Organization, 2016). GAD는 발달 초기에 발병하여 주요 발달 기간 동안 강화될 수도 있음을 시사한다. GAD와 관련된 유아기 요인에 대한 연구에서는 부정적인 따뜻함, 부정적인 수용 및 가족역동에서 불평등을 느낀 것으로 나타난다. 이는 충분한 보호, 지원 및 보살핌을 받지 못했을 다른 부정적인 삶의 경험과 사건에 의해 악화될 수 있다.

연구 문헌에 의하면 일부 내담자에게는 분명한 진전이 있지만(Borkovec et al., 2002; Elliott & Freire, 2010; Hanrahan et al., 2013), 모든 내담자가 단기 치료에 반응하지는 않으며, 어떤 사람들은 더 긴 치료 기간이 필요할 수 있다. 정확한 기간은 내담자의 초기 삶의 조건의 심각성뿐만 아니라 내담자가 치료에 올 때 가져오는 개별적인 역량에 따라 다를 것이다(이 책의 제5장 참조). 어떤 사람들은 자신에 대해 더 확신감을 높이고, 자신을 취약하게 하고 자신의 경험을 거부하고 정서를 조절할 수 없게 했던 삶에서 일어났던 것을 잘 이해하기 위해 시간이 필요할 수도 있다. 그들이 자신의 경험을 더 잘 이해하고 인정하면서, 무엇이 자신에게 그렇게 도전적이었고 부정적이었는지 인식하게 되고 놓친 것과 받지 못한 것을 평가할 수 있게 된다. 이를 통해 이전에 부인했던 고통스러운 경험을 상징화할 수 있게 되고, 괴로운 사건에 강하게 대처하려고 노력하면서 내면화되었던 경험을 처리하는 부정적인 방식과 부정적인 행동을 확인할 수 있게 된다. 이러한 이해는 그들이 변화시킬 수 있는 자신의 경험의 측면들을 가리킨다. GAD를 가진 내담자는 고통의 강도로 인해 자신이 '해체'될까 두려워서, 감정과 신체 경험을 적절하게 처리하지 않는 것을 인식하게 된다. 그들은 자신의 신체 경험과 정서를 더 자각하고, 고통 감정을 느끼고, 그 정서를 수용하는 법을 배우고, 상징화하여 말로 표현하고, 마지막으로 치료사의 도움으로 부적응적인 고통 감정을 변형시키기 위해 새롭고 더 힘을 부어하는 정서에 접근해야 한다. 더 강하고 더 회복력이 있게 느끼면 괴로움을 더 잘 조절할 수 있게 되고, 고통스러운 감정을 진정시키고, 자신의 정서와 욕구를 타인에게 더 잘 표현할 수 있다.

♥ 정서중심치료의 주요 과정

EFT는 치료적 관계의 중요한 역할을 강조하고, 내담자와 협력하여 자기와 타인을 결부시키는 방식을 풀기 위해 내담자와 함께 작업하는 방식과 제언을 제공한다. 치료가 복합적이고 다층적인 상호작용이지만, 우리는 치료 전반에 걸쳐 순차적이면서 병렬적으로 짜이는 다섯 가지 주요 과정과 과제를 추출했다. 이러한 과정은 다음과 같다. 첫째, 내담자가 더 강한 자아감을 구축하고, 자신의 정서경험과 지각을 더 신뢰하고, 타인과의 상호작용에 더 확신감을 갖게 되고, 더 자기 자비적이고 자기 양육적으로 되도록 공감하고 수용하고 인정하는 관계를 제공한다. 둘째, 내담자가 부인했던 고통스러운 감정을 경험하고 삶의 사건과 그 영향 및 인생 스토리나 서사에 대해 이해하도록 내담자와 함께 작업한다. 셋째, 두 의자 과제를 사용하여 내담자가 자아와 결부시키는 부정적인 방식을 확인하고 바꾸기 위해 내담자와 함께 작업한다. 넷째, 미해결 과제를 해결하기 위해 빈 의자를 사용하여 중요한 타인과의 상호작용에서 경험한 과거의 정서적 상처를 치유하여 고통스러운 부정적 정서를 변형하도록 내담자와 함께 작업한다. 그리고 다섯째, 정서적 고통을 해결하기 위해 심상적인 변형과 두 의자 대화를 사용하여 자기 진정 역량을 발달시키도록 내담자와 함께 작업한다.

이러한 과정과 과제는 치료의 순차적인 순서를 따르면서 기술되지만, 대체로 치료사가 처음 몇 회기에서 내담자와 긍정적인 치료 관계와 긍정적 동맹을 구축하기 시작한 후에는 동일한 방향으로 일어나며 치료 과정 전반에 걸쳐 구성된다. 따라서 치료사는 치료의 서로 다른 시점에서 타인보다 이러한 과제 중 하나에 더 집중하거나 초기에 치료적 동맹 구축, 사례 공식화 전개나 더 강한 자아감 구축과 같은 부가적인 과제에 집중할 수도 있지만, 과정은 유동적이다.

EFT 치료사가 의자 대화를 소개하고 나면, 내담자의 자아감을 강화하고 내담자의 정서경험의 자각을 촉진하고 말로 표상하는 것을 돕기 위해, 진실하고 일치적인 태도로 공감적 조율, 수용 및 인정을 제공하여 관계 유지를 위해 노력한다. 정서에 이름을 붙이고, 극심한 디스트레스 감정을 조절하고 조정하는 것을 배우고, 고통스러운 부적응적인 핵심 정서를 변형하는 것에 의해서, 내담자는 정서경험을 더 적절하게 표현하고 조절할 수 있는 역량을 확보하여 자아를 더 긍정적으로 돌보는 방식을 발달시킬 수 있게 된다. 치료 전반에 걸쳐 내담자는 고통스러운 핵심 정서를 바꾸고 부정적인 자기 대우의 무효화와 애착 손상을 해결하려는 작업에서, 두 의자 대화를 사용하여 자아를 결부시키는 방식과 빈 의자 대화를 사용하여 심상화한 타인과 정서적 상처를 규명하는 방식에 초점을 두는 과제에 들어가고 나오기를 순환한다. 자아 대 자아에 대한 작업과 자아 대 타인에 대한 작업이 두 평행 궤도로 개념화되지만, 심상화된 타인과의 정서적 상처를 온전히 해결하기 위해서는 내담자가 자아와 정서를 결부시키는 방식의 변화를 강화할 필요가 있다. 그러한 변화는 내담자로 하여금 자신의 욕구를 마땅히 느끼고, 주장하고, 타인으로부터 애정 어린 돌봄과 보호를 받을 자격이 있음을 느끼게 한다.

💗 사례 예시[1]

다음의 사례 예시는 GAD를 위한 EFT 과정에 대한 개요를 제공한다. 모니카(Monica)는 첫 아이가 태어난 후에 치료에 왔다. 그녀와 남편은 남미에서 북미로 이

---

1) 이 책의 내담자 정보는 비밀 보장을 위해 변경된 것이다.

주했고, 남편은 대학원에서 공학을 공부할 수 있었다. 그들은 이민을 온 지 5년 만에 첫 아이를 낳았다. 부부는 남편이 정규직으로 취업하고 그들이 더 안정적으로 정착했다고 느낄 때까지 자녀를 갖지 않기로 했었다. 첫 아이가 태어나기 전에 모니카는 스페인 수입 회사에서 시간제 일을 했다. 또한 영어를 배우고 익히고 집을 돌보는 데 집중했다. 그녀는 그때를 재미있고 평온한 시간으로 회상했다. 친구를 사귀고 새 나라에 뿌리를 내리면서, 비록 남편이 학생이었지만, 그들은 충분한 돈이 있었고 여유로운 생활을 즐겼다. 모니카는 자신의 원가족과의 접촉에는 한계가 있었다. 부모는 그녀가 16세 때 헤어졌다. 아버지는 재혼했고, 모니카는 새어머니와 어울리지 못했다. 어머니는 분노하게 되었고 자녀를 거부하고 남편에게 버림받은 것을 자녀들 탓으로 돌렸다.

아기가 태어난 후에 모니카는 매우 스트레스를 받았다. 그녀는 자신이 좋은 어머니가 되지 못할 것이고, 남편이 그녀를 떠날 것이며 새 나라에서 홀로 돈 한 푼 없이, 지원 없이 버려질 것이라고 걱정했다. 처음 치료에 왔을 때 모니카는 가슴에 압박감을 느끼는 등 신체적 불안 증상에 집중했다. 그녀는 아기를 돌보는 것에 압박감을 느꼈고 해낼 수 없을까 봐 계속 초조해했다. 그녀는 불길한 예감과 자신이 무너지고 있는 것 같은 두려움이 있었다. 처음에 모니카는 현재의 삶에서 일어나고 있는 것에 대해 이야기했다. 그녀의 남편은 오랜 시간 일하고 있었고 그녀는 종종 외롭고 아기와 함께 집에 고립되어 있다고 느꼈다.

그녀의 치료사는 모니카가 모성을 갖는 것의 어려움과 직장에서 친구들과의 연결성을 잃는 것에 대한 슬픔을 탐색했다. 그들은 여전히 일하고 있었기 때문에 연락을 유지하기가 어려웠고 그녀는 아기를 돌보고 친구 사귀는 것을 동시에 하기가 어렵다는 것을 알았다. 모니카는 끊임없이 자신을 비판했다. 자신의 판단을 믿지 않았고 누가 안심시켜 주기를 바랐다. 그녀는 자랄 때 매우 비판적이었고 차가웠다고 묘사한 어머니와 자신을 비교하기도 했다. 어머니는 남동생을 좋아했고, 반면에 모니카는 어머니와 어린 남동생을 돌보면서 집안의 모든 허드렛일을 해야 했다. 아버지는 야망 있는 사람으로 오랫동안 출장 다니고 일했다. 그는 멀리 있었고 가정에 그다지 관여하지 않았다.

치료적 관계와 내담자의 정서 처리 역량의 구축

치료사는 모니카가 자신의 감정에 대해 명료하지 않다는 것에 주목했다. 그녀는 쉽게 압박감을 느끼고, 종종 눈물을 글썽이고 두려워했지만 그 이유를 몰랐다. 치료사는 내담자가 감정을 말로 표현하도록 함께 작업하면서, 처음부터 그녀의 경험에 공감하고, 수용하고, 인정하는 것에 초점을 두었다. 처음에 모니카는 그녀 자신이 했던 것처럼, 그녀의 어려움을 그녀 탓으로 돌리지 않는 치료사를 믿는 것이 힘들다는 것을 알게 되었다. 서서히 그녀는 치료사가 그녀를 믿고 있고 그녀의 동맹자라는 점을 신뢰하게 되었다. 치료사를 점점 더 신뢰하게 되면서, 모니카는 방임되고 비난받았던 아동기 경험을 더 많이 나누기 시작했다. 치료사는 가정생활에 대한 모니카의 감정과 경험뿐만 아니라 서사(narrative)의 양상들을 반영하면서, 모니카가 자신의 경험에 대해 공유한 것을 공감적으로 반영했다. 그들은 함께 차갑고, 비판적이고, 부정적인 집안 분위기에 대한 그림을 그리기 시작했다. 그 집에서 모니카는 외롭고 사랑받지 못하며 부담이 지나치게 많았고, 자신의 감정과 욕구는 간과되었다고 느꼈다.

두 의자 대화에서 부정적인 자기 대우 다루기

처음에 모니카의 주 호소 문제를 다루기 위해 치료사는 걱정 분열(worry split)을 도입했다. 모니카는 아기와 남편이 아플 상황을 상상하며 파국화하고, 끊임없이 일어난 일에 대해 자신을 비판하고 자신이 실수했다고 걱정했다. 이러한 걱정 표식에 주목하면서, 치료사는 모니카에게 그녀가 어떻게 자신을 불안하게 만들었는지 물었고 모니카가 두 의자 대화에서 이것을 재연하게 했다. 모니카는 자신이 걱정(worry)으로 괴로워하는 수동적인 희생자가 아니라 걱정하는(worrying) 자신으로서, 스스로를 능동적인 주체자로서 강화된 자아감을 얻었다. 걱정이 자신에게 치르게 한 대가를 보고 모니카는 걱정하는 자아(worrier self)에게 멈추라고 했다. 그러나 걱정하는 자아는 모니카가 자신의 그러한 부분을 침묵하고 거부하고 있다는 사실에 슬픔과 분노를 느끼고, 외로움과 고통으로 홀로 남겨진 채 디스트레스로 무너졌다. 그녀가 자신의 경험과 결부시키는 부정적인 방식뿐만 아니라 초기 아동기 경험에서 오는 거부에 대한 두려움과 고통이 명료화되었다. 그녀와 치료사가 두 의자와 빈 의자 대화를 사용하여 작업하면서 이러한 것이 치료에 집중되었다.

두 의자 대화 작업에서 모니카는 매우 자기 거부적이었고 자신이 모든 것이 잘 되도록 책임져야 한다고 보았다는 것이 명료해졌다. 그녀는 일이 제대로 되지 않으면 자신을 무능하게 보았고 비판적이었다. 처음에 모니카는 자신에 대한 어머니의 행동을 대수롭지 않게 여겼다. 그녀는 자신이 부주의하고 멍청했고, 남동생은 어머니의 관심을 더 많이 필요로 했기 때문에 자신은 어머니의 비난을 받아 마땅하다고 했다. 그녀는 자신의 감정을 경험하도록 허용하기 시작했고 더 많이 자각하게 되었다. 그녀는 자신이 얼마나 외로웠고 거부감을 느꼈는지 더 자각하게 되었다. 그러나 모니카가 고통을 온전하게 인식할 수 있으려면, 어머니가 자신을 대했던 방식 때문에 자신의 감정을 무시하고 자신을 비난했다는 것을 인정해야 했다. 모니카는 자신이 더 사랑스럽거나 유능했었더라면 어머니가 더 사랑했을 거라고 스스로에게 말했었다. 어렸을 때 어머니의 관심과 보살핌이 필요했다는 것을 허용하지 않고 어머니의 삶이 얼마나 힘들었는가를 상기했다. 치료사는 "어린 딸을 비난하는 것이 정당하다고 생각합니까?" 또는 "자녀가 부모를 돌보는 것이 정당하다고 생각하세요?"라고 물음으로써 이러한 비난적인 진술들을 반영했다.

빈 의자 대화에서 관계 상처 다루기

분명히 모니카는 어머니의 관점에 잠식되어 세상에 대한 자신만의 독특한 견해와 경험을 발달시키지 못했다. EFT의 중요한 측면은 치료사가 비록 자신이 관찰한 것을 공유하거나 특정 행동이 가혹하다고 제언하지만, 내담자가 이 견해를 수용하도록 강요하지 않는다는 점이다. 오히려 치료사는 내담자가 양육자의 눈을 통해 자신을 보는 것이 아니라 자기 자신의 경험을 수용하고 다른 관점을 취할 수 있을 때까지 기다리면서 내담자의 경험을 수용하고 기다린다. 내담자가 이러한 존재 방식이 문제가 된다는 데 동의하고 그것을 변화시키고자 하는 의사를 표명하고 나면, 치료사는 자아에 대한 부정적인 대우의 해결을 위한 두 의자 대화나 애착 손상의 해결을 위한 빈 의자 대화와 같은 과제로 나아간다. 모니카는 어렸을 때 대우받았던 방식에 직면할 만큼 충분히 강하게 느낄 필요가 있었다. 그녀는 어머니에게 책임을 지울 수 있고 그녀가 받은 것보다 더 많은 보살핌, 관심 및 지원을 받을 자격이 있다고 느껴야 했다. 이 모든 것이 그녀가 자신의 욕구를 충족시킬 자격이 있다고 느끼고, 부모에 반대되는 입장을 취하고, 그들의 보호 반경을 벗어남을 필요로 했다.

모니카는 시간을 두고 치료사의 공감, 온정, 관심 및 수용을 천천히 내면화하면서 분노와 슬픔에 접근하기 시작했다. 이는 모니카가 자신이 부당한 대우를 받았고 더 많은 사랑과 보호가 필요했으며, 이를 받을 자격이 있었음을 인정하는 데 도움이 되었다. 그녀는 어머니를 거부적이고 방임적으로 보았다. 이것은 모니카에게 중요한 변화였으며 그녀가 자신의 경험과 욕구에 주의를 기울일 수 있게 해 주었다. 모니카는 자신이 사랑과 지원을 받았어야 하는지, 아니면 어머니의 비난과 비판을 받았어야 하는지를 오가며 이러한 관점이 통합되는 데 시간이 걸렸다. 자기 비난을 다루기 위해 치료사는 두 의자 대화를 도입했다. 모니카가 더 강해지고 분노와 슬픔의 감정과 거절에 대한 두려움을 더 잘 처리할 수 있게 되면서, 그녀는 자신의 경험을 타당화하게 되었고 홀로 설 수 있을 것 같은 느낌이 들었다.

EFT는 내담자가 존중, 온정, 공감 및 수용에 대한 치료사의 긍정적인 태도를 내면화함에 따라, 더 강한 자아감을 형성하기 시작하고 자신이 사랑, 보호 및 지원을 받을 자격이 있음을 믿게 된다고 가정한다. 모니카는 어머니가 자신을 어떻게 대했는지 인정하기 시작하면서, 어머니와 빈 의자 대화에 참여하여 자신이 대우받았던 방식에 대한 고통을 표현하고 어렸을 때 어머니로부터 필요했던 것을 주장하게 되었다. 일단 자신의 정서를 분화시킬 수 있고, 받지 못한 것에 대한 슬픔과 애도를 느끼도록 허용하고, 정서적 유기에 항변하는 분노를 느낄 수 있게 되자, 그녀는 어머니와 경계를 설정할 수 있었다. 모니카는 자신의 욕구와 어머니의 욕구를 다시 한번 더 통합할 수 있었다. 그녀는 어머니가 자신의 삶의 경험으로 인해 매우 제한적이고 불리한 입장에 있었음을 인지했다. 그러나 모니카는 어머니가 자신의 고통을 해결할 다른 방법을 찾았어야 하며 모니카를 더 잘 보살폈어야 한다는 점을 분명히 했다.

이 예에서 볼 수 있듯이 내담자는 여러 회기에서 빈 의자 대화와 두 의자 대화를 오고 갈 수 있었다. 이러한 과정은 내담자가 부정적인 자기 대우 방식과 작업하고 나서, 타인에 의해 경험한 상처에 대한 초점으로 돌아오고 새롭게 자아와 타인을 결부시키는 방식으로 작업을 이어 가는 것으로 다시 돌아가는 병렬 궤도이다. 이 모든 작업은 치료사가 공감적으로 조율된 상태를 유지하고, 내담자가 내적 경험을 자각하고, 이름 붙이고, 말로 표현하고, 이를 조정하고 표현하는 새로운 방법을 발달시키도록 돕기 위해 내담자와 협력하는 맥락 속에서 계속된다.

자기 진정의 발달

GAD를 위한 EFT에서는 내담자가 자기 진정을 발달시키는 것이 중요하다. 이러한 것이 처음에는 공감, 수용 및 인정하는 치료사의 태도를 내면화함으로써 내담자가 자신의 감정에 주의를 기울이고 그 감정을 표현하는 것에 의해서 일어난다. 또한, 내담자가 고통 감정을 조절할 수 있도록 두 의자 대화를 사용하여 자기 진정을 할 수 있는 경험과 보다 구체적인 전략이 제공된다. 중요한 변화 지표는 언제 내담자가 그 순간의 디스트레스를 효과적으로 조절할 수 있고, 고통을 느낄 때 자신을 안심시킬 수 있어서 효과적으로 위안을 제공할 수 있느냐에 달려 있다. 이는 종종 자기 대화의 형태로 나타날 뿐만 아니라 보다 즐겁고 현재 중심적인 관심사로 주의 방향을 재설정하고 활동하는 형태로도 나타난다. 내담자는 부정적인 생각의 연속을 중단하는 법을 배우고, 자신은 대처할 수 있고, 결과에 대해 온전히 책임지지 않아도 되며 도움이 필요하면 타인에게 요청할 수도 있다고 자신을 안심시킬 수 있게 된다. 모니카의 경우, 그녀는 자신에 대한 더 큰 확신감을 발달시키고, 자신의 지각과 감정을 더 신뢰하기 시작했으며, 압도당하는 느낌이 들 때 남편에게 도움을 청할 수 있었다. 그녀는 또한 독서와 음악 감상 등으로 자기 진정하는 방법을 개발했다. 가장 중요한 것은 자신에게 더 자비적이고 덜 까다롭게 되도록 학습했다는 것이다. 치료가 끝날 무렵 그녀의 불안은 상당히 조정되었고, 어머니의 요구적이고 꾸짖는 목소리가 나오는 때를 더 자각하게 되었고, 걱정할 필요가 없다고 자신을 안심시키곤 했다. 그녀는 자신이 '있는 그대로도 좋으며' 남편은 언제나 이야기를 나눌 수 있고 함께 문제를 해결할 수 있는 사람이라는 것을 알았다. 치료가 끝날 무렵, 그녀는 치료사의 자비를 내면화했고 다양한 자기 진정 방법을 개발하여 자신의 삶에 대한 확신감과 기쁨을 느꼈다.

주요 용어

EFT에서 사용되는 주요 용어를 다음과 같이 간단하게 정의한다.

- 정서도식(emotion schemes): 상황/사건/상호작용, 사람들이 신체적으로 느낀 감각, 정서와 감정, 수반되는 행동 경향성 및 경험에 귀인시키는 의미 또는 해석들 사이에서 형성되는 연관성. 정서도식을 통해서 사람들은 사건을 해석하고 반응한다. 정서도식은 행동 경향성이나 우리의 환경에 대응하는 방식을 만들어 낸다.
- 정서 유형(emotion types): EFT에서 구별한 정서 유형에는 4가지가 있다. 즉, 1차 적응 정서, 1차 부적응 정서, 2차 정서 및 도구적 정서이다.

- **1차 적응 정서(primary adaptive emotions)**: 주어진 상황에 대한 본능적이고 가장 기본적인 정서 반응. 이 정서는 사람들이 환경을 신속하게 지각하고 처리할 수 있게 해서 즉각적이고 적응적인 행동 반응을 자동적으로 일으킨다. 예를 들어, 슬픔은 위로가 필요하다는 신호이며 이로 인해 사람들이 타인으로부터 돌봄과 위안을 구하게 한다.

- **1차 부적응 정서(primary maladaptive emotion)**: 유해하고, 방임적이고 부정적인 환경으로 인해 원래 적응적이었던 1차 정서 반응들이 현재 상황에서 부적응적으로 된 것이다. 예를 들어, 부정적인 삶의 경험으로 인해 중립적이고 긍정적인 자극이 기쁨과 만족의 더 유쾌한 감정과 반대되는 두려움, 수치심 및 슬픔의 감정과 연관될 수 있다.

- **2차 정서(secondary emotions)**: 1차 정서에 대한 반응. 예를 들어, 슬플 때 분노나 수치심을 느끼고 표현하는 것이다. 이러한 정서 표현 유형은 1차 정서에 의해 제공되는 적응적인 정보에 대한 접근을 방해할 뿐만 아니라 1차 정서의 온전한 처리도 방해한다는 점에서 부적응적이다.

- **도구적 정서(instrumental emotions)**: 환경에 대한 타고난 생물학적 반응을 반영하지 않는 정서. 도구적 정서는 진정한 반응이 아니라 다른 사람으로부터 특정한 반응을 끌어내기 위해 환경과의 상호작용에서 재연되는 학습된 반응이다. 그러므로 이 정서들은 타인의 행동에 영향을 미치고 조종하기 위해 사용된다. 예를 들어, 분노 표현을 사용하여 누군가에게 겁을 주고 복종을 강요하는 것이다.

- **정서 처리(emotional processing)**: EFT 관점에서, 필요시에 정서에 접근, 주의 기울이기, 수용, 인내, 조절, 상징화, 표현 및 변형하는 것으로 정의한다.

- **과제(task)**: 특정한 개입 맥락에서 특정한 내담자 과정을 지칭할 때 사용되는 용어. 이러한 개입들은 내담자가 특정 문제를 해결했음을 나타내는 내담자와 치료사의 상호작용의 작은 에피소드들에 대한 집중적인 과정 분석을 통해서 개발된다. 예를 들면, 내담자가 부정적인 자기 대화를 중단하고, 더 자기 자비

적이고 자기 진정적으로 되는 것과 같은 상반되는 두 행동 과정 간의 갈등을 해결할 때이다. 이 책에서 다루는 주요 과제는 다음과 같다. 즉, 분열을 포함하여 자아에 대한 부정적인 대우를 위한 두 의자 대화, 미해결 과제를 위한 빈 의자 대화, 정서적 고통을 위한 자기 진정적인 대화, 취약한 자아의 강화를 위한 공감적인 관계 작업 및 동맹 결렬에 대한 관계 단절 등이다.

- 두 의자 대화(two-chair dialogue): 내담자 내면의 반대되는 부분들을 해결하기 위해 치료사가 제시하는 자아 대 자아 대화. 처음에는 갈등 분열을 해결하기 위해 연구되고 사용되었다. 지금은 타인들 속에서 자아를 대우하는 부정적인 방식, 즉 자기 비판, 자기 비난, 자기 방임 및 걱정 등을 다루기 위해 사용된다. 내담자는 반대편 의자에 심상화한 자아의 한 측면과 말을 한다. 이 대화는 자아 대 자아 과정에 대한 작업이라고 지칭한다. 온전한 해결을 위해서 협상이 필요하다.

- 빈 의자 대화(empty-chair dialogue): 치료사가 내담자에게 심상화한 다른 사람에게 감정과 욕구를 표현하도록 제시하는 자아 대 타자 대화. 내담자는 맞은편에 앉아 있는 심상화한 타인을 시각화하고 그다음에 그 사람에게 자신의 감정을 표현하고 욕구를 주장하도록 요청받는다. 주요 목적은 내담자가 자신의 감정과 욕구를 충분히 표현할 수 있도록 하여 관계 상처와 애착 상처를 해결하는 것이다. 상대방이 반응할 기회가 제한적일 수 있지만 짧은 반응도 상대방에 대한 추가 정보를 제공할 수 있다. 상대방의 반응이 공감적이고 내담자의 입장에 대해 수용적이라면, 이 또한 치유적으로 경험될 수 있기 때문에 도움이 되고 타당화하고 지지될 수 있다. 그러나 상대방의 반응이 부정적이면 치료사는 신속하게 부정적인 행동을 명명하고 내담자를 자신의 의자로 돌아가게 한다. 그런 다음 치료사는 공감적 반응을 제공하고, 내담자가 부정적인 상대방에 대한 감정을 온전히 표현하고 처리하도록 함께 작업하여, 상대방에게 책임을 물을 수 있도록 한다.

- 걱정 분열(worry split): 내담자의 걱정 메시지에 구체적으로 접근하기 위한 두

의자 대화. 두 의자 모두에서 취약성이 흔히 경험될 수 있다는 점에서 일반적인 두 의자 대화와는 다를 수 있다. 치료사는 두 의자 모두에게 공감적으로 조율되어 있고 반응적일 수 있도록 이를 자각하고 있어야 한다.

- **체험 의자(experiencing chair)**: 감정이 표출되는 의자. 두 의자 대화에서는 한 의자에서 정서적이고 몸으로 느껴진 반응을 불러일으키기 위해 상대편 의자에서 부정적인 과정(예: 걱정, 자기 비판, 자기 비난)을 활성화한다. 내담자가 1차 정서 반응에 접근함으로써 욕구에 접근할 수 있고 더 자기 향상적이고 자기 보호적인 자기 대우 방식을 발달시킬 수 있다. GAD에서 이 과정은 종종 우울증과 다르다. 멈추고 편히 쉬라는 지시를 받은 후, 걱정하는 자아는 자신이 무시당하고 무효화되고 있다고 느끼기 때문에 괴로움으로 마음의 평정을 잃을 수 있다. 이는 자기 보호를 위한 시도에서 고통스러운 감정을 무시하여, 더 깊은 기저의 부정적인 자기 대우 방식을 드러낸다.

- **자아의 강화(strengthening the self)**: 자기 가치, 자아 존중, 자기 자비, 자기 수용 및 자기 보호의 감정을 특징으로 하는 더 강하고 회복탄력적인 자아감과 긍정적인 자기 조직화의 구축. 이는 감정이입, 수용, 존중 및 일치와 같은 치료적 관계 조건의 내면화를 통해서 발달되는 EFT의 기본 과정이다. 향상된 정서 처리와 정서조절 및 자아와 경험의 더 긍정적인 대우 방식과 함께 이루어진다.

🤍 이 책의 목적

이 책의 주요 목표 중 하나는 GAD에 대한 EFT의 처리과정을 간략하게 설명하는 것이다. 첫 세 장에서는 EFT 및 GAD에 대한 개요를 제공한다. 제1장에서는 GAD에 대한 정서중심 이론뿐만 아니라 장애의 원인과 내담자가 일상적으로 겪는 불안과 걱정의 주기를 자세히 설명한다. 제2장에서는 GAD에서 정서의 역할에 대해 논의하고, 장애를 설명하고 개념화하기 위해 주창되었던 다양한 이론적 관점을 탐색한다. 정서도식과 다양한 정서 유형을 포함하여 EFT의 중요한 개념이 소개된다. GAD에 대한 EFT 개념화에 정서의 관련성이 밝혀진다. 제3장에서는 사례 공식화, 치료적 관계의 발달, 더 강한 자아감의 구축, 불안 분열에 대한 작업, 경험을 처치하는 부정적인 방식의 변화, 정서적 상처 해결 그리고 자아를 진정하고 보호하기 위한 자기 자비와 자기 진정의 발달을 포함한 처치 단계들을 개요한다.

그다음 두 장은 치료적 관계, 즉 치유에 중요한 관계 특성과 발달 방식에 초점을 둔다. 제4장에서는 치료사가 긍정적이고 치유적이 되도록 치료적 관계를 촉진할 수 있는 방법과 치료사가 관계에 낙관적으로 현전할 수 있는 방법에 초점을 둔다. 제5장에서는 치유와 지지를 촉진하는 치료적 관계의 영향과 내담자가 자아와 타인을 결부시키는 방식을 탐색한다.

나머지 장들에서는 EFT의 특정 과업과 GAD를 다루기 위해 내담자와 작업하는 방식에 초점을 둔다. 부정적인 자기 대우와 정서적 상처를 해결하기 위한 의자 대화의 사용이 논의된다. 제6장에서는 EFT 치료사가 걱정 분열을 사용하여 내담자가 직접 걱정 증상을 다루어 걱정의 경험이 내담자에게 일어난 어떤 것이 아니라 내담자가 수행한 어떤 것으로 전환하는 방법을 보여 준다. 이 과정에서 내담자는 걱정의 끊임없는 압박으로부터 휴식의 필요를 주장하거나, 걱정 과정을 일으키는 두려움, 슬픔 및 수치심의 이면의 고통스러운 정서에 접근한다. 제7장에서는 두 의자 대화에서 부정적인 자기 대우에 대한 작업에 초점을 둔다. 이 대화는 내담자가 고통스러운 경험과 괴로움을 포기하고 무시하는 방식에 초점을 둔다. 그 결과, 그들은 자신의 감정을 명확하게 상징화하지 못하여 자신을 달래고 돌볼 수 없다. 이 장에서는 치료사가 이러한 과정과 어떻게 작업할 수 있는지 규명하여, 내담자가 더 자기 자비적이고, 자기 보호적이고, 자기 양육적으로 자아를 결부시키는 더 긍정적인 방식을 발달시킬 수 있도록 한다.

제8장에서는 EFT 치료사가 빈 의자 대화를 사용하여 이면의 관계적이고 애착적인 상처를 해결하기 위해 GAD가 있는 내담자와 작업하는 방법을 탐색한다. 이 대화는 심상화한 타인과의 상호작용에서 발달된 내담자의 핵심 정서도식에 접근하

는 데 초점을 둔다. 정서적 애착 상처를 해결하기 위해 내담자는 빈 의자에 상상의 타인을 시각화하고, 그들의 부정적인 처치로 인한 핵심 고통을 표현하고, 심상화한 타인에게 충족되지 않은 욕구를 주장하도록 요청받는다. 자신의 감정에 접근하여 표현하고 욕구를 확인하는 과정에서 내담자는 타인과 더 분화되고 분리된다. 그 과정에서 그들은 자신의 감정과 지각을 타당화하고 타인과 관련하여 더 자기 보호적으로 되는 방법을 배운다. 이러한 상처를 온전히 해결하기 위해 내담자는 타인의 영향으로부터 독립적으로 될 만큼 충분히 강하다고 느껴야 하고, 자아를 돌보기 위해 타인의 영향에서 벗어나야 한다. 그러므로 내담자는 치료사의 태도를 내면화하고 부정적인 자기 대우 방식을 조정할 필요가 있다. 그리하여 내담자는 자신의 감정을 더 잘 살필 수 있고 욕구에 대한 당연성을 느낄 수 있다. 이는 내담자가 이전의 반복되던 상황에 접근하여 주장적으로 말할 수 있게 한다. 욕구를 갖는 것이 당연하다고 느끼고 이를 주장할 수 있으며 그렇게 하지 못했던 것을 애도할 수 있게 되면, 그들은 더 자기 수용적이고, 자기 존중적이고, 자기 돌봄적으로 될 뿐만 아니라 더 자기 자비적이고 자기 보호적으로 된다.

마지막 장인 제9장에서는 내담자가 어떻게 자기 진정 능력을 개발하고 통합할 수 있는지 논의한다. 자아를 '상처 입은 아이'로 보는 것과 같은 보다 더 변형적인 전략뿐만 아니라 순간의 생리적 과정을 조절하는 방법을 포함하는 다수의 대안적인 전략이 제시된다. 자신을 진정시키고 스트레스 관리에 자신감을 느낄 수 있는 능력은 치료사 태도의 내면화, 치료사가 내담자와 함께 있는 방식뿐만 아니라, 순간의 괴로움을 덜어 주기 위해 더 구체적인 자기 진정 전략을 통해 개발된다. 자기 진정 능력은 GAD 치료의 최종 관문으로, 내담자가 스트레스가 많은 삶의 사건들의 대처에 어려움을 느끼고 위안과 지원이 필요할 때, 스스로를 돌볼 수 있는 지속적인 자원을 제공한다.

이 책은 주로 GAD 치료에 EFT의 구체적인 적용에 대해 더 배우고자 하는 임상의, 심리학자, 사회 복지사, 간호사, 정신과 의사 및 기타 정신 건강 전문가와 학생들을 대상으로 한다. GAD 치료에 EFT의 고유한 접근 방식을 제공하는 이 책은

GAD에 대해 인본주의적이고 경험주의적인 관점을 제시한다. GAD와 작업하여 치료의 저항성을 알게 된 사람들에게 이 책이 특히 구미가 당길 수 있다. 왜냐하면 이 책이 단기 치료를 어렵게 할 수 있는 GAD의 만성적이고 발달적인 경로를 조명하기 때문이다. 저자들은 신속하게 반응하지 않는 내담자와 작업하는 방법에 대한 의견들을 제공하고, 신입 치료사를 위한 안내뿐만 아니라 더 노련하고 경험이 풍부한 의료진들을 위한 대안적인 관점과 제언도 제공한다.

차례

범불안장애의 정서중심치료 사례 공식화

불안은 살아 있음의 조건이다. 우리 모두는 삶의 어느 순간에서든 두려움, 공황, 긴장, 걱정, 염려, 신경과민이나 불안 또는 우려라는 형식으로 불안을 경험하는 것 같다. 불안의 특질은 자원과 직면하는 상황의 유형에 따라 다르다. 고통, 두려움, 굶주림, 갈증, 추위 및 열기 등을 통해 환경 자극의 영향을 유기체적으로 표출할 수 없다면 개인은 생존하지 못할 것이다. 두려움과 불안은 유기체에게 위험을 알려 주는 경고이고 개인의 조건이 생존과 안녕에 고통스럽고 해롭다는 것을 알려 준다.

사람들은 수태의 순간부터 환경과 상호작용하기 시작한다. 그리고 태어나면 살아가는 과정에서 무수히 많은 다른 자극과 접촉하게 될 것이고, 생존과 성장을 위해 지속적인 보호와 양육이 필요하다. 영아는 신체적, 정서적 안녕을 유지하고 돌보기 위해 타인에게 의존한다. 어머니와 분리된 신생아는 즉시 울기 시작하지만 진정되면 울음을 멈추고, 유아는 부모와의 분리에 불안해하지만 재연결되면 다시 침착해지고 안정된다. 이러한 불안은 양육자의 정서적인 조율과 진정작용에 의해 조절된다. 의미 있는 타인과의 경험과 상호작용은 사람들이 정서를 조절하게 되는 방법뿐만 아니라 불안의 수준을 설명할 때 중요하다.

적절한 문화적 혜택과 보호를 받으면 영아와 어린이는 자기 보호와 자기 양육을 할 수 있는 기능적이고 자립적인 성인으로 성장한다. 반대로, 무섭고 적대적인 환경 조건에서 물리적이고 심리적인 생존이 위협받는 경우와 두려움과 고통의 대처에 부적절한 보호와 양육이 있는 경우에 불안해지고 두려워할 것이다. 만성적이고 반복적인 애착 상처로 남게 될 정서적·신체적 안녕에 위협이 되는 아동기의 역경이나 외상을 경험한 사람은, 비교적 그러한 어려움 없이 자란 사람보다 다양한 상황에서 불안을 더 느낄 가능성이 있다.

불안과 두려움은 신체, 정서 및 심리적 안녕을 위협하는 상황과 사건으로부터 보호하도록 사람들을 조직한다. 일단 사람들이 경고를 받고 안전감과 안녕감을 회복하기 위해 적절한 행동을 취하게 되면 대부분의 불안은 사라진다. 하지만 보호, 양육, 진정 및 지원이 불충분하고 정서를 적절하게 처리하고 조절할 수 없는 경우, 고통스러운 경험에 대한 정서도식이 형성될 수 있다. 지원과 양육의 만성적인 결핍이 내재화된다면, 사람들은 주의를 딴 데로 돌리기, 무감각화, 일축하기 및 무시하기 등으로 고통스러운 경험에 대처하도록 배울 것이며, 이러한 부정적인 대처방식이 습관화될 수 있다. 고통의 경험이 자각되지 않고 남아 있어서 불안한 행동 처리 형태로 설정되어, 정서도식이 자동적으로 활성화된다. 그렇게 되면 사람들은 고통 감정과 잠재적인 위해 상황에서 자신을 보호하는 것을 걱정하게 된다. 불안과 두려움이 만성화되면, 고통스러운 사건과 정서는 처리되지 않은 채 남아 있고 정체감 형성이 손상되고 걱정이 지배한다.

♥ 범불안장애

만성적인 불안은 과도한 걱정, 초조감, 피곤함, 짜증과 긴장뿐만 아니라 수면 장애 등의 특징을 갖고 있으며, 이는 범불안장애(Generalized Anxiety Disorder: GAD) 의 증상들이다. GAD는 DSM 5판(DSM-5; American Psychiatric Association, 2013)에 실린 7가지의 불안 상태 중 하나이며, 이 외에도 DSM에는 외상 후 스트레스 장애 (PTSD), 특정 공포증, 사회 공포증 및 강박 장애가 포함된다. DSM-5 및 『국제 질병 통계 분류, 10판(International Statistical Classification of Diseases, 10th ed)』『임상 수정 (Clinical Modification)』(World Health Organization, 2016)에 의하면, GAD는 직장, 가 족, 아동 및 신체적 건강을 포함한 여러 가지 삶의 측면에 대한 과도한 걱정과 불안 이 포함된다. 걱정이 전반적으로 만연해 있고 기능 면에서 의미 있는 디스트레스를 가져와 문제가 된다. GAD가 비록 다른 불안장애에 비해서는 어느 정도 촉발 요인 이 분명하지만, 대체로 명백한 촉발 사건이나 분명하게 확인된 촉발 요인 없이 일 어난다. 오히려, GAD를 가진 사람들은 디스트레스와 분열감 및 무력감과 취약감 이 동반될까 봐 예견되는 많은 다양한 상황들에 대해 걱정할 수 있다.

범불안장애의 이론

GAD는 유전적, 생물학적 및 심리사회적 요인들의 결합(Craske & Waters, 2005; Hettema, Neale, & Kendler, 2001)에서 비롯된 것으로 보이며, 생물학적 및 심리학적 이론을 포함한 다양한 이론들과 처치방법들이 등장했다. 연구에 의하면 DNA와 유 전 형질이 불안을 증가시키는 가능성과 연관되어 있는 것과 함께, 유전자 요인은 아동의 불안 정도에 부분적으로 영향을 미치는 것으로 나타났다. 예를 들어, 부모 중 한 명이 강박 장애(obsessive compulsive disorder: OCD)를 가진 어린이는 부모에 게 영향을 받지 않는 어린이보다 장애가 발생할 가능성이 5배나 더 많다. 수컷 생 쥐에 대한 연구에 따르면 동료들과의 사회적 고립에 의해 스트레스를 받은 후의 수 컷에게서 태어난 새끼는, 같은 수컷에게서 스트레스를 받기 전에 태어난 새끼보다 더 불안한 행동을 보였다. 더욱이 사회적 고립을 경험한 수컷에게서 태어난 새끼

생쥐는 그러한 스트레스 경험이 없는 수컷에게 태어난 새끼 생쥐보다 스트레스에 더 부정적으로 반응하였다(Park, 2011). 다른 연구에 의하면 뇌에서 불안 완화제가 신경전달물질 GABA의 방출을 향상시킴에 따라 GABA는 불안을 억제한다.

비록 유전적이고 생물학적인 관점에서 불안이 주로 유전된 상태라는 점을 강조하지만, 불안장애가 유전자와 환경 사이의 상호작용으로 인해 발생할 가능성이 더 높다는 인식이 높아지고 있다. 이 견해에 의하면, 특정한 취약성 요인들은 발병을 예측할 수 있는 특정한 인생사적 사건과 상호작용한다(Barlow, 2002; Craske & Waters, 2005; Damasio, 1994). 생물학적 이론과 대조적으로 심리학적 이론은 GAD 발달에서 환경적이고 경험적인 역동성의 역할을 강조한다.

정신역동적 관점

프로이트(Sigmund Freud, 1924)는 그의 초기 이론에서 억압에 의해서 불안이 생긴다고 보았다. 이어서, 그의 두 번째 이론에서 소량(small dose)의 **신호 불안**(signal anxiety)이 존재하는 것으로 불안을 개념화하였는데, 이 신호 불안은 더 큰 외상적 불안을 촉발할 수 있는 생각이 의식화되는 것을 막기 위한 조치들이 취해져야 한다는 경고 역할을 한다. 정신 분석은 불안이 발달됨에 따라 정신병리로 보았고, 범불안의 함의에 의해서, 초자아, 원초아 및 현실 사이의 무의식적인 갈등에서 오는 것으로 보았다. 정신성적(psychosexual) 발달의 모든 단계에서 성적이고 공격적인 충동은 초자아의 요구에 갈등이 있을 가능성이 있는 것으로 간주되었다. 힘든 문제에 대한 생각을 피하기 위해 걱정을 사용하는 것은 현실, 원초아 및 초자아의 요구를 중재하는 데 어려움을 겪고 있다는 신호와 방어로 간주되었다. 정신 분석적 처치는 갈등의 근원을 밝히고 정신 분석으로 이를 해결하는 데 중점을 둔다. 정신 분석의 차별적인 관점은 불안이 용납할 수 없는 의식적이고 무의식적 동기, 의도 및 소망에 의해 야기된다는 것이다. 신호 불안과 반대로, 쇠약성 불안(debilitating anxiety)은 본질적으로 방어의 붕괴로 인한 것이며, 억압된 동기에 대한 통찰과 통합이 치유로 가는 길이다.

더 대인관계적이고 정신역동적인 관점은 불안 증상의 발달과 유지에 관계의 역할을 강조한다. 정신 분석 이론가들에 의하면, 불안을 가진 사람들은 욕구에 응하지 않는 비반응적인 양육자들과 초기에 어려운 관계를 경험했다. 예를 들어, 보울비(Bowlby, 1973)는 부모-자녀 유대관계의 분리와 방해로 인해 불안 애착(anxious attachment)과 나중에 불안장애에 취약해질 수 있다고 주장하였다. 설리번(Sullivan, 1953)은 타인의 예견된 반대로 인해 불안이 생긴다고 보았고, 페어베언(Fairbairn, 1952)은 의존 감정과 상대방에 의해 자신이 잠식되는 것에 대한 두려움 감정 사이의 갈등에서 불안이 야기된다고 보았다. 이와 유사하게, 분석적으로 가족 이론에 기반을 둔 보웬(Bowen, 1976, 1978)은 불안을 가족 체계 내의 손상된 분화로 인해 생기는 것으로 보았다.

관계적 정신역동(relational psychodynamic) 이론가들은 정신 병리가 아동의 욕구에 환경이 반응적으로 되는 것에 대한 실패에서 온다고 본다. 이는 진정작용이 너무 적고 접촉의 편안함이 부족하거나 자율성과 분리를 위해 아동의 욕구를 너무 많이 제한하는 데서 일어난다. 현대의 관계적 정신역동 관점에서는 불안이 방어 및 그 붕괴와 관련이 있는 것이 아니라 부적응적인 자기-타인 관계 모형과 관련이 있다. 이러한 모형들은 언어능력을 습득하기 전에 발달할 수 있으므로 항상 인식되지 않을 수도 있다. 비록 이 모형들이 그 당시에는 적응적이었겠지만, 현재에는 관계 기능을 손상시킨다. 그러므로 불안은 초기 관계 패턴의 지속성 및 부모와의 초기 유대관계를 위협하는 방식으로, 다른 사람과 함께 하는 것을 위협하는 것과 관련된다. 이 위협은 자기와 타자의 내적 작업 모형과 일치하지 않는 방식으로 행동할 때 경험된다. 크리츠 크리스토프 등(Crits-Christoph, Crits-Christoph, Wolf-Palacio, Fichter, & Rudick, 1995)은 애착 틀로 사용하기 위해 GAD 치료를 위한 지지적-표현적(supportive-expressive) 심리치료(Luborsky & Mark, 1991)의 수정판을 개발하였다. 그들은 GAD를 가진 사람들에게 불안 애착이나 갈등 애착 관계 역사 또는 외상 사건의 역사가 분명히 있다는 점에 주목했다. 그들의 정신역동적 심리 치료 모형을 적용한 공개 치료는 유망한 결과를 보여 주었다.

초기 애착 경험, 특히 반복적이고 만성적인 애착 상처는 GAD의 발달에 중요한 것으로 나타났다. 캐시디 등(Cassidy, Lichtenstein-Phelps, Sibrava, Thomas, & Borkovec, 2009)은 GAD를 가진 사람이 GAD가 없는 사람보다 모성애가 적고 모성 방임과 거부가 더 많으며 양육자와의 역할전도와 밀착이 더 많다는 것을 발견했다. 다른 조사 연구 결과에 의하면 GAD를 가진 내담자가 GAD 없이 걱정하는 사람들에 비해 다른 주제보다 대인관계 문제에 대해 더 많은 빈도로 걱정하고(Breitholtz, Johansson, & Öst, 1999; Roemer, Molina, & Borkovec, 1997), 부정적인 초기 인생경험을 더 많이 보고하는 것으로 나타났다(Rodrigues & Watson, 2015).

인지행동적인 접근

학습 이론의 관점에서 볼 때 사람들은 부정적인 결과와 관련되는 감정을 불안해하고 두려워한다. 이 견해는 주로 의식적인 감정에 초점을 둔다. 정신 병리의 원인과 치료법에 대한 인지 학습 이론은 정신 분석 이론과 매우 다르다. 정신역동 모형에서 정신 병리는 불안과 죄책감에 대한 과도한 방어, 사랑하는 사람을 향한 복합적인 감정으로 인해 발생하는 것으로 이해된다. 불안은 개인 과거의 무의식적 갈등에서 비롯된 것으로 보인다. 정신역동 치료 모형의 초점이 되는 것은 의식적인 감정이 아니라 분노, 두려움이나 슬픔의 무의식적인 감정과 무의식적인 불안 및 방어이다. 하지만 보다 현대적인 인지 학습 이론 관점에서는 걱정은 힘든 문제에 대해 생각하는 것을 회피하는 것으로 간주된다. 따라서 학습 이론은 내담자가 의식적으로 감정을 둔감화(desensitizing)하는 데 초점을 두며, 결과적으로 애도, 분노 또는 사랑하는 사람을 향한 무의식적인 분노에 대한 죄책감과 같은 다른 감정은 거의 다루어지지 않는다.

GAD에 대한 학습 이론 접근은 통제할 수 없고 예측할 수 없는 혐오 사건들이 GAD의 발달에 중요한 역할을 할 수 있다고 제시했다(Barlow, 2000; Mineka, 1985;

Mineka & Zinbarg, 1996). GAD의 이러한 사건들이 일반적으로 외상 후 스트레스 장애와 관련된 것만큼 심하지는 않지만, GAD가 있는 사람들은 다른 불안장애가 있는 사람들보다 반복된 아동기 외상 이력이 있을 가능성이 더 많을 것이라는 실증연구가 있다(Borkovec, Alcaine, & Behar, 2004). 또한, GAD를 가진 사람들은 불확실성에 대한 내성이 낮으며(Dugas, Buhr, & Ladouceur, 2004), 미래를 예측할 수 없는 것에 흔들리고(Roemer, Orsillo, & Barlow, 2002), 미래에 위협이 있을 것에 대해 끊임없이 긴장하고 경계한다(Mineka & Zinbarg, 1996; Rapee, 2001).

GAD 치료를 위한 행동 개입에는 여러 가지 방법들이 있다. 감정에 노출되는 것을 두려워하도록 학습된 내담자에게 노출은 처치의 한 기본원리이다. 이는 두려운 부정적인 결과가 일어나지 않을 때 불안이 사라지는 것과 함께 소멸될 것으로 기대된다. 습관화와 노출은 어떤 불안 행동(예: 뱀, 높은 것에 대한 두려움)과 싸우는 데 성공적이었다. 사람들이 이전에 무서워하던 자극에 어떤 위험도 따르지 않는다면, 두려움으로 반응하지 않아도 된다는 것을 학습할 수 있다는 가설을 세울 수 있다. 노출 치료의 수정된 형태는 불안을 일으키는 자극의 둔감화이다. 이는 이완 연습과 함께 최소한의 무서운 상황이나 자극에서 최대의 위협적인 것에 이르기까지 무서운 것에 점차적으로 노출시키는 것이다. 각 단계에서 이완 반응을 연습함으로써 불안 반응을 수정하고 소멸시키는 법을 배우면서 신체와 뇌는 두려워하던 자극에 둔감화될 것으로 기대된다. 불안을 조절하는 또 다른 방법은 사람들이 자신의 호흡에 주의를 기울이도록(예: 더 깊이 호흡하여 얕은 호흡을 조정) 가르치고 미래의 어떤 사건에 초점을 두지 않고 현재에 하고 있는 것에 집중하여 머무는 것이다.

학습 이론 관점과 일맥상통하는 인지행동 관점은 외부 자극에 대한 반응으로 불안이 키워지고 나서 다른 자극으로 일반화되는 조건화뿐만 아니라, 잘못된 인식(예: 위험과 재난을 예상하지 못하거나 통제력을 상실할 것에 대한 두려움)의 결과로 불안이 생긴다고 가정한다. 인지행동치료의 처치는 이완 기법으로 내담자를 훈련시키고, 부정적인 자동 사고에 도전하고, 세상은 위험한 곳이고 자아가 대처할 수 없다는 이면의 신념을 수정하는 것으로 구성된다(Barlow, 2000; Beck, Emery, & Greenberg,

1985). GAD가 소멸에 저항(Borkovec & Ruscio, 2001)한다는 점에 주목하면서 보르코벡과 인즈(Borkovec & Inz, 1990)는 전통적인 학습 이론 접근법에 대한 대안으로서 걱정에 대한 인지적 회피 이론을 제시했다. 그들은 걱정을 불쾌한 이미지 및 연상된 부정적인 정동을 회피하게 하는 비교적 낮은 수준의 이미지로 이루어지는 지배적인 언어(verbal-linguistic) 활동이라고 주장했다. 이 이론은 사람들이 내재적이거나 외재적인 위협을 감지하면 신체적 각성이 일어나고 그 고통스러운 이미지와 그에 수반되는 신체적 증상을 피하기 위하여 개념적인 언어 활동인 걱정으로 이동하도록 동기화된다는 것이다. 이는 사람들이 고통, 또는 학습 이론의 용어로 혐오 자극(aversive stimulation)을 회피하기 위하여 걱정하도록 동기화된다고 가정한다.

그러므로 걱정은 이전의 외상, 아동기 역경 또는 대인관계의 어려움과 같은 고통스러운 경험에 노출되는 것을 막는 수단으로 여겨진다(Borkovec, Ray, & Stöber, 1998; Borkovec et al., 2004). 보르코벡 등(Borkovec et al., 2004)은 걱정이 자기 유지적이며 소멸에 저항하는 인지적 회피 반응으로 작용한다고 보았고, 사람들이 걱정하는 대부분의 일이 결코 일어나지 않기 때문에 걱정이 강화된다고 하였다. 역설적이게도, 생각과 걱정을 통제하려는 시도는 침습적인 생각을 증가시키고 통제할 수 없다는 인식을 강화시키는 것으로 연구 결과에서 나타났다. 통제불가능성에 대한 인식은 불안, 걱정 및 침습적 생각이 발달할 수 있는 악순환이 커지는 것과 관련이 있으며, 이는 GAD에서 걱정을 통제할 수 없다는 느낌을 증가시키게 된다(Mineka, 2004; Mineka et al., 2002; Zinbarg, Craske, & Barlow, 1994).

걱정에 대해 인식된 혜택 중 하나는 미신적으로든 실제로든 재앙을 피하는 데 도움이 된다는 사람들의 믿음에 중심을 두고 있으며, 이는 고통스럽게 하는 더 깊은 정서적 주제를 피하게 한다. 보르코벡 등(Borkovec et al., 2004)은 GAD가 있는 사람들이 걱정할 때에 혐오 이미지에 대한 그들의 정서적·생리적 반응이 실제로 억제되며, 이러한 반응의 억제는 걱정 과정을 강화하고 걱정 확률을 높이는 역할을 한다고 보았다. 또한 걱정은 생리적 반응을 억제하기 때문에 사람들이 자신이 어떤 문제에 대해 걱정하고 있는지에 대해 온전히 경험하거나 처리하는 것을 방해하고 그것을 둔감화한다. 그러한 처리는 걱정을 소멸시키는 데 필요하다. 따라서 반응이 억제되는 한, 주제의 위협적인 의미는 지속될 것이다. 인지적 회피 모형을 개발하면서 뉴먼과 레라(Newman & Llera, 2011)는 위협적인 상황이 발생할 때, 걱정이 부정적인 정동의 급속한 증가를 피하기 위해 부정적인 정동을 포괄함으로써 정동 조절 전략으로 작용한다고 하였다.

　　보다 최근에, 인지행동 이론은 GAD의 발달에서 초기 관계의 중요성과, 특히 역할 전도와 정동 조절 문제를 강조했다(Borkovec et al., 2004; Mennin, 2004; Newman & Llera, 2011). 메닌(Mennin, 2004; Mennin, Heimberg, Turk, & Fresco, 2002)은 걱정이 ① 고조된 정서 강도, ② 정서 이해의 제한, ③ 현재 정서에 대한 부정적인 반응, ④ 도움되지 않는 정서 관리를 포함하여, 정서조절 문제로 인해 걱정이 생긴다고 제언하였다. 이 견해에 의하면, GAD는 힘든 정서경험을 관리하기 위해 과도하게 걱정에 의존하면서 정동 조절이 되지 않아서 생긴 것이다(Mennin, 2004; Mennin et al., 2002). 이 이론가들은 사람들이 불안해지고 자신의 정서에 이름 붙일 수 없고 정서를 조절할 수 없을 때 촉발되는 부정적이고 자동적인 각성을 제어하는 방식이 걱정이라고 한다(Dugas & Robichaud, 2007; Mennin et al., 2002).

경험주의 치료의 관점

　　초기의 내담자 중심 치료에서는 불안이 불일치로 인해 발달하는 것으로 보았다(Rogers, 1959). 로저스(1959)는 자아구조와 유기체의 욕구가 상충되기 때문에 불일치는 사람들을 불안과 우울에 취약하게 한다고 가정했다. 로저스는 유기체의 욕구가 중요한 타인으로부터 내사된 가치 조건과 상충될 때 불안이 발생한다고 제언했다. 온전히 기능하는 사람들은 내사된 가치 조건에 맞추려고 경험을 왜곡할 필요가 없다. 오히려 감각, 느낌, 지각, 해석 및 정서를 포함한 자신의 경험을 인식하고 개방할 수 있다. 또 자신의 안녕, 특정 지역사회 및 사회 전반에 책임감 있게 자신의 경험을 정확하게 상징화하거나 인식하에 표시할 수 있고, 이를 수용하고 표현할 수 있다(Rogers, 1959; J. Watson & Watson, 2010). 젠들린(Gendlin, 1978, 1996)은 경험하고 있는 것에 초점화하여, 경험을 의식적으로 상징화할 수 없는 결과로 인해 차단된 경험을 반영하는 것이 불안이라고 보았다.

그후 울프(Wolfe, 2005)와 같은 다른 인본주의적이고 경험주의적인 이론가들은 불안장애를 내담자 자신의 주관적인 경험과의 지속적인 투쟁의 결과라고 가정했다. 그는 "모든 고통스러운 자아관은 자아에 대한 인식과 경험이 삶의 엄한 현실에 대처할 수 없고, 그러므로 보호가 필요한 것으로 제시한다."라고 가정했다(p. 67). 울프 모형의 함의는 불안이 이면의 자아 상처(self-wounds)를 덮어서 고통 경험을 회피하려는 시도라는 것이다. 비슷한 맥락에서 보하르(Bohart, 2012)는 회피가 자기 보호라고 가정한 반면에 티무락과 맥켈배니(Timulak & McElvaney, 2015)는 걱정 과정이 고통스러운 정동의 회피를 촉진하는 것으로 보았다.

실존주의 이론가들은 불안을 인간 조건의 핵심 부분이자 피할 수 없는 삶의 요소로 본다. 그들의 관점에서는, 명확한 지침 없이 그리고 결과가 어떻게 될지 알지 못한 채 선택에 직면해야 하고, 자신의 행동 결과에 궁극적으로는 자신이 책임져야 한다는 것을 인식하는 데서 불안이 발생한다(J. Watson & Schneider, 2016). 얄롬(Yalom, 1980)은 네 가지 '궁극적인' 염려가 실존적 불안의 근원이라고 제언했다. 즉, **죽음**(death)의 불가피성, **자유**(freedom)와 그에 따르는 책임, **실존적 소외**(isolation) 그리고 **의미 없음**(meaninglessness)이다. 그의 관점에서 보면 심리적 기능장애가 이러한 네 가지 문제에 직면하여 발생하는 정상적인 실존적 불안을 개인이 거부하거나 처리할 수 없기 때문에 발생한다. 반 드젠(van Deurzen, 2012)은 더 나아가서 불안의 목적이 우리가 될 수 있는 사람이 되기 위해 우리 자신에게 도전하는 데 필요한 것이라고 규명했다. 따라서 실존주의적 관점은 불안을 삶의 도전에 대처할 수 없고, 건강하고 생산적인 방식의 삶을 선택할 수 없는 데서 오는 것으로 본다.

💓 불안에 대한 정서중심치료

GAD의 부적응적인 정서도식적 기억은 대체로 애착 관계에서의 관계 상처 및 문제에서 비롯된다. 우리는 GAD가 정서조율의 실패뿐만 아니라 두려움, 수치심, 슬픔과 같은 고통스러운 정서의 도식적 기억을 발달시켜 주는 타인에 의한 유기, 거부 및 위해, 그리고 이러한 고통스럽고 디스트레스적인 정서에 부정적으로 대처하는 방식의 내재화로 인해 발달된다고 제언한다. **정서도식적 기억**(emotion schematic memories; 제2장 참조)은 불러일으켜지는 특정 상황, 아동의 정서경험 및 연관된 행동 경향성을 표상하는 기본적인 조직화이다. 정서도식은 주로 비언어적이지만, 언어로 상징화되고 표상될 때 자각으로 가져올 수 있다.

💓 범불안장애의 발달

적절한 보호와 진정작용과 양육 없이, 크고 작은 외상(large-T trauma and small-t trauma)을 포함한 위협적이고 고통스럽고 부정적인 인생사건에 반복적으로 노출되면, 사람들의 정서 처리과정과 정동 조절 능력뿐만 아니라 정체감 형성에 손상을 입는 부분이 있다. 큰 외상(large-T trauma)이란 심각한 신체적 및(또는) 성적 학대를 의미하는 반면, 작은 외상(small-t trauma)은 발달 과정에서 축적되는 덜 심각한 대인관계 상처(예: 정서적으로 차갑고, 철회하고, 비판적이며, 까다롭고, 방치하고, 침범적이고, 따돌리는 양육자)뿐만 아니라, 양육자에 의한 정서적·물리적 방임(질병, 별거, 이혼으로 인한 의도적 또는 비의도적)으로 인한 정서적 상처 또는 다른 역경과 고통스러운 삶의 경험으로 인한 정서적 상처(예: 부모 간의 갈등 목격)를 말한다(Baljon & Pool, 2013; Lamagna & Gleiser, 2007; McCann & Pearlman, 1990; Prigerson, Shear, Bierhals, Zonarich, & Reynolds, 1996; Rynoos, Steinberg, & Piacentini, 1999; van der

Kolk, 1996, 2005 참조).

부적절한 돌봄과 보호와 관련되는 이러한 고통스러운 경험 및 자기 진정의 불능은 취약하고 상처 입은 자아감을 발달시킨다. 연결과 보호에 대한 욕구가 충족되지 않으면, 사람들은 디스트레스로 되고 두려움, 슬픔 및 수치심의 감정들은 부적절하게 진정되고 상징화된다. 사람들을 편안하게 해 주는 보호와 진정이 부적절하게 이루어짐으로 인해 디스트레스 감정이나 미분화된 정서의 환기가 강화된다. 이러한 아동들은 자신의 안녕에 대해 혼자 책임을 져야 한다고 느낀다. 유해한 상황에 더해지는 계속된 경험은 정서도식적 기억에 입력된다. 그러므로, 정서중심치료(Emotion-Focused Therapy: EFT) 관점에서 GAD에 기여한 중요한 부분은 디스트레스를 겪을 때 평화롭고 고요한 상태로 되돌아가기 위해 자신의 정서를 처리하고, 자신을 진정하고, 이완하고 보호할 수 있는 능력의 부재라고 본 점이다.

고통스럽고 유해한 경험으로 인해, 사람들은 자아감이 취약하고, 상처 입고, 결함이 있는 부정적인 **자기 조직화**(self-organizations)를 발달시킨다. 활성화된 정서도식의 자동적인 통합에 기반을 둔 개인의 핵심적인 자기 조직화는 나약하고, 수용될 수 없고, 외롭고 취약한 것으로 경험된다. 때문에 세상에서 위험에 처해 있다는 느낌이 든다. 이 조직화가 활성화되면 위협감과 디스트레스를 느낀다. GAD를 가진 사람들은 타인에 의해 무시되고 인정받지 못하는 고통스러운 감정을 내면화하고 정서경험을 조절하기 위하여 자기와 타인을 부정적으로 연관시키는 방식을 발달시킨다. 디스트레스에 대처하도록 적절한 지원과 보호를 겪지 않은 사람들은 디스트레스를 조절하고 진정시켜서 삶의 문제를 해결하는 방법을 배우지 못한다. 오히려 그들은 상징화되지 않고 본질적으로 알지 못한 채 남아있는 이러한 강렬한 각성상태의 정서와 함께, 완화시킬 수 없는 고통스러운 신체 감각에 압도당한다.

괴롭고 유해한 상황에서 지원과 보호가 없을 때, 사람들은 겁먹고, 고립되고, 버림받고, 거부되고, 부적절하고, 그리고(또는) 결함이 있는 것으로 느낀다. 그들은 한편으로는 지원받지 못함과 무력함 사이에 갇혀 있으면서 다른 한편으로는 자기 자신의 안녕에 대해 전적으로 책임을 진다. 즉, 자기 의존적으로 되려고 노력하고 자신의 안녕과 안전을 자신이 제공함으로써 생존은 외로운 투쟁이 된다. 그들은 분열되지 않고 소멸되지 않으려고 자신의 고통스럽고 두려워하던 감정에 부정적으로 대처하는 방식을 발달시킨다. 이는 불안을 일으키고, 동요되고, 안전하지 않다는 현상학적 상태를 가져온다. 1차 정서를 무시하고 침묵시킴으로써, GAD를 가진 사람들은 자신의 디스트레스와 고뇌를 불러일으킬 수 있는 상황을 방지하고 피하기 위해 부정적인 사건을 예견하는 걱정을 사용한다.

그러므로, EFT([그림 1-1] 참조)에 의하면, 현재에 활성화되는 내담자의 걱정과 불안은 특정 촉발 요인과 사건 또는 예견에 의해 활성화된다. 예견은 특정 상황이 두려움, 수치심 및 슬픔의 처리되지 않은 감정의 동반과 함께 위협적이고 고통스러운 경험에 대한 정서도식적 기억을 불러일으키는 것에 대한 것이다. 이 상태에서는 사람들이 자신을 수용하지 않거나, 나약하거나 또는 나쁘게 경험하고 자기 진정을 하지 못한다. 더구나 그들은 자신과 대립하고, 자신이 필요한 보호와 지지를 찾을 수 없었던 것에 분노할 수 있다. 이 모든 것은 자각 밖에서 일어나며, 사람들이 신체에 주의를 기울일 때, 미분화된 디스트레스만 자각한다.

이 상태에서 사람들은 안절부절못하고, 안전하지 않고, 확신감이 없고, 전반적으

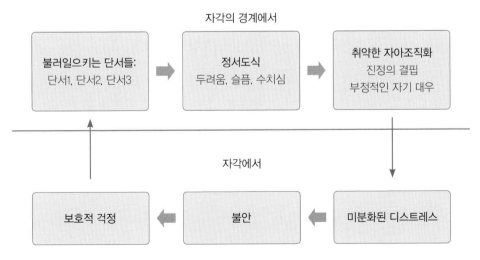

[그림 1-1] 범불안장애의 정서 처리과정

로 두렵고 불안하여, 이를 방어하려고 할 때 감지된 위험에서 보호하기 위해 걱정하기 시작한다. 그들의 디스트레스는 감정을 침묵하고, 무시하고, 일축할 때 강화된다. 그들이 경험하는 디스트레스는 부정적인 유의성(valence)과 함께, 조절과 진정에 실패한 미상징화된 이면의 정서에 의해 촉진된, 2차적이고, 분화되지 않고, 각성이 높다는 특징을 갖는다. 핵심적인 두려움, 슬픔 또는 수치심을 인식하지 못하고, 전반적인 고통의 감정만을 인식하는 GAD를 가진 사람은 자신의 고통스러운 이면의 감정을 인정하면 분열될 것 같은 두려움과 압도감을 느낀다. 자신이 유기, 거부 및(또는) 통제력 상실이라는 극심한 고통과 무서움을 가져올 사건과 상황에 전적으로 책임이 있다고 보게 되면서, 이러한 감정을 피하기 위해 걱정한다.

　따라서 GAD의 불안과 걱정은 고통 경험을 불러일으킬 촉발 요인과 핵심적인 부적응 정서를 경고하고 그 정서들로부터 보호하는 기능을 한다. 핵심적인 부적응 정서에는 두려움, 슬픔 및 수치심이 있으며, 사람들은 이 정서들을 효과적으로 견디고, 진정시키고, 조절하지 못할까 봐 거부하고, 평가절하하고, 일축하고 두려워한다. 두려움, 슬픔 및 수치심의 고통 감정의 강렬함은 자아와 정체성의 무결성(integrity)과 같은 맥락으로 경험된다(Greenberg, 2011; J. Watson, 2011; J. Watson, 2012). 대처 능력에 대한 확신감, 안정감 및 안전감을 느끼는 대신에, GAD를 가진 사람들은 타인과 세상과의 상호작용에서 위기에 처할 때 무력하고, 지원받지 못하고, 약한 사람이라고 느낀다. 그리고 자신은 적절한 보호에 접근할 수 없고, 정서를 조절하고 디스트레스를 진정시키는 데 도움이 될 수 없다고 느낀다. 핵심적인 고통 정서의 도식적인 기억과 고통 정서의 부정적인 처치 방식에 기반을 둔 이러한 불안하고 취약한 자기 조직화가 GAD의 핵심이다. 접근되고, 처리되고, 강화되고 변형될 필요가 있는 것이 바로 이 자기 조직화이다.

🫶 사례 예시: 실패할 운명

불안의 발달을 사례 예시로 설명한다. 저스틴(Justin)이 치료받으러 왔을 때 50세였으며, 성공한 임원으로서 회사에서의 지위, 회사의 미래 및 가족에 대해 걱정하였다. 그의 부모, 특히 아버지는 자신이 비범하다고 주장하면서 매우 요구적이고 비판적이었다. 저스틴이 치료를 시작하였을 때 그는 스트레스와 삶을 즐길 수 없는 것에 대해 이야기했다. 곧이어 그가 직업, 가족 및 사적인 것과 같은 삶의 많은 영역에 대해 많은 것을 걱정한다는 것이 분명해졌다. 걱정의 명백한 촉발 요인은 없고 지속적으로 경계한다는 느낌만 있었다. 온전히 전념하지 않을 때는 끊임없이 경계하고 걱정했다. 그는 직장에서 지위를 잃고, 상황과 문제를 파악할 수 없거나 집에서 무언가 잘못될 수 있을까 봐 염려했다. 항상 걱정과 위협을 예기하면서 그의 불안감은 신체 중 주로 가슴에 자리 잡고 있었다.

시간이 지나면서, 치료에서 그의 전반적인 취약한 자아감이 외롭고 보호받지 못하는 느낌을 받는 겁에 질린 어린아이로 나타났다. 저스틴은 항상 아버지의 인정을 받지 못할 운명인 것처럼 느꼈던 것을 회상했다. 이는 부모가 저스틴보다 훨씬 덜 유능하면서 저스틴과 동등한 높은 기대를 받지 않았던 남동생을 애지중지한다는 느낌으로 인해 더욱 악화되었다. 저스틴은 부모로부터 따뜻함과 이해를 거의 받지 못했고, 부모 모두 여행을 많이 했다. 그가 가족 내 불공평에 대한 느낌뿐만 아니라 부모로부터의 거부에 대한 감정이 GAD와 관련된 병인 요인 연구와 일치했다(Borkovec et al., 2004; Cassidy et al., 2009; Rodrigues, 2016). 그의 동생과는 정반대로, 그는 자신이 비범하게 되지 못함으로써 부모에게 실망감을 안겨 주었다고 느꼈다. 저스틴이 기대대로 하지 못하거나 뛰어나지 못할 때마다 아버지 목소리에서 느껴지는 실망감과 얼굴 표정이 그의 기억에 새겨졌다. 이로 인해 저스틴은 잠재적인 실패에 대해 끊임없이 경계했다.

그는 부모, 특히 아버지에 대해 많은 슬픔과 분노를 품었다. 처음에 그는 자신의 감정을 느끼고 말하는 것을 두려워했다. 치료에서 이러한 감정에 접근했을 때 저스틴은 말하고 있던 것을 끊고 멍해지면서, 가슴이 조이는 느낌과 어떻게 하면 버림받지 않고 실패하지 않도록 미리 막을 수 있을지에 대한 지속적인 걱정만 자각했다. 그는 자신의 감정에 압도당하고, 슬픔에 빠지거나 분노가 폭발하여 파괴적으로 될까 봐 두려워했다. 그는 자신의 걱정과 불안감뿐만 아니라 그 전에 있었던 분화되지 않은 디스트레스를 날카롭게 의식했다. 치료는 저스틴이 핵심적인 취약한 자아감을 지지받지 못하고 외로운 것으로 연결시키도록, 그리고 그의 대부분의 삶 동안 처리되지 않은 채 남아 있었던 슬픔, 분노 및 두려움의 고통스러운 이면의 정서와 연결시키도록 도왔다.

EFT에서 우리는 GAD의 불안과 걱정은 욕구를 효과적으로 충족시키기 위해 고통스러운 정서를 진정시키기보다는 침묵하고 일축해 버림으로써 그 정서들에 압도당하지 않게 자신을 보호하려는 시도라고 본다. 이 예에서 저스틴의 걱정은 버림받음과 실패에 대한 두려움과 자신이 무너질까 봐 두려워하던 고통스러운 감정으로부터 보호하는 역할을 했다. 이는 프로이트가 가정한 소망과 방어 사이의 정신내적 갈등에서 GAD가 비롯된다고 보는 이론과, 또는 관계 분석가들이 제시한 부모와의 연결이 부서지는 것에 대한 죄책감과 두려움에서 비롯되는 것으로 보는 이론과 대비된다. EFT에서는 사람들의 정서조절 불능뿐만 아니라 1차적인 고통 정서를 조절하도록 배웠던 부정적인 방법도 걱정과 불안의 중요한 요인들이다. 고통스러운 정서도식의 활성화로 인한 디스트레스를 적절하게 자기 진정할 수 없을 때, 압도적인 고통 정서로부터 자아를 보호하려고 잘못 시도된 것이 걱정이라고 본다. 따라서 인지행동주의자들이 주장한 조건화나 잘못된 신념 때문에 걱정과 불안이 일어나는 것으로 보는 것이 아니라, 자신이 붕괴되고 무너지고 고통스러운 감정에 압도되는 것을 막으려는 시도로 본다.

인지행동 이론가들과는 반대로, 우리는 걱정을 각성 감소를 위해 학습된 기제라고 보지 않는다. 왜냐하면 언어(verbal-linguistic) 활동과 사고는 사람들이 불쾌한 이미지와 부정적인 정동의 혐오스러운 자극을 피할 수 있게 해 주는 낮은 수준의 이미지를 갖고 있기 때문이다. EFT가 불안을 정서 회피로 보는 점에서는 인지행동 이론과 견해를 같이 한다. 하지만, EFT는 걱정을 혐오자극의 감소를 위한 것이 아니라고 본다. 무시되고, 방치되고 있는 진정 안 된 고통스러운 정동으로 인한 해체로부터 능동적인 주체자가 보호하고, 문제를 해결하려는 시도가 걱정이라고 본다. 진정 안 된 고통스러운 정동의 이러한 감각이 불안감과 미분화된 신체의 디스트레스를 활성화한다. 이러한 디스트레스는 진정과 지지의 부재 및 상징화되지 않은 이면의 고통스러운 기억과 정서에 의해 생긴 것이다. 그 핵심에는 고통 정서와 분열로부터 자신을 보호하려는 시도인 걱정과 함께, 고통 정서로 붕괴되는 것에 대한 두려움이 있다.

EFT 관점에서는 사람들을 목표 지향적이고 능동적인 주체자로서 정서를 조절하려고 애쓰고, 정서적·신체적·심리적 안녕을 유지하기 위해 성장하고 앞으로 뻗어나갈 수 있게 해 주는 애착 형성과 정체성 타당화를 필요로 하는 것으로 간주한다. 그들은 단순히 보상과 벌에 의해 조건화되지 않는다. 이 관점에서 걱정은 정동을 조절하기 위해 잘못 인도된 시도로 간주된다. GAD를 가진 사람들은 붕괴에 대한 두려움을 일으키는 압도감으로 인해 디스트레스에 대처하는 방법을 모른다. 그들은 정서에 주의를 기울이면 압도되고, 대처하지 못하고, 부서지고, 무너질까 봐 두려워한다. 그러므로 GAD를 가진 사람들은 자기 조직화를 유지하고 효과적으로 기능하기 위해 걱정한다. 미분화된 강한 디스트레스와 이와 관련된 어린 시절에 느꼈었던, 적절하게 처리되지 않았던 고통 정서들이 일어날 상황으로부터 자신을 보호하기 위해 미래의 사건의 결과를 미리 통제하고 회피함으로써, 주의는 외부로 집중된다. 이 관점에서, 걱정은 사전 대처 전략(지능적인 행동)을 반영한다.

♥ 취약한 자아감의 발달

취약한 자아감의 발달은 두려움, 수치심 및 슬픔의 핵심적인 부적응 정서도식에 뿌리를 두고 있으며, 부적응적인 행동 경향성과 부정적인 자기 조직화의 특징을 갖는다. 이러한 부정적인 자기 조직화는 부정적인 자아 개념, 자아는 무력하고 사건에 대한 통제력이 없다는 느낌으로 구성될 뿐만 아니라, 자신과 타인을 부정적인 방식으로 연관 짓고 경험을 부적절하게 처리한다. 따라서 사람들은 고통과 무력감을 불러일으키는 상황에 대해 염려를 고조시킨다. 취약성과 상처받은 것과 고통 감정을 불러일으키는 상황을 예상하고 피하려는 시도가 그들의 주요 보호 수단인 걱정이다. 따라서 불안은 주의받지 못하고 부적절하게 처리되고 진정된 고통을 지속적으로 상기시켜 주는 역할을 한다.

정체감 형성과 부정적인 자기 조직화

EFT 이론가들은 애착, 연결 및 보호에 대한 욕구 외에, 자기 일관성(self-coherence), 자아 존중감 및 생존과 안녕의 숙달을 위한 심리적 욕구를 가정했다(Greenberg & Goldman, 2008; Greenberg & Watson, 2006). 발달 동안 어떤 경험들은 의식화되어서 자아감을 형성하게 된다. 자아는 일관성 유지와 숙달감 및 정체성 보호를 위한 통제감을 발달시키는 데 집중된다(Bakan, 1966; Kohut, 1984; Rogers, 1959). 숙달과 정체성을 위한 이러한 욕구를 충족시키지 못하면, 손상되고 고통스러운 느낌과 곤경함을 피하기 어렵다.

정체감 형성은 선호성(preferences), 주체성(agency) 또는 분화(differentiation)에 대한 주장을 포괄하며, 환경을 탐색하고 숙달하려는 동기를 포함한다. 이러한 형성은 공격적인 동인(drives)이라는 프로이트(Freud, 1922/1961)의 관점이나 자율성에의 욕구라는 동기적 관점(Murray, 1938)과는 다른데, 왜냐하면 정체감 형성이 타인과의 지속적인 상호작용에서 일어나기 때문이다. 정체성이나 분화와 반대되는 축을 의존성, 함몰, 무력감, 낮은 자존감, 소멸, 해체 또는 무효화라고 다양하게 불러왔다. 우리는 이를 정체성 타당화(Greenberg & Goldman, 2008)와 자아와 경험의 분화(J. Watson, 2011; J. Watson & Greenberg, 1996)에 대한 욕구를 반영하면서 주체적으로 되기 위해 복합적으로 진화된 인간 경향성이라고 한다.

정서도식에 의해 생성된 내적인 정동의 흐름은 사람들의 기본적인 자기 조직화 기반을 구축하게 한다. 정서도식이 자기 조직화로 역동적으로 통합되어, 특정 상황에서 활성화되면 수줍음, 확신감 또는 걱정의 감정으로 의식적으로 경험될 수 있다(Greenberg, 2011). 이러한 자기 조직화는 사람들이 타인에 의해 자신이 어떻게 대해지고 보이는가에 따라 자아감과 신념을 발달시킬 때 환경과의 상호작용을 형성한다. 특정한 자아 상태가 활성화되고 말로 상징화될 때 자기 이해가 형성된다. 그다음에, 신념, 자기 표상 및 세상과 자기에 대한 이야기로 구성된다. 정체성은 과거의 사람과 현재의 사람을 하나로 묶고, 미래에 어떤 사람이 될 것인지를 결정한다.

스턴(Stern, 1985)이 보여 주었듯이, 생후 첫해에 영아는 일관성, 애정, 주체성 및 연속성을 빠르게 발달시킨다. 이는 양육자의 정동 조율(affect attunement)과 미러링에 의해 크게 촉진된다(Legerstee, 2013; Legerstee, Markova, & Fisher, 2007). 자아는 정동과 의도가 인식되고 자기 조절을 시작함에 따라 강화된다. 자아뿐만 아니라 타인과의 상호작용을 조절하는 과정들은 별개이지만 정동 조율과 자아형성을 동시에 발달시키는 상호 연결된 가닥들이다. 신체가 산소를 필요로 하는 것처럼, 자아는 자존감의 조절을 위해 공감적 조율과 타당화가 필요하다(Kohut, 1984; Rogers, 1959). 주체적인 노력이 타인에 의해 인정받고, 이해받고, 타당화될 때 자아는 더 강해지고 일관된 정체성을 형성한다. 환경과의 상호작용에서 숙달과 자기 확신감이 증가하면서 자아는 계속해서 자기 조절 및 자기 진정 역량을 발전시킨다.

적절한 지지와 보호 및 자기 보호 방법도 없이 위협적이고 고통스러운 사건에 압도될 때, 사람은 확신감과 회복력의 반대인 취약한 자아감을 발달시킨다. 자신을 진정시킬 수 없을 때 사람들은 무력감과 나약함을 느낀다. 자기 취약감과 자기 진정의 손상된 역량은 과잉보호나 과소보호를 발달시킬 수 있다. 우리가 주목했듯이, 어떤 경우에는 취약성과 자신감 부족이 초기 아동기의 방치, 거부 및 학대 경험과 보호나 돌봄의 부재에 뿌리를 두고 있다. 반응이 없는 환경에서는 욕구가 응답받고 충족될 때 발전하는 유능감과 자기 가치감을 얻기가 어렵다. 반응적인 보살핌은 사람들이 주변의 사람과 사건에 영향을 미칠 수 있다고 느끼게 한다(Legerstee, 2013). 자신이 남들에게 보이고, 아낌받고, 중요하다고 느낀다. 보이지 않거나 반응받지 못한 결과로 발달되는 정체감 손상은 자신의 욕구를 부끄럽게 여기고, 자신이 관심과 지원을 받을 자격이 없고, 중요하지 않고, 사랑스럽지 않다고 느끼게 할 수 있다. 이러한 감정들은 자아 존중감, 즉 숙달감 및 상황과 사건에 대처 가능하다는 느낌을 손상시킨다. 삶의 요구들에 대처할 수 있는 능력에 불안을 느끼게 되면, 부정적인 문제 지향성을 발달시킨다(Rodrigues, 2016; Rodrigues & Watson, 2015).

양육자로부터 방치되거나, 보호받지 못하거나, 지지받지 못하면, 사람들은 양육자와 가깝게 머물면서 근접성을 유지하고 애착 욕구를 충족시키기 위해 양육자와 함몰됨으로써 자기 자신의 안녕에 대해 자신이 책임이 있다고 보게 된다. 이와 같은 상황에서, 특히 양육자가 약하고 무력하게 또는 너무 강하고 강압적으로 인식되는 경우에는 자신의 정체성 형성과 주체성을 희생시키면서 역할 전도가 일어날 수 있다.

무반응적인 양육자의 영향과는 대조적으로, 지나치게 보호적인 사람들은 취약한 자아감을 형성할 수 있다. 연구에 의하면 과잉보호가 GAD를 포함한 여러 가지 상이한 장애들을 발달시킬 위험에 처하게 할 수 있음을 보여 준다(Craske & Waters, 2005).

양육자가 과도하게 자녀들을 보호하면, 그의 자녀들은 통제와 숙달에 대한 타인의 욕구를 충족시키기 위해 자신의 욕구가 박탈당해야 하는 함몰된 관계를 발전시킨다. 이는 역할 전도나 부모화가 일어나는 것과 유사하다. 하지만 이러한 후자의 과정에서 사람들은 과잉보호로 자신이 잠식되어야 하는 반면에, 자기 조절을 위하여 자신의 역량 이상으로 확장되어야 한다. 과잉보호적인 관계에 있는 사람들은 자신을 돌볼 수 있는 적절한 기술을 발달시키지 못하고 숙달감과 유능감을 얻지 못한다. 그 대신 그들은 도움과 보호를 위해 타인에게 의존하고 자신을 약하다고 느낀다. 과도하게 보호를 받으면 도전과 디스트레스 상황에 직면했을 때 자기 진정의 능력을 개발하지 못한다. 그들은 자신의 욕구 충족과 두려움을 진정시키고 완화시키기 위해 타인에게 의지한다. 그들의 주체성은 제한되고, 수치심, 나약감 및 무력감에 굴복하면서 부정적인 자기 조직화를 발달시키게 된다. 부모의 과보호가 GAD의 발달에 일부 기여한다는 점이 최근의 지역사회 표본에서 발견되었으며, 여기서 어머니의 거부 및 어린 나이에 짊어지는 타인의 복지에 대한 책임감이 GAD와 걱정을 예측했다(Rodrigues, 2016; Rodrigues & Watson, 2015).

부정적인 자기 대우 및 정서조절

부적응적인 정서도식의 발달은 GAD를 가진 사람들이 정동 경험을 조절할 수 없거나 자신의 정서를 적절하게 이름 붙이고 처리할 수 없음을 의미한다. 정서를 조절하고 상징화하고 정서에 반영할 수 있는 역량은 타인과 최적으로 상호작용하고 유능하게 대처할 수 있게 하기 때문에 자신의 안녕과 자아감에 필수적이다. 타인에게 주의를 기울이고, 반응하고, 돌본 경험이 있다면, 자신의 경험에 주의를 기울이고, 그 경험을 정확하게 상징화하고, 이름을 붙이고, 조절하고, 욕구를 충족시키는 방식으로 그 경험의 표현법을 배운다. 효과적인 욕구 표현은 자신의 욕구를 타인이 들을 수 있게 하고 타인에게 반응받을 수 있는 가능성을 증가시킨다. 반응적인 양육자와 함께하는 영아는 배고프거나 무서울 때 누군가가 안아 주고, 먹여 주고, 위로해 준다는 것을 배운다. 반대로, 방치, 거부 또는 돌보지 않는 양육자와 함께하는 영아는 어릴 때부터 자신의 욕구를 부끄럽게 느끼고, 침묵시키고, 대안적인 충족 방식을 찾도록 배운다(예: 필요를 포기하거나 조용해지고 철회하기; Bowlby, 1988).

우리는 무반응적이고 적대적인 환경에 있는 사람들이 디스트레스일 때, 스스로를 보호하고 위로하는 법을 배우는 대신, 고통의 압도적인 느낌을 조절하고 대처하면서 부정적인 방식으로 경험을 처치하거나 결부시킨다고 본다. 그들의 정서 처리 역량은 디스트레스를 인정하고 진정시킬 수 없게 되면서 손상되고, 핵심적인 1차 정서의 행동 경향성은 왜곡되고 변형된다(Greenberg & Watson, 2006; J. Watson, 2011). 자신의 경험을 부정적으로 결부시키는 이러한 방식은, 자기 확신의 부족과 인정 및

존중받고 있지 않다는 느낌을 포함하는 자아에 대한 태도에서 볼 수 있다. 자아감
에 일조하는 모든 것이 취약하고 상처 입는다.

GAD로 진단받은 사람들이 정서조절에 어려움을 겪고 있다는 견해를 지지하는
연구들이 있다(Borkovec, 1994; Brown, O'Leary, & Barlow, 2001; Cassidy et al., 2009;
Dugas & Robichaud, 2007; Mennin et al., 2002; Mennin, Heimberg, Turk, & Fresco,
2005; Rodrigues & Watson, 2015; N. Watson, Watson, & McMullen, 2014). 그들은 강렬
한 감정을 경험하는 데 더 어려움이 많다. 즉, 그들은 부정적인 감정을 더 싫어하
고, 불확실성에 더 견딜 수 없어 하며(Dugas & Robichaud, 2007), 디스트레스로 된
후에는 자기 진정을 덜 하게 된다(Craske & Waters, 2005). 정서 처리의 방해나 손상
은 환경과의 상호작용에서 발생하는 것으로 생각된다.

반응적인 양육자의 부재가 불안 발달에 중요한 역할을 한다는 것에 대한 지지
는 애착 이론가들의 연구에서 나온다. 반응적인 양육자와 함께하는 영아와 간헐
적으로 반응이 가능하거나 반응이 불가한 양육자와 함께하는 영아에게서 차이점
들이 관찰되었다. 반응적인 환경에서 영아와 아동은 정서 처리, 각성 수준 조절
및 감정 표현의 조절법을 배워서 자신의 욕구를 충족시키고 만족스러운 방식으
로 타인과 상호작용할 수 있다(Cassidy et al., 2009; Gottman & Declaire, 1997; King &
Mallinckrodt, 2000). 양육자는 주요한 정동 조절기이다. 하지만, 양육자가 적절한 정
동 조절과 보호를 제공하지 못하는 무반응적이고 박탈된 환경에 처한 영아와 아동
은 효과적인 정동 조절 기술을 숙달하는 데 어려움이 있어서 정서 처리에 손상된
결과를 가져온다.

초기 아동기 경험과 손상된 애착 관계로 인한 취약한 자아 발달을 손상된 정
동 조절 전략과 연결시키는 불안 이론들(Greenberg & Goldman, 2008; J. Watson,
Goldman, & Greenberg, 2007; J. Watson & Lilova, 2009; J. Watson & Watson, 2010;
Wolfe & Sigl, 1998)은, 불안하고(하거나) 회피적으로 애착 형성된 사람들이 얼마
나 정서적 명료성이 부족하고, 자신의 정서를 수용하지 않고 정서조절 전략에의
접근이 제한되었음을 보여 주는 지역사회 표본 연구 결과들(Lecce, 2008; Lecce &

Watson, 2007; N. Watson et al., 2014)과 일치한다. 또한 애착 회피는 정서 자각의 결핍과 관련된다. 따라서 불안한 사람은 자신이 무엇을 느끼고 있는지, 자신의 욕구를 어떻게 확인하고 그것을 충족시키기 위하여 자신을 보호하고 진정시키는 방식으로 어떻게 표현해야 하는지 그리고 정서와 느낌을 어떻게 변형해야 하는지 모른다. 자신이 느끼고 있는 것을 알기 위해 자신의 고통스러운 감정을 분화할 수 없을 뿐만 아니라, 디스트레스를 촉발하는 환경이 주는 부정적인 반응으로 인하여 자신의 경험과 결부시키는 것에 부정적인 방법을 택한다.

사람들은 정서경험을 조절하고 조정하기 위해 타인이 자신에게 반응하는 방식을 내재화한다. 고통 정서가 보호, 돌봄 및 양육적인 반응을 만날 때, 사람들은 자신의 경험에 주의를 기울이고, 상징화하고, 필요를 충족시키기 위한 지침으로 사용하는 방법을 배운다. 그러나 고통 정서가 침묵, 무시, 일축 그리고 거부될 때, 이러한 부정적인 반응은 내재화되어 정서경험을 조절하고 조정하는 데 사용된다. 이는 고통 정서가 처리되지 않고 남아 있음을 의미하는데, 사람들이 자신을 적절하게 진정하고 보호할 수단의 부족과 1차 정서에 내포되어 있는 행동 경향성의 왜곡으로 인해 욕구를 효과적으로 충족시킬 수 없기 때문이다.

고통 정서에 대한 부정적인 반응 방식을 내재화함으로써 사람들은 부적절한 보호와 지원의 고리를 지속시킨다. 고통에 위로와 지지로 반응하지 못함으로써 불안이 더욱 커진다. 고통 감정의 일축과 부정은 나약하고, 비열하고, 타인에게 수용될 수 없게 느껴지는 자아의 부분과 분리하여 자아를 강하게 느끼려는 시도이다. GAD가 있는 사람들은 자신의 고통 감정에 귀 기울이고, 보살피고, 진정하거나 조절하는 방법을 모른다. 오히려 그들은 자신의 감정을 계속해서 피하고, 일축하고, 부인하고, 타인이 그 감정들에 반응했던 것처럼 자신의 고통에 반응한다. 자신을 진정시키거나 안정시킬 수 없기 때문에, 문제를 해결하고, 자신을 보호하고 안녕을 증진시켜 줄 1차 감정이 사용되지 못한다.

잠재적인 위협과 유해한 상황이나 사건에 의해 디스트레스가 촉발되었을 때, 돌봄과 지지로 보살피지 않으면 불안을 유발하고 걱정을 더 악화시킨다. 그들은 현재 그러한 정서를 겪게 되어 압도당하고 효과적으로 자기 진정하여 안정시킬 수 있는 능력이 없기 때문에 자아가 무너질까 봐 두려워한다. 이리하여 자기 연속성이 고통스러운 감정에 부정적으로 대처하는 방식으로 계속 활성화되어 정서경험이 반복되는 고리 속에서 부적절하게 처리되고 진정된다. 미래의 결과를 예측하고 통제하려고 하기 때문에, 내적 경험에 주의를 기울이지 않고 외부로 주의가 집중된다. GAD를 가진 사람들은 무력감과 취약감이라는 고통스러운 감정이 불러일으켜질 상황을 피하기 위해 경계 상태로 있다. 자신을 짐으로 보고 돌봄과 관심을 받을 자격이 없다고 보기 때문에 타인에게 도움을 청하지 못한다.

디스트레스와 고통스러운 경험에 대처하는 부정적인 방식은 결국 부적응적이고 비효과적이게 된다. 왜냐하면 확실하게 자아를 돌볼 숙달감과 유능감을 발달시키지 못하기 때문이다. 적응적인 행동 경향성이 왜곡되었으므로 효과적인 정서 처리와 조절이 손상된다. 시간이 지나면서 걱정은 소모적이고, 사람들을 지치게 하고 자원을 고갈시킨다. 더구나, 스트레스로 대처 기제가 도전받을 때, 더욱더 강한 불안 및 증가된 디스트레스와 고뇌를 경험한다.

GAD를 가진 내담자인 데비(Debbie)의 사례 예시에서 이를 설명한다. 그녀는 유아기 때에 어머니의 관심이 항상 허약하고 건강하지 않은 남동생에게 향했었기 때문에 두려움과 외로움을 심하게 느꼈음을 회상하였다. 그 결과 소외되는 것에 대한 두려움이 생겼고, 자신은 중요하지 않다는 느낌과 더불어 자신은 투명인간 같고 버려졌다는 느낌을 갖게 되었다. 이는 데비의 취약한 자기 조직화의 기반이 되었으며, 정서적 방임과 유기 경험에서 오는 두려움과 수치심에 대한 정서도식적 기억으로 통합되었다. 잊힌다는 느낌에 대처하기 위해 데비는 어머니 주위를 따라다니며 어린 남동생을 돌보는 법을 배웠다. 하지만, 그렇게 하면서 데비의 욕구와 감정은 간과되고, 무시되고, 침묵되었다. 그녀는 타인을 돌보는 것으로 취약감과 두려움에 대처하도록 배웠다.

그러므로 데비는 디스트레스를 느낄 때 정동을 조절하고, 감정을 처리하고 또는 적절한 관심, 타당화 그리고 위로를 구하고 받도록 배운 적이 없었다. 그 대신 그녀는 타인의 욕구를 자신의 것보다 우선시하여 타인의 욕구에 계속 초점을 맞추었다. 그녀는 취약감과 디스트레스와 연결되지 않으면서, 자신과 타인을 존중하게 해 줄 일치적인 방식으로 자신의 욕구에 접근할 수 없었다. 순간의 경험을 견디고 정확하게 상징화할 수 없었기 때문에, 그녀는 스트레스를 받거나 소외감을 느꼈을 때, 깊은 수치심과 더불어 강화되고 솟구치는 불안이 늘 밑바닥에 남아 있었다.

경험의 부적절한 상징화

부적응적인 정서도식의 중요한 측면은 정서도식적 기억이 부적절하게 처리되고 고통스러운 자극이 적절하게 입력되지 않는다는 것이다. 강렬한 정서와 부정적인 자기 대우 방식 및 부정적인 경험과의 결부 방식은 사람들이 의식적으로 경험을 적절하게 표상하지 못하게 할 수 있다. 그다음에는 자아감을 취약하게 악화시킨다. 자신의 경험과 정서를 정확하게 표상하지 못하는 사람들은 환경의 영향을 이해하는 데 위험부담이 있으며, 자신의 감정을 표상하지 못하고 자신의 욕구를 확인하지 못하게 되어, 심리적이고 신체적인 안녕과 생존에 손상을 가하게 된다. EFT에서 우리는 사람들이 주의가 필요한 경험의 측면에 주의를 기울이지 않기 때문에 불안이 발생한다고 본다. 상징화의 결여는 상황에 대한 그 사람의 정서 반응뿐만 아니라 불안도 유발하는 상황이라는 측면이 있다. 이는 위로, 위안 및 지지에 필요한 욕구가 충족되지 않음으로 인해서 일부 경험과 정서가 자각으로 적절하게 수용, 인내 및 상징화되지 않는다.

앞서 언급했듯이 GAD를 가진 사람들은 불안 증상의 시작과 관련된 특정한 촉발 요인을 인식하지 않는다. 오히려 불안은 특별한 촉발 없이 걱정에 의해 나타나는 것으로 관찰된다. GAD의 촉발 요인은 정해진 것이 없으며 어떤 상황, 사건, 내적 상태 또는 잠재적으로 유해하고 디스트레스 감정으로 이끌 수 있는 단서에 의해서 활성화될 수 있다. 예를 들어, 이전 사례에서 저스틴은 우편함에 편지를 부친 후에, 봉투에 들어가면 안 되는 것이 있는지 걱정했고 이어서 일어날 수 있을 것 같은 부정적인 결과에 대해 계속 걱정했다. 구체적인 촉발 요인들이 없는 것은 발생 요인이 확인 가능한 다른 불안보다 GAD가 더 공황에 가깝게 만든다. 예를 들어, 사회 불안의 촉발 요인은 타인의 비판이나 사회적 상황에서 조롱받는 것에 대한 두려움으로 수치심이 동반된다. 공포증에서 불안은 위험하고 해로운 것으로 보이는 다양한 자극(예: 높이, 뱀, 거미)에 의해 촉발된다. 외상 후 스트레스 장애에서는 일반적으로 알려진 외상적 사건과 불안과 두려움의 반응을 촉발하는 부적절하게 처리된 특정 자극(예: 시끄러운 소음, 화난 목소리)이 있다. GAD에서는 서로 다른 다양한 촉발 요인들이 과거에 진정되지 않았던 두려움, 슬픔 및 수치심의 정서도식적 기억에 기반을 둔 핵심 도식을 활성화할 수 있다. 이 도식들이 사람들이 미분화된 디스트레스 상태가 되도록 감정을 처리했던 부정적인 방식으로 취약한 자기 조직화가 되도록 암묵적으로 조직화한다. 사람들이 취약한 상태에 들어가서 자신의 디스트레스 감정을 감지할 때, 걱정과 불안을 느끼기 시작한다.

GAD의 불안에는 명확하게 상징화되고 분명하게 말로 표현된 촉발 요인들이 없다는 것과 그 불안이 만들어내는 고통스러운 정서 반응들은, 전언어적이거나 발달 후기 단계에서 일어난 위협적이고 괴로운 경험들이 너무 강렬한 나머지, 효과적인 인지 및 정서 처리과정이 중단된 것에 원인이 있다고 볼 수 있다(Korte, Koolhaas, Wingfield, & McEwen, 2005; McGaugh, 2002; Weinstock, 2009). 연구에 의하면 GAD를 가진 사람들은 주의력 결핍이 있고 두려움 반응을 끌어낼 수 있는 특정 자극들을 구별하는 데 어려움이 있음이 나타났다. 그 결과, 그들은 인과 관계를 파악하는 데 어려움을 겪는다. 이 연구는 서로 다른 자극과 상황 간의 인식력의 손상은 명백한 단서에서 보다 구체적으로 반응하는 것과 대조적으로 과일반화하게 된다고 제시했다(Craske & Waters, 2005). 또한 기억 강화에 대한 최근의 연구는 부정적인 정서의 활성화와 함께 스트레스 하에서 기억 강화가 손상될 수 있음을 제시한다(Korte et al., 2005; McGaugh & Roozendaal, 2002).

그러므로 상황이 매우 위협적으로 경험되거나 인지 처리가 더 제한될 때, 유기체는 그 위협 상황을 의식적으로 상징화하지 못해서 고통 정서를 일으킨 특정 촉발 요인이나 자극을 명료하게 알게 되고 감지할 수 있게 된다. 그 사람의 정서도식과 관련된 자극이 지나치게 일반화되어서, 두려움과 취약감에 대한 이전의 다른 상황에 대한 정서도식 기억이 쉽게 활성화한다. 극심한 디스트레스를 겪었던 이전의 위협적인 상황과 유사하거나 공통적인 요소가 있으면 무해한 자극인데도 두려움과 괴로움으로 반응한다. 서로 다른 자극들을 구별하는 학습은 유기체의 기능적이고 지속적인 생존에 필수불가결한 생물학적 필요이다. 상황에 대한 온전한 상징화가 중단되거나 방해받는 경우, 유기체는 유사한 디스트레스와 두려운 감정을 불러일으키는 상황에 대한 경보(alarm)와 함께 행위를 이어갈 것이다. 따라서 다양한 상황에 대한 부정적이고(이거나) 위협적인 삶의 경험의 일부 특징을 과일반화하는 것은 상황의 세부 사항, 영향 및 의미를 적절하게 처리하고 상징화하여 위협을 알 수 있고 개인이 보다 적응적으로 반응할 수 있어야 함을 뜻한다. 사람들은 자신의 경험, 정서 반응 및 행동 경향성을 적절하게 상징화하여 정보를 제공하고 조직화할 필요가 있다.

다음의 사례는 불안의 촉발 요인과 관련하여 특수성 결여와 과일반화에 대한 예시이다. 제시(Jessie)는 물리적 안전에 극심한 불안과 걱정을 자주 하였다. 치료사와 함께 불안을 탐색하면서 그녀는 직장에서나, 운전할 때 또는 아파트에 있을 때를 포함하여 낮 동안 시시각각 불안이 일어났음에 주목했다. 한 회기 동안, 치료사는 체계적, 환기적 전개를 사용하여 제시가 직장에서 불안과 걱정을 느꼈던 특정 상황을 탐색하면서, 그녀는 책상에서 주의력이 떨어지고 공상하고 있었을 때 불안해지기 시작했다는 것을 깨달았다.

이 사실을 깨닫고 나서 제시는 3년 전에 일어난 사건을 회상했다. 그녀는 이모의 집에서 자고 있었는데 소파에서 잠이 깼을 때 사촌의 친구가 자신을 성폭행하고 있음을 알게 되었다. 그녀는 그를 저지하고 그 상황에서 벗어났다. 하지만 그녀는 이모와 사촌을 보호하기 위해 자신의 고통과 감정을 누구와도 나누거나 표현하지 않았다. 치료사와 그 상황을 계속 탐색하면서 그녀는 이 사건이 그녀의 불안의 원인이고, 그녀가 주의하지 않을 때(예: 공상하고, 잠들고, 집중해야 하는 활동하기) 불안해졌다는 것을 깨달았다.

그다음의 몇 회기에서 그 사건을 더 처리하면서 제시는 그녀의 사촌과 그녀를 폭행한 사람과 같은 집단에서 계속 어울리면서 자신이 속수무책이고 무기력감을 느꼈음을 깨달았다. 그녀는 자신을 폭행한 사람과 직면하면서 빈 의자 작업을 한 후, 자신의 두려움에 접근하여 분명하게 상징화할 수 있었고 힘이 부여된 분노감을 새롭게 경험할 수 있었다. 제시는 자신을 폭행한 사람이 여전히 자신의 사회적 모임의 일부로 남아 있었지만 아직 그 사람에 대한 조치를 취할 수 있고 그 사건을 경찰에 신고할 수 있음을 알았다. 그녀는 그가 또다시 부적절한 행동을 한다거나 친구 중 한 명에게 해를 끼친다면, 그들은 그를 경찰에 신고할 수 있고 서로를 보호할 수 있다는 것도 알게 되었다. 이러한 경험과 경계 보호에 대한 필요, 보호에 대한 느낌 감각(felt sense)의 명료한 상징화로 인해 그녀는 더욱 힘 있게 느껴졌다. 그녀는 그가 마음대로 할 수 있고 그녀를 해칠 힘이 있는 것으로 느껴지지 않았다. 그 후 불안감이 가라앉았고 더 이상의 증상 없이 일상생활을 재개할 수 있었다.

현재의 위협적인 사건, 높은 스트레스 또는 통제력 상실 모두 불안을 유발할 수 있다. 예기치 않은 인생 사건들이 GAD의 중요한 전조로 밝혀졌다. 부정적이고 불안정한 자기 조직화를 가진 사람들이 현재의 위협, 스트레스 또는 통제력 상실에 직면할 때, 자기 조직화가 불안을 중심으로 활성화되어 흔들리고 취약한 느낌을 갖게 된다. EFT에서는 불안정하고 상처받은 자아감을 활성화하는 상황에서 생기는 극심한 디스트레스 감정에 의해 압도되는 것을 막기 위하여, 능동적이고 주체적인 자아(agent)가 하는 **보호 행위**(potective acts)를 GAD와 걱정의 증상이라고 본다. 우리의 관점에서는 고통이 혐오적이기 때문에 걱정은 고통 감정을 회피하는 것 이상이라고 본다. 그보다 걱정은 두려움, 무기력감, 외로움, 무력감 및 방임의 고통 감정을 불러일으킬 미래의 상황과 부정적인 결과에 대비하고 보호하려는 시도이다. 자신의 정서를 진정시킬 수 없기 때문에 사람들은 감정이 자신을 압도하고 분열과 붕괴로 이끌까 봐 두려워한다. 따라서 불안과 걱정은 사람들에게 괴로움과 고통을 불러일으킬 특정 행동이나 사건에 대해 경고하고, 자기 일관성을 유지하며, 처리가 필요한 충족되지 않은 욕구와 고통스러운 경험에 주의를 환기하는 역할을 한다.

🤲 범불안장애를 위한 정서중심치료

GAD를 효과적으로 처치하기 위해서 두려움, 슬픔, 방임 및 위해에서 오는 수치심의 고통스러운 정서가 처리되어야 하고, 보다 적응적인 정서도식과 더 긍정적으로 디스트레스와 고통스러운 감정을 결부시키는 방식을 발달시켜야 한다. 걱정을 없애기 위해 EFT 치료사는 내담자가 부정적인 방식으로 자신을 대우하고 경험과 결부시키는 것을 변화시키고 부적응적인 정서도식을 재처리하도록 도와야 한다. GAD를 가진 사람들은 일관성의 감각을 유지하기 위해 정서경험의 처리와 조절에 다양한 방법을 습득해야 한다. 이를 위해서 자신과 자신의 감정을 인정하고 수용하여야 한다. 자신을 보호하고 안녕을 유지하는 안내자로서 자신의 적응적인 감정과 욕구를 이용해야 한다. 극심한 고통스러운 감정을 마주하려면 새로운 방식으로 자신과 타인을 관계 지을 필요가 있다. GAD를 가진 사람들은 관심과 돌봄을 받을 자격이 있다고 느낄 필요가 있으며, 더 큰 자기 자비와 자기 수용은 물론 보호적인 분노에 접근해야 한다.

사람들이 일단 자신을 보호할 수 있고 더욱더 자기 수용적이고 자기 자비적으로 느낄 수 있으면, 무너질까 봐 덜 두려워하게 되고 더 강하게 느끼기 시작할 것이다. 자신의 지각과 정서를 믿고, 대처 능력을 신뢰하고 확신감을 발달시켜서, 더 이상 고통과 고뇌의 감정에 무너지거나 압도되지 않을 것이다. 고통스러운 감정을 더 잘 진정시킬 수 있어서, 분열감과 디스트레스를 피하고, 보호와 양육에 대한 욕구에 주의를 기울이고 정체성을 지킬 수 있다.

EFT 치료사는 GAD가 있는 내담자와 협력하여 정서 처리과정을 촉진함으로써, 자아감을 강화하고 자기 수용, 자기 자비 및 자기 보호를 더 잘하게 된다. EFT는 내담자의 보다 긍정적인 자기 조직화의 발달과 효과적인 정동 조절 기술 획득을 촉진하도록 설계되었다. 이러한 기술에는 ① 정서경험에 접근하기, ② 정서에 이름 붙이기, 견디기, 조절하기 및 정서 변형하기에서 향상된 능력, ③ 부정적인 정서를 더 잘 견디기, ④ 향상된 자기 진정과 자기 주장 능력 등이 있다(Elliott, Watson, Goldman, & Greenberg, 2004; Greenberg, Rice, & Elliott, 1993; Greenberg & Watson, 2006). 내담자에게 자신의 욕구를 더 잘 충족시키기 위해 보다 적응적인 행동 경향성에 접근하도록 용기를 일깨운다. 치료 과정은 이 책의 제3장에 자세히 예시되어 있다.

GAD 처치의 정서중심적 접근이 많은 연구에 의해 전반적으로 지지되었다. 버그 등(Berg, Sandell, & Sandahl, 2009)은 내담자의 정서적, 신체적 경험에 초점화한 심리 치료가 통상적인 치료보다 GAD를 가진 사람들의 치료에 더 효과적임을 증명했다. 더욱이, 이 연구의 내담자들은 정서적으로 표현적인 개입뿐만 아니라 지지적이고 반영적인 개입이 크게 도움되었다고 보고했다. 나아가서 EFT로 성공적으로 치료된 GAD 및 우울증의 동반 진단을 받은 내담자들의 상당한 부분(Goldman, Greenberg, & Angus, 2006; Greenberg & Watson, 1998; J. Watson, Gordon, Stermac, Kalogerakos, & Steckley, 2003)에서뿐만 아니라, 성공적인 성과를 보여 주는 현재의 2세트의 GAD 및 불안에 대한 반복적 집중 단일 사례 연구(Saedi-Chekan & Watson, 2015; Timulak & McElvaney, 2015) 및 사회적 불안에 대한 두 집단 연구(Elliott, 2013; Shahar, 2014)에서 이 접근을 지지하는 결과들이 나왔다. 효과성에 대한 이들 연구 외에도, EFT는 변화를 촉진하는 내담자-치료자 상호작용 모형을 개발하고 변화과정을 조명하기 위하여 심리치료의 미세한 처리과정을 분석한 수십 년간의 연구에 기반을 두고 있다(Elliott et al., 2004; Greenberg & Paivio, 1997; Greenberg et al., 1993; Greenberg & Watson, 2006). 이 작업은 EFT 접근방식을 위한 강력한 실증적 기반을 제공한다. 다음 장에서는 GAD에서 정서의 역할에 대해 논의한다.

범불안장애에서 정서의 역할

정서는 사람들이 복잡한 환경에서 방향을 정하는 데 적용할 정보 및 관련된 행동 경향성을 제공한다 (Damasio, 1994; Greenberg, 2011, 2015; Greenberg & Safran, 1987; J. Watson & Greenberg, 1996). 정서중심치료(Emotion-Focused Therapy: EFT)의 관점에서 볼 때, 불안은 적절한 보호와 지원을 받지 못한 채 해롭고 위협적인 상황에의 반복적인 노출로 인해 나타나는 손상된 정서 과정, 고통스러운 정서경험 및 표현의 중단을 반영한다. 보호와 진정작용 없이 방임, 유기, 고립 또는 위해와 같은 위협적인 환경에서 겪은 강렬한 디스트레스 감정들은 취약한 자기 조직화를 발달시키게 되는데, 이는 두려움, 슬픔 및 수치심과 같은 이면의 1차 정서가 적절하게 처리되고 진정되거나 조절되는 것을 방해하기 때문이다.

반복된 애착 및 정체감 손상으로 인해 나타나는 범불안장애(Generalized Anxiety Disorder: GAD)의 정서적 반응은 객관적으로 위협적일 수도 있고 그렇지 않을 수도 있는 다양한 자극에 의해 촉발될 수 있다. 제1장에서 논의한 바와 같이, 이는 사람들이 자신의 환경에서 수많은 서로 다른 요인들 사이에서 어느 것이 도움이 될지 정확하게 구별할 수 없기 때문일 것이다. 이러한 촉발 요인들은 부적응적인 도식을 활성화하며, 그로 인해 나타나는 정서들은 처리되거나 조절되지 않는다. 취약할 때 지원과 보호의 결핍은 종종 나약감, 거부감, 부족감, 무가치감, 슬픔 및 수치심의 감정을 일으키며, 이 모든 것이 취약하고 대처 불가한 것으로 조직화하는 자아의 발달에 작용한다. 시간이 지나면서 고통스러운 감정(예: 두려움, 고립, 거부)의 경험은 GAD가 있는 사람들을 악화시키는데, 이는 자신의 감정에 대처할 수 있는 자원이 있다고 느끼지 못하고, 위협적인 상황에 직면하여 디스트레스를 조절할 수 있는 적절한 보호, 진정 그리고 자원에 접근하지 못하기 때문이다.

EFT 관점에서 볼 때, GAD를 가진 사람들은 자신의 감정을 상징화, 이름 붙이기 및 표현하기와 같은 정서 처리에 어려움이 있을 뿐만 아니라 각성 수준을 조절하는 데도 어려움이 있어서 효과적으로 대처하지 못한다(Kennedy-Moore & Watson, 1999, 2001). EFT는 GAD가 부적응적인 정서를 활성화하고, 정서에 대한 명료성이 부족하고, 정서에 이름을 붙여 부를 수 없고, 자기를 보호하고 진정시켜 주는 긍정적인 정서를 억압하는 것으로 본다. GAD와 가장 핵심적으로 연결되는 것은 바로 1차 정서(예: 두려움, 슬픔, 수치심)의 중단이다. 이 관점에 의하면 불안은 유기와 위해에 대한 깊은 두려움의 감정뿐만 아니라 거부와 방임에 대한 슬픔과 수치심에 의한 것이며, 이로 인해 일축, 무시 및 침묵하도록 학습된 GAD가 있는 사람들은 자신의 감정과 욕구에 깊은 슬픔과 수치심을 발달시키게 된다.

정신역동 이론에서는 이러한 자각의 결여를 동기나 정서의 억제(repression)라고 보는 것과 달리, EFT에서는 정서경험이 체계화되지 않은 채 억압된(suppressed) 것으로 본다. 즉, 정서경험이 적절하게 상징화되지 않았기 때문에 명확하게 알 수가 없고 이름 붙일 수 없게 되어, 행동을 안내하는 데 이용할 수 없다는 것이다. 오히려 거부되고, 무시되고, 무효화되어서 수용, 경험 및 처리할 수가 없게 된다. 이는 동화되지 않은 채 그대로 남아 있다. EFT에서는, 경험되기를 포기해버린 정서경험을 정보로서 사용하고, 필요하면 적응적인 행동을 위해 그 정서경험을 변형한다.

이 견해에 의하면 고통스러운 감정은 수반되는 욕구가 확인되고, 표현되고, 응답받을 수 있도록 하는 것이 중요하다. 또한 사람들이 자기 조직화를 변화시키는 더 긍정적인 감정 상태가 나타날 수 있도록 처리하는 것이 중요하다.

🤲 정서적 고통

우리는 고통스러운 감정이 GAD의 핵심이라고 보지만, **정서적 고통**(emotional pain)이 의미하는 바는 무엇인가? 내담자의 주관적인 고통 경험에 대한 질적 연구에서 볼저(Bolger, 1999; Greenberg & Bolger, 2001)는 정서적 고통의 핵심에는 부서지거나 파편화된 느낌이 있음을 발견했다. 고통에 대한 묘사에서 내담자들은 종종 몸과 내장에서 느껴지는 손상의 깊고 어두운 곳을 언급했다. '나의 일부분이 뜯겨져 나가고 피를 흘리는 부분' '찢어지는 느낌' 또는 '가슴이 부서지는 것'과 같은 말로 표현했다. 어떤 사람들은 그것을 유대관계가 깨어지거나 파편화되는 관계로 비유하였다. 그러므로, 심리적 고통은 신체적 고통처럼 몸에서 경험되며, 참가자들은 자신이 분열되고 붕괴되는 느낌이 너무 무서웠다고 보고했다.

고통스러운 자극이 신체 외면에 영향을 미칠 때, 그러한 파괴적인 힘으로부터 멀어지려고 하는 자동 반응과 함께 전형적인 신체적 고통이 일어난다. 경험이 상처로 남는다면 치유되어야 한다. 마찬가지로, 정서적 고통이 적절한 반응을 받지 못하는 경우, 종종 치유되지 않은 채 남아 자아감이 손상되고 결함이 있을 뿐만 아니라 무기력하고 무력한 느낌을 갖게 된다. 정서적 고통이 적절하게 처리될 때까지 그 고통은 살아 있고 쉽게 촉발된다. 처리되지 않고 무시된 고통은 제대로 표현되거나 규명될 수 없다. 또한 산산조각 난 느낌을 멈추기에는 너무 무기력하고, 보호가 없으면 무력감을 느낀다. 자아가 손상된 것으로 느껴지는 정서적 고통은 슬픔과는 달리 상실에 생물학적인 기반을 둔 반응이다(예: 사람, 장소 또는 사물에 대한). 반대로, 자아가 손상되면 생존에 중요하다고 느끼는 욕구가 충족되지 못하고, 무기력감과 무력감이 수반되며 그 욕구가 앞으로 결코 충족되지 않을 것이라는 우려가 뒤따른다.

이 책의 제1장에서 언급했듯이, 우리는 GAD가 유아기의 애착 손상과 정체성 손상으로 인해 발달되는 불안하거나 취약한 자아감에서 비롯된다고 간주한다. 사람들의 회복탄력성(resiliency)과 대처 능력이 생애 동안의 애착과 정체성 손상에 의해 약화될 때, 외로움, 두려움, 슬픔, 결손감, 무능감 및 수치심이 생길 수 있다. GAD를 가진 사람들은 자신의 자아 개념이 무너질 수도 있는 강렬한 감정으로 인해 분열되고 압도될까 봐 두려워한다. 따라서 EFT의 중요한 목적은 내담자가 불확실하고도 고통스러운 정서경험을 자기 자신의 것으로 가져가고, 압도되고 무너질 것 같은 두려움을 극복하도록 내담자와 함께 작업하는 것이다. 통합되지 못한 외로움과 고립감은 신체적 상해에 대한 고통스러운 느낌을 자신의 것이라고 하지 않는 것만큼 파괴적일 수 있다. 일단 자신의 고통스러운 감정과 욕구에 직면할 수 있게 되면, 이러한 감정과 욕구는 인식으로 상징화되고 동화되어 보호 및 생명유지 행동(예: 보호적인 분노, 자기 자비, 자기 진정)으로 유도되거나 새로운 정서경험에 의해 변형될 수 있다. 정서경험에서의 이러한 기회는 더욱더 통합되고 일관된 자아감을 가져온다(Greenberg, 2011).

EFT는 치료사가 내담자와 함께 고통을 처리하는 동안 공감, 수용 및 일치의 중요성을 강조한다. 내담자는 반응적인 타인과 함께 고통을 처리하면서, 더욱더 자신에게 양육적이고, 수용적이고, 보호적으로 됨으로써 고통스러운 감정에 대처하는 대안적인 방법들을 배운다. 내담자는 자신의 욕구와 그것을 자신에게 어떻게 제공할 것인가를 배울 뿐만 아니라 새로운 적응적인 정서에 접근하는 방법도 배운다. 이는 주체성에 대한 새로운 의미, 자기 주장 및 자기 자비를 가져와서, 내담자로 하여금 자신의 대처 능력에 대해 더 탄력적이고 확신 있는 느낌을 가지게 한다. 자신이 더 강하게 느껴지기 때문에 내담자가 부정적이고 힘든 사건이나 상황에 의해 쉽게 촉발되거나 압도될 가능성이 적다.

🤍 정서와 신체

유기체적 경험은 인간이 신체를 통해 자신과 환경을 경험하는 모든 방식으로 구성되어 있다. 이 유기체적 경험의 일부는 정서들로 형성되는데, 이는 **자기 조직화** (self-organizations)로 들어가고 형성되는 정서도식들의 통합에 기초함으로써 내적 복합성을 표상한다. 타인, 세상 및 우리 자신에 대한 지식이 부분적으로는 청각, 시각 및 촉각과 같은 감각에서뿐만 아니라 해석, 감정 및 정서에서도 온다. 따라서 사람들이 환경에서 일어나는 것을 감각을 통해 이해하고, 정서 및(또는) 감정으로 그 경험에 반응하고 자신에게 미치는 영향을 알게 되면서, 내·외적 경험으로 유기체의 경험이 구성된다(J. Watson, 2011).

지식의 다른 자원들은 내부감각 및 고유수용감각과 같은 신체 내에 있는 것으로서, 체감각(somatosensory) 자극에 기반을 둔 정보를 제공한다. 내부감각 (interoception)은 신체 내부, 특히 내장에서 발생하는 자극을 감지하는 방법이다. 아동기에 사람들은 오감을 통해서만 세상과 자신을 경험한다고 배우며, 세상에 존재한다는 바로 그 경험이 다른 감각에서 온다는 것을 이해하기 위해서는 재교육이 필요하다. 하지만, 세상에서 자기를 '감지(sense)'하는 중추신경계를 통하여 신경 신호를 위쪽으로 전달하고, 생리적 균형을 유지하는 기관인 신체의 모든 조직, 근육 및 관절을 재조직화하는 것이 중요하다. 또한 위치, 장소, 방향 및 신체와 신체 부위들의 움직임에 대한 감지력인 **고유수용감각**(proprioception)은 신체 내부 정보를 수신하는 또 다른 측면들이다. 이러한 형태의 체성 감각 자극은 생리적, 피질하 및 피질적 과정을 혼합해서 세상에서의 주관적인 존재감을 만들어낸다. 그러므로 생리적인 신체기반의 수준에서 시작된 감각과 과정에 대한 **경험적 자각**(experiential awareness)은 사람들의 현재 상태나 자기 조직화의 중요한 정보원이다. 내부감각과 신체에 대한 경험적 인식을 키우는 것은 내담자가 정서적 자각을 배양하고 더 명료하고 깊이 있게 느끼는 능력을 개발하도록 돕는 데 필요하다.

경험주의 이론가들은 유기체와 그 조절 능력을 생존에 필수적인 것으로 규명하고, 정서가 이 조절 과정의 핵심이라고 본다(Damasio, 1994; Greenberg & Safran, 1987; Rogers, 1959). 정서는 감각이 주는 정보를 처리할 때, 개인의 내적 환경과 외부로부터의 영향을 받는 방식의 판독을 제공하는 신체 상태에 대한 뇌 표상이다(Damasio, 1994). 기본적인 수준에서 내부감각은 신체 생리를 균형 있고 생산적으로 유지시키는 과정들을 주도한다. 또한 내부감각은 정서경험과 주관적 인식의 명료화에 도움이 되어, 궁극적으로 인지와 행동에 영향을 미친다. 치료적 관계의 안전성을 배경으로 하는 심리 치료는 내담자의 내ㆍ외적인 세상에 생리적이고 성격적인 반응에 영향을 미칠 수 있으며, 이는 여러 수준에서 유의미한 변화를 일으킨다.

비록 많은 조절이 자각 밖에서 일어나고 있지만, 결코 직접적으로 알려지지 않으며, 조절의 다른 유형들은 자각으로 조절되고 있고 다양한 신체 상태에 대한 본능적인 반응에 의해 통제되고 있다. 본능적인 조절은 변연계의 도움을 받아 뇌간과 시상하부에서 일어난다. 비록 뇌간과 시상하부가 복잡한 영역은 아니지만, 환경과 유기체가 더 복잡해질수록 조절의 필요성이 더 커지고 유기체가 생존하기 위해 더 의식적인 자기 조절이 필요하다. 정서 이론가들에 의하면, 여기가 바로 인간이 복잡한 사회 및 물리적인 환경에 대처하고 적응하도록 돕기 위해 감정과 정서에 대한 의식적 이해를 작동시키는 지점이다(Damasio, 1994; Frijda, 1986; Greenberg & Safran, 1987). 정서는 사람들에게 행동을 안내하고 자신의 욕구를 타인과 소통할 수 있는 정보를 제공한다.

EFT 이론가들은 특정한 신경 및 화학적 변화로 인하여 매순간 신체에서 일어나고 있는 것에 대한 역동적이고 지속적인 통합이 신체 표상이라고 본다(Damasio, 1994; Greenberg, 2011; Greenberg & Safran, 1987). 감각을 통해 인간이 얻는 대부분의 정보는 무의식중에 처리되고, 효율적이고 효과적인 행동을 촉진하는 정서도식을 활성화한다. 이런 식으로 다양한 경험들이 재조직화되고, 이해되고, 그리고 생존을 높이기 위해 작동된다. 이를 수행하기 위해 그 경험 중 일부가 의식화되어 알려지게 되고 행동 변화를 위해 작용된다. 내면의 경험과 감정에 초점화함으로써 사람들은 자신의 경험을 이해하고 그것이 미치는 영향을 알고 이해할 수 있다.

EFT에서는 내담자가 항상 내면의 경험을 의식하는 것은 아니라고 본다. 사실, 성과가 좋은 사례나 심리치료를 성공적으로 받을 수 있었던 사람들에게서 관찰된 변화 중의 하나는 내면의 경험을 더 잘 자각하고, 자신의 감정을 더 잘 표상하고, 그 감정을 명명할 수 있고, 자신의 행동을 안내하기 위해 욕구를 더 잘 확인할 수 있다는 것이다(Greenberg & Malcom, 2002; Rogers, 1961; J. Watson, McMullen, Prosser, & Bedard, 2011). 그들은 자신의 감정 표현에 더 일치적으로 되는 법을 배우고, 더 이상 정서에 맹목적으로 추동되지 않는다. 오히려 사건이 미치는 영향에 대해 정서로부터 정보를 얻을 수 있고 행동 및 미래의 조치들도 안내받을 수 있으며, 정서가 부정적일 때 변형시킬 수 있다. 이 관점에 의하면, 건강한 기능이란 순간순간의 내면의 정서경험을 자각하고 그 자각을 만족스럽고 향상되는 삶을 위한 행동으로 이끌어내는 능력(Gendlin, 1978, 1996; Greenberg, Rice, & Elliott, 1993; Rogers, 1959; J. Watson & Watson, 2010)이며, 새로운 정서에의 접근과 경험을 위해 부적응적인 정서와 충족되지 않은 욕구를 확인할 수 있도록 자각을 사용하는 것이다.

🫱 정서도식

정서는 환경적인 사건에 대한 자연적인 반응이다. 정서 이론가들은 인간이 어떤 자극에 대해서는 위협으로 반응하는 경향성을 타고난 반면에, 자극에 대한 또 다른 반응들은 경험적으로 획득된다고 제언한다(Damasio, 1994; Frijda, 1986). 다마지오(Damasio, 1994)는 생존을 높이기 위해 다양한 자극(예: 크기, 동작, 소리)에 대한 타고난 기질적 특질뿐만 아니라, 특정한 신체 상태(예: 배고픔, 갈증, 고통, 피로)에 의해 정서가 촉발된다고 보았다. 우리의 관점에서, 공포증(예: 높이, 뱀, 거미; J. Watson, 2011)의 발달과 관련된 두려움을 유발하는 것은 자극에 대해 이와 같이 타고난 기질적 특성 때문이라고 본다. 이러한 타고난 기질 외에도, 다양한 자극과 정서 간의 어떤 연결들은 환경과 개인의 상호작용을 통해 특화되기 시작한다. 다마지오(Damasio, 1994)는 이러한 연결들을 **기질적 표상**(dispositional representations)이라고 불렀다.

예를 들어, 상처 입고 아파 보이는 누군가를 보는 것은 사람마다 다른 의미를 갖는다. 어떤 사람들에게는 그 표현이 사람을 조종하려는(manipulative) 것으로 보일 수 있는 반면에, 다른 사람들에게는 두려워서 얼어붙은 것으로 볼 수도 있고, 또 다른 사람들은 연민을 느끼고 도와주려는 것으로 볼 수도 있다. 개인들은 세상을 경험하면서 자신의 감정을 특정 자극과 결부시키는 법을 배운다. 예를 들어, 이전에 보살핌을 받고 접촉하는 것에 안도감을 느낀 사람들은 도움의 손길에 편안함을 느낄 수 있다. 이는 과거에 구타와 신체적 학대를 겪은 사람들이 도움의 손길을 두려움과 의구심으로 바라보는 것과는 대조적이다.

기질적 경향성을 형성할 수 있는 능력은 정서도식의 발달에 도움이 된다(Elliott, Watson, Goldman, & Greenberg, 2004; Greenberg et al., 1993; Pascual-Leone, 1987; Piaget, 1972; Watson, 2011). 신체적으로 느껴진 감각, 상황, 감정 및 경험에 귀인되는 의미 사이에 형성되는 연결들이 정서도식 형성의 기초가 된다. 정서도식은 사람들로 하여금 사건을 해석하고 반응하게 한다. 또 다른 이점은 사람들이 감정을 직접 경험하지 않고도 감정을 다른 자극과 상황에 일반화할 수 있다는 것이다(Damasio, 1994; Frijda, 1986; Greenberg, 2002, 2011). 이는 사람들이 서로 다른 상황에서 어떤 자극들이 있을 확률을 예측하기 위해 미리 예상하고 계획할 수 있게 한다(Damasio, 1994). 우리의 관점에서, 불안장애는 개인이 위협적인 환경에서 마주했었던 환경적 자극과 1차 정서들 간에 연결들이 형성된 결과라고 본다. 따라서 두려움과 놀람의 1차 정서를 일으키는, 미리 프로그램화된 타고난 자극은 공포증의 발달에 기여한다. 반면에, 의식적인 자각에서 적절하게 처리되지 않을 수도 있는 위협적이고, 해롭고, 부정적인 자극들 간의 학습된 연결들이 GAD와 관련되는 정서도식을 일으킨다.

정서는 두 가지 수준에서 경험될 수 있다. 즉, ① 현재의 상황과 관련된 1차 정서의 경험과 같은 정서의 즉각적이고 감각적인 수준, ② 과거 경험에 기반을 둔 정서 경험의 더 복합적인 정서도식적 수준(Greenberg, 2011; J. Watson, 2011)이다. EFT에 서는 **정서도식**(emotion scheme)이라는 용어를 시간이 지남에 따라 경험에 의해 발 달되는 정동, 인지, 동기 부여, 행동 및 관계적 과정으로 이루어지는 복합적인 구성 체로 지칭한다(Greenberg, 2002; Greenberg et al., 1993; Greenberg & Safran, 1987). 정 서도식이 반응을 생성하기 위해 반드시 단독으로 작용하는 것은 아니다. 오히려 그 것들은 특정 도식의 적용을 촉진할 수도 있고 방해할 수도 있는 주의 및 실행 과정 과 같은 여러 정신적인 작동의 도움으로 통합되는데, 이는 상황에 대한 반응을 설 정하기 위한 것으로 보인다(Greenberg & Pascual-Leone, 1995, 2001; Pascual-Leone, 1991). 활성화된 도식과 다른 과정들이 변증법적으로 통합되면서, 사람들은 현재의 자기 조직화를 이끌어낸다. 안정된 자아 구조와 불안하게 조직화되는 기질적 특성 (trait-like characteristics)은 사람들이 환경과 상호작용하는 만큼 일정하게 재현되는 특정 상태를 나타내고, 과거에 처리되지 않은 경험의 반사작용이나 어떤 식으로든 이와 연관되는 자극에 의해 촉발된다.

GAD에서는 자기 조직화나 걱정의 내적 상태가 끊임없이 구성되고 재구성된 다(Greenberg & Pascual-Leone, 1995, 2001; J. Watson & Greenberg, 1996; Whelton & Greenberg, 2001). GAD의 취약한 자아 상태는 단일 정서도식이나 단일 수준의 처 리과정에 의해 생기는 것이 아니라 특정 시점에서 취약한 자기 조직화를 만들 수도 있는 여러 가지 도식의 암묵적인 통합에 의해서 생겨난다. 따라서 걱정하는 자기 조직화는 많은 요인들의 변증법적 통합으로 인해 특정 상황에서 더욱 집요하게 나 타날 수 있다. 예를 들어, 잠을 잘 못 자면 피곤해서 직장에 갈 준비를 하는 동안 가 족들과 힘든 상호작용을 하게 되고, 그리하여 이른 아침 미팅 시간에 맞추어 도착 하는 것이 힘들게 되면서 특히 러시아워의 극심한 교통 체증으로 인하여 스트레스 를 느끼게 된다. 이 모든 경험이 걱정이나 평온함의 어느 쪽으로든 특정한 자기 조 직화에 영향을 미칠 수 있다.

정서도식은 또한 사건의 해석과 예측을 용이하게 하는 것으로 이해된다

(Greenberg, 2002). 강한 정서가 불러일으켜지는 특정 상황이 기억에 저장될 수 있다. 이는 자동적인 수준에서, 이전에 겪었던 경험에 기인하는 현재의 경험과 자극에 정서적 의미가 부여되는 것을 의미한다. 현재의 자극은 이전에 경험한 정서 상태를 촉발하는 역할을 한다(J. Watson, 2011). 정서도식이 대체로 정보 처리와 반응 형성이 더 효율적으로 되도록 촉진하지만 부적응적일 수도 있다(Greenberg, 2002). **적응적인 정서도식**(adaptive emotion schemes)은 유연하고 새로운 경험을 접할 때 변화에 개방적이다. 반대로, **부적응적인 정서도식**(maladaptive emotion schemes)은 변화에 저항한다. 정서도식은 사람들을 자신이 경험하고 있는 측면으로 적응시켜 나가기 때문에, 계속해서 그 도식을 계속 입증하는 행동을 촉진함으로써 기존의 정서도식을 입증하는 역할을 할 것이다(Greenberg et al., 1993).

부적응적인 정서도식은 여러 가지 이유로 발달할 수 있다. EFT에서 우리는 힘든 사건이나 감정에 대처하기 위해서 자아가 고통스러운 정서경험을 중심으로 조직화될 수 있다고 본다(Greenberg, 2011). 이 도식들이 잠자고 있을 수도 있지만, 도전적인 인생사건에 직면하여 환기되면 문제가 일어날 수 있다(Greenberg, 2011). 명료하게 식별되지 않던 초기 상황의 요인들이 두려움과 취약성이라는 정서도식을 활성화할 수 있다. 이로 인해 이전 상황의 다양한 자극과 맥락적 단서가 현재 상황에 있는 것처럼 보이고 과거 상황과 경험에서 피해와 고통의 정서도식이 불러일으켜진다(Damasio, 1994; Greenberg, 2011; J. Watson, 2011). 이것이 역기능을 초래하는 정도는 과거 경험의 강도와 과거에 촉발된 사건의 발생빈도와 같은 요인들뿐만 아니라, 기질적이고 유기체적인 요인, 생리적인 요인 및 도전할 때의 그 사람의 종합적인 기분이나 상황과 같은 현재에 관련되는 수많은 요인들에 따라 다르다(Greenberg, 2011).

비록 생물학적 요인이 부적응적인 정서도식의 발달에 연관될 수 있지만, EFT에서 우리는 부적응인 정서도식이 학습된 것이라고 강조한다(Greenberg, 2011; J. Watson, 2011). 정서경험이나 표현에 부정적인 반응이 돌아오거나, 사람들이 해롭고 고통스러운 사건에 직면할 당시에 보호, 돌봄 또는 양육이 부적절한 경우 부적응적인 정서도식이 형성될 수 있다(Greenberg, 2011; J. Watson, 2011). 예를 들어, 양육자에게 학대를 당하는 경우, 아동의 안전에 대한 일차적 원천이 바로 두려움의 일차적 원천이기도 하다. 그러므로 그 아동은 학대와 관련된 디스트레스 정서에 대처하는 법을 배우고, 적대적·부정적·비보호적인 양육자에게 대처하는 것도 배워야 한다. 진정으로 일관된 돌봄을 주는 타인과의 관계에서는 이러한 안전이 지속된다.

♥ 정서의 유형

정서 이론가들이 일부 정서들을 생득적인 것으로 인식하지만, 환경과의 상호작용에서 개인의 정서가 분화되기 시작하고 정서도식이 형성된다. EFT에서 우리는 정서 경험과 표현을 네 가지 범주, 즉, 1차 적응 정서, 1차 부적응 정서, 2차 정서 및 도구적 정서로 나눈다(Greenberg & Safran, 1987). 이들 범주를 간략하게 살펴보겠다.

1차 적응 정서(primary adaptive emotions)는 사람들이 환경을 신속하게 처리하고 해석하도록 돕고, 즉각적이고 적응적인 행동반응을 허용하는 것으로 간주된다. 예를 들어, 슬픔은 위로가 필요하다는 신호를 보내고 사람들은 타인으로부터 위로와 돌봄을 구하게 된다. 사람들의 다양한 정서 상태에 기반을 둔 욕구를 충족하고자 하는 추진력을 행동 경향성(action tendency)이라고 한다. 개인의 정서경험과 욕구를 환경과 매개하는 것이 행동 경향성이다. 1차 정서의 예를 들자면, 침해에 대한 반응인 분노, 위험에 대한 반응인 두려움 그리고 상실에 대한 반응인 슬픔이 있다. 이들 정서에서 얻어진 정보는 목표 설정 안내, 관계 유지 및 의사결정 촉진에 중요하다고 보인다.

1차 부적응 정서(primary maladaptive emotions)는 원래 적응적이었지만 해롭고, 방임적이거나, 부정적인 환경으로 인하여 현재 맥락에서 부적응적으로 되어버린 1차 정서 반응을 일컫는다. 1차 부적응 정서는 특정한 내면 상태(예: 다른 사람과 더 가까워지거나 더 많이 연결되는 느낌)가 부정적으로 경험되는 것과 같은 1차 정서의 왜

곡을 반영한다. 부정적인 삶의 경험은 기쁨이나 만족과 같은 쾌의 정서와 반대되는 두려움, 수치심 및 슬픔의 감정과 연관되는 신경 자극에 기여한다. 연구에 의하면 이러한 부적응적인 연결들이 사람들의 신경 화학적 상태에 영향을 미치는 것으로 나타난다. 예를 들어, 경계성 성격 장애로 진단받은 내담자는 다른 사람과 친밀함을 느낄 때 편안하고 차분한 느낌을 받는 것과는 반대로, 옥시토신과 디스트레스 수준의 증가를 보여 준다(Bartz et al., 2011).

그러므로, 부정적이거나 외상적인 사건에서 정서들이 처리되지 않고 남아 있을 때 정서 반응 및 수반되는 생물학적 상태가 역기능적으로 될 수 있으며, 역기능적인 정서도식의 발달을 초래할 수 있다(Greenberg, 2002). 이 책의 제1장에서 언급했듯이, 정서에 적절하게 반응하지 않아서 디스트레스로 되면, 정서 처리가 중단되어, 정상적인 정서경험의 흐름이 차단될 수 있다. 여기서 많은 것이 연속하여 일어난다. 첫째, 위협적인 사건과 관련된 자극과 1차 정서 간에 형성되는 연결들이, 그러한 자극들이 더 좋은 다른 상황에서 경험될 때에 비해 과일반화될 수 있다. 그 자극들은 위협적이었던 과거의 정서경험의 렌즈를 통해 걸러진다. 이렇게 되면, 두려움, 고립, 유기나 위해의 고통스러운 감정들이 현재의 유해한 자극에 의해 촉발될 수 있다. 이러한 상황에서는 그 결과로 일어나는 정서들이 현재에 적응적인 반응을 촉진시키는 정보를 제공하지 않는다. 즉, 두려움을 발생시킨 자극이 위험이나 위해의 징후가 되지 못한다는 것이다. 더욱이 촉발되는 부적응적인 일차 정서는 압도적이거나 디스트레스로 경험되어 대인관계에 문제를 일으킬 수 있다. GAD에서 가장 자주 관찰되는 세 가지 부적응 정서는 슬픔, 수치심 및 두려움이다.

2차 정서(secondary emotions)는 1차 정서에 대한 반응이다(Greenberg et al., 1993; Greenberg & Safran, 1987). 예를 들어, 슬플 때 분노나 수치심을 느끼고 표현하는 것뿐만 아니라 분화되지 않는 괴로움도 포함된다. 정서 표현의 이러한 유형은 1차 정서가 제공하는 적응적인 정보에 접근하는 것뿐만 아니라 이러한 정서를 온전히 처리하는 것을 방해한다는 점에서 부적응적이다. 더구나, 사람들이 자신의 욕구를 충족시키지 못할 때 2차 정서의 표현은 대인관계적인 어려움을 만든다. 예를 들어,

슬픔의 감정을 해결하기 위해 위로가 필요한 사람이 오히려 분노를 표현하여 타인을 가까이 오게 하는 대신에 밀어낼 수 있다. 2차 정서는 사람의 행동 경향성을 왜곡할 뿐만 아니라 그 감정이 표현되고 있는 타인에게 혼란을 가중시킨다.

마지막으로, **도구적 정서**(instrumental emotions; Greenberg et al., 1993)는 환경에 대한 생물학적인 반응을 나타내지 않는 정서이다. 오히려 타인의 행동에 영향을 미치고 조종하기 위해 표현하도록 학습된 반응이다. 도구적 정서를 무의식적으로 학습할 수도 있고, 또한 의식적으로 획득하여 특정 목표를 달성하는 데 사용할 수도 있다(예: 힘을 얻기 위한 수단으로 분노를 표현하는 것, 동정심을 유도하기 위해 슬픔과 연약함을 표현하는 것).

🤍 정서와 불안

EFT에서 불안이란 자아에 대해 취약하고 보호받지 못하는 것으로 느껴지는 전인적이고 신체적인 느낌 감각이다. 우리는 **두려움**(fear)과 **불안**(anxiety)을 구별한다. 즉, 두려움은 위험이 사라지면 없어지는 특정 자극에 대한 일시적인 반응이며, 불안은 중단된 정서 처리에 대한 만성적인 반응으로 간주한다. 두려움은 적응적인 행동 경향성에 대한 전조로 이해된다. 교감 신경계가 각성될 때, 사람들은 아드레날린이 솟구치는 것을 느끼고 더 경계하며 도망, 싸움 또는 얼어붙는 반응에 대비하여 당면한 상황에 주의를 더 집중하게 된다. 또한 1차 부적응적 두려움과 1차 부적응적 불안 간에는 차이가 있다. 전자는 자극에 대한 공포 반응으로서, 대체로 단일 외상 사건이나 자극과 관련된 감정, 생각 또는 기억일 수 있다. 이 경우에 두려움은 원래 상황에서는 적응적이었을 것이지만, 계속해서 부적절하게 활성화되어 시간이 지남에 따라 불안이 될 수 있다. 예를 들어, 사람들은 치명적이었던 사고 이후 자동차 엔진 소리를 들었을 때, 습격을 당한 후에 유리가 깨지는 소리를 들었을 때 두려움으로 반응할 수 있다. 이러한 자극들은 초기 외상 상황에서 경험한 고통과 무력감을 불러일으킬 수 있으며, 사람들은 이러한 자극에 맞닥뜨릴 상황(예: 복잡한 거리, 식당)을 피함으로써 이에 대처할 수 있다. GAD에서는 불안이 만성적이고 자유롭게 떠다니기 때문에 어떤 특정 자극에 따르지 않는다. 반면에 걱정은 사람들이 다양한 상황에서 예견되는 부정적인 결과에 대비하고 반응하려는 시도에서 일어난다고 본다.

1차 부적응적 불안은 시간이 지나면서 발달했던 핵심적인 불안이나 취약한 자기 조직화의 활성화에 의해서 생성된다. 활성화되는 정서를 이해하려면 불확실성, 소심함, 과민성, 지나친 경계심 및 자의식에 대한 회기 내 징후들과 연계해서 개인의 애착 역사를 이해하는 것이 도움이 된다. 불안한 자기 조직화는 가끔 불안-회피 애착 유형(Bowlby, 1973)에서 나타나는데, 이 유형은 사람들이 중요한 타인에게 집착하거나, 분리될 때 두려워하거나, 애착 추구를 포기하고 타인으로부터 철수하여 자기충족으로 되는 것이다. 불안전 애착 유형은 반복된 애착 상처로 인해 나타난다. 이는 사람들이 자기 자신을 보호하고 돌볼 능력을 잃거나 또는 양육자나 다른 애착 대상이 자신에게 적절하게 반응하고 보호하고 지지해 줄 수 있는 능력에 대한 신뢰를 잃게 만든다.

정서도식이 형성됨으로써, 사람들은 자신의 내적 상태와 다른 자극에 대한 구성이나 해석에 반응하여 습관적으로 행동하게 되고, 이에 따라 더 지속적인 자기 조직화를 발달시킨다. 그 결과, 특정 자극이 향상적이고 긍정적인 것으로 또는 위협적이고 혐오스러운 것으로 어느 쪽으로든 반복적으로 경험될 수 있다. 경험이 부정적이고 압도적이라면, 사람은 너무 위협받고 취약하여 대처할 수 없다고 느낄지도 모른다. 이처럼 무력해지고 압도되는 느낌은 불안으로 경험될 수 있다. 그러므로 정서도식은 개인과 환경 사이를 매개하는 자기 조직화와 독특한 행동 방식을 만들어낸다. 불안의 초점은 대인관계적(예: 거부로 이어질 수 있는 누군가와 친밀해지는 것에 대한 두려움)이거나 대인 내적(예: 자기를 향한 수치심 및 거부)일 수 있다. 만성적이거나 문제적인 불안은 예측할 수 없는 환경이나 통제력이 부족한 환경에서도 일어날 수 있다.

🫶 정서변화의 원리

　정서 처리는 생존에 필수적이다(Damasio, 1994, 1999; Elliott et al., 2004; Greenberg, 2002; Greenberg & Watson, 2006; LeDoux, 1996). EFT의 주된 초점은 최적의 정서 처리와 자아의 재조직화를 촉진하는 것이다(J. Watson, 2011, 2015). GAD의 역기능적인 정서 처리는 사람들이 온전하고 만족스러운 삶을 영위할 수 있는 능력을 방해하는 정서 처리의 차단에 의한 것이라고 여겨진다. EFT에서 변화란 새로운 방식으로 정서를 처리하고 자신과 타인에 대한 새로운 서사에 반영되는 더 강하고 긍정적인 자기 조직화의 발달을 통해 일어나는 것으로 본다. EFT 관점에서 변형(transformation)은 내담자가 정서를 처리하고 표현하는 방식의 변화를 통해 일어난다. EFT의 내담자는 자신의 정서경험을 더 많이 인식하게 되어 이러한 과정을 촉진하는 치료사와 공감적으로 조율된 관계 맥락에서 이를 표현하고, 조절하고, 성찰하고 변형하는 방법을 배운다. 치료사와의 긍정적인 관계는 내담자에게 더 큰 자기 자비와 자기 수용을 배울 수 있는 교정적 정서경험을 제공할 뿐만 아니라, 내담자가 자신의 안전과 안녕을 확실하게 하기 위해 더 자기 주장적이고 자기 보호적으로 되게 한다.

자각

　1차 정서의 자각을 높이는 것은 정서 처리의 기본이다. 일단 사람들이 자신이 느끼는 것을 알게 되면 자신의 욕구와 재연결할 수 있고, 이를 충족하기 위해 동기화된다. 최근의 연구에 따르면 말로 느낌을 명명하는 것은 편도체의 각성을 감소(Lieberman et al., 2007)시키는 데 도움이 되는 것으로 나타났다. 예컨대, 뱀 공포가 있는 사람들이 뱀에 노출되는 것에 더하여 정동 상태에 이름을 붙였을 때, 노출만 되는 경우와 비교하여 더 많이 뱀을 만지게 되고 생리적 각성이 더 낮게 나타났으며, 대중 연설에 대한 불안이 있는 사람들은 생리적 각성이 더욱 감소했다(Niles, Craske, Lieberman, & Hur, 2015). 정서에 대한 자각을 증가시키는 것은 다양한 방식으로 치료적이다. 핵심 정서의 경험을 자각하고 말로 상징화하는 것은 생리적 각성을 감소시키고 정서 속에 있는 적응적인 욕구에 접근하게 하고, 행동 경향성으로 나아가게 한다. 또한 정서의 자각은 문제가 무엇인지, 무엇이 충족되지 않았는지 정의하는 데 도움된다. 내담자는 정서를 피하지 않고 받아들임으로써 치료사의 도움을 받아 대처 능력을 향상시킬 수 있다. 내담자는 자신의 정서가 자신에게 무엇을 말하고 있는지 이해하고, 이를 통해 목표를 파악하고, 욕구와 관심사뿐만 아니라 취해야 할 조치를 자각하는 데 도움이 된다. 이런 식으로 정서는 정보를 제공하고 사람들에게 행동으로 나아가게 한다.

감정의 자각과 회피

정서경험의 자각과 정서기억 구조에의 접근을 고조시키고, 외상경험으로 생긴 병리적 신념과 행동 경향성을 살피는 것들이 GAD가 있는 사람들의 변화를 촉진하는 데 중요하다. EFT에서 우리는 불안을 경험의 측면들이 주의받지 못하고 있다는 신호로 본다. 즉, 불안은 어떤 경험들이 기피되고 있고, 행동 경향성이 포기되고 있으며 본질적인 욕구가 충족되지 않고 있다는 것을 나타내는 지표로 작용한다. 마찬가지로 허용되지 않고, 수용되지 않고, 처리되지 않은 두려운 정서가 있을 수 있다. 정서는 다양한 이유로 수용되지 않을 수 있다. 이는 정서의 자연발생적인 특성으로 인해 사람들의 통제 속으로 쉽게 들어가지 않기 때문이다. 사람들이 정서와 그 표현에 있어서 이전에 부정적인 경험을 한 적이 있기 때문에 부분적으로 위험하게 볼 수 있다. 정서와 욕구가 반응을 받지 못하였거나, 감정이 처벌되거나, 거부와 같은 다른 부정적인 결과를 초래했기 때문에, 사람들은 감정을 살피는 것보다 감정을 차단하도록 배웠을 수 있다. 어떤 경우에는 감정 자체가 고통스럽기 때문이 아니라 감정을 느끼는 것의 결과가 고통스럽기 때문이다. 다른 경우에는, 감정 자체가 고통스럽고 그 감정을 진정하고 조절하는 방법을 모르기 때문에 견딜 수 없는 것으로 경험한다. 또는 자신의 감정을 허용하고 표현하는 것이 자신의 기능과 자기 조직화를 무너뜨려서 자신이 분열될 수도 있음을 두려워할지도 모른다.

　GAD의 많은 이론들의 중심 개념은 정서 회피이고 걱정이 고통을 회피하는데 도움이 된다는 가설이다. 이는 세 가지 질문을 제기한다. 즉, ① 회피란 무엇이며 어떻게 일어나는가? ② 무엇이 회피되고 있는가? ③ 사람들은 왜 회피하는가?(Greenberg, 2011)이다. 정서 자각의 결핍이 모두 회피가 아니라는 점에 유의하는 것이 중요하다(Kennedy-Moore & Watson, 2001). 정서는 다양한 기제에 의하여 자각으로 상징화되지 않은 채로 있을 수 있다. 첫째, 감정 상태와 정서에 주의를 기울이지 않는 것이 반드시 의도적인 것만은 아니다. 사람들은 자신의 정서에 결코 주의를 기울인 적이 없던 습관 때문에 정서를 살피지 않는다. 또 다른 경우는 감정에 대한 단어가 없거나 감정에 대해 극히 분화되지 않은 상태인 **정서 문맹**(emotion illiteracy)이다. 이는 거부된 감정이 학습의 근본적인 문제가 되는 환경에서 자란 사람들의 경우가 될 수 있으며, 고의적으로 정서경험을 회피하려는 의도가 아니라는 점을 시사한다. 그보다는 정서가 중요하다고 생각하지 않는 것으로 보인다. 다른 경우에는 감정이 온전히 형성되지 않은 경우일 수 있으며, 이때 방해받는 것은 상징화와 이름 붙이기이다. 여기서 사람들은 자신이 느끼는 것을 아직 자각하지 못하는데, 이는 느낌이 지나가는 가운데 형성되기 때문이다. 이럴 경우, 사람들은 내적 초점화와 구성 과정을 통해 그 느낌에 주의를 기울여야 하고 그 느낌이 형성되도록 해야 한다. 자신이 느끼는 것을 자각하지 못하는 또 다른 형태는 정서경험의 복합성에서 비롯되는데, 이는 느껴진 것이 혼란스러울 수 있다. 여기서 혼란이 바로 감정의 복합성이며, 자신의 경험을 이해하기 위해 자신이 느끼는 감정을 탐색하고 명료하게 해야 할 것이다.

　이처럼 알지 못하는 상태와 대조적으로, 어떤 사람들은 자신이 감정을 회피하고 있기 때문에 자신이 느끼고 있는 것을 자각하지 못할 수 있다. 예를 들어, 수치심이나 두려움을 피하기 위해 자동적으로 감정을 억압할 것이다. 이 경우에 감정이 형성되고 감지되지만 자아에 속하지 않는 것으로 무시되거나 버려진다. 따라서 자신이 감정을 피하고 있다는 것을 의식하지 못할 수 있다. 다른 종류의 미확인 감정에서, 사람들은 의도적으로 자신의 감정에 주의를 기울이지 않거나 경험된 것이 불편하게 느껴졌기 때문에 다른 방법을 써서 정서경험을 차단한다. 이 과정은 의도적인 과정으로 완전히 자각하고 있는 것에서부터 부분적으로 자각하는 것, 앞에서 설명된 완전히 자각하지 않는 과정까지 그 정도가 다를 것이다. 정서경험을 방해하는 이 과정은 대체로 불안이라는 신호에 의해 알려진다. 프로이트는 불안이 무의식 세계의 충동으로부터 수용할 수 없는 위험을 알려 주고 억압으로 이끈다고 보았다. 로저스(Rogers, 1959)는 자아개념과 상반되는 신체로 느껴진 경험으로, 포지스(Porges, 2011a, 2011b)가 최근에 이름 붙인 신경 감각(neuroception)이라는 과정에 의해 자각되지 않고 내재화(subceived)된다고 제언했다. EFT에서는 사람들이 자신의 정서경험에 주의를 기울이지 않고 오히려 정서와 암묵적인 행동 경향성을 무시하고, 부인하고, 거부하거나, 그렇지 않으면 현재 그 정서에 주의를 기울일 수 없고, 정서가 자신의 욕구에 따라 방향을 잡을 수 있는 중요한 나침반을 잃어버렸다는 것을 나타내는 지표가 불안이라고 본다.

내담자의 정서경험에 대한 자각을 높이기 위해 EFT는 내담자의 신체 반응과 느낌에 초점을 둔다. 치료사는 내담자와 함께 정서와 느낌에 붙이게 될 단어를 찾고 정서경험을 표현하고 견뎌 낼 뿐만 아니라, 각성을 조절하기 위해 자기 진정하는 방법들을 발달시키고 욕구를 표현하고 충족시킬 새로운 방식들을 찾는다. GAD를 위한 EFT에서 변화를 일으키는 것은 불안의 자각이 아니다. 내담자는 이 2차적인 증상 경험을 지나치게 자각할 뿐이다. 자각하고 이름 붙여야 하는 것은 방임과 위해와 같은 애착 상처로 인한 이면의 두려움과 슬픔뿐만 아니라 학대로 인한 수치심이다. 내담자가 이면의 감정을 자각하게 되고 그 감정들에 이름 붙이기 시작하면서 불안은 감소된다. 감정에 이름 붙이는 것을 통해 의미를 만들기 시작하고, 충족되지 않은 욕구에 더 쉽게 접근하게 되며 보다 더 자기 타당화를 위한 내적 자원과 반응에 접근하고 발달시킬 수 있다. 자각은 또한 발생 상황의 자극들 사이에서 더 미세한 구별로 이어지므로 촉발 요인이 알려질 수 있다. 불안의 원인을 알고 정서적 의미를 이해하면 내담자가 덜 강렬하게 반응하고 현재와 미래의 욕구를 충족시키기 위해 노력할 수 있다.

표현

표현은 말하기, 글쓰기 또는 제스처와 같은 다른 수단(예: 어깨를 으쓱하기, 깊은 슬픔을 눈으로 표현하기)에 의해 감정을 알리는 행위이다. 표현은 보여 주기, 전달하기 및 의사소통하기를 의미한다. 표현은 뇌에 의해 자동으로 코딩되고 거울 뉴런에 의해 등록되는 내장감각적인 신호(interoceptive cues)를 만든다(Decety & Jackson, 2004; Ferrari, Gallese, Rizzolatti, & Fogassi, 2003; Gallese, 2005; Rizzolatti, 2005). 이는 행동으로 체화된 상징화 유형의 하나로 생각할 수 있다. 정서적 표현과 각성의 역할 및 치료와 삶에 유익해질 수 있는 정도는 어떤 정서를 표현하고, 어떤 문제에 대해서, 어떻게 표현하고, 누구에 의해, 누구에게, 언제 그리고 어떤 조건 하에서 표현하는지에 따라 다르다. 정서 표현의 효과성에 대한 보편적인 규칙은 있을 수 없으며, 치료에서의 표현(과거의 문제적인 경험을 다시 경험하고 재작업하기 위해)과 삶에서의 표현 사이에는 명확한 구분이 필요하다.

GAD가 있는 내담자는 고통스러운 정서를 일으킬 상황에 대한 걱정에서 자신을 보호하고자 하는 경향이 강하다. 그래서 내담자에게 고통 정서를 피하지 말라는 것이 아니라 조금씩 자신의 신체적인 느낌에 주의를 기울여 그 정서에 접근하도록 돕는다. 이는 내담자가 자신의 감정에 대해 이야기하는 것을 어떻게든 회피할 수 있게 하는 맹목적인 신념(예: 우는 것은 나약하다, 치료사가 퇴짜 놓을 거라는 두려움과 수치감)의 변화를 가져올 수 있다. GAD가 있는 내담자는 종종, 깊은 고통을 경험한 적이 있는 내담자처럼 해체의 두려움에 직면하기 위해 많은 지지가 필요하다(Greenberg & Bolger, 2001). 불안한 내담자는 자신의 정서와 생생하게 접촉하는 것을 허용하고 견뎌야 한다.

정서에 접근하고 견디는 방법을 배우는 두 단계는 노출의 개념과 일치한다. 이전에 회피했던 감정에 노출하는 것의 효과성에 대한 실증적 증거는 많다(Foa & Jaycox, 1999). 그러나 EFT 관점에서는 정서경험에 대한 접근, 각성 및 인내가 필요는 하지만 변화에 충분한 것은 아니다. 노출로는 변화하지 못한다. 자신이 쓸모없다고 느끼는 수치심, 쓰레기 같은 느낌이나 외롭고 사랑받지 못한다는 느낌에 노출된다고 상상해 보라. 내담자가 두려움을 극복하고 결함이나 외로움에 대한 이러한 느낌 감각(felt sense)에 직면한다면, 결함 있는 느낌이나 외로움을 견딜 수 있을 것이다. 하지만, 변화하기 위해서는 내담자가 정서경험을 결부시키는 방식과 그 과정에서 자신에 대해 느끼는 방식과 같은 더 많은 것이 필요하다.

우리의 관점에서 최적의 정서 처리는 새로운 정서에 의해서 오래된 부정적인 정서를 변형하고 새로운 의미 생성을 위해서 인지와 정동을 통합하는 것이라고 본다(Greenberg, 2002; Greenberg & Pascual-Leone, 1995; Greenberg & Safran, 1987). 일단 고통스러운 정서경험에의 접촉이 이루어지고 나면, 내담자는 반복되는 오래된 신호에 새로운 정서로 반응하고 고통스러운 감정을 인지를 통해 정보로 대함으로써 교정적 정서경험을 하는 것이 중요하다. 인지는 그 감정을 이해하기 위해 탐색하고 성찰할 수 있게 한다. 따라서 분노를 느끼는 내담자는 더 자기 주장적이고 자기 보호적으로 되거나, 이전에 핵심적인 두려움이나 수치심을 불러일으켰던 상황에 반응하여 자기 자비와 슬픔을 경험할 수 있다. EFT에서는 사람들이 노출하고 있는 정서가 행동적인 개입으로 수정되는 불안이라는 증상적 정서가 아닌 노출 치료에서 대체로 밝혀진 증상의 이면에 있는 근본적인 두려움, 수치심 또는 슬픔이라는 1차 정서라는 점에 유의하는 것이 중요하다.

조절

정서 처리의 세 번째 원칙은 정서의 조정(modulation)과 조절(regulation)이다. 어떤 치료에서나 중요한 이슈는 어떤 정서가 조정되고 어떻게 조절되어야 하는가이다. GAD에서 조정이 필요한 정서는 절망감이나 무망감을 만들어내는 2차적인 증상적 불안 또는 근본적인 두려움과 공황에 뿌리를 둔 수치심, 무가치감 그리고 불안과 같은 1차 부적응 정서이다. 수치심이라는 부적응적인 핵심 정서와 불안정한 취약감은 내담자가 그 정서들에 압도되지 않고 정서와 작업할 수 있는 거리를 확보하도록 조절할 필요가 있다. 디스트레스가 너무 높아서 정서가 더 이상 적응적인 행동을 알려 주지 않을 때는 정서를 조절해야 한다.

EFT에서는 정동 조절이 핵심 동기이고 사람들은 불쾌 정서에서 벗어나려 하고 즐거운 정서를 찾도록 동기화되는 것으로 본다. 어떤 정서는 좋게 느껴지는 반면에 다른 정서는 그렇지 않다. 사람들은 분명히 고요함, 기쁨, 자부심, 짜릿함, 흥미 및 즐거움을 추구한다. 마찬가지로 사람들은 고통, 수치심, 불안 및 두려움을 피하려고 한다. 하지만 아이러니하게도 때때로 사람들은 다른 욕구를 충족시키기 위해 즐거운 정서를 찾지 않는 것을 선택할 수 있다. 정서는 생존의 증진을 위해 진화적으로 설계되었으며, 이 설계의 일부는 부정적인 상태를 바꾸려고 동기화된다. 이러한 정동 조절 경향성은 생존과 성장을 돕는다. 따라서 많은 행동과 상호작용은 느껴진 만족감(예: 관계가 욕구를 충족하도록 허용할 때의 기쁨, 목표를 달성할 때의 흥분)과 느껴진 불만족감(예: 관계가 흔들릴 때의 외로움, 실패에서 오는 불안이나 수치심)에 의해 추동된다.

우리는 불안에 직면할 때, 정서적이고 신체적인 경험을 포함하는 유기체적인 경험이 중요하다고 본다. 유기체적 경험은 사람들에게 좋은 것과 나쁜 것에 대해 안내하며, 자신의 행동에 대해 어떤 방식으로든 스스로 느끼게 하므로 유능감에 기반을 두고 정체성을 발달시키고 유지한다. 비록 사람들이 주로 긍정적인 정서를 느끼려고 하지만, 부정적인 정서는 매우 기능적이라는 점에 유의하는 것이 중요하다. 사람들은 또한 단순히 쾌락을 추구하고 고통을 회피하는 것이 아니라(예: 더 높은 이상을 위해 죽는 것), 목표 달성이라는 목적으로 정서를 조절하고, 어떤 사람들은 불안을 유지하는 작업(예: 시험을 위해 공부를 확실하게 하기)을 할 수 있고, 다른 사람들은 두려움을 경험하려고 한다(예: 롤러코스터 타기). 외과의나 군인은 순간의 쾌락이 아니라 생명을 구했다는 자부심과 만족감이나 적을 파괴했다는 안도감을 느끼기 위해서 몇 시간이나 땀 흘리고 애쓸 것이다. 그러므로 장기적인 만족을 얻기 위해 단기적인 불쾌함이나 고통을 추구하고 견딘다. 인간 행동의 많은 부분이 만족감에 의해 동기 부여되고 강화되지만, 이것이 인간은 즉각적인 만족만을 위해 노력한다는 것을 의미하지는 않는다. 사람들은 자신의 목적에 부합되고 기능적이라고 지각되는 고통은 견딜 수 있을 것이다(예: 수용과 인정을 얻을 것으로 예상되는 목표를 향해 노력하기). 또한 사람들이 추구하는 긍정적인 감정이 모두 쾌락에 기반을 둔 것은 아니다. 그러므로 우리는 기능에 대한 쾌락주의적 관점을 취하지 않는다. 대신, 사람들은 자신의 목표와 가치에 기반을 둔 다양한 상황 가운데 선택 가능한 이차 가치 평가를 할 수 있다고 본다(J. Watson & Greenberg, 1996).

사람들의 목표는 '기분 좋게 느껴지는 것' 이상으로 구성된다. 때로는 어떤 상황에서 부정적인 정서를 찾고, 고통을 참고, 분노를 포용하고 또는 더 높은 수준의 감정, 미덕 또는 사랑을 위해 자신을 희생할 것이다. 쾌락의 추구(즐거움 찾기와 고통회피)를 주된 동기로 보는 대신, 우리는 사람들이 적응하고 생존하기 위해 감정을 조절하도록 동기화된다고 본다. 특정한 정서는 특정한 욕구와 생존을 증진하는 행동 경향성을 이끈다. 그리고 디스트레스와 강렬한 정서를 조절하도록 배우는 것은 유능감과 숙달감에 도움이 된다. 사람들은 의미를 찾고 정동을 조절하도록 동기를 부여받는다(Greenberg, 2011, 2015). 의미 탐색은 모든 사람들이 공유하는 동인(drive)이다. 이를 수행하는 한 가지 방법은 그들의 행동이나 경험에 대해 의미와 이해를 제공하기 위해 경험에 대한 이야기를 전개하는 것이다. 사람들은 끊임없이 자신의 감정을 이해하려고 노력한다. 또한, 의미를 창조하는 그 자체는 긍정적인 감정과 즐거움도 가져오며 사람들의 세상에 대한 유능감과 숙달감을 높인다.

불안장애는 개인이 조절하고 이해하려고 하는 이면의 정서 상태에 대한 증상으로 간주된다(Greenberg, 2011). 건강한 정서조절은 정서에 의해 안내되지만 강요되거나 지배당하지 않아야 한다. 이런 식으로 정서를 조절하는 것은 중요한 발달 과제이다. 정서를 조절하지 못하는 것은 역기능의 한 형태이다. GAD의 만성적인 불안과 고통스러운 정서를 다루기 위해 EFT 치료사는 내담자가 고통 정서에 접근하도록 도울 뿐만 아니라, 내담자가 배워 온 정서 반응 방식과 경험에 대처하는 방식에도 초점을 둔다(J. Watson, 2011). 치료사는 내담자와 함께 자신에게 반응하는 대안적인 방법을 개발하고 고통스러운 정서경험을 처리하여, 그들이 자부심, 기쁨 및 자기주장의 긍정적인 정서에 접근하고 경험할 수 있도록 한다. 정서경험을 조절하고 처리하기 위한 대안적인 전략을 개발함으로써 새로운 정서경험뿐만 아니라 대안적인 행동을 만들어 낼 수 있다.

자기 진정 배우기

정서조절의 어려움과 정서경험을 부정적으로 결부시키는 방식은 종종 자기 진정 능력의 부족을 동반한다. 디스트레스를 조정하고 자기 진정하는 능력은 타인과의 상호작용에서뿐만 아니라, 사람들의 대처 능력에 대한 감각을 압도하지 않는 긍정적인 경험의 축적을 통해서 개발되며, 숙달감과 확신감을 발달시킬 수 있게 한다. 자기 진정의 내면화는 환경으로부터의 적절한 지지와 함께 신체적, 인지적 및 정서적인 유능감의 발달로 이루어진다. 사람들이 성장하고 다양한 상황에 숙달함으로써 자신을 더 신뢰하는 법을 배우고, 고통스러울 때 자신을 안심시킬 수 있으며 도움이 필요할 때 다른 사람에게 의지할 수 있다. 성장하기 위해 자신의 능력에 도전하는 것과 어렵고 도전적인 경험으로 인해 괴로워하거나 압도되지 않도록 충분한 지지를 받는 것 사이에는 적정한 균형이 있다.

발달 신경학자들은 보호적이고 양육적인 어른이 아이들에게 지지적이고 도전적인 환경을 제공함으로써 유능감과 숙달감을 개발한다고 본다(Legerstee, 2013). 이 이론가들에 따르면 양육자와 외부 환경의 지원이 부족하면 편도체와 피질 사이에 부적절한 연결이 형성되어 문제 해결뿐만 아니라 디스트레스를 조절하는 데 어려움이 있다. 자신의 능력을 과도하게 사용하는 환경에서 아이들은 디스트레스일 때 스스로를 달래는 방법이나 문제를 적절히 해결하고 해결책을 찾는 방법을 배우지 못할 수 있다. 더욱이, 그들은 일이 잘 될 것이라든가 압도적이고 괴로운 느낌을 극복할 수 있을 것이라는 긍정적인 경험이 부족하여, 타인이 안심시켜 주는 것에 의해서 진정되고 위로받지 못할 수 있다. 대신, 그들은 고통스러운 감정의 활성화와 더 효과적인 정서조절 전략의 부재에 맞서 취약한 자아를 보호하기 위한 시도로서 걱정을 한다.

자기 진정에는 무엇보다도 횡격막, 호흡 및 이완뿐만 아니라 자기 공감, 자기 자비, 자기 수용 및 고요한 자기 대화의 발달이 포함되어야 한다. 또한 다른 사람들이 자신의 정동에 공감으로 조율하는 것을 보여 주고 다른 사람의 수용과 타당화를 통해 대인관계적으로도 자기 진정이 이루어진다. GAD를 위한 EFT에서 치료사는 타당화하고 공감적으로 조율된 환경을 제공함으로써 내담자가 정서경험을 견디면서 조절하도록 돕는다. 시간이 지남에 따라 이러한 존재 방식이 내면화되고 내담자는 암묵적인 자기 진정 전략을 발달시켜, 의도적인 노력 없이 자동적으로 감정을 조절하는 능력을 키운다.

성찰

정서를 인식하고 말로 상징화하는 것 외에도, 정서경험에서 더 나아가는 성찰을 촉진하고, 자신의 경험을 서사적으로 이해하게 돕고, 진행 중인 자기 이야기에 동화되도록 촉진하는 것은 중요한 변화 과정이다. 정서경험을 성찰하는 것은 자신이 누구인가를 말해 준다. 이는 경험을 이해하도록 돕고 자신의 경험과 자기 자신을 설명하는 새로운 이야기의 토대를 형성한다(Goldman, Greenberg, & Pos, 2005; Greenberg & Angus, 2004; Greenberg & Pascual-Leone, 1997; Pennebaker, 1995; J. Watson & Rennie, 1994).

정서경험의 탐색과 경험되는 것에 대한 성찰은 GAD에서 중요한 변화 과정이다. 성찰은 우리의 신체적 각성을 이해하는 데 도움이 된다. 이 과정에서 감정, 욕구, 자기 경험, 생각 및 목표가 모두 명확해지고 조직화되며, 자아의 서로 다른 부분들과 그 관계들이 규명되는 우리 이야기의 일부를 형성한다. 예를 들어, 사람들은 파국화하는 목소리가 어떻게 불안감으로 이끄는지 알게 될 것이며, 이는 증상이 어떻게 촉발되는지 그리고 그 증상이 어떻게 변화될 수 있는지에 대하여 자신의 주도적 역할을 인식하는 데 도움이 될 수 있다. 불안이 일어났던 상황의 의미가 이해되고 관계 유형들이 인식된다. 무엇이 중요한지에 대한 새로운 관점을 개발하는 것은 심오한 변화를 이끌 수 있는 근본적인 태도 변화를 수반한다. 예를 들어, 임사 체험의 성찰이 중독을 극복하고 영성을 재발견하거나 타인에게 더 정직하고 감사하게 되는 동력을 부여하는 것처럼, 삶에 대한 접근에 심오한 변화를 가져올 수 있다.

성찰은 자아가 심리적으로 구성되고 구축되는 방식을 이해하도록 돕는다. 사람들이 구성하는 이야기는 시간적 게슈탈트 유형의 하나인 인지적 조직화 과정(cognitive organizing process)을 제공하며, 여기서 특정한 삶의 사건과 행동들의 의미는 그것이 보여 주는 성격이나 능력에 의해서 결정되는 것이 아니라 특정 줄거리나 주제가 있는 통일된 스토리와의 관계에 있다. 삶의 이야기는 내담자의 경험과 기억을 의미 있는 일관된 스토리로 만든다. 그 스토리들은 타인에게 알릴 수 있고 공유할 수 있는 자아감과 정체성을 제공한다.

변형

치료에서 정서를 다루는 가장 중요한 방법은 정서에 의한 정서의 변형이다. 이는 두려움, 슬픔, 외로움, 유기감 및 수치심과 같은 1차 부적응 정서를 변형하기 위해 적응적인 정서를 사용하는 것에 가장 구체적으로 적용된다(Greenberg, 2002). 우리는 더 적응적인 다른 정서 상태의 활성화를 통해 부적응적인 정서 상태를 무효화함으로써 이들 상태가 가장 잘 변형될 수 있다고 제언한다. 스피노자(Spinoza, 1967)는 정서를 변화시키기 위해 정서가 필요하다는 것을 처음으로 지적하였다. 그는 "반대되고 더 강한 정서 없이는 정서를 억제하거나 제거할 수 없다."라고 했다(p. 195). 생각(thinking)이 대체로 사고(thoughts)를 변화시키지만, 감정(feeling)만이 1차 정서

(primary emotions)를 변화시킬 수 있다. EFT에서 중요한 목표는 부적응적인 정서에 도달하여 그 정서들이 변화에 다가갈 수 있도록 하는 것이다. 때로는 부적응적인 정서에 반응하여 또는 그 정서와 함께 더 적응적인 정서를 공동 활성화하는 것이 정서 변화에 도움이 된다.

정서로 정서를 바꾸는 과정은 카타르시스, 완결과 내려놓기, 노출, 소멸 또는 습관화의 개념을 넘어서는데, 이들 과정에서는 부적응적인 감정이 해소되지 않고, 사람들이 그것을 느낀다고 해서 단순히 약화되지는 않는다. 그보다는 감정을 바꾸고 무효화하기 위해 다른 감정을 사용한다. 공황이나 강박증의 불안과 같은 2차 정서가 조절되지 않았음에도 노출에 의해 극복될 수 있다. 또한 많은 치료 상황에서 무가치하게 느끼는 수치심, 기본적인 불안정에 대한 불안 및 외로움에 대한 슬픔과 같은 부적응적인 1차 정서가 다른 정서에 의해서 가장 잘 변형된다. 따라서 이전에 회피되었던 1차 부적응 정서의 변화는 양립할 수 없고(incompatible), 더 적응적인 경험(예: 분노와 자부심에 힘을 부여하기, 슬픔을 치유하기 또는 자기에 대한 자비, 강화)의 활성화로 인해 일어나며, 이는 오래된 반응을 약화시키는 것이 아니라 그 반응을 무효화한다. 이는 단순히 느끼는 것이나 그것에 직면하는 것 이상으로서 그 감정의 축소를 가져온다. 오히려 1차 부적응 정서가 접근 경향성의 활성화에 의해서 변형된다(예: 자신을 보호하기 위해 분노로 경계를 설정하기, 타인의 위로를 구하기 위해 슬픔으로 다가가기; Moons, Eisenberger, & Taylor, 2010).

의도적인 방식으로 하지 않으면서 행복한 감정이 나쁜 감정을 변형할 수 있는 것으로 보인다. 예를 들면, 밝은 면을 보려는 노력이나 대치와 같은 방식을 사용하지 않고, 부정적인 감정의 경험과 생리 기능을 무력화시키고 의미 있게 체화된 다른 자아 경험을 불러냄으로써 변형이 가능하다. 그러나 이 원리는 부정 정서를 바꾸는 긍정 정서뿐만 아니라 변증법적으로 반대되는 적응 정서의 활성화로 인해 변화되고 있는 부적응 정서에도 적용된다(Greenberg, 2002). 따라서 치료에서 유기나 소멸에 대한 부적응적인 두려움이 일단 불러일으켜지면, 이 두려움은 적응적인 분노나 혐오와 같은 보다 힘을 부여하고 경계를 설정하는 정서의 활성화에 의해서 안전감으로 변형될 수 있다. 또는 슬픔과 위로의 욕구와 같은 보다 더 부드럽고 진정작용하는 감정을 불러일으킴으로써 안전감으로 변형될 수 있다. 부적응적인 수치심은 침해에 대한 분노, 자기 자비 및 자부심과 자기 가치에 접근함으로써 변형될 수 있다. 따라서 수치심으로 움츠러드는 경향성은 침해에 대해 새롭게 접근하는 자기주장적인 분노의 진취적 경향성에 의해 변형될 수 있다. 뇌의 한 부분에서 정서가 철수되면 뇌의 다른 부분의 접근 정서에 의해서 대치되거나 또는 그 반대의 경우도 마찬가지이다(Davidson, 2000a, 2000b). 대치된 다른 정서에 접근하고 나면, 원래의 상태는 변형되고 새로운 상태가 만들어진다. 반대되는 정서를 활성화하기 전에, 변화가 필요한 부적응적인 정서를 조절하고 진정시키기 위한 시간이 종종 필요하다.

치료사는 어떻게 내담자가 부적응 정서를 바꾸기 위해 새로운 정서에 접근하도록 돕는가? 여러 가지 방법들이 설명되었다(Elliott et al., 2004; Greenberg, 2002, 2015). 욕구에 초점화하여 새로운 정서를 동원하는 것은 새로운 정서를 가동시키는 핵심 수단이다(Greenberg, 2015). 새롭게 접근된 다른 감정들은 부적응적인 상태를 바꾸는 데 도움이 되는 특성 자원이다. 예를 들어, 불안한 내담자에게 내면의 적응적인 분노를 불러일으키는 것은 인정받지 못하는 수치심이나 유기에 대한 부적응적인 두려움을 바꾸는 데 도움이 될 수 있다. 두려움에 질려 도망가는 경향성이 분노로 밀어붙이는 경향성과 결부될 때, 죄책감이나 불안감보다는 당연히 보호받아야 한다고 느끼면서, 부당한 행동에 대해 가해자가 책임을 져야 한다는 새로운 관계에 대한 태도가 생기게 한다. 또한 부적응적인 1차 정서(이 경우에 두려움)를 상징화하고 탐색하고 분화시키는 것이 중요하며, 새롭고 더 적응적인 정서(이 경우에 분노)에 대한 접근을 익히기 전에 호흡과 진정을 통해 조절하는 것이 중요하다.

새로운 정서에 접근하는 또 다른 방법으로는, 이들 정서를 불러일으키기 위해 재연과 심상을 사용하기, 정서가 느껴진 때를 떠올리기, 내담자의 관점을 바꾸기 또는 내담자를 위해 치료사가 어떤 정서를 표현하는지도 포함된다(Greenberg, 2002). 이 새로운 정서 자원에 접근하고 나면, 이전의 내담자의 처리 방식을 결정한 정신 정동적인(psychoaffective) 작동 프로그램이 무효화되기 시작한다. 새로운 정서 상태는 사람들로 하여금 부적응적 감정과 결부된 자신과 타인에 대한 인식의 타당성에 도전할 수 있게 하여 그에 대한 지배력을 약화시킨다.

　우리의 관점에서, 지속적인 정서 변화는 통찰이나 이해의 과정을 통해서가 아니라 새로운 정서 반응을 생성함으로써 일어난다. 우리가 말했듯이, EFT는 사람들이 어느 한 곳을 떠나기 전에 먼저 그 곳에 도착해야 한다는 기본 원칙에 따라 작동한다. 과거 어린 시절의 상실과 외상에 대한 부적응적인 정서도식적 기억은 치료 회기에서 기억 재구성을 통한 변화를 위해 활성화된다. 지금 활성화된 과거 사건의 기억에 현재의 새로운 경험을 주입하는 것은 과거 기억에 새로운 자료를 동화시킴으로써 기억의 변형을 이끄는 것으로 입증되었다(Nadel, Hupbach, Gomez, & Newman-Smith, 2012). 현재에 활성화됨으로써, 안전한 관계의 맥락에 있다는 새로운 경험과 옛 상황에 대한 적응적인 정서 반응, 새로운 성인 자원 및 새로운 이해로 옛 기억이 재구성된다. 기억은 이러한 새로운 요소들의 통합에 의해 새로운 방식으로 다시 강화된다. 과거는 변할 수 없지만 경험은 변할 수 있다.

교정적 정서경험

　마지막으로, 정서를 바꾸는 핵심 방법은 오래된 느낌을 바꾸는 새롭고 생생한 경험을 하는 것이다. 타인과의 새롭고 생생한 경험은 교정적인 정서경험을 제공한다. 대인관계적인 진정을 제공하고, 병리적인 신념의 부당성을 입증하거나 새로운 성공 경험을 제공하는 경험들은 이전 시기에 정해진 패턴을 교정할 수 있다. 따라서 내담자가 치료적 맥락에서 수치심에 직면하여 치료자로부터 예상되는 혐오감이나 모욕보다는 수용을 경험함으로써 수치심을 변화시키는 힘을 가지게 된다. EFT의 교정적 정서경험은 주로 치료적 관계에서 발생하지만, 세상에서의 긍정적인 상호작용과 경험도 도움이 되며 권장된다.

　GAD를 가진 사람은 디스트레스와 압도적인 분열감에 대처하는 방법을 모른다.

부정적인 방식으로 자신의 감정을 결부시키도록 내면화하면, 고통스러운 정서를 견디고, 효과적으로 경청하고, 주의를 기울이고, 진정시키는 수단을 가지지 못한다. 오히려 감정을 회피하고, 무시하고, 부정하게 된다. 이런 식으로 사람들은 타인이 반응하는 것처럼 자신의 고통에 반응하고 있으며, 이 책의 제1장에 설명된 대로 환경과 상호작용하면서 행동하는 방법을 배웠다. 강한 디스트레스와 부정적인 대처 방법은 고통스러운 감정의 적절한 처리를 방해하여 사람들에게 해체되고 무너질 것 같은 느낌을 갖게 한다. 이들의 불안은 깊은 수치심에 수반되는 경우가 많다. 특히 발달하는 아동의 감정과 욕구를 타인이 봐 주지 않고, 타당화하지 않고 오히려 무시하거나 일축하였을 때 취약하고 주눅 들고 지지받지 못하는 느낌을 갖게 된다. 그 결과, 자신에 대한 느낌을 부적절하고 결함이 있고 가치 없으며 사랑받을 수 없는 것으로 발달시킬 수 있다.

EFT의 목표는 내담자가 보다 호의적인 치료 환경에서, 방임과 거부로 인한 두려움에서 과거에 무시하고 일축했던 경험을 마주하고 재경험하면서 숙달감을 경험하는 것이다. 이렇게 되면 내담자는 이전의 외상적인 관계 경험의 영향을 회복하기 위해 치료사와 함께 교정적인 정서경험을 진행할 수 있다. 대인 간의 교정적 정서경험은 내담자가 치료사를 자신의 내적 세계에 조율하고 타당화하는 사람으로 경험할 때마다 치료과정 전반에 걸쳐서 일어난다. 치료는 상대방과 접촉하고 상대방에 의해 반영되고 수용되는 것을 통해서, 자기 조직화를 지지하는 적응적인 다른 정서도식이 활성화되는 새로운 경험을 통해서, 도움이 되는 타자와 함께 정서조절을 위한 새로운 기회와 새로운 자아 경험의 기회를 제공한다. 전반적으로 볼 때, 내담자와 치료사 간의 진정한 관계는 관계의 일관성과 더불어 교정적인 정서경험으로 이루어진다.

그러므로 치료 중인 내담자는 원래 겪었던 것과는 다르게 사건을 재경험하고 처리할 수 있다. 이는 그들이 아동으로서 양육자와 형성된 관계보다 다른 방식으로 치료사와의 관계를 경험하기 때문이다. 이제 내담자는 처벌받지 않고 치료사에게 취약성이나 분노를 표현할 수 있고, 검열받지 않고 자신을 주장할 수 있다. 이 경험의 부인할 수 없는 실제는 내담자로 하여금 더 이상 그들이 힘 있는 어른과 마주하는 힘없는 아이가 아니라는 것을 경험하는 것이다.

💗 결론

GAD 치료의 핵심 요소는 인생 초기에 형성된 핵심적인 부적응적 정서도식에 접근하여 이를 변형시키는 과정이다. 이는 GAD가 있는 내담자의 정서 처리를 향상시킴으로써 변화를 일으킨다. 우리는 GAD가 개인들의 정서 처리 역량의 부족을 반영한다고 제언한다. 따라서 EFT에서 내담자는 세상과의 상호작용에서 덜 불안하고 더 확신적으로 되기 위하여 감정을 자각하고, 견디고, 이름 붙이고, 조절하고 표현하는 법을 배운다. EFT는 인생 초기에 겪은 애착 상처와 정체성 손상으로 인한 두려움, 수치심, 분노 및 슬픔의 경험에 초점을 둔다. EFT 치료사는 내담자가 충족되지 않은 욕구와 경험을 처치하는 부정적인 방식에 접근하여 정서를 변형하고, 자신의 대처 능력에 낙관과 확신을 가지고 앞으로 나아가도록 돕는다. 다음 장에서는 처치 순서에 대해 더 자세하게 설명한다.

치료의 틀

제3장에서는 범불안장애(Generalized Anxiety Disorder: GAD)에 대한 전체적인 치료의 틀을 구성한다. 이전의 문헌들에서 일반적인 치료 원칙들이 구체적으로 연구되었고(Elliott, Watson, Goldman, & Greenberg, 2004; Greenberg, Rice, & Elliott, 1993), 이들 문헌에서 밝혀진 두 가지 치료 원칙이 치료 작업에 도움이 되고 접근방식의 기반이 된다. 여기서 우리는 이 원칙들을 GAD의 치료에 적용한다. 그런 다음 일반적으로 불안이 있고 특히 GAD가 있는 내담자와의 작업에 효과적으로 나타났던 처치에 준하여, 그 단계들의 순서를 간략하게 설명할 것이다.

GAD의 치료 순서는 다음과 같다. 즉, ① 더 강한 자아감의 발달과 긍정적인 자기 대우 방식의 내면화에 도움이 되는 안전한 관계를 만들기, ② 자신의 인식과 감정과 같은 내적 자원을 믿을 수 있는 확신감을 발달시킴으로써 내담자의 취약한 자아를 강화하기, ③ 걱정하는 자아와 불안을 만드는 자아 간에 두 의자 대화를 사용하여 불안 생성 과정에 대해 작업하기 및 불안의 희생자가 아니라 주체자로서의 자아감을 만들어 가는 자아를 경험하기, ④ 보다 적응적인 반응방식과 욕구만족에 접근하는 것을 막는 자기 방해와 부정적인 자기 대우 방식을 다루기, ⑤ 미해결 과제와 취약한 자기 조직화 및 주장적인 분노에 접근하게 하는 이면의 애착 및 정체성과 관련된 고통스러운 감정을 해결하기, ⑥ 취약한 자아에 대한 자기 수용과 자기 자비를 개발할 뿐만 아니라 더 강한 자아감을 통합하기 위해 자기 진정을 할 수 있는 능력을 개발하고, 자신의 환경에 더 큰 숙달감을 느끼고 대처 역량에 대한 더 큰 자신감을 개발하기 등이다.

정서중심치료의 주요 처치 원칙

그린버그와 동료들(1993)은 치료적 관계를 촉진하는 주요 원칙하에 세 가지 하위 원칙으로 현전(presence)과 공감적 조율(empathic attunement), 유대 맺기(bonding) 및 과제 협업(task collaboration)을 구체화했다. 그들은 또한 과제별 작업을 촉진하는 원칙에 따라 분화적 처리, 성장과 선택 및 과제 완수라는 세 가지 하위 원칙을 두었다.

치료적 관계 촉진

정서중심치료(Emotion-Focused Therapy: EFT)에서 치료사가 되는 불변의 방식은 현전하기와 내담자 및 그들의 경험에 호기심을 갖는 것이다. 이러한 자세는 회기에서 내담자가 느끼는 즉시적인 경험에 공감적 조율(empathic attunement)을 하기 위한 전제 조건이며, 이는 내담자의 변화하는 정서경험에 순간순간 조율할 것을 강조한다. 공감적 조율은 치료사의 존재 방식이나 경험 상태 및 내담자의 정동 경험을 관찰하고 보살피는 것과 같은 치료사의 인식 처리 역량에 중점을 둔다. 내담자의 정동 경험은 안내를 제공한다. 즉, 치료사가 내담자와 접촉되어 머무르는 것은 이 정동 경험과 함께 하는 것이며, 내담자와 공유할 수 있는 것은 이 정동 경험에 대한 이해를 통해서이다.

두 번째의 하위 관계 원칙인 유대 맺기(bonding)는, 안전하고 신뢰할 수 있는 유대 관계를 발달시키기 위해, 내담자는 치료사가 내담자를 이해하고 있다는 표현을 받아들이면서 치료사가 진심으로 내담자를 수용하고 있음을 경험해야 한다고 강조한다. 따라서 치료 전반에 걸쳐 치료사는 로저스의 조건인 공감, 수용 및 긍정적 존중을 진실된 방식으로 의사소통할 것으로 기대된다(J. Watson & Greenberg, 1994). 이 원칙은 내담자가 치료사의 태도를 내면화하고 목표를 달성하기 위해 함께 노력할 때 발달되는 신뢰감, 존중 및 인정받는 느낌을 말한다.

과제 협업(task collaboration)은 세 번째 관계 원칙으로 치료 목표와 과제에 대해 순간순간의 그리고 전체적인 협업을 강조한다(Bordin, 1979; Horvath & Greenberg, 1989; J. Watson & Greenberg, 1998). 목표에 대한 동의와 다양한 작업(예: 두 의자 대화)의 관련성을 확인하기 위해 치료사는 내담자에게 불안에 대한 정보를 제공하거나 감정을 허용하고 수용하는 것의 중요성에 대한 근거를 제시할 수 있다. 이러한 설명의 목표는 내담자가 불안의 이면에 있는 정서를 다루는 것의 중요성에 대해 전반적으로 이해하도록 돕는 것이다. 또는, 앞으로 협업을 도모하기 위해 치료사는 치료적인 활동들(예: 두 의자 및 빈 의자 작업)에 대한 근거를 제공한다.

과제별 작업의 촉진

과제별 작업을 촉진하는 두 번째 처치 원칙은 변별적 처리, 성장과 선택 및 과업 완수를 통해 촉진된다(Greenberg et al., 1993). EFT의 주요 특징은 다양한 시점과 다양한 정서 상태에서 변별적으로 작업하는 것을 포함하는 생산적인 정서 처리라는 점이다. 변별적 처리(differential processing)는 각각의 특정 과정을 포함하는 주요한 치료 과제에 대한 작업일 뿐만 아니라 다양한 정서 처리 형태를 포함한다. 정서 처리(emotional processing)의 다양한 형태는 내담자로 하여금 즉각적인 신체 경험과 느껴진 의미에 주의를 기울이게 하고, 자극 상황을 정교화하고, 즉각의 정서경험에 대한 인식과 상징화를 촉진하고, 욕구나 필요를 표현하고, 의미를 생성하기 위해 경험을 반영함으로써 심화된 경험과 감정적 각성이 포함된다. 예를 들어, 내담자가 애착 상처와 관련된 미해결된 과제를 표상할 때, 치료사는 심상으로 존재하는 그 타인과 함께 빈 의자 대화를 하도록 할 수 있지만, 내담자가 자신의 감정이 분명하지 않고 신체의 느낌 감각을 살피지 못할 때, 치료사는 내담자에게 인식되는 것과 신체의 느낌 감각을 상징화하는 데 초점을 맞출 수 있다.

성장과 선택(growth and choice)은 내담자의 자기 결정에 우선권을 주고 치료 작업을 촉진하는 것으로 보인다. 여기서 치료사는 자기 결정, 성숙한 상호의존, 숙달 및 자기 발달에 대한 내담자의 잠재력과 동기를 지지한다. 성장은 우선 내담자의 강점과 내적 자원에 주의하여 경청하는 과정에서 촉진될 뿐만 아니라, 성장하는 경험의 경계(edges)를 탐색하도록 돕고 가능성에 집중하도록 격려하는 것을 통해서도 촉진된다. 예를 들면, 치료사는 불안한 내담자의 무력감에 함축된 불안과 자기 주장의 감각이 새롭게 나타나는 것을 듣고 반영할 수도 있다. 치료사는 내담자와 협력하여 이러한 감정에 보다 온전히 접근하여 애착 상처를 살피게 할 수 있다. 우리는 내담자가 안전하고 편안하다고 느끼면 치료에서 더 많은 위험을 감수할 수 있다고 본다.

과제 완수(task completion)는 특정 변화 에피소드들의 해결을 돕고 치료적 과업을 촉진한다. 이러한 원칙들은 치료사와 내담자가 특정 과제의 해결이나 완결을 위해 노력한다는 것을 강조한다. 이를 위해서 치료사는 주제들에 주의를 기울여서, 다음 단계의 과제가 현재 내담자의 단계 및 목표와 일치한다면 내담자에게 다음 단계로 나아갈 기회를 제공해야 한다. 하지만, 내담자가 다른 상태로 바뀌었거나 과제가 내담자 목표에 상반될 때, 치료사는 그러한 상태와 목표에 더 조율하기 위하여 순간순간의 처리 과정을 따라가는 것으로 되돌아간다. 이 원칙들을 적용하면 내담자의 순간순간의 경험을 따라가기와 안내하기가 매끄럽게 연결된다(J. Watson & Greenberg, 1998).

EFT는 가장 일반적인 말로, 내담자의 경험에 반응적으로 되는 것에 기반을 두고 있다. 이와 동시에, EFT 치료사는 EFT가 다양한 시점에서 다양한 방식으로 내담자의 정서 처리를 안내하는 데 유용하다고 본다. 이 접근법의 최적의 상황은 유도된 감정이나 상대방을 맹목적으로 따라가지 않고, 내담자와 치료사 사이의 능동적인 협업이다. 협력과 상호탐색에 대해 편하게 느끼는 것이 이상적이다. 그럼에도 불구하고 이탈 또는 불일치가 발생할 경우, 내담자는 자기 자신의 경험에 있어 전문가로 간주되며, 치료사는 항상 내담자의 결정을 존중한다. 따라서 치료사의 개입은 전문가의 의견, 강의 또는 진실의 말이 아니라, 추측, 제언, 실험 또는 제안처럼 위압적이지 않고 잠정적인 태도로 이루어진다(J. Watson, 2002, 2015). 이렇게 볼 때 치료사는 내담자가 걱정으로 보호하고 있는 자신의 고통스러운 정서에 접근하도록 돕는 정서 코치(Greenberg, 2002, 2015)로 간주된다. 치료사는 내담자가 정서 경험을 자각, 수용하도록 돕고 새로운 방식으로 정서를 처리하도록 코치한다. 따라가기(following)는 수용을 제공하는 한편, 안내하기(guiding)는 새로움과 변화 가능성을 도입한다. 치료사의 안내는 내담자가 집중해야 할 내용을 제안하거나 경험의 의미를 해석하는 것이 아니라, 내담자가 관여하는 처리 유형을 안내함으로써 탐색의 방향을 제공한다.

이면의 고통스러운 정서의 자각을 위해 불안한 내담자와 작업할 때 정서에 언어로 이름 붙이는 것이 도움이 된다. 초기에는 직전의 과거로부터의 불안과 정서경험과 관련된 정서는 물론, 지금 현재 느껴지고 있는 감정에 초점을 둔다. 그러나 치료가 진행되면서 내담자는 지금 현재 느껴지고 있는 감정뿐만 아니라, 더 먼 과거의 감정에도 이름 붙이게 된다. 여기에는 고통스러운 1차 정서에 접근하는 것과 자신의 정서를 진정하거나 조절하는 방법을 찾도록 내담자를 안내하는 것이 포함된다. 불안한 내담자일 경우에는 일반적으로 분노, 슬픔 및 자기 자비의 적응적인 정서를 활용하는 것이 부적응적인 정서(예: 연결되지 않거나 보호받지 않는 느낌에서 오는 두려움, 유기로 인한 외로운 감정에서 오는 슬픔 또는 무가치하거나 창피한 느낌에서 오는 수치심)들을 변형시키는 데 도움이 된다.

우리의 견해로는, 지속적인 변화가 일어나기 위해서는 단순히 불안을 다루는 새로운 기술을 배우는 것이 아니라, 불안의 근본 요인들에 접근하고 오래된 고통스러운 정서도식을 변화시키기 위해서 새로운 정서를 경험할 필요가 있다. 예를 들어, 아동기에 놓쳤거나 잃어버렸던 것에 대한 슬픔과 애도를 느끼는 것이나 부당한 대우에 대한 방어적인 분노에 접근하는 것은 흔히 불안의 기저에 있는 불안한 무력감, 나약함, 불편감 또는 수치심의 느낌을 극복하는 데 매우 큰 도움이 될 수 있다. 하지만 사람들에게 이것은 해야 하는 것이라고 명시적으로 가르치는 것이 목표는 아니다. 오히려 치료사는 내담자가 자신의 이야기를 전개할 때, 그들이 참아냈던 결과로 무엇을 느끼고 무엇을 필요로 하는지 또는 욕구가 충족되지 않으면서 무엇을 받지 못하였는지에 대해 적절한 시점에서 적절한 방식으로 물으면서 새로운 정서에 접근하도록 도와야 한다.

앞에서 설명한 일반 관계와 작업 원칙 외에도 처치를 이끌어 줄 세 가지 다른 중요한 원칙들이 밝혀졌다(Goldman & Greenberg, 2014). 즉, 정서 변화(이 책의 제2장을 참조), 사례 공식화 및 표식으로 유도된 개입이다. **사례 공식화**(case formulation)는 내담자의 핵심적인 고통 정서에 대한 일련의 작업가설이며, 그 정서를 지속시키는 행동에 대한 치료사의 추측이다(Goldman & Greenberg, 2014). 이 공식화는 개입을 위한 임상적인 지도 역할을 한다. 사례 공식화가 보강되고 전체 과정이 수정되기는 하지만, 전체적인 개념화로서 치료 전반에 걸쳐 일관되게 작용한다.

💙 사례 공식화

EFT 사례 공식화에 대한 상황별 접근 방식은 단기 치료를 위한 초점 개발을 촉진하기 위해 개발되었다(Goldman & Greenberg, 2014; Greenberg & Goldman, 2008). 사례 공식화는 사람 또는 증후군 진단보다는 과정 진단, 초점 개발 및 주제 개발에 의거한다. 치료에 대한 과정 중심 접근에서 사례 공식화는 사례로 그 사람을 이해하는 것만큼 그 순간과 회기 중의 맥락에 민감하게 이어지는 과정이다. 치료사는 내담자 괴로움의 핵심일 것 같은 고통 정서가 무엇인지 경청하고 무슨 일이 일어나고 있는지 공식화하면서 언제나 내담자의 정서적 맥박에 손가락을 대고 있어야 한다. 존중적이고 이타적인 관계유형을 유지하기 위해 과정중심 접근을 채택하는데, 이 접근이 사람들을 유동적이고 지속적으로 의미를 생성하는 주체자로 간주하고 있기 때문이다.

사람들은 서로 다른 시점에서 서로 다른 자기 조직화하는 역동적인 자기 조직화 체계로 간주된다. 치료 초기에 세울 수 있는 오래 지속되는 패턴, 애착 유형 또는 굳어진 자기개념에 대한 개념화보다 사람들이 지금 처해 있는 상태와 현재의 내러티브가 현재의 경험과 가능성을 더 잘 밝혀낸다. 따라서 과정진단 접근 방식에서는 내담자의 현재의 마음 상태와 현재의 인지-정동 문제 상태에 지속적으로 초점을 맞춘다. EFT 치료사의 주요 초점은 내담자의 고통을 따라가는 것이다. 왜냐하면 이것이 내담자의 불안 증상의 기저에 깔린 핵심 정서도식으로 치료를 안내할 나침반 역할을 하기 때문이다. 또한, 개입을 안내하는 것은 사람들의 지속되는 성격이나 상황 전반에 걸친 경험 및 행동 패턴에 대한 그림이 아니라 현재의 정서적 문제에 대한 핵심 표식들의 공식화이다.

비록 사례 공식화가 치료를 통해 다소 안정적으로 유지되는 경향이 있지만, 특정 표식으로 안내되는 개입은 회기에서 내담자와 함께 하는 순간순간의 경험에 기반을 두고 선택되는 것이다. 치료사가 현전, 공감적, 수용적 그리고 타당화하면서 안전한 환경을 만들고 나면, 그다음에는 처리상의 어려움을 알려 주는 내담자의 이면의 표식들을 경청해야 한다. 그런 다음 치료사는 그 어려움의 해결에 맞는 개입을 한다. 회기 중 내담자 문제 상태의 출현은 과정의 해당 시점에서 해당 상태에 대한 생산적인 작업을 촉진하는 데 최적의 차별적 개입을 할 기회의 표식으로 간주된다. 이는 과정 진단의 한 형태이다.

내담자를 이해하기 위해 치료사는 내용을 듣고 이면의 원인에 대한 개념적 모형을 구성하기보다는, 내담자의 이야기에서 가장 고통스럽거나 가장 가슴 쓰라린(poignant) 것을 따라가는 EFT 공식화를 만든다. EFT의 공식화는 무엇보다도 치료사를 핵심 문제로 안내하는 내담자의 **고통 나침반**(pain compass)을 따라 가는 것이다. 치료에서 치료사와 내담자의 주의를 이끄는 것은 내담자의 고통이다. 내담자의 고통은 처리되고 변형될 수 있도록 한 걸음 더 탐색되어야 할 경험들을 집중적으로 가리킨다. 치료사는 이 고통을 따를 때 이야기의 내용보다 과정(예: 내담자가 자신의 경험과 감정을 대하는 방식)을 우선시한다. 공식화 단계(Greenberg & Goldman, 2008)를 다음에 간략하게 살펴본다(Goldman & Greenberg, 2014). 사례 공식화의 첫 번째 단계는 ① 내담자의 호소 문제를 경청하기, ② 민감하고 고통스러운 경험을 확인하기, ③ 내담자의 정서 처리 유형에 주의를 기울이기, ④ 관찰하기 및 정서에 기반을 둔 서사를 전개하기 등이다.

공식화 과정은 내담자가 호소하는 불안 및 기타 문제에 대해 치료사의 이해를 발달시키기 시작하는 첫 번째 대면이나 전화 접수에서 시작된다. 처음부터 치료사는 내담자의 고통과 예리함에 귀를 기울인다. 예를 들어, 치료사는 내담자로부터 다음과 같은 말을 들을 수 있다.

> 친구의 아이가 가까스로 항암치료를 끝냈어요. 그녀는 이제는 [그녀의 아들]이 괜찮다고 했어요. 신께 감사드립니다. 나는 그 아이가 내 아들과 같은 나이인데 [어떻게]라고 생각했고, 와우, [그 상황에서] '나는 어떻게 할까'라고 생각했어요. [내 아들에게 무슨 일이 생기면] 내가 어떻게 살 수 있을지 모르겠어요. 나는 아마 죽을 거예요. [그 일에 대해서 생각하는 것은] 항상 공허한 고통처럼 텅 빈 것 같아요. 그것은 [일종의] 슬픔이고 나는 [내 아들]에게 일어날 일에 대해 생각했어요. 여기서 일자리를 [그가 찾지 못하면]? 같이 살 원룸 아파트를 구하지 못하면? 저는 모르겠어요.

내담자의 문제와 관련된 이야기가 전개됨에 따라 치료사는 그 이야기에서 가장 첨예한 부분과 내담자에게 가장 고통스러운 것이 무엇인지 자문한다. 내담자의 고통 나침반은 치료자가 주의할 방향을 가리킨다(J. Watson, 2002). 내담자 불안의 이면에 있는 만성적인 고통의 확인이 치료 목표를 설정한다. 즉, 내담자의 이면의 고통을 해결하는 것이다. 이 예에서는 내담자의 상실에 대한 두려움과 외로움, 버려짐에 대한 감정이 치료의 중심이 되었다.

　내담자의 삶과 그들의 역사에 대한 정서 기반의 서사가 전개되고, 이는 공식화를 돕는다. EFT 치료사는 내담자에게 스며들어 있는 정서적인 어조에 특히 주의하면서 내담자의 이야기를 경청한다. 내담자의 이야기는 그들이 느끼는 것과 그것을 느끼는 대상, 그리고 해결되지 않았을 수도 있는 그들의 암묵적인 욕구나 우려를 드러낸다. 내담자가 자신의 이야기를 펼칠 때 치료사는 정서 처리 스타일의 다양한 요소를 관찰한다(Elliott et al., 2004). 치료사는 내담자의 정서 처리 방식을 살피고 평가한다. 초기에 치료사는 불안한 내담자의 정서가 과잉 또는 과소 조절되고 있거나, 공황 상태나 통제 여부에 주의를 기울인다. 치료사는 내담자가 증상을 진술하고 있는지, 이면의 1차 정서보다 2차적인 불안을 표현하고 있는지 살펴본다. 불안한 내담자는 종종 외재화하는 정서 처리 유형을 가지고 있어서, 자신이 무엇을 느끼거나 그것이 자신에게 의미하는 바가 무엇인지 말하기보다는 상황에서 일어난 것에 대해서 말한다. 내담자의 정서 처리 유형을 확인하는 것은 치료사가 어떻게 개입할 것인가에 대한 정보를 제공하기 때문에 사례 공식화의 핵심 요소이다. 이러한 정서 처리에 대한 평가를 위해서 치료사는 표정, 목소리 톤과 목소리의 질적인 면(즉, 사물이 말하여지는 방식; Rice & Kerr, 1986; J. Watson, 2002)과 정서의 각성(Warwar & Greenberg, 1999; J. Watson & Prosser, 2002), 경험의 깊이(Klein, Mathieu-Coughlan, & Kiesler, 1986)와 같은 내담자의 비언어적 표현을 관찰한다. 그런 다음에 치료사의 사례 공식화를 서사 속의 고통스러운 핵심 정서도식을 확인하는 것에 초점을 두고 내담자와 함께 만들어 나간다.

　사례 공식화 과정에서 핵심적인 정서도식을 확인하는 데에는 6가지 주요 양상이 있다(Goldman & Greenberg, 2014). 이러한 공식화 과정의 요소들은 다음과 같이 요약되며 MENSIT이라는 약어로 표시된다. 즉, 표식(Marker), 정서(Emotion,핵심 도식), 욕구(Needs), 2차 정서(Secondary emotions), 방해(Interruptions) 및 주제

(Themes)이다. 치료사는 불안 분열, 미해결 과제 및 자기 중단 과정과 같은 내담자의 회기 중 정서적 문제 상태의 표식을 경청한다. 표식으로 유도된 개입은 핵심적인 고통스러운 정서도식을 밝혀 낼 이면의 감정에 접근하는 데 도움이 된다. 기저의 감정은 일반적으로 두려움, 수치심 및 슬픔 등을 포함한다. 연결과 인정에 대한 핵심 욕구와 내담자의 핵심 정서도식을 모호하게 하는 2차 정서는 그것들이 발생할 때 확인된다. 자기 침묵이나 자기 방임과 같이, 내담자의 핵심적인 고통 상태와 자신의 욕구에 대한 정당성을 느끼는 경험에 다가가는 것을 막는 어떤 방해 과정들 또한 밝혀진다. 시간이 지남에 따라 상실의 슬픔, 버려짐에 대한 두려움 또는 부적절함에 대한 수치심과 같은 주제가 등장한다. MENSIT를 내담자의 어려움을 처리하고 해결하는 데 있어 중요하고 다양한 측면에 대한 지도 원리로 사용하면, 내담자의 호소 문제, 자극 촉발, 행동 회피 및 대처 방식의 결과를 그들의 고통스러운 핵심 정서도식과 연결하는 서사를 치료사와 내담자가 공동 구성하는 데 도움이 될 수 있다.

내담자의 고통스러운 감정을 공식화한 후 치료사는 시간이 지남에 따라 계속해서 과정 공식화를 만든다. 치료사는 더 순간순간적인 공식화에 집중하여 현재 내담자 상태 및 내담자의 핵심 문제와 관련된 진행 중인 표식들을 찾아낸다. 또한 새로운 의미가 등장함에 따라 변화 정도와 치료 종결을 위한 준비도를 평가하기 위해 치료사는 내담자의 새롭게 등장하는 이야기가 어떻게 호소문제와 다시 연결되는가를 평가한다(Goldman & Greenberg, 2014).

🤲 사례 예시: 범불안장애를 위한 사례 공식화

제니퍼(Jennifer)는 28세의 여성으로, 그녀는 남자 친구와 동거하며 대학에 다니고 있다. 그녀는 3명의 자녀 중 맏이이며, 그 중 한 명은 만성적인 건강 문제를 겪고 있다. 그녀는 이전에 우울을 겪었고 현재 불안이 심하여 치료에 왔다. 치료 초기에 그녀는 자신의 불안이 지난 몇 년간 쌓여 온 것으로 진술하였다. 반추, 끊임없는 걱정과 염려, 신체 증상 그리고 가끔 공황 발작이 있었다. 그녀는 모든 것에 대해서, 특히 학업에 대하여 걱정한다고 했다. 그녀는 떨리고 부서질 것 같은 느낌이 자주 들었다. 그녀는 자신의 이야기를 하면서 주로 외부적인 세부 사항에 초점을 두었지만, 자신의 내면적인 경험에 초점화할 수 있다는 것도 보여 주었다. 그녀의 어머니는 민감하지 않고 아버지는 거의 집에 있지 않았다고 했다. 어렸을 때 학교에서 불안했고 선생님이 무서웠다고 하였다. 자신에 대해서는 가혹하고 비판적으로 대했다. 이로 인해 그녀는 자신과 자신의 욕구를 평가 절하하게 되었고 자신의 취약성을 견딜 수 없었다.

첫 표식이 걱정과 파국화로 나타나서 치료사는 이를 두 의자 대화의 기회로 보았다. 제니퍼가 분열될 두려움에 대한 방어로 형성했던 핵심 정서는 거부당하고, 외롭고 사랑받지 못하는 느낌과 무가치감이었다. 그녀의 주요 욕구는 보살핌과 수용받는 것이었다. 부모님과의 미해결 과제에 대한 대화에서, 그녀는 "나는 어머니(아버지)가 나에게 주었어야 할 그 무조건적인 사랑을 그냥 느끼고 싶어요."라고 말했다. 그녀는 자신의 감정을 허락하지 않는 전략을 채택하였고, 그래서 어떤 고통이라도 느끼지 않게 되었고, 이로 인해 핵심적인 고통 감정을 활성화할 상황(예: 외로워지는 것)을 방어하려고 애쓰면서 불특정한 이차 불안과 걱정을 느끼게 되었다. 치료의 주제는 일어날 수 있는 재앙으로부터 자신을 보호하고 궁극적으로는 거부를 하게 되는 행동 경향성이었다. 3회기에서 치료사는 그들의 작업을 다음과 같이 요약했다.

우리가 이야기 나누었듯이, 당신의 걱정은 어머니의 방임과 어머니 본인 삶에의 몰두로 인해 외롭고 사랑받지 않는다는 끔찍한 느낌으로부터 당신을 보호하는 것 같습니다. 따라서 당신의 대처 전략은 이러한 거부당하는 것에 대한 두려움과 슬픔의 고통스러운 감정을 회피하는 것 같습니다. 그래서 당신은 언제나 예상치 못한 일이 일어나지 않고, 거부당하지 않고, 도움 없이 홀로 내버려지지 않도록 자신을 감시해야 했습니다. 상황이 어떻게 되는지 알고 있어야 하고, 그래서 뭔가 예기치 않은 것이 일어나지 않도록 감시하여 어떤 도움도 없이 홀로 내버려지고 거부당하지 않도록 자기 자신을 비판적으로 감시합니다. 이로 인해 당신은 불안 감을 느끼게 되지만 한편으로는 타인과의 실제적인 접촉을 막아 주기도 합니다.

여기서 치료사는 거부와 슬픔이라는 내담자의 고통 감정에 안내되어, 걱정을 구조화하고 의자 방식을 과제로 제안하였다. 두 의자 과제를 사용하여 걱정과 자기 비판에 초점을 두었던 초기의 몇 회기 이후에, 못마땅해하고 거부적인 어머니와의 미해결 과제와 빈 의자 대화를 위한 여러 가지 표식들이 새로 나타났다. 어머니와의 수차례에 걸친 미해결 과제 대화 이후에, 제니퍼는 더 강하고 더 분명한 경계를 세울 수 있었다. 그녀는 지지와 보호해 줄 수 없는 어머니에게 분노를 표현했다. 이로 인해 그녀는 더 힘이 부여된 자아감을 느끼게 되었고, 치료사에 의해 타당화되었다.

🤲 표식으로 유도된 개입

EFT 접근의 정의적인 특징은 개입이 표식으로 유도된다는 것이다. 치료에서 내담자는 이면의 정동적인 문제를 나타내는 회기 내 진술과 행동에 의해 확인 가능한 문제적인 특정 정서의 처리 상태로 들어가며, 이러한 상태는 특정 유형의 효과적인 개입을 할 기회를 제공한다는 것이 연구에서 입증되었다(Elliott et al., 2004; Greenberg et al., 1993). 내담자 표식은 내담자 상태와 사용할 개입 유형뿐만 아니라 이러한 문제를 해결하기 위한 현재의 준비도를 나타낸다. 치료사는 정서 처리에 문제가 있음을 나타내는 다양한 유형의 문제적인 정서 처리 표식을 확인하고 이러한 문제를 해결하기 위해 특정한 방식으로 개입한다.

과정 진단은 개인 진단보다 우선한다. 과정 진단은 주로 정서 처리상의 어려움을 나타내는 표식을 내담자가 분명하게 진술하는 데서 이루어지며, 이는 내담자가 특정 유형의 개입을 해도 될 만한 문제 상태에 있다는 것을 시사한다. 예를 들어, 자기의 한 부분(비판적인 자아)이 감정적인 태도로 다른 부분(경험하는 자아)을 비판하고 있는 **자기 비판적 분열**(self-critical split)의 표식은 내담자가 현재 이 문제를 해결하기 위해 노력하고 있다는 점과 이러한 과정들이 현재 활성화되고 있으므로, 접근 가능하다는 점을 시사한다. 치료사의 개입은 특정한 내담자 수행을 촉진하도록 설계된 특정 과제를 위한 환경을 만드는데, 이는 자기 비판에 대한 자기 수용 및 통합과 같은 유형의 문제를 해결하는 데 도움이 되는 것으로 밝혀졌다(Greenberg et al., 1993).

문제가 되는 반사적 반응의 발달과 자기 비판을 위한 두 의자 대화와 같은 EFT의 서로 다른 각각의 과제가 광범위하게 연구되었으며, 해결의 주요 구성요소와 특정한 해결 형태가 구체화되었다(Elliott et al., 2004; Greenberg et al., 1993). 실제적인 변화 과정에 대한 이러한 모형은 개입을 안내하는 지도 역할을 한다. 흔히 과정에 민감한 방식으로 탐색적이고 정서를 각성시키는 과제와 함께 하는 개입을 통해서만 내담자의 경험이 심화되고, 그들의 핵심적인 고통과 정서도식을 파악할 수 있다.

💗 범불안장애를 위한 정서중심치료 매뉴얼

우리가 말했듯이, GAD는 처리되지 않았거나 적절하게 진정되지 않았던 이면의 고통스러운 정서에 대한 방어로서 걱정을 한다는 것이 특징이다. 이면의 고통 정서는 외롭거나 고립되거나 방임될 때의 슬픔의 감정, 폭력이나 학대로부터 보호받지 못할 때의 두려움의 감정 또는 굴욕과 무력감에서 느끼는 수치심이 핵심 감정이다. 이러한 고통 정서는 해결되지 않은 애착 및 정체성 관련 상처와 자아에 대한 취약한 불안감을 가져오는 과거의 외상에서 비롯된다. 우리의 경험상, GAD를 가진 내담자는 또한 분노를 경험하고 표현하는 것에 그리고 타인에게 자기 주장적으로 되는 것에 어려움이 있으며, 대체로 자기 진정 능력이 부족하다. 이러한 모든 과정이 치료에서 밝혀져야 한다.

일단 안전한 작업 환경과 협력 관계가 구축되어 내담자의 정서 자각을 개선하고 불안을 촉발하는 내담자의 경험 측면에 대한 초기의 초점이 형성되고 나면, 치료는 취약한 자아의 정서적 고통을 불러일으키고 탐색하는 단계로 진행된다. 이것이 EFT의 가장 특화된 특징이다. 치료에서 내담자는 회기 중에 자신의 정서를 경험하는 것이 중요하며, 이를 통해 중요한 관심사들이 경험적으로 느껴지게 되는 것이며 그냥 인지적으로 알게 되는 것이 아니다. 경험을 촉진하기 위해, 자신의 경험과 접촉하게 해 줄 내담자의 내·외적 지지와의 접촉을 유지하고 처리하는 능력이 평가되어야 한다. 지지가 충분하지 않다면, 치료사는 내담자가 경험의 처리에 필요한 자원과 역량을 개발하도록 도와준다.

EFT는 변화를 위해 사람들이 도착하기 전까지는 떠날 수 없다는 기본 원칙에 따른다. 그러므로 내담자는 경험을 변화시키거나 경험에 의해 변화되기 전에 포기하였던 경험을 되찾아야 한다. 이 과정에서 사람들은 단순히 자신이 알지 못했던 것을 발견하는 것이 아니라, 의식적으로 느끼지 못했거나 이전에 부인했을 수도 있는 것을 신체적으로 느끼는 방식으로 경험한다는 것이다(Greenberg & van Balen, 1998; J. Watson, 2002). 치료사는 내담자가 자신의 정서를 경험하여 자신이 말하고 있는 것을 능동적으로 기억하여 감정과 사건의 영향을 자각할 수 있도록 돕는다(J. Watson & Greenberg, 1998). 이런 식으로, 내담자는 자신의 감정이 주는 메시지나 의미에 의해 영향을 분명하게 경험할 수 있고 새로운 의미를 만들기 위해 이를 사용하고 변형하거나 반영할 수 있다.

내담자가 도착한 곳을 떠날 즈음에, 다른 방식으로 정서 반응을 해 봄으로써 변화로 나아갈 것을 강조한다. 이는 적응적인 정서 반응의 형태로 새로운 내적 자원에 접근하고 새로운 방식으로 경험을 이해함으로써 이루어진다. 이러한 변화는 일단 회기에서 불러일으켜졌던 문제의 핵심에 있는 정서경험이 교화되고, 그 기원이나 발생 요인이 탐색되고 난 후에 일어난다. 변형 과정에서 치료사는 부적응적인 정서를 변형하고 새로운 의미 구성을 촉진하기 위해 새로운 적응적인 정서 반응에 접근하는 방식에 내담자가 집중하도록 치료사 자신의 과정 전문지식을 제공한다. GAD가 있는 내담자를 돕는 치료사는 양육적이고 지지적인 방식으로 그들이 한 번도 누려보지 못했던 것에 대한 애도와 힘을 부여하는 분노의 자기 유지적인 내적 자원에 접촉하도록 도울 수 있다. 이 외에도, 내담자들이 더 큰 자기 연민과 자기 수용을 할 수 있을 때 지지적이고 양육적인 방식으로 자기 진정 능력을 개발하도록 돕는 것이 특히 도움이 된다.

정서를 통해 새로운 경험을 생성하는 것 외에도 내담자는 새로운 서사를 구성해야 한다. 이 방법으로 새롭고 생생한 이야기뿐만 아니라 새롭게 말해지는 이야기가 나타난다. 새롭게 통합된 경험의 의미를 변증법적으로 만들어가는 과정, 즉 EFT의 핵심적인 변화과정이 가장 자명하게 드러나는 것이 바로 이 지점이다. 새로운 의미가 강화되고 사람들이 자기 자신과 세상에 대한 경험에서 변화의 의미를 만드는 데 도움이 되는 새로운 설명과 이야기가 만들어진다.

EFT는 다음과 같은 기본 과정이 없으면 완성되지 않는다. 즉, 신뢰할 수 있는 유대관계를 형성하고 자아를 강화하는 정서적 인식을 증대하기, 이전에 기피했던 고통스러운 경험을 그냥 말로 하지 않고 불러일으키기, 분노, 슬픔 및 자기 진정과 같은 새로운 정서 반응을 발달시키기 및 새로운 의미 만들기 등이다. 치료 전반에 걸쳐 내담자는 자신의 경험에 대한 전문가인 주체자로 간주된다. 치료사는 과정을 안내하고 내담자 목표를 향해 나아가는 데 도움이 되는 과정 전문지식을 제공하는 것으로 보인다. EFT 치료사는 사람들이 자신의 핵심에서 느끼는 것에 도달하고 처리하도록 돕는 방법에 대한 지식을 갖춘 과정 촉진자로서 자신의 전문 지식을 제공한다. 목표는 사람들이 호소하는 불안에 내재되어 있는 핵심적인 고통의 정서를 경험하도록 돕는 것이다. 이는 이전에 경험하기를 포기하였던 경험에 닿는 것을 도와주는 내·외적인 자원에 접근하는 것이고, 내담자가 자신의 경험이 자각되는 것을 방해하지 않도록 돕는 것이다.

처치 단계

GAD 치료의 7단계는 다음과 같이 요약한다. 많은 단계들이 겹치고 항상 서로 앞뒤로 선회하여 움직이지만 대체로 이 7단계의 순서로 나타나는 경향이 있다. 이들 단계에는 공감과 돌봄 관계 개발과 유지, 취약한 자아의 강화, 불안 분열을 통한 작업, 부정적인 자기 대우와 자기 방해의 무효화, 정서적 상해 해결 및 내담자의 자기 진정과 새로운 이야기 강화(Elliott, 2013; J. Watson, 2012) 등이 있다.

진정으로 공감적이고, 돌보는 치료적 관계

EFT 심리 치료사는 어떤 장애나 상태라도 공감적인 관계에 뿌리를 두고 시작하고 지속해 나간다. 공감적 관계는 내담자가 안전하게 느낄 수 있도록 해 주어서 바로 불안감을 감소시키는 것으로 보인다. 이는 내담자가 자신의 인생사의 어느 지점에서 불안 문제가 있었는지 찾아내도록 이야기를 전개할 수 있는 여지를 갖게 하고, 내담자가 두려움의 감정에 접근할 기회를 만들어 낸다. 치료적 관계는 내담자가 취약한 자아를 더 강한 자아감으로 발전시킬 수 있고, 자신과 자신의 경험을 긍정적으로 대하는 방식으로의 내재화를 구축해 나가므로 GAD 처치에 있어 매우 중요하다(J. Watson, 2002, 2015; J. Watson, Steckley, & McMullen, 2014). 긍정적인 치료 관계는 또한 정서 처리의 발달과 향상을 촉진하고 조절 능력에 영향을 미친다(Paivio & Laurent, 2001; J. Watson, 2002). 치료사는 내담자와 온전히 현전하여 그들이 자신과 자신의 경험에 더욱더 현전할 수 있도록 하는 것이 중요하다. 이는 현재의 경험을 회피하는 불안한 내담자에게 특히 중요하다.

취약한 자아 강화, 정서 자각 증가 및 더 긍정적인 정동 조절 전략 개발

이 치료 단계에는 내담자가 자신의 경험을 이해하는 보다 더 일관된 삶의 이야기의 발달, 대처할 수 있다는 신념으로 향상된 정동 조절 역량과 숙달감의 획득 및 더 긍정적인 자아개념을 생성해 주는 자기 대화와 긍정적인 내사의 발달 등이 포함된다. 치료사와의 긍정적인 관계에서 내담자는 치료사의 태도를 내면화한다. 내담자는 자신과 자신의 주관적인 경험을 더 많이 수용하게 되고, 정서와 인식을 포함하는 자신의 경험을 인정하도록 배우고, 자신을 신뢰하는 법을 배우고 자신에 대해 더욱더 지지적이고 보호적인 방식을 개발한다. 내담자는 자신의 삶의 이야기를 개발하면서 인과 관계를 보기 시작한다. 사건과 상황을 보다 명확하게 보고 그 영향을 인식하게 된다.

치료사는 내담자가 1차 정서에 주의, 자각 및 수용을 증대하는 것과 같은 정서조절을 통해 어려움을 극복하도록 돕는다. 이 과정에서 내담자는 치료사가 정동에 공감적으로 조율하는 것에 도움을 받아서 자신의 감정과 그 안에 담긴 정보를 소중하게 여기는 법을 배워야 한다. 이를 달성하는 방법 중 하나는 치료사가 내담자의 경험과 인식을 타당화하는 것이다. 내담자는 자신의 경험이 타당화되는 것을 목격할 때, 세상에 대한 지각과 경험에 있어 확신감을 키우기 시작한다. 이는 자아를 강화한다. 초점화에 의해서 신체적인 느낌 감각에 주의를 기울일 수 있고(Gendlin, 1996), 자신의 감정을 살피고, 이름을 붙이고 수용할 수 있게 된다. 이는 강렬한 불안과 두려움의 감정에 대처하여 더 강하고 덜 취약한 자아감을 발전시키도록 돕는데 필수적이다(J. Watson, Steckley, & McMullen, 2014). 생산적인 정서 처리의 또 다른 핵심 요소는 정서조절이다. 활성화된 정서경험에 압도당하지 않도록 충분히 조절하여야 한다. 따라서 치료사는 내담자가 정서로부터 작업 거리를 개발하고 유지하도록 돕고(Gendlin, 1996), 인지적으로 그 정서를 정보로 받아들이는 방향으로 가도록 돕는데, 이는 인지와 정동을 통합하게 한다. 조절장애는 종종 생애 초기의 양육자와 영아의 두 사람 사이의(dyadic) 정동 조절 실패로 인한 것이다(Schore, 2003; Stern, 1985). 내적 안전감은 자신이 타인의 정신과 마음에 존재한다는 느낌에 의해서 발전하고, 자신을 진정시킬 수 있는 안전감은 보호적인 타인의 진정 기능을 내면화함으로써 발전한다(Schore, 2003; Sroufe, 1996; Stern, 1985). EFT에서 치료사는 내담자가 정동 경험을 조절하도록 진정시켜 주는 환경과 중요한 행동들을 제공함으로써 정동 경험을 담아내고 조절하도록 돕는다. 이는 시간이 지남에 따라 내재화되어 은연중에 자기 진정을 발전시키고 내담자가 의도적으로 노력하지 않아도 자동적으로 감정을 조절할 수 있게 된다.

불안 분열의 극복

불안 분열(anxiety split)은 자아나 내면 목소리의 다양한 부분들에 대해 EFT 이론을 사용하여 불안 생성의 내적 과정을 해석하는 방식이다. 여기에 작용하는 불안은 2차적인 불안으로 간주되는데, 이는 2차 불안에 의해 가려지고 있는 더 핵심적인 기저의 불안정 또는 수치심에 대한 증상이다. 이는 치료의 첫 번째 의자 대화 중의 하나이며, 증상 관리와 내담자의 기저의 핵심적인 두려움에 접근하는 것을 용이하게 하는 데 도움이 된다. 이러한 형태의 두 의자 대화에서, 자아의 한 부분이 미래에 일어날 수 있는 부정적인 결과와 사건을 파국화하여 자아를 걱정하는 불안 생산자로 특징지어진다. 자아의 이러한 측면은 부분적으로는 자아에 대한 보호적인 염려에 의해 추동된다.

주 호소 문제는 걱정에 수반되는 불안에 대한 증상이며, 이는 2차적인 반사적 정서 반응으로 간주된다. 걱정은 더 1차적인 이면의 고통스럽고 불안정한 자아감을 보호하는 기능을 한다. 이 수준에서 증상에 개입하는 것은 비교적 피상적이지만 내담자의 현상과 일맥상통하며 협업을 구축하는 좋은 방법이다. 불안한 내담자는 자신의 불안에 대한 도움을 원하고 치료사가 자신이 제시하는 문제에 집중해 주기를 원한다. 이러한 방식으로 시작하는 것이 근접 경험이며, 내담자가 현재 자각하고 관심을 기울이고 있는 것에 머무르며 긍정적인 치료 동맹을 형성하는 데 도움이 된다. 내담자는 자신에게 일어나는 어떤 것으로 불안을 경험하는지 걱정 과정을 작업함으로써, 불안이 자신에게 일어나는 것으로부터 자신이 자신에게 수행하고 있는 어떤 것으로 변형할 수 있게 된다. 치료의 진행 동안에 자신이 불안을 만들고 있는 데서 자신의 주체성을 확인하는 것이 중요하다. 자아는 불안해지면 반사적으로 반응하게 되고, 대화는 이 책의 제6장에 설명된 대로 진행된다. 걱정 분열과 작업하는 것은 우울증에서 나타나는 갈등 분열 및 부정적인 자기 대우를 다루는 것과 다르다. 제1장에서 논의했듯이 GAD에서는 초기의 발달상의 잘못된 점들이 등장하여 종종 두 의자나 빈 의자에서 고통이 표현되는데, 치료사는 이를 밝힐 준비가 되어 있고 각 측면을 공감적으로 포용할 수 있어야 한다.

부정적인 자기 대우를 무효화하기 위한 두 의자 작업

GAD를 가진 내담자는 특정한 형태의 부정적인 자기 대우(self-treatment)를 하여 지각과 감정을 무시, 차단, 침묵시키고 거부한다. 이러한 방해적인 과정은 감정과 욕구를 가지는 것에 대해 수치심으로 다루어질 수도 있다. 사람들은 어른이든 아이이든 자신의 부족함을 수치스럽게 느끼며, 이는 종종 사랑과 보살핌을 받을 만큼 충분하지 않다고 자신을 탓하게 된다. 이는 두 가지 방식으로 일어난다. 한 가지는, 걱정하는 자아가 적절한 지원과 보살핌 없이 어린 시절에 경험한 고통스러운 감정의 디스트레스 웅덩이로 용해될 수 있다는 것이다. 그들은 종종 아이로서 어른들의 요구를 처리하는 데 부적절하고 무기력한 감정을 표현한다. 예를 들면, 한 내담자는 어린 남자아이로서 어머니의 고통을 완화시킬 수 없는 것에 대해 수치스럽고 쓸모없고 나쁘게 느꼈고, 다른 내담자는 자신이 언제든지 버려져도 당연하다고 느꼈고, 또 다른 내담자는 자신을 '점액질로 반쯤 형성된 태아'로 보았다. 부정적인 자기 대우의 두 번째 형태는 자신이 받은 나쁜 대우에 대해 자신이 책임이 있는 것으로 느끼고 탓하는 것이다. 이러한 내담자는 자신의 욕구는 중요하지 않은 것으로 여기게 된다. GAD가 초기 발달주기의 한 부분으로 경험되고 내면화로 이어지는 긍정적 경험이 거의 없을 때, 어떤 어린이는 자신이 타인의 행동에 책임이 있다고 본다. 미해결 과제의 해결 과정 중의 하나는 내담자가 자신의 잘못이 아니라는 것을 인정하고, 부모나 주 양육자가 약하고, 나쁘고, 알코올 중독이고, 아프고, 부적절했던 것들에 대해서 자신이 비난받지 않아야 한다는 것, 그리고 아이들은 자신의 욕구를 충족시키는 것이 당연하다는 것을 인정하는 것이다.

내담자가 과거에 필요했던 보살핌과 보호를 받지 못했던 것에 대한 분노와 자기 비난이 두 의자 작업에서 나타날 때, 그 과정에서 자아의 강요적이고 비난적인 측면과 나누는 두 의자 대화와 자기 방해에 대한 재연을 결합하여 다루어, 감정의 무시와 간과를 반영한다. 자기 비판적(비난적) 분열은 자아의 한 측면이 다른 측면에 대해 비판적이고 비난적일 때 일어난다(예: 까다롭고 불행한 아이라고 자신을 탓하는 경우). 내담자는 자신에게 "그가 야단친 건 네 잘못이야, 너는 항상 까다롭고, 징징대고, 투덜거렸어. 항상 그렇게 외톨이였던 건 놀랍지도 않아. 아무도 너를 좋아하지 않아."와 같은 자기 비판적 분열은 두 의자 작업을 할 기회를 제공한다. 이 작업에서 자아의 두 부분(비판적인 자아와 비판받는 자아)이 서로 생생하게 접촉한다. 비판과 부정적인 생각, 그리고 이 부정적인 자기 조직화에 대한 반응에서 경험한 감정과 욕구들이 비판적인 자아를 부드럽게 만들려는 실제 대화에서 탐색되고 소통되어서 더 큰 자기 자비와 자기 수용에 접근하도록 촉진된다. 이는 두 자아 사이의 통합으로 이어진다.

한편으로, **자기 방해적 분열**(self-interruptive splits)은 자아의 한 부분이 정서경험과 표현을 방해하거나 제한하고, 다른 부분의 감정을 무시하거나 침묵시킬 때 일어난다. 예를 들어, 어떤 내담자는 자신의 경험의 방해와 무시를 다음과 같이, "그냥 꾹 참고 눈물을 삼키는 거예요, 제가 우는 법은 [없어요]."라고 표현한다. GAD가 있는 많은 내담자들이 자아를 침묵시키는데, 이는 적대적이고 고통스럽고 부정적인 환경에서 그들의 감정과 욕구가 충족되지 않고, 일축되고, 타당화되지 않거나 무시되었기 때문이다. 결과적으로 이러한 내담자 중 일부는 자기 표현을 할 자격이 없다고 느끼며, 자신과 타인의 안녕에 대해 책임져야 한다는 부담감을 가질 때 악화될 수 있다.

두 의자 재연(two-chair enactment; Greenberg et al., 1993)에서 방해하는/침묵시키는 자아가 명시적으로 나타난다. 이는 자아에게 무언가를 행하는 주체적 자아(agent) 간의 대화로, 비판적 부분이 부정적으로 자아를 평가하는 자기 비판적인 분열과 대조된다. 내담자가 의자 작업에 참여하면서 어떻게 자신을 침묵시키고 자기 자신과 감정을 방해하는지 자각하게 된다. 신체적으로(목소리를 차단하고 목을 조르는 제스처로) 또는 말로("닥쳐, 느끼지 마, 조용히 해, 너는 해낼 수 없어.") 자신이 하고 있는 방식을 재연해서, 차단하고 있는 과정에서 주체자로서의 자신을 경험할 수 있다. 그들이 이 과정을 자각하고 나면 자아의 방해적 부분에 반응하고 도전하도록 격려를 받는다. 해결은 더 큰 자비와 자신에 대한 수용, 감정과 필요에 대한 권리를 반영하는 이전에 차단된 경험의 표현을 포함한다.

정서적 상처를 해결하는 빈 의자 작업

GAD는 일반적으로 주 양육자나 형제자매 및 동료의 유기, 방임, 학대, 굴욕, 침범 그리고 거부와 같은 초기 애착 손상에 근거한다. 이는 사람들로 하여금 나약하고, 불안하고, 무기력하고, 무가치하고, 부적절하고, 무력하게 느끼게 하는 취약성과 두려움 또는 수치심에 기반을 둔 조직화로 이어지게 된다. 불안 분열에 대한 작업을 마친 후에 치료는 자아 붕괴, 나약함 및 불안함을 남겼던 정서적 상처에 있는 증상적 불안에 대한 더 깊은 근원으로 옮겨간다. 여기에는 깊은 불안감, 수치심, 슬픔과 뼛속 깊이 느껴지는 외로움, 지지 부족, 그리고 과도한 책임감과 나쁜 느낌이 있다. 이러한 미해결 과제는 내담자에게 위해를 가하고 적절한 지지, 연결감, 타당화 및 보호를 제공하지 못한 상상의 타인과의 빈 의자 대화(empty-chair dialogues)에 의해서 다루어진다. 이들 대화는 자아와 타인과의 관계를 변형시키기 위해 자신에게 위해를 가한 타인을 상상하는 것과 과거의 고통스러운 상황을 회상하는 것을 포함한다. 내담자는 취약한 자아의 핵심적인 고통과 치유에 필요한 것에 접근한다. 치유과정의 중요한 부분은 타인에게 책임을 지우기 위해 내담자가 보호적이고 주장적인 분노에 접근하는 것이고, 결코 주어지지 않았던 것에 대한 치유적인 슬픔을 경험하는 것이고, 궁극적으로는 불안한 자아를 진정시키는 것이다.

빈 의자 대화와 때로는 두 의자 대화에서 GAD가 있는 내담자의 분노에 접근하는 역량이 매우 중요하다. 분노는 자신의 경계를 지키기 위해 버럭하며 끼어드는 행동 경향성을 제공하는 접근 정서이다. 분노는 불안, 두려움 및 불안감으로 철회하는 경향성을 무효화함으로써 하나의 변화 과정으로 작용한다. 그러므로 빈 의자나 두 의자 대화에서 분노에 접근하고 표현하는 것은 불안을 극복하는 데 도움이 되는 것 같다. 하지만 내담자가 자신의 경험을 계속하여 부정적으로 취급하는 한, 내담자가 온전히 해결하거나 빈 의자 대화를 하는 것이 불가능할 수 있다. 자신의 경험을 계속 부정하거나 무시하거나 일축하는 내담자는 보호적인 분노에 접근하고 타인과의 애착 관련 상처를 완전히 해결하기 위해 더 큰 자기 자비와 더 강한 자아감을 먼저 획득해야 할 것이다. 상처 입은 자아를 위해 자비에 접근하는 것은 핵심 자아를 변형시킬 수 있으며 내담자가 불안 증상을 다루는 데 도움이 된다.

정서 변형: 분노에 접근하기와 자비적 자기 진정

표면으로 떠오르는 고통스러운 정서경험을 수용하고 자비적으로 되도록 내담자 능력을 향상시키는 것은, 정서를 견디고 자기 진정을 발달시키는 데 있어서 중요한 단계이다. 자기 진정 능력은 원래 보호적인 타인의 진정시키는 기능을 내면화함으로써(Sroufe, 1996; Stern, 1985) 발달하며, 치료에서는 내담자가 자신의 감정과 욕구를 이해받고, 수용되고, 자격이 있음을 느끼는 긍정적인 치료적 관계를 통하여 발달한다. 시간이 지남에 따라 이러한 태도는 내면화되어 내담자가 암묵적인 자기 진정 역량뿐만 아니라 의도적인 노력 없이도 자신의 감정을 자동적으로 조절하는 역량을 발달시키게 한다. 정서는 처리과정의 다양한 수준에서 진정시킴으로써 하향 조절될 수 있다. 생리적 진정에는 심박 수, 호흡 및 스트레스 하에서 속도를 높이는 기타 교감 기능을 조절하기 위해 부교감 신경계의 활성화가 있다. 호흡 및 이완 연습과 같은 자기 진정 대응방식은 불안을 낮추는 데 사용될 수 있다. 또한 변형적 자기 진정이 있다. 이 과정에서 내담자는 자신의 기저의 괴로움을 인식하게 되고 반응하게 된다. 더 큰 자기 자비와 자기 수용을 얻음에 따라, 그들은 상처 입은 자아를 더 위로할 수 있게 되어, 개인적으로나 대인적으로 욕구를 더 잘 충족시키도록 자신의 정서를 더 자각하고, 이름 붙이고 사용하는 법을 배운다.

자기 진정 대화에서는, 진정이나 타당화를 제공함으로써 내담자가 위해와 단절의 두려움, 상실에의 슬픔, 또는 무효화에서의 수치심과 같은 고통스러운 이면의 정서를 진정하는 방법을 찾도록 돕는 것에 초점을 둔다. 내담자에게 보호와 돌봄에 대한 욕구를 충족시켜 주는 양육자가 없었다면, 내담자가 현재와 미래에 위로와 타당화를 추구할 수 있도록 이러한 역량을 확보해야 한다. 강화된 자아는 상처 입은 자아에 대해 상처받고 보호와 보살핌이 필요한 것으로 볼 수 있다. 탈중심화 능력은 은유적으로 말하자면, 성인으로서 자신의 상처 입은 아이에게 반응하여 위안과 위로를 줄 수 있는 것이다. 자기 진정의 역량이 있는 사람들은 이제 유기되거나 방임된 자아에 자비와 수용을 불러일으킴으로써 자신의 불안을 조절할 수 있다. 자기 진정은 본질적으로 불안전하고 부적절한 자아에 자비를 불러일으키는 과정이다(Greenberg, 2015; J. Watson, 2006). 더구나 과도한 책임을 져 왔던 GAD 내담자의 경우에 자신이 비난받지 않아야 한다는 진술이 상당한 진정작용이 될 수 있다. 이는 그들에게 이완할 수 있게 하고 타인에 미치는 그들의 영향이나 사건의 결과에 대한 염려를 멈추게 한다.

마지막으로, 내담자가 경험을 이해하기 위해 되돌아보고, 겪어 온 변형적 경험이 자신의 정체성을 변화시키거나 적합하게 하는 방식에 대해 새로운 이야기를 개발함으로써 새로운 의미가 통합된다. 새롭고 생생한 경험은 새로운 이야기로 통합된다. 내담자는 대안적인 의미를 구성하고, 탄력성, 더 큰 자기 수용 및 자격 부여의 이야기를 전개하고 이 새로운 자기 타당화의 관점에 대한 함축된 의미를 탐색한다. 이제 목표는 자기 가치감과 힘에 기반을 두고 자신과 과거, 미래에 대해서 경험을 바탕으로 한 이야기를 구체화하는 것이고, 이러한 새로운 깨달음에 기반을 두고 내담자가 발전해 나갈 수 있는 행동들을 촉진하는 것이다.

숙제

변형을 촉진하고 통합하는 데 숙제가 유용할 수 있다. EFT에서 주로 정서의 자각, 조절, 반영 및 변형을 촉진하는 데 숙제를 이용한다. 경험주의 치료에서 숙제의 주된 목적은 회기 밖의 연습을 통해 일어난 변화를 회기 중의 변화로 통합하고 강화하는 것이다. 연습은 학습을 향상시키므로(Goldfried & Davidson, 1994), 새로운 감정이나 비판적인 목소리의 자각과 같은 어떤 것을 자각하게 되면, 이를 숙제를 통해서 연습할 수 있게 한다. 비판적인 목소리의 부드러워짐이나 충족되지 않은 욕구를 충족시키려는 움직임같이, 회기에서 중요한 변형을 경험한 사람들은 이러한 변화를 온전하게 통합할 필요가 있다. 이를 위해 그 주 동안에 자신의 욕구를 주장하거나 자신에게 자비적으로 되는 연습을 하게 할 수 있다.

처치 순서

휴즈 등(Hughes, Timulak, & McElvaney, 2013; Hughes, 2013 참조)은 EFT에서 세 명의 GAD 내담자에 대한 집중 분석을 통해, 시간 경과에 따른 치료의 진행과정 상의 특징적인 순서를 발견했다. 일반적으로 불안 표식은 치료의 매우 이른 시기에 나타났다. 이러한 표식에는 파국화적인 진술, 고조되거나 강박적인 염려를 하게 만드는 부정적인 기대, 당위 진술(should statements), 후회 그리고(또는) 외부적 제한을 표현하는 조건 진술, 실패와 같은 감정의 표현 및 내담자를 위협하는 실제적인 위험에 맞지 않는 걱정을 표현하는 진술 등이 있다. 내담자들은 걱정이 일상의 기능에 지장을 주는 것에 대해 좌절감과 통제력 부족을 나타냈다. 부적응적인 걱정의 표식은 일부 내담자들이 수많은 문제에 대해 걱정한다는 것이 명백해지면서 시간이 지남에 따라 빠르거나 더 느리게 드러났다.

향상된 내담자들은 걱정과 불안의 증상에 대해 이야기하는 것으로부터, 회피하려고 했던 고통스러운 정서를 경험하는 것에 대해 얘기하는 것으로 진전되었다. 이러한 감정들은 그들에게 고통으로 남아 있게 하는 사건들을 감추었다. 내담자들은 이러한 주제들이 불러일으키는 고통스러운 감정 때문에 생각하지 않으려고 했다고 말했다. 내담자들은 자신의 고통에 대해 말하기가 힘들다는 것을 알게 되었고 함께 앉아 고통 경험과 정서를 탐색하는 것을 내키지 않아 했다. 그보다는 주제를 바꾸거나 보다 즉시적인 걱정이나 염려로 들어감으로써 고통스러운 경험을 피하려고 하였다.

치료가 진행되면서 내담자는 고통스러운 경험의 탐색을 더 잘 견딜 수 있게 되었다. 자신에게 압도당하지 않고 그 순간에 함께 앉아 고통스러운 감정을 경험할 수 있었고, 분화되지 않은 고통스러운 경험으로부터 더 구체적인 감정과 의미를 분화시킬 수 있었다. 그들은 슬픔, 외로움, 두려움, 수치심의 감정을 탐색하였고 자신의 고통 경험에 적극적으로 관여했다. 이로 인해 내담자는 고통 정서를 촉발하는 이면의 결정적인 요인들과 사건에 대해 논의하기 시작할 수 있었다.

일단 내담자가 고통스러운 감정을 처리하기 시작하면, 과거에 충족되지 않은 욕구나 필요를 표현하게 된다. 이러한 충족되지 않은 욕구는 여러 면에서 문제의 핵심으로 있었고, 고통과 디스트레스를 겪게 하였다. 향상된 내담자는 어린 시절이나 과거의 다른 상황에서 인정되지 않고 충족되지 않았던 대인관계적인 욕구를 되찾을 수 있었다(예: 중요한 타인이 내담자의 안전과 안정욕구를 충족시켜 주지 못하였다). 자신의 충족되지 않은 욕구를 충족시킬 자격이 있음을 경험한 후, 내담자는 적응적이고, 경계를 설정하고, 주장적인 분노를 표현하고, 자신에게 부당하게 한 것에 대해 타인에게 책임을 물을 수 있었다. 이로 인해 내담자들은 현재의 삶에서 더 자기주장을 할 수 있게 되었다. 또한 내담자의 능력과 염려들에 대해 이전에는 가혹하게 비판적이었던 목소리가 완화되었다. 내담자들은 더 수용적으로 되고 증가된 자기 가치감을 보여 주었다. 내담자들은 더 많은 것을 받아들이고 자존감이 높아졌다. 그들은 자신의 능력과 성취뿐만 아니라 한계에 대해 감사함을 표현하였으며, 대체로 자기 비판과 비난이 훨씬 적어지고 더 큰 힘과 자기 자비를 보여 주었다.

그런 다음 내담자들은 자기 진정으로 나아갔다. 여기에는 상상의 타인으로부터 후회와 공감, 어른 자아로부터 진정하기, 아동기의 긍정적인 경험을 회상하기 또는 타인이 실패한 것에 대해 그들을 용서하기 등의 다양한 형태들을 사용하였다. 치료가 끝날 무렵에 내담자는 전반적인 정서경험, 특히 걱정과 고통스러운 정서의 경험에 대해 더 큰 숙달감, 통제감 및 주체성을 보여 주었다. 내담자는 걱정을 덜 하게 되고 새로운 활력으로 미래를 바라보았다. 삶의 목표를 관리하는 능력에 대해 더 낙관적이었고 미지의 미래에 더 큰 안도감을 보였다.

우리가 볼 수 있는 것처럼, EFT 치료사는 내담자의 과정을 자각하고 주어진 시간에 가장 두드러진 과제를 한다는 관점으로 내담자를 따라간다. 일부 내담자의 경우 초기의 가장 중요한 과제는 그들에게 일어난 일을 표상하는 것일 수 있다. 이러한 내담자는 자신이 경험한 것을 적절하게 표상하거나 알아차리는 삶의 이야기를 전개하지 않았을 것이다. GAD가 있는 일부 내담자의 경우, 일어난 일에 대해 타인이 표상한 방식 때문에 그들의 이야기가 중단되거나 왜곡될 수 있다. 때로는 극심한 디스트레스와 고통스러운 경험으로 인해 그들의 이야기가 혼돈에 차 있을 수 있다. EFT 치료사는 내담자의 과정에 인내심을 가지고 존중하고, 그들의 삶에서의 사건들을 면밀히 살펴볼 시간을 가짐으로써 감정에 초점을 맞추어 명료화하고, 명명되고, 인정될 수 있도록 한다. 이 과정에서 내담자는 다른 관점을 택할 필요가 있을 것이다. GAD를 가진 내담자는 주 양육자나 중요한 타인의 관점을 취하였을 것이다. 이야기가 더 명확해지면 이 내담자들은 자신이 어떻게 상처를 입었는지 더 잘볼 수 있고 정서와 지각을 조절하기 위해 내면화했던 부정적인 행동을 자각할 수 있다.

EFT 치료사는 내담자가 다른 렌즈를 통해 자신의 세상을 볼 수 있을 만큼 강하게 느껴야 하고, 자기 자신과 다른 사람과의 관계에 대한 영향을 견딜 수 있게 느껴야 한다는 점을 인식하고 존중한다. 내담자가 자신의 존재 방식에 문제가 있다고 동의하고 변화를 바란다면, EFT 치료사는 자아에 대한 부정적인 대우를 해결하기 위한 두 의자 작업이나 애착 상처를 해결하기 위한 빈 의자 대화를 진행하게 된다. 회기에서 과제 표식이 나타나면서 치료사는 무엇이 일어나고 있고, 무엇이 내면화되었는가에 대해 내담자의 자각을 촉진하는 의자 대화를 도입한다. 대화가 처음 도입될 때는 순조롭게 해결로 나아갈 것이라고 기대할 수 없다. 오히려, 과정이 전개되고 내담자가 막히면서 치료사는 내담자가 해야 할 작업이 무엇인지 알 수 있다. 두 의자나 빈 의자 대화 작업은 내담자가 자신의 감정을 인식하고 이름 붙이는 데 어려움이 있는지, 자신에게 일어난 일을 더 완전하게 표상해야 하는지, 아니면 자신의 욕구를 충족시킬 자격이 없다고 계속 느껴야 하는지의 여부를 밝히는 데 도움이 될 수 있다. 그러므로 내담자는 정서 처리, 이야기 구성 또는 더 강한 자아감의 발달이라는 측면에 간힐 수 있다.

　내담자가 여러 가지 과제를 반복함에도 불구하고 EFT 치료사는 혼란스러운 과정을 피하고 해결을 촉진하기 위해 두 의자나 빈 의자 대화를 하는 동안에 초점의 안정성을 유지하려고 한다. 하지만 이것은 바로 이끌기와 따르기 사이의 미묘한 균형을 유지하는 것이다. 과제가 적합하지 않거나 다른 과제가 더 임박해지면, 치료사는 내담자를 따라가서 다른 과제로 바꾸거나 그 과제를 내려놓도록 하고, 회기에서는 내담자의 과정에 맞춰 초점을 다시 가져오기 위하여 내담자 경험을 다시 반영하기 시작한다. 그러나 치료사는 내담자의 과정을 계속 추적해 나가고 서로 다른 작업 방식들을 아무렇게나 되풀이하지 않는 것이 중요하다. 지속적인 공감적 조율, 수용, 온정 및 진정성이 있는 치료사와의 관계 맥락에서 서로 다른 과제들이 해결된다. 치료사는 내담자에게 반응적이고 내담자와 온전히 현전한 채로 내담자를 따라가서 그들의 감정과 서사를 계속 반영한다. 또한, 치료사는 고통에 접근하여 표현하고 자기 돌봄과 자기 진정을 발달시키고 고통스러운 삶의 경험을 해결하여 더 자기 확신과 자기 수용적이 되도록 내담자와 함께 노력하여 그들이 불안과 답답함, 자신의 경험을 스스로 무시하지 않는 삶을 이끌어갈 수 있게 한다.

🫶 사례 예시

　다음의 임상 예에서는 GAD에 대한 EFT 접근 방식을 예시한다. 앞에서 설명한 처치단계들이 강조된다. 즉, 공감적, 수용적인 관계 발전, 자아를 강화하기 및 정서에 주의를 기울이기, 불안 분열과 작업하기, 부정적인 자기 대우 무효화하기, 정서적 상처 해결하기, 정서 변형 및 자기 진정 발달시키기 등의 단계들이다. 더 강한 자아감 발달에 있어서 치료사의 공감과 수용의 역할뿐만 아니라 내담자의 정서경험 탐색과 변형이 입증된다. 우리는 정서가 어떻게 정서를 변형시키는지, 내담자가 자신의 두려움과 수치심에 어떻게 접근하는지 그리고 내담자가 자부심과 기쁨에 접근하기 위해 분노와 슬픔과 같은 정서를 변형시키는 작업을 치료사와 함께 어떻게 해 나가는지 보여 준다.

내담자는 GAD 치료를 원하는 50대 초반의 여성으로 몇 번 결혼하고 이혼했다. 처음에 그녀는 독립적이고 초연한 모습을 보였다. 그녀는 네 자녀 외의 다른 사람들과 연결하기가 어려웠고 관계를 형성하고 유지하는 데 어려움이 있었다. 접수 면접에서 그녀는 심한 불안뿐만 아니라 강한 외로움을 느낀다고 보고했다. 가끔 너무 흥분해서 '벽을 타고 오르는' 것처럼 느껴졌고, 자기 주변의 상황과 '단절'되는 느낌을 느꼈다. 그녀는 어렸을 때 신체적, 정서적으로 학대를 받았고, 지각과 감정과 같은 그녀의 경험은 지속적으로 불인정되었다. 그녀는 끊임없이 자신이 '미치고' '멍청하고', 기분이 나쁘면 과장한다는 말을 들어 왔다. 이러한 부정적인 메시지가 내면화되어 그녀 자신의 경험과 결부시키는 방법에 영향을 미쳤다. 때로는 너무 무섭고 불안해서 세상에서 분리된 느낌과 '유리 복도에서 살고 있는' 느낌이 들었으며, 아주 짧은 순간만 자의적이고 수월하게 하는 것처럼 느껴진다고 하였다. 아동기 학대로 인하여 두려움, 불안 및 수치심이 그녀의 지배적인 감정으로 자라났다.

성인으로서 내담자는 자신의 삶을 지배해 왔던 부모를 계속 두려워하였고, 종종 자신의 지각과 정서경험에 혼란스러워하였다. 그녀는 일찍부터 자신의 지각과 감정을 물리치고 침묵시키는 법을 배웠기 때문에 그것들을 안내자로 사용할 수 없었다. 그녀는 가까운 대인 접촉을 두려워했고 자신의 약함과 결핍에 대한 경험을 부인했다. 자기 충족으로 철수하고 고통스러운 기억과 정서를 무시하고 평가절하하고 포기하는 대처법을 터득하였다. 이로 인해 소외되고 외로울 뿐만 아니라 방향감각을 잃고 감정과 욕구에 접촉할 수 없게 되었다. 그녀는 두려움과 불안, 특히 부모에 대한 지속적인 두려움이 자신의 삶을 지배해 왔음을 알았다. 그녀의 주요 치료 목표는 불안이 완화되고 부모의 영향에서 벗어나는 것이었다. 그녀는 더 자기 수용적이고 자기 자비가 있고 자신이 경험한 것을 신뢰하여 타인과 연결할 수 있고 관계가 유지되기를 원했다.

공감 관계 형성 및 정서 자각하기

처치는 내담자가 겪었던 신체적, 정서적 학대 및 사랑의 결핍과 관련된 고통과 슬픔을 밝히기 위해 내담자와 함께 작업하는 데 초점을 두었다. 처음에는 대인적인 안전감을 제공하고 치료사와의 긍정적인 관계를 발전시키는 데 중점을 두었다.

처음에 그녀는 자신이 상처 입었다는 것을 인정하기 힘들어했다. 그녀는 부모로부터 자신이 필요했던 어떤 것이 있었다거나 그들이 자신을 해쳤다는 사실을 결코 그들이 알게 하지 않을 것이라고 말했다. 마음을 열고 자신의 약함을 표현하는 것이 어려웠다. 치료사는 반복해서 내담자의 감정을 타당화하고, 고통과 슬픔에 대한 내적 경험에 주의를 기울이고, 인식하는 경험을 상징화하기 위해 함께 노력함으로써 그녀가 자신의 극심한 취약성과 지지와 보호에 대한 욕구를 인정하도록 도왔다. 처음 세 회기는 공감적인 유대감을 형성하는 데 중점을 두었고, 그 후 학대적인 부모에 대한 내담자의 일차적인 두려움을 해결하는 데 집중하였다. 이 두려움은 부모와의 접촉을 최소화하여 위험으로부터 그녀를 멀리 있게 하는 역할을 하였다는 점에서 처음에는 적응적이었다. 그러나 현재에 그녀는 그 두려움이 부모뿐만 아니라 그녀가 가까워진 다른 사람들과의 관계를 계속 지배하기 때문에 부적응적이라는 것을 알았다. 개입은 내담자의 아동기 정서도식에 접근하여 두려움을 느껴 보고 재처리하는 것뿐만 아니라 학대에 대한 그녀의 인식과 이야기를 타당화하여 더 강한 자아감을 발달시키고, 정서를 이해하고, 새로운 방식으로 정서를 처리하고 조절하는 역량을 개발하는 것이었다.

자아 강화하기

내담자는 수용되고, 지지받고, 이해받는 느낌과 같은 치료사와의 긍정적인 관계 경험을 통해 자신의 학대 이야기를 공유하면서 더 강한 자아감을 구축하고, 자신의 지각과 감정이 인정받고 타당화되기 시작했다. 이것은 내담자의 지각과 감정이 평가절하되었기 때문에 중요했다. 그녀는 과장한다는 비난을 받았고 자신의 감정이 이상하다는 말을 들어 왔다. 고통을 인정받고 감정을 변화시키고 자기 자신의 신뢰를 되찾으려면 그녀는 자신의 이야기를 들려주어야 했다. 두려움과 슬픔의 감정이 타당화되고 나면, 내담자는 애착 상처와 관련된 이전의 고통 정서경험과 기억을 허용하고 수용하기 시작한다. 그녀는 부모의 불인정과 놀림을 통해 자신의 내적 경험을 불신하고, 특히 충족되지 않은 애착 욕구와 관련된 고통 경험을 회피하도록 터득하였다. 치료에서 그녀는 이러한 고통 경험을 인정하고 이를 핵심적인 자기 구조의 일부로 받아들이기 시작했다.

불안 분열 작업하기

초기에 치료사는 내담자가 어떻게 자신을 불안하게 하는지를 다루자고 하였다. 그녀는 자신에게 숨어야 하는데 그렇지 않으면 맞을 것이며, 조심해야 하는데 그렇지 않으면 나쁜 일이 일어날 수 있다고 하였다. 내담자는 조용히 하고 사라지는 걸 어떻게 터득하였는지 재경험했다. 도망갈 수 없고 보호받을 수 없는 느낌을 분명하게 말로 표현했다. 두려움이 어떻게 자신을 압도하고 모든 다른 경험보다 강하게 작용하였는지 경험했다. 그녀는 자신의 슬픔과 고통을 차단했다는 것을 깨달았다. 그녀는 맞은 후에 도움 없이 홀로 남겨진 것을 회상했다. 그녀는 의지할 사람이 없었고 보호나 안전한 장소도 없었으며, 자신의 곤경에 대해 누구에게 말할 수도 없었다. 꿈에서 그녀는 아이로서, 혼자 내버려지고 방치되어 전적으로 자신을 보호할 수 없는 꿈을 자주 꾼다고 하였다. 치료사의 공감적 반응(예: "그래서 삶이 두려움으로 가득 차 있었고, 그냥 보이지 않으려고 했고, 그래서 공격받지 않으려고 했네요." 그리고 "언제 그렇게 될지 결코 알 수 없었어요. 당신은 그냥 너무 두려웠고 두려움 속에서 혼자였어요.")들은 자아와 세상에 대한 내담자의 핵심 구성 부분으로서뿐만 아니라, 정서 경험을 방해하는 방식으로서의 일차적인 두려움과 슬픔을 강조했다.

부정적인 자기 대우 작업하기

내담자는 자신이 불안감 생성에 기여했고, 취약감과 핍박감을 끊임없이 침묵시켰을 것이라는 사실을 알게 되었다. 자기 충족으로 철수함으로써, 그리고 고통 정서와 기억을 무시하고 평가절하고 부인하는 것으로써 대처하는 법을 터득하였다. 많은 회기에서 자신의 나약하고 핍박받는 것에 대한 두려움과 무가치함에 대한 내면화된 메시지를 탐색하는 데 초점을 두었다. 20회기 중반쯤에서 내담자는 의존성, 나약함 및 취약성에 대한 두려움을 드러내어 말했다. 이 과정에 의해서 그녀의 1차 정서와 욕구로부터의 적응적인 정보가 현재의 현실 구성으로 통합되었다. 또한, 코칭적인 개입과 기억 환기가 그녀가 아동기 학대와 혹사와 관련된 핵심적인 부적응적 두려움과 수치심의 구조에 접근하는 데 도움이 되었다. 그리하여 원래의 자기 보호적인 정서 반응, 관련된 신념 및 그녀가 발달시켜 왔지만 현재의 맥락에서는 더 이상 적응적이지 않은 부정적 행동들이 변형되었다. 그녀가 상처 입었던 아이에게 더 자비로워지고 자신의 경험을 더 수용하게 되면서, 자신이 얼마나 깊게 상처받았는지에 대해 접촉하는 것에 대한 과거의 부적응적인 두려움을 극복하는 데 성공했다. 이 지점에서 치료는 이러한 상처를 치유하기 위해 애착 상처를 밝히는 것으로 접어든다.

정서적 상처 해결하기

내담자는 어렸을 때 충족되지 않은 의존 욕구와 성인 생활에서 지속적인 애착 형성에 만성적인 어려움을 해결하는 데 집중했다. 치료의 주안점은 내담자의 부모, 특히 아버지에게 지속되는 두려움에 주어졌다. 한 회기에서, 그녀는 부모를 만나기 위해 최근에 고향을 방문하였을 때 어른인데도 여전히 그들이 공포스럽다는 것을 알게 되었다고 하였다. 지금은 걸을 때 지팡이를 사용하고 있는 아버지를 보자 그 지팡이로 때릴까 봐 공포를 느꼈다. 치료사는 그녀가 느껴야 했던 것이 얼마나 무서웠을 것이며 그 공포가 얼마나 깊이 새겨졌으면 자동적으로 반응이 일어나는지에 대해서 타당화하였다. 치료사는 그녀가 두려움과 불안에서 벗어나기 위하여 그녀가 얼마나 애썼는지 인정하였다. 치료사와 내담자는 치료 목표로 두려움을 극복하는 데 초점을 두고 스스로 힘을 얻는 것에 집중하기로 합의하였다.

내담자가 취약하고 불안한 자기 조직화를 발달시키는 것에 비판적이었던 정서의 기억을 불러일으키는 것이 처치에 매우 중요하였다. 그녀의 최초 기억 중의 하나는 아버지가 한 어미 배에서 태어난 강아지들을 모두 물에 빠트리는 것을 보게 한 것이었다. 이것은 '그녀에게 인생 수업을 가르치는' 것이었고, 그녀가 믿기로는 아버지가 그것을 즐겼다는 것이다. 기억을 탐색하는 동안에 내담자는 핵심적인 조직화에 접근하였는데, 여기에는 이 경험에서 억압되었던 공포의 비명도 포함된다. 치료에서 이 장면을 생생하게 회상하면서 치료사는 그녀가 무서움을 느끼는 동안 언어로 혐오감을 표현하는 데 주의를 기울이도록 하였다. 이는 더 주장적이고 보호적인 감정에 접근하는 데 도움이 되는 자원인 적응적인 분노 정서를 동원하였다. 치료사는 내담자가 아버지의 폭력과 위협적인 섹슈얼리티에 대한 다른 기억을 환기하고 탐색하도록 도왔다. 집으로 돌아온 자신을 상상하는 것은 충격적인 장면들을 생생하게 가져왔고, 그녀의 핵심 정서도식과 '개처럼 슬금슬금 도망가는 것'처럼 사라지려 하고 보이지 않게 하는 대처 반응에 접근하는 데 도움이 되었다.

그녀는 학대받은 많은 내담자들과 마찬가지로 부모와 거리를 두고 자신의 삶을 통제하기 위해 관계를 끊고 싶다는 욕구를 표현했다. 동시에 부모님을 두려워하지 않으면서 그들과 대면할 수 있고 자신의 두려움을 극복할 수 있는 용기를 갖고 싶어 했다. 치료사는 '부모님이 당신에게 그렇게 많은 힘을 가지지 않는 것이 최선일 것'이라고 말했다. 내담자는 자신이 어렸을 때는 부모님이 실제적인 힘이 있었지만, 지금은 어른이 되었으니 그들의 힘이 자신의 마음속에 있다고 답했다. 이에 치료사는 "[머릿속의] 무엇이 당신을 묶어 놓고 피해자로 있게 하나요?"라고 물었다. 이 질문은 내담자로 하여금 자신의 내면의 과정이 어떻게 하여 부모에게 힘을 가지게 하였고 그 결과 현재에 두려움과 힘의 상실을 겪는지에 대해서 초점화하게 했다. 이는 그녀의 통제감으로 나아가는 첫 걸음이었다.

내담자는 또한 부모와 직접 맞닥뜨려야 함을 느꼈다. 이 지점에서 치료사가 인정하고 지지한 것은 현실 세계에서 실제적으로 맞닥뜨리는 행위가 아니라, 이렇게 하고자 하는 바람이었다. 비록 내담자가 그러한 직면에서 의욕을 잃지는 않지만, 문제를 탐색하고 구체화하고 더 강한 자아감을 발달시킨 후에 이렇게 하는 것이 더 성공적일 가능성이 높다. 부모와 직면하려는 바람은 건강한 적응적인 반응이며 내담자가 회기에서 '진실을 말하도록' 격려하면서 지지한다. 내담자는 부모님에게 편지를 쓰는 것이 도움이 된다는 것을 알았지만 보내지 않았다. 다섯 번째 회기에서 치료사는 내담자가 빈 의자 대화를 사용하여 이미지화된 아버지와 직면하도록 도왔다. 내담자는 빈 의자 대화를 위해 상상으로 아버지를 이미지화했다. 아버지가 그녀 앞에 앉아 있는 모습을 상상했고 이는 혐오감과 두려움을 불러일으켰다. 어린 시절과 마찬가지로 그녀의 두려움은 처음에는 다른 모든 감정을 압도했고 그와의 대화를 재연하는 것을 매우 어렵게 만들었다. 그래도 치료사는 심상의 아버지를 방저편에 두고, 핵심적이고 그녀에게 힘을 부여하는 말들(예: 분노)을 그에게 하게 함으로써 안전거리를 유지함과 동시에 내담자가 과정에 머물면서 통제력을 다시 찾도록 도왔다. 그녀의 취약성, 특히 두려움과 슬픔의 탐색과 표출은 심상의 아버지에게서가 아니라 치료사와의 확신적이고 안전한 대화에서 일어났다.

아버지와의 이러한 상상의 직면은 내담자에게 두려움뿐만 아니라, 아동기의 구타, 자신이 나쁘다는 말을 들었던 것, 도망갈 수밖에 없었던 절박함을 떠올리게 되는 고통스러운 기억을 환기하였다. 치료사는 그때 내담자의 압도적인 두려움과 무력함에 지지적으로 반응하여, 그것을 겪어내고 있는 어린아이로서의 자신을 생각하면 어떤 느낌인지 그리고 무엇이 필요하였었는지 물어보았다. 이는 그녀가 내적 경험에 주의를 기울이도록 하였고 그렇게 잔인한 대우를 받은 것에 대한 1차 분노에 접근하는 데 조력하였다. 1차 적응적 분노 정서에의 접근으로 인해 그녀는 자기 보호적으로 반응하게 되었고, 심상의 아버지에게 "사실은 내가 나빴다고 생각하지 않아. 아버지가 나빠."라고 말하면서 자신을 옹호하기 시작하였다. 치료사는 자신과 아버지에 대한 내담자의 오래된 관점에 대해, 이처럼 자기 힘을 부여하는 도전이 나타나는 것을 지지하고 조율하였다. 내담자는 이미지화된 아버지에게 빈 의자 대화로 이러한 진술들을 하도록 그리고 주장적이고 자기 보호적인 분노와 경험을 강하게 표출하도록 격려되었다. 이를 지지하기 위해 치료사는 내담자가 자기 주장적인 말을 강하고 분명한 목소리로 다시 말하도록 격려하였고, 그러한 말을 하는 것이 어떻게 느껴지는지 알기 위해 내면으로 향하자고 요청함으로써 내담자의 내적 경험에 주의를 기울였다. 내담자가 느끼고 있는 것을 파악하기 위하여 내면으로 향할 때마다 치료사는 "무엇이 필요하였나요?"라고 물음으로써 안전과 보호에 대한 욕구에 접근하는 데 초점을 맞출 수 있을 것이다.

진정하기와 변형

치료의 중요한 초점은 상처에 대한 슬픔과 학대에 대한 분노에 접근할 때, 핵심적인 부적응적 두려움을 극복하기 위해 내담자와 함께 협력하는 것이다. 내담자의 부적응적 두려움과 수치심은, 그녀가 내면화하였던 경험을 부정적인 방식으로 다루는 것과 마찬가지로, 아이일 때 받은 학대와 관련이 있었다. 치료사의 질문과 개입은 내담자가 두려움 도식을 재구성하는 데 도움이 되었다. 두려움의 자리에 분노가 대치되고, 그녀가 새롭게 발견한 권력감을 치료사가 지지하면서, 내담자는 자신의 강점들을 더 많이 인식하기 시작했다. 그녀는 더 자기 주장적이고 자기를 타당화하고, 의식으로 떠오른 취약감이나 고통스러운 감정을 느낄 때 자신을 더 잘 진정할 수 있었다. 그녀는 자신의 경험과 관련짓는 방식을 바꿀 수 있었고 더 자기 자비적이고 자기 수용적으로 될 수 있었다. 치료가 끝날 무렵, 어렵고 도전적인 상황에 직면했을 때 더 자기 주장적이고 자기 진정을 할 수 있었다.

💗 결론

GAD의 치료 목표는 이면의 부적응적인 정서도식에 접근하여 재구성하는 것이다 (Greenberg, 2011). 회기에서 불안을 다룰 때 내담자가 1차 불안을 겪고 있는지 2차 불안을 겪고 있는지를 결정해야 한다. 1차 부적응적 불안은 감당하지 못할 것 같은 특수한 내적 경험과 관련되는 불안전감을 수반한다(예: 분노나 슬픔에 대한 불안, 파국적인 예상, 예견된 실패에 대한 두려움). 2차 불안은 미래 지향적인 기대나 상상적인 위험 그리고 '조건적인(what if)' 진술과 같은 표식에 의해 알 수 있으며, 여기서 조건적인 진술은 거부당하고 실패하거나 무능함에 대해서 걱정하는 것과 같은 무력한 반응을 동반하게 된다(Greenberg & Paivio, 1997).

EFT에서는 안전한 관계 기반을 제공하고 취약한 자아를 강화한 후에, 먼저 내담자 스스로가 2차 불안(즉, 자신을 겁주기)을 만들고 있다는 사실에 대한 인식을 높인다. 이는 내담자의 주체성을 고조하여 내담자가 과정을 변화시킬 힘이 생겼음을 느끼게 할 수 있다. 자신의 불안 경험을 만드는 데 스스로가 어떻게 기여하는지에 대한 인식이 높아지고, 불안을 만드는 파국적인 예기감이 구체화된다. 특히, 내담자가 한 의자에 앉아서 비판하는 자아의 걱정을 표현하는 두 의자 대화를 통해 내담자의 인식이 고조된다. 이때 내담자는 또한 이러한 언어화에 대한 자아의 반응을 정하기 위해 자아로서 의자에 앉는다. 이는 한 쪽이 다른 쪽을 비난하거나 비판하기보다는 겁주고 있다는 점을 제외하면, 자기 비판적 분열과 유사하다. 이 과정의 장기적인 부분은 불안이 2차 반응으로 나타나는 애착과 정체성 손상으로 인한 핵심 부적응적 정서도식(들)을 정하는 것이다. 이 책의 다음 두 장에서는 각각의 의자 과제에 대해 더 깊이 논의하기 전에 치료적 관계를 발달시키는 데 초점을 둔다.

치료적 관계

치유적인 치료 관계의 발달과 유지에는 현전, 이해, 돌봄, 온정, 정동 조율 및 진정성이 있어야 하며, 이는 정서중심치료(Emotion-Focused Therapy: EFT)의 기본 원칙 중의 하나이다. 이 관계는 내담자를 자신의 경험의 전문가로 기꺼이 믿고, 수용하고 이해할 수 있게 해 주는 내담자와의 작업 방식을 강조한다. 반면에 치료사는 적절한 반응성을 유지하면서 내담자의 정서 처리와 새로운 존재 방식의 발달을 촉진하기 위한 지침과 구조를 제공한다. 좋은 치료 관계는 내담자가 정서적, 심리적 고통을 규명하고 자신을 보호하고 돌보는 새로운 방법을 배워 성장할 수 있는 맥락을 제공한다. EFT에서의 관계는 치료사가 시간이 지나면서 내면화하는 내담자와 긍정적인 방식으로 상호작용하여 정동 조절 기능을 하는 것으로 보인다. EFT 치료사는 내담자의 정서경험에 조율하여 그 경험을 내담자와 함께 처리한다.

이 장에서 우리는 치료사가 기여하는 치료적 관계와 긍정적인 동맹 관계뿐만 아니라 내담자에 대한 치료사의 반응성을 어떻게 향상시킬 수 있는지 설명한다. 이어서 우리는 치료 관계와 그것이 제5장의 변화에 어떻게 기여하는지에 대해 자세히 설명한다.

🤲 치료적 현전

치유적인 관계의 발전에 기여하는 중요한 치료적 자세가 최근의 연구에서 규명되었다(Geller & Greenberg, 2012; Pos, Geller, & Oghene, 2011; J. Watson & Geller, 2005). 로저스(Rogers, 1957)는 공감, 긍정적인 존중이나 수용 및 일치성의 조건은 치료적 존재 방식, 즉 다른 사람과 온전히 현전하는 방식이라고 제언했다. EFT에서 이 현전은 로저스식 관계 방식의 전제 조건으로 보인다.

치료적 현전(therapeutic presence)은 판단이나 기대 없이 내담자와 함께하고 내담자를 위해 그 순간에 온전히 몰입되는 치료사의 능력이다(Geller & Greenberg, 2012). 치료사가 그 순간에 온전히 내담자와 있을 때, 치료사의 수용적인 현전은 내담자의 말이 경청되고, 만나게 되고, 느껴지고 이해될 것이라는 메시지를 보내며, 이는 안전감을 이끌어낸다. 현재의 신경학 연구는 치료사의 현전과 정서적 조율을 통하여 내담자 안전에 대한 신경학적 근거를 밝히기 시작하고 있다. 포지스(Porges, 2011a, 2011b)는 그의 다미주신경 이론(polyvagal theory)에서 내담자가 치료사와 만나서 연결되는 느낌이 들 때 뇌신경이 안전 상태를 유지한다고 설명했다. 신경 인식(neuroception)은 신경 회로가 의식적인 인식 영역 밖의 안전, 위험 또는 생명을 위협하는 상황을 어떻게 알아내는지 설명한다. 안전에 대한 신경 인식은 내담자 안에서 안전감이 생기게 하는데, 이는 치료사를 신뢰하게 하고 치료 작업에 참여하도록 개방된다.

내담자의 안전에 대한 신경 인식을 촉진하는 현전을 제공하려면, 순간순간의 정서 관계들뿐만 아니라 내담자 내면에서, 치료사 내면에서 그리고 두 사람 사이에서 일어나고 있는 생각과 지각에 대한 인식이 필요하다. 치료사는 이 모든 정보에 주의를 기울이기 위하여 자신의 특정 관심사를 내려놓고 온전히 회기에 현전해야 한다. 이는 치료사가 자신을 비우고 내담자에게 열려 있어야 함을 의미한다. 내담자가 치료에 가져오는 이야기와 문제를 그 순간에 분명하게 들을 수 있도록 내면의 공간을 비워야 한다. 온전히 현전할 때 치료사는 내담자의 표정에 주의를 기울이고 목소리에 귀를 기울이게 되고, 내담자는 그 순간에 몰입하여 온 주의를 기울여 자신의 이야기에 집중한다.

치료사의 전념적이고 집중적인 주의와 함께 할 때 내담자는 존중받고, 안전하다고 느끼기 시작하며 자신의 관심사와 어려움을 더 잘 분간할 수 있다. 치료사가 내담자에게 모든 주의를 기울일 때, 필요한 수준의 공감적 반응, 수용 및 인정을 제공하기 위해 사건에 대한 감정과 경험을 온전히 공명할 수 있다(Geller & Greenberg, 2012; J. Watson & Greenberg, 2009). 부버(Buber, 1957)는 이를 나와 너 순간(I-thou moments)으로 묘사했는데, 사람들이 동일한 정서적 사건에 동시에 참여하고 경험할 때 타인도 자신과 함께 공동 경험을 하고 있다는 것을 알면서 공유하는 순간을 말한다. 이러한 방식으로 경험을 공유하면 실존적 고립감을 부수고 신뢰와 개방성을 촉진하는 함께라는 느낌의 강한 유대감을 만든다.

💗 수용과 온정

EFT 치료사는 내담자가 자신의 경험에서 고통스럽고 부끄러운 측면을 직면하고 공유하려면 인정받고 존중받는다고 느끼는 것이 필수적임을 알고 있다. 내담자가 안전하게 느끼고 판단 없이 자신의 경험을 탐색하고 상징화할 수 있는 관계 맥락이 치유의 기본이 된다. 수용적이고 비판단적인 타인을 내면화함으로써 내담자는 자신과 자신의 경험을 수용하게 된다. 이러한 조건들은 내담자가 자신의 두려움에 직면하고 불안을 극복하기 위해 자신을 받아들이면서 지지 기반을 제공한다. 내담자가 자신의 욕구뿐만 아니라 지각과 감정을 신뢰하도록 배우면서, 고통의 시기에 함게 해 주지 않고, 상처 주고, 지배적이거나 숨 막히게 하고 또는 방임한 것에 대해 타인에게 책임을 더 잘 물을 수 있게 된다. 치료사의 비판단적 태도의 치유적이고 안전한 내면화는 자신을 신뢰하는 능력을 함께 키우면서 도전적인 상황에 더 잘 대처할 수 있고 세상이 덜 두렵게 되는 자기 수용을 촉진한다.

경험주의자들은 수용을 변화의 실제적인 요인으로 오랫동안 인정해 왔다 (Bozarth, 2001; Rogers, 1959). 치료사가 수용적이고 비판단적일 때, 내담자에게 자신이 누구이며 무엇을 느끼는지 경험하고 드러낼 자유를 허용한다. 다른 사람에 의해 수용되고 인정받는 느낌은 개인내적 불안을 줄인다. 즉, 타인의 판단이나 반응을 걱정하지 않아도 된다. 자신의 감정에 주의를 기울이고 수용할 수 있는 내담자에게는 개인내적 불안에 대해 더 큰 내성이 있다. 타인에 의한 수용은 자아가 삶의 도전에 대처할 수 있고 극복할 자원을 갖고 있다는 신념과 더불어 자아에 대한 더 큰 신뢰와 자존감을 구축한다. 내담자가 자신과 자신의 경험을 바라보는 방식의 변화는 범불안장애(Generalized Anxiety Disorder: GAD)에서 취약성을 역전시키고 대응하는 데 필수적이다. 경험을 믿도록 배우고, 역량을 발견하고, 자기 수용적으로 됨으로써 취약감과 위해에 대한 두려움으로부터 벗어나게 된다.

치료사가 진정으로 수용적으로 되려면 결과에 연연하지 않는 것이 중요하다. 내담자가 바꾸어야 할 것이나 어떻게 다르게 행동해야 하는가에 집중하다 보면, 치료사는 내담자를 판단하고 비판적으로 바라보게 될 위험이 있다. 불안한 내담자는 두려움, 슬픔 및 수치심의 고통 정서를 느낄 안전한 장소가 필요하다. 이러한 정서를 허용하고 수용할 시간이 필요하다. 이 과정에서 내담자는 자신에게 해를 끼친 것에 대해 증언할 필요가 있고, 다른 사람에 의해 타당화된 사건에 대해 지각하고 느낄 필요가 있다. 이런 식으로 내담자는 자신의 유기체적 반응과 지각을 신뢰하게 되고 일축되거나 부인되었을 수도 있는 경험에 목소리를 내게 된다. 수용적이고, 진정성 있고, 이해력 있는 타인과의 관계에서 내담자는 자기 진정 능력을 발달시킨다. 그들은 안심하게 되는 법을 배워 불안하고 디스트레스일 때 자신을 진정시킬 수 있다.

GAD를 가진 내담자는 대체로 안심되고 진정된 경험이 없다. 종종 그들의 감정은 억압되거나 무시되었다. 위협이나 위험에 직면할 때 타인의 지원 없이 스스로에 대한 책임을 져야 했을 것이다. 따라서 그들은 자신의 힘듦을 완화하기 위해 자기 진정하는 법을 배우고 내면화하지 않았다. 그러므로 "잘 될 거야." 및 "걱정 마, 너는 잘 해낼 거야."와 같은 안심시켜 주는 말들이 진심으로 들리지 않는다. GAD를 가진 내담자가 이러한 진술을 믿게 하기 위해서는, 사건의 결과에 대해 전적으로 책임을 지려 하거나 걱정 없이 대처하고 생존할 수 있는 자신의 역량에 더 큰 확신감과 자기 수용을 발달시켜야 한다. 위로와 진정의 말을 받아들이기 전에 도움받기 위해 타인에게 의지할 수 있고 스스로 보호할 수 있다고 믿어야 한다.

EFT 치료사는 GAD를 가진 내담자가 자신을 믿고 위안과 위로의 말에 대한 신뢰와 확신감을 발달시켜서, 일이 계획대로 되지 않을 때 불안을 조절하고 고요함을 유지할 수 있도록 돕는다. 치료사는 내담자와 그들의 경험에 반응적으로 조율하고, 인정하고, 수용함으로써 이를 수행하며, 이러한 기술들은 내담자가 의자 대화에 참여할 때 더욱 발달된다. 이 책의 제9장은 EFT 치료사가 자기 진정 능력을 함양하기 위해 내담자와 적극적으로 작업하는 몇 가지 방법을 살펴본다. 내담자가 걱정을 멈추려면 항상 경계하고 준비하지 않고도 대처할 수 있다는 자신감을 느끼면서 자신을 수용할 수 있어야 한다. 이를 위해서 자신의 한계를 받아들이고 일이 잘 되기 위해서 자신이 책임을 져야 한다고 가정하지 않아야 한다. 타인에게 더 많이 의지할 수 있어야 한다. 무엇보다 자신이 연약한 인간이지만 여전히 자신과 타인의 사랑과 존경을 받아야 한다는 사실을 인정해야 한다.

로저스(Rogers, 1959)는 치료사의 내담자에 대한 긍정적인 존중(positive regard)의 중요성을 강조했는데, 이는 공감적인 치유 관계의 구축에 필수 요소로 간주된다. 보다 최근의 연구에 의하면 공감자와 공감 수혜자 사이의 관계의 질은 사람들이 다른 사람에게 공감할지 여부를 결정하는 데 매우 중요하다(de Vignemont & Singer, 2006). 따뜻하게 받아들여지고 인정받는 느낌은 자존감, 자아에 대한 확신감과 편안함을 발달시킬 뿐만 아니라 치료사와 내담자 간의 유대를 강화하는 데 중요하다.

EFT 치료사는 부정적인 감정으로 인한 공감 상실을 막기 위해 내담자에게 긍정적인 감정을 유지하려고 노력한다. 내담자가 변화 가능성에 대해 비관적이거나 치료에 대해 좌절감을 표현할 때 치료사는 이를 도전으로 느낄 수도 있다. 치료사가 이러할 때에 내담자에게 공감적이고, 인정하고, 수용적으로 머물러 있기 위해서 타인의 도움을 구하는 것이 중요하다.

♥ 공감

일치적이고 진심어린 방식으로 수용을 표명하는 것 외에도, EFT 치료사는 능동적으로 공감적 이해를 전달하고자 노력하고 회기에서 내담자의 순간순간의 과정에 공감적으로 조율되어 있으려고 한다. 치료사는 내담자의 감정과 행동을 이해하기 위해 함께 노력하고 정서 논리를 풀어내기 위해 정서경험을 추적하는 데 초점을 둔다. EFT 치료사는 내담자의 정서적 경험이 미노타우로스의 미로(minotaur's labyrinth)를 드나드는 비단실이라고 믿는다. 공감적 조율에는 온전한 주의(full attention)뿐만 아니라 내담자의 내면세계에 대한 온전한 수용(full acceptance)이 필요하다(J. Watson & Prosser, 2002).

그의 초기 공식화에서 로저스(Rogers, 1967)는 치료사는 관계 상태를 경험하고 내담자와 공유해야 하며, 내담자는 이를 받아들일 수 있어야 한다고 제언했다. 그 후 바렛 레너드(Barrett-Lennard, 1993, 1997)는 공명, 표현 및 수신의 세 단계를 포함하는 공감에 대한 대인 간 주기를 가정했다. 이 견해에 의하면 공감적인 치료사는 내담자의 말에 공명할 필요가 있다. 또한 그것을 온전히 받아들이고, 음미하고, 그 본질을 추출해야 한다. 그런 다음 내담자에게 도움이 되는 방식으로 자신의 이해를 표현해야 한다. 마지막으로 내담자는 치료사의 공감을 수신(receive)하고 충분히 인식해야 한다. 어떤 내담자는 초기에는 이러한 것이 쉽지 않을 것이며, 이는 치료사가 자신을 이해하거나 받아들이는 것을 믿지 못할 수도 있으며, 또는 자신의 취약성과 두려움을 드러내는 것에 수치심을 느낄 수 있기 때문이다. 그러나 시간이 지나면서 치료사와 함께 작업하면서 내담자가 치료사의 일치성과 진정성을 경험한다면 수용받는 느낌이 들게 될 것이다.

💖 일치

일치나 진정성은 다른 조건이 뿌리를 내리고 신뢰받는 데 필수적이다. 로저스(Rogers, 1951, 1959)는 일치에 대해 치료사가 내담자와 함께 있을 때 그 순간 자신의 생각과 감정을 인식할 수 있는 능력으로 정의했다. 리에테르(Lietaer, 1993)는 이어서 독자성(authenticity)을 투명성과 일치의 두 요소로 구분했다. **투명성**(transparency)은 회기 내 치료사의 자기 노출을 의미하는 반면, **일치**(congruence)는 그의 이면의 감정과 생각을 의미한다. 치료사가 자신의 감정을 내담자와 공유하는 것이 항상 가능한 것은 아니며, 특히 내담자와 긍정적인 동맹을 유지하고 공감하려고 노력할 때 그럴 것이다. EFT 치료사는 내담자의 이익과 관계 향상에 도움이 된다고 느끼는 경우 자기 노출을 한다. 치료사는 의지할 수 있는 전문가로 보이기 위해서 내담자에게 진정성 있고 믿음직스러워 보여야 한다. 치료사는 일치적으로 됨으로써 내담자에게 신뢰와 확신감을 심어 줄 수 있게 되고, 내담자는 정확한 피드백뿐만 아니라 이해와 지지를 받기 위해 치료사에게 의지할 수 있다.

일치적인 반응은 치료사 조건에 들어 있어야 하고 비판단적으로 전해져야 한다. 부정적인 감정을 공유할 때는 파괴적일 수 있으므로 특별한 주의를 기울여야 한다(예: 공격적이고 비난하는 태도로 감정을 공유하는 것; Henry, Schacht, & Strupp, 1990; J. Watson & Kalogerakos, 2010). 촉진적이고 치유적으로 되기 위해서는 일치가 여러 가지 다른 태도 및 관여와 부합되어야 한다(Greenberg & Geller, 2001). EFT 치료사는 촉진적인 방식으로 진정성을 갖는 것이 중요하다. 이는 치료사가 규칙적인 방식으로 일치하고 투명하며, 생각하고 느끼는 것을 그냥 내뱉지 않는다는 것이다. 촉진적인 태도에서 투명하게 드러내기 위해서 치료사는 먼저 자신의 가장 깊은 수준의 경험을 인식해야 한다. 이는 시간과 훈련된 반영이 필요할 수 있다. 다음으로, 치료사는 그 경험을 공유하려는 의도를 밝혀서 치료사 자신의 만족뿐만 아니라 내담자나 관계에 이익이 되도록 하는 것임을 분명하게 해야 한다. 치료사는 내담자가 개방적이고 피드백을 받을 수 있는지 또는 너무 취약한지 여부를 감지하여 노출 시기에 민감해야 한다. 치료사의 훈련된 투명성은 치료사가 회기의 다양한 시점과 치료 과정에서 내담자의 욕구와 상태에 최적으로 조율되도록 해야 한다. EFT 치료사는 자신의 감정을 내담자와 공유할 때 자신이 표현하는 것이 2차 정서가 아니라 핵심 감정이나 1차 정서임을 확실하게 해야 하며, 따라서 내담자로부터 돌봄을 요청하여 치료관계를 뒤집지 않도록 조심해야 한다(J. Watson, 2015).

투명성을 명확하게 하는 또 다른 개념은 **포괄성**(comprehensiveness)인데, 치료사는 느껴지고 있는 것의 중심적 또는 초점적 측면뿐만 아니라 메타 경험도 표현해야 하고, 회기 내에서 일어나는 과정에도 주의를 기울여야 한다는 것을 의미한다. 그러므로 회기에서 치료사가 초조하거나 지루한 감정을 표현하지 않아도 되지만, 일어나고 있는 것에 대한 주의를 기울이기 위해 이러한 정보를 사용할 수 있다. 치료사는 의아스럽게 여겨지는 것에 주목할 수 있고 왜 그런지 반영할 수 있다. 치료사는 내담자가 종잡을 수 없다거나 주지화하고 있다고 여겨지면, 이를 관찰하고 무슨 일이 일어나고 있는지 물어보거나 내담자가 어디에 관심을 둘지 알아보기 위해, 내부의 유기체적 경험에 초점화하도록 요청할 수 있을 것이다. 치료사가 지루함을 공유하는 것은 관계에 좋지 않을 수 있다. 그 대신, 치료사는 상호작용에서 일어나고 있는 것과 이것이 내담자에게 어떻게 방해가 될 것인지에 대한 자신의 우려를 전달해야 한다. 그 목적은 연결성을 향상하고 균열을 회복하기 위해 정보를 공유하는 것이다(Safran & Muran, 2000). 따라서 치료사는 최적으로 일치적이고 투명해지기 위해서, 내담자의 과정을 촉진하는 상호작용의 전반적인 복합성을 자각해야 한다.

내담자와 치료사 사이의 대인관계 과정은 지배 대 통제, 친밀감 대 소속이라는 두 가지 주요 차원에 기반을 둔, 사회적 행동의 구조 분석 및 순환적인 대인관계망의 관점에서 상호작용을 검토함으로써 설명될 수 있다(Benjamin, 1996). 이 관계망은 잠재적으로 서로를 끌어당길 수 있는 일련의 보완적인 반응들의 윤곽을 드러낸다. 예를 들어, 공격은 방어를 당길 수 있고, 확증(affirmation)은 개방이나 폭로를 당길 수 있다. 촉진 방식에서 일치적으로 되고자 하는 치료사는 내담자의 부정적인 대인관계 행동에 투명한 방식으로 대응하여 부정적으로 반응하지 않도록 조심해야 한다(예: 공격받을 때 방어적으로 되고 화를 냄). 그 대신 치료사는 내담자로부터 보다 생산적인 치료 과정과 반응을 이끌어내기 위해 보완적인 방식으로 반응하려고 노력해야 한다. 이상적으로는 치료사의 반응이 내담자의 개방과 경험의 명확한 표현을 촉진하는 것이다.

따라서 내담자가 치료나 치료사에 대해 부정적인 정서를 표현할 때, 공감적으로 이해하는 반응으로 따라가는 것이 최상일 수 있다. 예를 들어, 내담자가 치료사에게 자신의 고통을 덜어 주지 못한다고 불평하거나 말할 때, 치료사의 부정적인 반응은 "그건 공평하지 않아요, 화가 나는데요. 당신은 내가 제시하고 있는 것을 하지 않고 있거나 협조하지 않고 있어요."라고 할 수 있다. 이것이 어떤 면에서는 사실이라고 하더라도, 치료사는 내담자의 좌절에 공감적 반영으로 반응하는 것이 더 나을 것이다. "당신에게 제가 도움이 되지 않고 있고 치료가 효과가 없는 것 같습니다. 그리고 이것이 당신에게 지금 저와 함께 있는 것이 매우 좌절감을 느끼게 하는 것 같습니다." 여기서 치료사는 내담자의 좌절을 경청했음을 알게 하고, 무엇이 효과가 없는지 탐색할 대화를 전개해 나간다. 치료사가 화가 나고 부당하게 비난받는 느낌이 들더라도, 내담자의 괴로움을 감안하면 그 순간에 그러한 감정에 집중하는 것이 반드시 생산적이지는 않을 것이다. 치료사가 자신의 감정을 조절할 수 없을 것 같으면, 내담자와의 관계에서 일어나는 것을 탐색하기 위해 슈퍼비전을 받는 것이 중요하다. 이러한 것이 더 분명해지고 나면, 치료사가 내담자와 투명한 방식으로 관련 문제를 탐색하기 위해 돌아올 때 더 나은 위치에 있을 것이다.

내담자 진술의 부정적인 끌어당김에 대응하지 않고, 내담자로부터 건설적인 반응을 잠시 끌어내는 방식으로 반응하는 치료사는 비난-철수 사이클을 극복할 수 있다. 치료사로부터의 개방적이거나 긍정적인 반응은 치료사가 아닌 내담자에게 초점을 맞추어 내담자를 노출과 탐색의 방향으로 재참여하게 함으로써, 치료사와 내담자 간의 상호작용에 변화를 일으킬 가능성을 높인다. 내담자에 대한 힘든 감정을 다룰 때, 치료사는 일치적이고 효과적인 작업을 위해 일련의 단계를 따르면 내담자에게 도움이 된다. 첫째, 치료사는 자신이 느끼고 있는 것을 자각해야 한다(예: 공격받을 때 위협감 또는 분노). 이러한 감정들은 의식적으로 상징화되어야 한다. 다음 단계는 탓하지 않고 악화시키지 않는 방식으로 의사소통하는 것이다. 여기서 벤자민(Benjamin, 1996)의 순환 모델에 의하면, 내담자에 의해 공개적으로 개방하고 노출하는 것으로 인식된 반응이 우호적인 경청을 촉진하는 반면, 공감적 이해는 열린 표현을 촉진할 가능성이 더 큰 것으로 나타난다. 치료사의 개방적이고 공감적인 경청의 대인관계적 자세가 투명성이 촉진되는 데 매우 중요하다.

GAD가 있는 내담자와 작업할 때 EFT 치료사는 내담자가 감정이 아닌 신체 증상에 집중할 때 견디지 못할 수 있다. 치료사가 주의를 기울여 살피려고 할 때, GAD를 가진 내담자가 자신의 염려를 표상하면서 추상적으로 되고 걱정하는 경향성은 치료사에게 무력하고 차단된 느낌을 안겨 줄 수 있다. 그러나 치료사가 인내심을 갖고, 과정을 신뢰하고, 내담자의 내면 경험에 다시 집중하여 견딜 수 있다면, 내담자는 차차 자신의 감정의 가치를 알게 될 것이다. 치료사는 또한 내담자에게 감정에 초점화하는 것과 신체적이고 유기체적인 과정에 더 주의를 기울이는 것에 대한 논리적 근거를 제공해야 할 것이다. 내담자가 신체적으로 느끼는 경험에 주의를 기울이기 시작하고 불안을 극복하는 데 가장 큰 장애물이 고통을 외면하는 것임을 알게 되면서, 자신의 감정을 수용하고 주의를 기울여야 함을 깨닫는다. 내담자와 그들의 경험에 대한 치료사의 일치, 공감 및 수용은 신뢰를 낳을 뿐만 아니라 내담자가 중요하고 보살핌과 관심을 받을 자격이 있음을 전달한다.

🫶 치료적 태도의 표현

EFT 치료사는 일관되게 따뜻하고, 수용적이며, 관여되어 있고, 주의를 기울이고, 관심을 갖고, 내담자에게 반응적으로 조율되어 있다(Malin & Pos, 2015; Mlotek, 2013; J. Watson & Prosser, 2002; wing, 2010). 내담자의 발화에서 정서적 의미를 추출하고, 변화에 주의 깊게 조율 및 반응하고, 내담자가 자신의 경험에 대한 전문가라는 사실을 전하기 위해 치료사는 항상 주의 깊게 제언하고 추측하면서도 내담자의 이끎에 따라간다. 치료사의 목소리는 자연스럽고, 부드럽고, 조심스럽고, 자신을 명확하게 표현하고(Bernholtz & Watson, 2011; Rice, 1965; J. Watson & Prosser, 2002) 내담자의 경험을 반영한다. 보다 명확하게 메시지가 전달될수록 내담자는 더 인정받고, 이해되고 수용적으로 느낀다(Bohart & Greenberg, 1997). 진정으로 공감, 인정 및 수용하는 치료사는 내담자 이야기의 생생한 경계(edge)를 파악하려고 하면서, 회기 내의 순간순간뿐만 아니라 전반적인 치료에 대한 내담자의 목표를 이해한다. 회기에서 내담자가 고통스럽거나 강렬한 취약감을 경험하거나 단절, 침묵된 경험의 측면을 드러낼 때, 특히 치료사로부터의 지지, 인정, 수용 및 공감적 조율이 필요하다(Elliott, Watson, Goldman, & Greenberg, 2004).

EFT 치료사가 치유적인 치료 관계의 발달 및 유지를 촉진하고 내담자의 정서 처리와 자아감의 변화를 촉진하는 가장 중요한 방법 중 하나가 반영(reflections)의 사용이다. 치료사의 이러한 반응들은 내담자가 말한 내용을 능동적으로 비춰 주고 말의 본질을 추출하려고 노력하는 것이다. 치료사는 내담자의 서사에서 정서적 의미를 포착하고 탐색하려고 한다. 반영이 잠정적이고 탐문적인 방식으로 전달되면, 내담자의 인지 처리에 관여하여 종종 역설적으로 내담자의 자기 성찰과 감정 및 반응에 대해 재평가를 활성화시킨다. 이러한 유형의 반영은 사건에 대해 다른 방식으로 느끼고 생각할 가능성을 열어 두어, 내담자의 경험을 주관적으로 자리매김하는 데 효과적이다. 또한 반영은 숨어 있는 가정과 암묵적 지식을 풀어헤쳐서 내담자가 세상을 바라보는 방식을 해체하는 작용도 한다. 치료사의 조심스러운 자세는 내담자가 자신의 경험의 전문가라는 사실을 전달하고 내담자가 그 경험을 탐색할 수 있도록 수용적이고 안전한 환경을 제공한다.

EFT에서 확인된 여러 유형의 비춰주기 반응에는 공감적 이해, 공감적 확증, 공감적 환기, 공감적 탐색, 공감적 추측, 공감적 재초점화 및 공감적 이중자아 등이 있다(Elliott et al., 2004; Greenberg & Elliott, 1997; J. Watson, 2002). 이러한 각 반영들은 이해, 수용 및 인정을 전달하기 위해 촉진적인 방식으로 반응하는 의도와 독특한 측면들을 강조한다.

공감적 이해 반응(empathic understanding responses)은 내담자가 말한 것에 대한 간단한 이해, 수용 및 관심을 전달하는 단순한 반응이다. 내담자의 정동적인 경험에 초점화할 수도 있고 그렇지 않을 수도 있다.

> 내담자: 저에게 뭔가 문제가 있는 것이 아닌가 하고 계속 걱정됩니다. 옆구리 통증 때문에 밤에 또 잠을 못 잤어요.
> 치료사: 혹시 아플까 봐 정말 걱정되시는군요?

여기서 치료사는 자신이 경청하고 있고 내담자의 염려가 주의를 기울일 만큼 가치가 있고 정당하다는 것을 보여 주고 있다. 이는 지지적인 반응으로 내담자에게 경험을 더 공유하고 탐색하여 인식과 신체적 감각에 반영하도록 암묵적으로 요청한다.

공감적 확증(empathic affirmations)은 내담자의 관점을 타당화하기 위한 반응이다. 치료사는 내담자의 경험을 이해하고 수용한다는 것을 일치적으로 표현하고 있다. 내담자에게 더 많은 정보를 공개하도록 요청하지 않는다. 오히려 치료사는 내담자를 타당화하고 내담자가 느끼는 것이 의미가 있다고 대화한다. 이는 내담자의 불안과 고통을 줄이고 관계에서 안전감을 증가시키며, 자유롭게 감정을 계속 탐색하게 한다.

내담자: [저의 동료]에게 말한 후 기분 나빴어요. 그녀는 우리가 자신의 방식대로 해야 한다고 고집을 부렸어요. 그녀는 저의 말을 듣지 않을 거예요!

치료사: 그녀가 꽤 강경하고 괴롭히는 것처럼 들립니다. 남동생과의 경험을 감안하면 당신이 얼마나 화가 날지 이해할 수 있어요.

여기서 치료사는 내담자를 재긍정하고 내담자의 삶의 역사와 그것이 현재의 직장 동료와의 관계에서 어떻게 작용하게 되는지에 대한 이해를 전달한다.

공감적 환기(empathic evocations)는 풍부하고, 환기적이고, 구체적이고, 함축적인 언어를 사용하여 회기에서 내담자의 경험과 정서를 생생하게 하기 위해 사용되는 반응이다. 여기서의 의도는 일치적인 방식으로 내담자 경험에 대한 공감, 이해 및 수용을 전달하는 것일 뿐만 아니라, 내담자가 정서경험에 접촉하는 것을 촉진하여 그 경험을 말로 식별하고 상징화할 수 있도록 강화하는 것이다.

내담자: 저는 모든 것이 올바르게 되도록 하는 데 책임감을 느껴요. 계속 일들을 점검하고 해야 할 일들을 검토합니다.

치료사: 그래요, 다른 사람들이 일을 해 낼 거라고 믿고 긴장을 풀기가 너무 어렵네요. 모든 것을 계속 지켜보고, 보초를 서고, 감독하는 것 같습니다.

여기서 치료사는 장면을 더욱 살아 있게 만들고 긴장감을 높이기 위해 '보초를 선다.'는 은유를 사용한다. 이러한 의도는 내담자의 감정을 더 강렬하게 촉발하여 처리할 수 있게 하고, 새로운 행동 방식을 찾기 위해 사건의 영향이 탐색될 수 있게 하는 것이다.

공감적 탐색 반응(empathic exploration responses)은 탐색에 집중하여 숨겨진 깊이와 내담자 경험의 생생한 경계를 검토하기 위해 탐색적이고 잠정적으로 이루어진다. 이러한 반응들은 내담자의 경험에 대한 이해와 수용을 전달한다. 하지만 더 많은 탐색을 촉진하는 것이 목적이다. 내담자가 괴로워하거나 심한 정서적 고통을 느낄 때는 이 반응을 사용하지 않는다. 그러한 경우에는 타당화와 지지가 필요하다. 그러나 내담자가 더 차분해지면 그들의 경험과 그 경험을 어떻게 형성했는가를 더 잘 이해하기 위해서 보다 더 탐색적인 자세가 권장될 수 있다.

> 내담자: [나의 상사는 너무 화가 나서 비키라고 나에게 소리를 쳤어요. 그녀의 반응이 혼란스러웠어요. 온종일 저를 괴롭혔어요.
>
> 치료사: 그래서 그녀가 너무 화가 난 것이 당신에게 혼란스러웠군요. 당신은 그냥 내려놓을 수가 없었네요. 그게 당신과 함께 머물렀나요?

여기서 치료사는 내담자가 상사의 반응뿐만 아니라 자기 자신에 의해서 혼란스러워지는 것을 반영한다. 치료사는 내담자가 자신의 반응을 더 탐색하도록 격려하고 내담자 반응에 계속 초점을 둔다. 의도는 내담자가 자신의 지각과 감정을 탐색하고 자각하게 해서 왜 그렇게 반응했는지 그리고 그러한 반응의 촉발 요인을 이해할 수 있게 하는 것이다.

공감적 추측(empathic conjectures)은 치료사에 의한 시도로서, 특히 내담자가 어떤 사건을 느끼고 경험하는 방식과 관련하여 내담자 이야기에서 암시되고 있는 것을 말로 분명하게 표현하려는 것이다. 치료사는 내담자 경험에 대한 인정, 이해 및 수용을 전달하지만, 내담자가 말하고 있는 내용을 넘어서서 내담자가 느끼고 있는 것에 대해 이름을 붙이거나 추측함으로써 향상된 공감적 조율을 보여 준다.

> 내담자: 부모님이 헤어지고 아빠가 떠난 후 힘들었어요. 어머니는 모든 것을 제 탓으로 했지요. 저 자신뿐만 아니라 어머니 자신도 제가 돌봐 드리기를 기대했어요.
>
> 치료사: 그래요, 부모님이 헤어진 후에 정말 힘들었겠어요. 참으로 외롭고 슬펐을 것으로 상상됩니다만?

여기서 치료사는 내담자의 경험에 초점을 둔다. 내담자는 어머니가 힘들었다고 자각하고 있지만, 치료사는 내담자를 지지하고 그녀의 반응에 초점을 둔다. 그리하여 치료사는 내담자가 자신의 감정과 경험을 조금 더 앞으로 탐색할 수 있도록 추측을 공유함으로써, 내담자는 자신의 경험에 접촉할 수 있을 것이다. 이는 매우 조심스럽고 주의 깊게 이루어지기 때문에 내담자는 침범당하는 느낌이 들지 않고, 오히려 잠시 내면을 들여다보고, 정서가 어떻게 느껴졌는지 이해하고 그것을 말로 옮길 용기를 준다. 치료사는 EFT의 메타 과제의 모형을 만들고 있다. 즉, 내담자가 내면의 경험을 인식하게 되고 이를 반영하고 표출하고 말로 표현할 수 있도록 내면으로 주의를 돌리는 것이다.

공감적 재초점화 반응(empathic refocusing responses)은 내담자의 준거 틀 안에 머무르면서 다른 관점을 밝힌다. 이러한 반응으로 치료사는 내담자의 행동에 대한 이해를 증명한다. 하지만 치료사는 약간 다른 견해를 제공하면서 내담자 준거 틀의 바깥에 있는 태도를 취한다. 다음 예에서, 치료사는 내담자가 자신이 모든 책임을 져야 하고 자신을 편하게 두지 않는 경향성을 강조한다. 이는 내담자가 다른 관점에서 자신을 보게 하고, 자기 처신이나 사건에 대한 느낌을 끌어내려는 시도이다. 앞에서와 마찬가지로 이러한 유형의 반영은 잠정적으로 제시된다. 내담자가 비판받거나 오해받는 느낌이 들지 않는 것이 중요하다.

> **내담자:** [아들]이 실패할까 봐 걱정입니다. 계속 그에게 숙제하라고 다그치고 일정 짜는 것과 공부하는 걸 도와주려고 해요.
>
> **치료사:** 초조하고 아들을 걱정하고 [있는] 것처럼 들립니다. 그가 과정을 끝내게 하는 것이 모두 당신의 책임인 것처럼 느끼고 있는 것 같아요. 그를 믿고 내려놓기가 힘드시지요?

이러한 유형의 반응은 내담자가 자신의 감정과 욕구에 주의를 기울이지 않고 스스로 돌보지 않는 것으로 감지될 때 특히 유용하다. 회기에서 이 사실이 명백해질 때, 치료사는 "다른 모든 사람을 걱정하고 있는 것을 알겠어요. 그런데 모니카 (Monica)를 돌보고 있는 사람은 누구지요?"라고 말할 수 있다. 이런 식으로 치료사 는 내담자 자신의 욕구와 자신이 잊힐 수 있다는 사실에 내담자가 주의를 기울이게 하고, 또 다른 준거 틀이 있음을 제언한다. 이는 물론 부드럽게 공유되어야 하며, 치료사는 내담자가 자신의 경험과 욕구를 허용하고 표현하고 충족시킬 자격이 충 분하다고 느끼게 할 준거 틀로 바꿀 수 있기까지 시간이 걸릴 수 있다는 점을 인정 해야 한다.

공감적 이중자아 반응(empathic doubling responses)은 내담자가 사건의 영향에 초 점을 두고 분명하게 말로 표현하려고 할 때 내담자의 생각과 감정을 소리 내어 표 현하는 것이다. 이러한 반응은 치료사가 내담자의 경험에 단어들을 붙임으로써, 침 묵되었거나 한 번도 말로 표현되지 않았던 감정과 정서를 표상하는 문구를 찾도록 도우려는 시도이다. 내담자 목소리로 종종, 내담자의 경험에 생명과 형태를 주려고 할 때 이러한 반응들은 추측의 범위를 넘는다. 이는 빈 의자 훈련에 특히 유용하다.

> **내담자**(어머니와의 빈 의자 대화에서): 어머니는 저에게 모든 것에 대해 책임지 게 했어요. 어머니는 한 번도 내 말을 들은 적이 없고 내가 어떻게 느끼 고 있는지 관심도 없었어요.
>
> **치료사**: 그것이 당신에게 어땠나요? 마치 당신이 짐을 지고 보이지 않는 것처럼 들리는데요?
>
> **내담자**: 예, 나는 아무런 영향력이 없고 제가 할 수 있는 것은 아무 것도 [없다고] 느꼈어요.
>
> **치료사**: "저는 정말 투명인간처럼 느껴졌어요, 어머니는 나를 보지 않았어요, 내 가 필요한 것에 관심이 없었고 내가 어떻게 느끼는지 알려고도 하지 않 았어요." 어머니에게 그렇게 말씀하시겠어요?

여기서 우리는 내담자가 아이로서 느낄 수 있었고 표현할 수 없었던 것을 치료사가 말로 표현했음을 알 수 있다. 이러한 반응은 특정 상황에서 내담자가 어떤 기분이었는지에 대해 온전한 공감적 이해를 전달한다. 이러한 반응들은 내담자 삶의 역사에 대한 치료사의 이해뿐만 아니라 내담자가 타인으로부터 필요했을 수도 있는 것에 대한 감각에서 나온다. 다시 말하자면, 내담자는 이 반응이 적절하고 자신이 느끼고 있는 것을 잘 반영한다는 호응을 보이거나 확증을 보여 주어야 한다. 치료사는 내담자에게 자신의 제언이 적합한지 확인하고, 그렇지 않다면 신속하게 버려야 한다.

긍정적인 치료적 관계의 효과에 대한 연구

치유적인 치료적 관계는 변화를 조성하는 비옥한 토양을 제공한다. 치료적 상황에서의 현전과 심리 치료의 긍정적인 결과 사이에 강한 관계가 있음이 축적된 연구에서 증명되고 있다(Elliott, Bohart, Watson, & Greenberg, 2011; Elliott, Greenberg, Watson, Timulak, & Freire, 2013; Farber & Doolin, 2011; Horvath, Del Re, Flückiger, & Symonds, 2011; Kolden, Klein, Wang, & Austin, 2011). 최근에, 치료 관계의 효과성에 관한 두 번째 태스크 포스(the second Task Force on the Effectiveness of the Therapeutic Relationship)에서는 치료사 공감을 '확실히 효과적', 긍정적 존중을 '아마도 효과적', 일치 또는 진실성을 '가능성이 있는'으로 지정했다(Norcross & Wampold, 2011). 그러나 치료 조건이 서로 독립되어 있어서 볼 수 없지만, 진실하고 신뢰할 만큼 경험이 있는 치료사의 내담자 이해와 수용을 전달하는 존재 방식이나 태도, 대인관계 양식으로 볼 수 있다(Angus, Watson, Elliott, Schneider, & Timulak, 2015; Elliott et al., 2010). EFT에서는 내담자와 함께 하는 이러한 존재 방식이 치료적 현전(Geller & Greenberg, 2002; Geller, Greenberg, & Watson, 2010)을 전달한다. 이는 행동과 존재 방식의 변화를 촉진하고 그 자체가 변화의 능동적인 요인이 되고 보다 더 능동적인 개입을 완수하는 데 필수적인 배경 조건을 제공한다.

수용하고 공감하는 치료사의 현전이 GAD를 가진 내담자로 하여금 그들의 유기체적 경험과 감정을 자각하게 하고, 자각 속에서 분화하고 상징화할 수 있게 한다. 내담자가 내적 정서경험을 처리하고 특정 사건과 분노를 촉발하는 자극을 찾아낼 삶의 이야기를 공유하기 위해서, 자신의 치료사가 현전하고, 조율되어 있고, 수용적이고, 온정적이고, 공감적이고 진실하다는 느낌(sense)이 중요하다. 치료에서 효과적으로 작업하기 위해 GAD를 가진 내담자는 정서경험을 자유롭게 탐색, 허용 및 표현할 수 있고, 자기와 타인이 공존하는 새로운 방식을 배우기 위해 안전감과 수용감을 발달시켜야 한다.

🤲 협업과 작업동맹의 발달

치료 목표뿐만 아니라 이를 달성하기 위해 사용되는 방법에 대한 지지는 긍정적인 작업 동맹을 구축하는 데 필수적이고 심리치료의 긍정적인 결과에 중요하다 (Horvath et al., 2011; Norcross & Wampold, 2011). 성공적인 합의를 얻기 위해서 치료사는 내담자의 목표를 이해해야 하고 자신의 작업 방식이 내담자의 목표와 연관되어 있음을 보여 줄 수 있어야 한다. 두 참여자 모두 같은 목표를 향해 작업하는 데 합의해야 하고 긍정적인 동맹 발달을 위한 도구를 가지고 있다고 느껴야 한다. 왓슨과 그린버그(J. Watson & Greenberg, 1994)는 긍정적인 치료적 동맹이 공감, 수용 및 인정의 관계 조건을 만든다고 주장했다. 왓슨과 젤러(J. Watson & Geller, 2005)는 치료사의 공감이 결과에 미치는 영향에 작업 동맹이 매개한다는 사실을 발견하여 이 가설을 부분적으로 지지했다.

성공적인 결과가 있는 치료에서, 치료사는 내담자의 목표와 의도에 맞게 개입을 조정한다는 것이 분명하다. 내담자와 치료사 간의 긴밀한 협력은 전자가 수용되고 인정받는다고 느끼게 하며, 긍정적이고 따뜻한 유대감이 드러나는 관계에서 신뢰감과 확신감이 구축된다(Ackerman & Hilsenroth, 2003; Bachelor, 1988). 내담자 문제

를 풀기 위해 효과적으로 치료사와 내담자가 작업하려면 좋은 치료적 관계가 필수
적이다. 내담자의 GAD로 인한 고통을 밝히기 위해 EFT 치료사는 협업적인 관계
구축에 중점을 두어, 심한 걱정과 두려움을 극복하려는 내담자의 목표 달성을 위해
함께 작업할 수 있게 된다.

참여자들이 서로에 대한 느낌이 좋고 내담자는 치료사의 의도와 존중으로부터 지
지와 긍정이 느껴질 때, 일반적으로 이러한 목표와 공유된 과업의 결합이 가장 잘
이루어져 관계에 안전감을 제공한다. 치료사가 이를 수행하는 첫 번째 방법 중 하나
는 내담자와 걱정 대화로 작업하는 것이며, 이는 이 책의 제6장에서 자세히 논의된
다. 또 다른 방법은 치료사가 내담자의 염려와 감정을 반영하고 도움이 될 수 있는
작업 방식을 제시하는 것이다. 하지만, 언제 특정 문제를 다룰 수 있고 준비되어 있
는지에 대해서 내담자가 알 것이라고 믿으면서, 항상 내담자의 이끎에 치료사는 따
라간다.

치료사의 공감과 수용은 치료적 동맹을 형성하고 유지하며, 치료 과제와 목표
에 대한 합의를 협상하는 데 중요하다. EFT 치료사는 내담자와의 상호작용을 지속
적으로 모니터링하고 개입이 어떻게 받아들여지는지 관찰한다. 치료사는 내담자
가 언제 존중하는 행동을 하고 그들의 감정과 반응을 완전히 개방하지 않는지 주의
를 기울인다(Rennie, 1994). 내담자가 자신의 경험을 공개하고 공유할 여지가 있는
지 경청하고 확인한다. 내담자가 어려움을 겪고 있음을 자각하게 되면(예: 주지화에
의한 방해나 억제, 주제 변경, 지나치게 긍정적임, 침묵하기), 치료사는 반응을 조정하고
그 순간의 내담자 행동에 주의를 기울인다. 치료사는 내담자에게 그 과정에서 일어
나는 일을 반영하고, 회기에서 경험을 더 탐색할 대화를 열기 위해 어떻게 느끼고
있는지 또는 무엇을 하고 있는지 묻는다.

내담자에게 미치는 개입의 영향과 전반적인 동맹의 질에 민감해짐으로써, EFT
치료사는 회기 동안과 전반적인 치료 과정에 걸쳐 순간순간의 관계의 변화와 결렬
을 예의주시한다. 동맹을 유지하고 작업 방식과 특정 과제에 참여할 내담자의 준비
도를 결정하기 위해 EFT 치료사는 내담자에게 민감하게 조율되어 있고 가정과 작

업 가설을 업데이트하려고 노력한다. 회기에서 순간순간의 내담자 경험에 대한 이러한 민감성은 EFT에서 내담자의 정동 경험을 탐색할 때 성공적이고 효과적인 작업에 필수적이다.

🤍 신뢰와 안전감 쌓기

GAD를 가진 내담자는 자신뿐만 아니라 치료사를 신뢰하는 데 어려움이 있을 수 있다. 걱정에 점령되어 감정을 조절할 수 없음에 수치심을 느낄 수 있다. 이러한 내담자는 종종 자신과 타인의 안녕에 너무 많은 책임을 지거나 자신이 부적절하고 약하며 대처 불가하다고 본다. EFT에서는 무력감과 무기력감에 대한 심한 수치심뿐만 아니라 나약하고 손상된 느낌을 밝히기 위해 내담자와 함께 작업하는 것이 중요하다. 사회적 지원의 상실을 두려워하고 경험에 수치심을 느끼는 내담자는 치료사와 안 좋은 동맹을 형성할 가능성이 더 많다(Kwan, Watson, & Stermac, 2000). 심한 불안을 가진 내담자는 종종 자신의 경험을 방해하여 감정을 억제하고 단절시킨다. 이러한 내담자는 자신의 감정을 인정하고 수용할 수 있기 위해서 취약감과 나약함에 대한 수치심을 밝혀야 한다. 치료사는 내담자가 어떻게 자신을 단절시키고 방해하는지 관찰함으로써 내담자가 정서경험을 결부시키는 방식을 반영할 수 있다. 내담자가 이것이 규명하고 싶은 문제라고 동의하면, 치료사는 탐색을 더 하기 위해 두 의자를 제안하여 자아에 대응하는 다른 방식을 구축할 수 있다. 또한 내담자가 자신의 감정에 대한 치료사의 수용과 존중을 내면화함으로써 자신에 대한 수용과 자비를 더 키우게 된다.

GAD를 가진 내담자들은 특히 무력하고 통제할 수 없는 감정을 염려한다. 그들은 항상 갑작스러운 공격이나 뜻밖의 일을 당하는 것에 대해 걱정한다. 그들에게 직·간접적으로 영향을 미치는 사건의 결과를 통제하고 유기, 거부, 상실 및 수치심으로부터 자신을 보호하기 위한 시도가 걱정이다. 그러므로 회기에서 고통스러운 감정을 경험해야 한다는 생각만으로도 무서울 수 있다. 그러나 수용하고, 인정하고, 공감하는 관계 맥락에서는 서서히 이 내담자들은 경험을 공유하는 것이 더 편하게 느껴지게 될 뿐만 아니라, 치료사와 타인에 의해 자신의 결핍이 발견되거나 수치스러워지는 것에 대해 덜 걱정하게 된다. 관계가 발전하고 긍정적인 동맹이 구축됨에 따라 GAD를 가진 내담자는 자신의 감정이 중요한 정보원이라는 것을 알게 된다.

GAD를 겪고 있는 내담자와의 작업에는 여러 단계가 있다. 처음에 GAD를 가진 내담자는 대체로 증상에 집중한다. 치료사는 내담자가 불안에 치르는 대가에 민감할 필요가 있다. 불안에 대한 신체적인 강도만으로도 쇠약해지고 모두 소진될 수 있다. EFT 치료사는 내담자의 증상을 인정하고, 반영하고 공감하지만, 치료사 또한 그들의 이야기를 공유하고 사건의 정서적 영향에 주의를 기울이기 위해 내담자와 함께 작업한다. GAD를 가진 내담자는 자신의 고통의 근원을 알지 못할 수 있으므로 치료사는 그들의 삶의 이야기를 전개시킬 기억을 풀어나가기 위해 그들과 함께 작업해야 한다. 일단 사건에 대한 이야기를 전개하기 시작하고 삶에 대한 의미를 얻으면, 내담자는 사건의 영향을 이해하고 감정을 더 잘 인식할 수 있게 된다. 이 시점에서 감정에 더 많은 관심을 기울이기 시작한다.

자기 삶의 사건들을 바라볼 수 있고, 어떻게 대우받았고, 대처하는 법을 어떻게 배웠는지 이해할 수 있기 위해서 내담자는 서사를 구성하는 과제를 해야 한다 (Angus & Greenberg, 2011; J. Watson, Goldman, & Greenberg, 2007). 이러한 유형의 탐색에 참여하기 위해서 내담자는 안전감을 느껴야 한다. 치료 관계에서 안전감은 탐색을 촉진하고, 내담자에게 거부되었을 수도 있거나, 자각 밖에 있었거나 수치스러워할 수도 있는 경험의 부분들을 검토하고 바라볼 수 있게 한다. 내담자는 자기 말을 누군가가 듣고 있고, 이해되고 있고, 지지받는다고 느낄 때 경험을 더 잘 공개할 수 있게 된다. 이를 통해 그 경험을 자각하고, 이름 붙이고, 검토할 수 있는 기회와 그 경험을 더 잘 알기 위해 살펴보고 반영할 수 있는 기회를 가질 수 있다. 치료사가 내담자의 이야기를 반영함에 따라 내담자는 사물을 보다 명확하게 보고 다른 사람과의 상호작용에서 발생한 일을 명명하게 된다(J. Watson & Rennie, 1994).

자신의 두려움과 취약성의 원인이 된 삶의 감정과 사건들에 재집중하는 데 시간이 걸릴 수 있다. EFT 치료사는 내담자의 불안을 치유하고 해결하기 위해 정서에 주의를 기울이는 것의 중요성을 부드럽고 참을성 있게 소개한다. 내담자는 자신의 감정이 중요하고 타당하다는 데 동의할 필요가 있다. EFT 치료사는 내담자의 경험을 반영하고, 신체에서 일어나는 것에 주의를 기울이게 하고, 느낌에 대해 묻고, 내담자의 지각을 반영함으로써 감정의 변화를 촉진한다. 치료사가 내담자의 주의를 내면으로 돌리게 하는 또 다른 방법은 내담자를 불안 분열에 집중시키는 것이다(제6장 참조). 일단 내담자가 자신의 불안을 만드는 데 기여하는 자신의 역할을 보기 시작하면, EFT 치료사는 자아감을 강화하고(제5장 참조), 내담자가 정서경험에 결부시키는 방식을 변화시키는(제7장 참조) 새로운 처치 목표를 만들기 위해 내담자와 함께 작업한다. 내담자는 이러한 자신의 기능의 측면들을 작업하면서 애착 상처와 관계 상혼을 확인하고 작업하기 시작한다(제8장 참조). 처치의 각 단계에서 치료사는 내담자가 나아가는 전반적인 방향감을 유지하면서 그 순간에 어디에 집중하는지 인내심을 갖고 주의를 기울여야 한다.

🫶 치료사 반응성의 발달

내담자의 정동에 반응하고 공감적으로 조율하는 것이 EFT의 필수 요소이다. 최대한 반응하기 위해 치료사는 내담자의 이야기의 표면적 의미뿐만 아니라 암묵적인 이면의 의미도 파악해야 한다(Barrett-Lennard, 1997; J. Watson, 2002, 2007). 내담자에 대한 공감, 반응 및 이해를 촉진하기 위해 EFT 치료사는 내담자의 이야기를 적극적으로 상상하고, 내담자의 경험으로 감지하고, 내담자 경험에 대해 적극적으로 생각하고, 그들 자신의 신체 반응에 주의를 기울이고 치료사 자신의 개인적 경험을 이용하는 것과 같은 여러 가지 기능을 발휘해 본다(Greenberg & Rushanski-

Rosenberg, 2002; J. Watson & Greenberg, 2009).

공감적으로 되는 것은 치료사가 내담자 경험의 본질을 추출하기 위해 내담자가 하는 말을 주의 깊게 들으면서 내리는 의사결정이다. EFT 치료사는 내담자의 주관적인 세계관을 반영하면서 집중하고 몰입한다. 치료사는 내담자의 말에서 의미를 파악하고, 그들의 감정에 닿기 위해 경험을 '맛보려' 하고 이해하기 위해 핵심감정에 주의를 기울인다. 치료사는 내담자 곁에서, 친밀하게 걸으면서 내담자가 보는 것처럼 사물을 보고 있다는 느낌을 갖는다. 내담자의 말을 경청하면서 EFT 치료사는 내담자가 경험하고 있는 것에 적합한 단어나 표현을 찾기 위해 적극적으로 탐색한다. 치료사는 '생생한 경계'(Greenberg & Elliott, 1997; Rice, 1974; Rogers & Truax, 1967)를 경청하면서 내담자가 느끼거나 생각할 수 있는 것을 추론하려고 한다. 그러나 추론되는 것은 잠정적인 추측의 방식으로 제시한다. 치료사는 자신의 추측이 내담자의 경험과 맞을 때, 자물쇠에 적합한 열쇠를 찾은 것처럼 기분이 고양된다.

예를 들어, 이 책의 서두에서 만난 모니카가 처음에 자신의 어린 시절에 대해 이야기했을 때, 그녀는 자신이 바보 같다는 것과 어머니의 비난이 당연하다고 말했다. 그녀는 자신이 남동생만큼 똑똑하지 않다고 보았다. 그녀가 이렇게 말했을 때, 치료사는 "마치 당신이 남동생만큼 똑똑하지 않은 것처럼 보였네요. 어쨌든 당신이 바보였기 때문에 어머니의 비난을 받아 마땅했다는 거네요."라고 반영했다. 모니카는 동의했고 울기 시작했으며, 치료사에게 "항상 고함치는 소리를 듣고, 바보처럼 느끼게 만드는 것이 너무 끔찍했어요. 어쨌든 공평하지 않았어요."라고 했다. 여기서 치료사는 아이로서 어떤 느낌이었을지 추측했다. 치료사는 불공평했다는 것을 잠정적으로 제언함으로써 내담자의 경험을 포착하기 위해 내담자가 보고하거나 말한 내용을 조금 더 넘겨짚었다. 이런 식으로 치료사는 내담자가 자신의 경험에 목소리를 내도록 지지하고자 한다. 모니카는 "예, 너무 불공평했고 남동생은 항상 어머니가 가장 좋아하는 사람이었어요. 저한테는 신경 쓰지 않았어요."라고 했다. 그녀는 아이로서 느꼈던 그리고 회기에서 그런 이야기를 하면서 느끼는 슬픔을 경험하도록 자신에게 허용하면서 더욱더 온전히 울기 시작했다.

내담자의 핵심 경험에 도달하기 위해 EFT 치료사는 이야기에서 사건을 적극적으로 상상한다. 치료사는 구술되고 있는 이야기의 세부 사항을 적극적으로 시각화함으로써 내담자의 상태에 대한 이해를 높일 수 있다. 치료사는 내담자의 이야기를 머릿속에서 영화를 상연하고 내담자의 말을 들으면서 떠오르는 이미지에 주의를 기울인다. 연구에 의하면 인간이 다른 행동을 하고 있는 타인을 관찰하고 상상할 때 거울 신경세포(mirror neurons)가 활성화된다고 한다(Ferrari, Gallese, Rizzolatti, & Fogassi, 2003; Gallese, 2005; Rizzolatti, 2005). 그러나 의도적으로 상상하는 것은 관찰만 하는 것보다 거울 신경세포 회로에서 더 강한 반응을 일으킨다(Decety & Jackson, 2004). 따라서 다양한 상황에서 정신적 이미지를 능동적으로 개발함으로써, 치료사는 이야기를 수동적으로 듣는 경우보다 내담자에게 일어나는 일에 대해 더 잘 이해할 수 있다(J. Watson & Greenberg, 2009).

치료사가 내담자의 주관적 경험을 점진적으로 이해하는 또 다른 방법은 자신의 경험을 활용하는 것이다. 공감하고자 할 때, EFT 치료사는 내담자의 경험을 더 잘 이해하고 평가하기 위해 자신의 종합 지식 저장소를 활용한다. 내담자의 이야기는 비슷한 감정이나 경험에 대한 개인적인 기억을 소환할 수 있다. 그다음에 이러한 기억은 치료사가 내담자의 핵심 경험을 추출하기 위해 활용할 수 있는 이미지를 불러일으키며, 추측으로 공유될 수 있다. 모니카의 치료사는 어린 시절에 어떤 일이 잘못된 후에 어머니에게 꾸중을 들었고 어린 여동생은 야단맞지 않았던 때를 떠올릴 수 있었다. 이는 치료사가 모니카가 묘사하고 있는 상황으로 들어가서 그 순간 그녀가 느꼈을 것을 추측하는 데 도움이 되었다.

치료사의 공감은 내담자가 느끼고 있는 것을 상상하고 측정하려고 할 때 자신의 신체 반응에 주의를 기울이면 한층 더 커질 수 있다(Greenberg & Rushanski-Rosenberg, 2002; J. Watson, 2007; J. Watson & Greenberg, 2009). 신경학 연구에 의하면 공감의 물리적 상관성은 자동적이며 치료사의 의식적인 통제를 벗어난다. 하지만, 신체는 서로 다른 경험이 타인에게 어떻게 영향을 미치는지 이해하는 데 있어서 중요한 정보원이다. 윌슨(Wilson, 2001)은 운동 거울 신경세포의 활성화로 인해 우리는 다른 사람의 행동을 추적하기 위해 암묵적인 신체 지식을 사용할 수 있다고 제언했다. 따라서 치료사의 신체 감각과 감정은 공명력을 높이고 언제 어디에 반응의 초점을 둘지 알 수 있도록 안내 역할을 한다.

자신의 신체 반응을 더 잘 인식하고 이를 말로 옮김으로써 치료사는 내담자의 주관적인 경험을 반영하고 포착할 수 있다. 예를 들어, 내담자가 강렬하거나 무서운 상황을 묘사할 때 치료사의 내장기관이 조여들면, 그러한 신체적 반응을 회기에서 일어날 만한 내담자의 불안감과 긴장감을 추측하는 데 이용할 수 있다. 마찬가지로, 치료사가 상실에 대한 이야기를 들을 때 가슴 통증을 경험한다면, 그 상황에 의해 일어난 슬픈 감정이라고 잠정적인 추측을 내담자와 공유할 수 있다. 예를 들어, 치료사는"당신이 그것에 대해 말할 때 저의 가슴이 아파요. 그 얘기를 저한테 할 때 기분이 어떻던가요?" 치료사는 공감 반응을 소리 내어 전달하고 회기에서 내담자 감정에 초점화하고 있다. 비록 이러한 방식으로 공명하고 있지만, 치료사는 그 경험이 자신의 것이 아니라는 것을 인식함으로써 그 경험에 압도되거나 소진되지 않도록 주의해야 한다.

내담자의 감정을 미러링하는 것 외에도 치료사는 내담자가 고통스러워할 때 자비와 양육의 상호보완적인 느낌을 갖고 있음을 자각할 수 있다. 이럴 때에 치료사는 내담자에게 온정이나 염려를 느낄 수도 있다. 치료사는 내담자의 이야기에 감동하고 그들을 보호하려는 욕구를 느낄 수 있다. 이러한 감정은 내담자 경험에 주의 깊게 조율되어야 하고 특히 공감적으로 되어야 함을 치료사에게 일깨워 줄 수 있다. 내담자 경험과 감정에 수용적으로 되고, 그 감정과 경험을, 특히 힘들고 고통스러운 감정을 기꺼이 탐색할 의지를 보여 주는 것이 매우 중요하다. 내담자 삶에서 고통스럽고 어두운 곳을 탐색하려는 치료사의 의지와 용기는 내담자에게 자신의 경험을 온전히 처리하는 데 필요한 용기와 지지를 제공한다.

EFT 치료사는 내면의 경험에 대한 단서를 찾기 위해 내담자의 신체 자세, 음성 및 표정에 의식적으로 주의를 기울인다. 내담자가 경험하고 있는 것을 치료사가 신체적으로 반영하기 위해 이를 재연하는 경우에 이러한 관찰이 더욱더 향상될 수 있다. 따라서 치료사는, 예를 들어 "주먹을 꽉 쥐고 의자에 몸을 파묻고 계시네요. 지금 무슨 일이 일어나고 있나요? 기분이 어떠세요?"라고 말하면서 내담자의 신체 언어를 반영할 수 있다. 치료사는 내담자에게 신체 자세로 인해 감정이 어떻게 달라지는지 이해하기 위해 이러한 자세를 과장하도록 요청할 수도 있다. 또는 치료사는 내담자의 경험을 이해하고 잠정적인 방식으로 이를 공유하기 위해 주먹을 쥐거나 주저앉을 수 있다. 이러한 재연은 내담자의 주관적인 경험에 대한 인식을 높일 수 있다. 재연은 피관찰자가 경험하고 있는 것과 유사한 감각과 감정을 관찰자에게 자극하는 데 도움이 된다(Wilson & Knoblich, 2005). 이러한 미러링 과정은 치료사와 내담자가 내담자 내면의 주관적 상태를 더욱 명확하게 표현하고 이름 붙일 단어를 찾는 데 도움이 된다(Elliott et al., 2004; Kennedy-Moore & Watson, 1999).

EFT 치료사는 내담자가 자신의 이야기를 말해 주는 방식이 중요한 표식이 되거나 또는 회기에서의 정서 처리라는 점을 인지한다(Elliott et al., 2004; J. Watson & Bohart, 2001). 그들은 내담자가 장면에 대해 예행 연습된 묘사를 하고 있는지, 회기에서 흔들리고 있는지 또는 신체적 증상이 보이는지 경청한다. 이 때 EFT 치료사는 내담자가 정서 처리에 더 많이 접촉하도록 격려한다. 이를 위해서 내담자에게 상황에 대해 보다 상세하고 구체적이며 생생하게 묘사하도록 요청하는 것도 하나의 방법이다. 예를 들어, 치료사는 "그에 대한 영화를 저에게 상영해 줄 수 있습니까?"라거나 "무슨 일이 일어났는지 구체적으로 말씀해 주시겠어요?"라고 물을 수 있다. 그리고 나서 내담자가 사건을 묘사할 때 치료사는 이를 반영하여 일어난 일에 대해 공유된 시각적 감각을 쌓을 수 있다. 이러한 묘사는 내담자의 세계관에 대한 내적인 관점과 맥락을 제공하여, 치료사가 내담자의 감정 상태를 추측할 수 있게 한다. 상세하고, 생생하고 명료한 이야기는 내담자의 세계관에 대한 치료사의 공감 과정과 이해를 촉진한다(Elliott et al., 2004; Rice & Saperia, 1984; J. Watson, 2002, 2015; J. Watson & Greenberg, 1996; J. Watson & Rennie, 1994).

공감의 표현에는 개인의 탈중심화가 요구된다(Jackson, Brunet, Meltzoff, & Decety, 2006; Rogers, 1957). 다른 사람과 합쳐진다는 것은 다른 사람의 디스트레스를 보고 자신도 디스트레스를 경험하고 표현할 수도 있지만 온전히 이해되지 않은 것과 같은 정서적 오염을 가져올 수 있다. 따라서 다른 사람의 경험을 온전하게 이해하려면 분화되어 있는 것이 중요하다. 효과적으로 공감하기 위해서 EFT 치료사는 많은 디스트레스를 겪고 있는 내담자와 작업할 때 자신의 디스트레스를 조절하고 정서적 오염을 피해야 한다(J. Watson, 2007). 작업 가설을 세우고 지속적으로 업데이트하고 수정하기 위해, 상대방의 관점을 취하면서 인지적으로 유연하고 고도로 적응적이어야 하는 인지적 복합 과정이다.

진정으로 공감적으로 되기 위해서 치료사는 공감의 인지적, 정서적인 측면들을 보여 준다. 인지적 능력에는 관점 취하기, 추상적인 추론 및 인지적 유연성이 포함된다. 상대방을 온전히 이해하기 위해서, 공감적인 치료사는 시각적, 청각적 또는 상황적 단서들에 기반하여 그 사람의 인지적이고(또는) 정서적인 상태를 상상함으로써 그 사람의 관점을 취한다. 치료사는 다른 사람들의 관점, 동기 또는 의도가 개입되는 것을 막기 위해 추상적인 추론을 수행하는 동시에, 내담자의 인지 및 정서 상태에 대한 아이디어를 자연스럽고 쉽게 생성할 수 있도록 인지적 유연성을 유지한다. 치료사는 또한 자신의 감정 및 인지 상태에 대한 정보를 내담자의 것과 비교하고 대조하기 위해 주의 방향을 바꿀 수 있다. 반사적인 유연성을 가지려면, 치료사가 자신의 다양한 가설을 분류하고 내담자의 정서 및 인지 상태에 대한 작업 모형을 신속하게 업데이트할 필요가 있다.

또한 공감적인 치료사는 내담자의 정서를 인지하기, 정서 반응적으로 되기 및 자신의 정서·인지 상태와 내담자의 그러한 상태를 정확하게 확인하기 등을 포함하는 공감의 정서적 구성 요소들을 실제로 보여 준다. EFT 실무자는 내담자의 내적, 주관적 및 정서적 경험을 추적할 때 순간순간에 반응적으로 되는 것에 중점을 둔다. 회기에서 순간순간 내담자의 정동에 반응적으로 조율되어 있기 위해, EFT 치료사는 내담자의 강렬한 정서 반응뿐만 아니라 정서적 고통의 표현과 통렬함을 경청한다. 내담자가 정서경험에 주의를 기울여 이를 자각하게 되고, 이름 붙이고 말로 분화시키기 시작할 때, 치료사는 회기에서 내담자의 정서 처리를 돕는 데 집중한다

(Elliott et al., 2004; Greenberg, Rice, & Elliott, 1993; Klein, Mathieu-Coughlan, & Kiesler, 1986). EFT 치료사는 내담자가 자신이 하는 행동의 이유를 이해하고, 새로운 정서 처리와 조절 방식을 배우고 새롭게 타인과 상호작용하는 방법을 발달시키기 위해 정동 경험을 처리하도록 돕는 데 주력한다(Elliott et al., 2004; J. Watson, 2002, 2015).

관계의 결렬

가끔 내담자가 타인의 태만하고 거부적인 세계관에 잠식되어 치료사의 관심을 받아들일 수 없고 거부하는 경우도 있다. 이러한 내담자는 치료사의 공감과 수용을 받아들이고 믿을 시간이 필요하다. 처음에 치료사의 진실성에 도전하여 누군가가 자신을 돌본다는 것이나 본질적으로 자신을 가치 있고 자격 있는 사람으로 본다는 것을 믿기 어려워할 수도 있다. 이러한 내담자는 지지와 이해를 받을 자격이 없다고 느낄 것이다. 그러나 치료사가 시간과 인내심을 들여 지속적으로 내담자 경험을 수용하고, 타당화하고 공감할 때, 이 내담자는 순화되고 치료사의 태도를 내면화하여 더 큰 자기 보호와 양육으로 더 자기 자비적이고 더 자기 수용적으로 될 수 있다.

어떤 내담자는 처치가 효과가 없다거나, 시간이 너무 걸린다거나, 목표를 이루지 못한다고 불평할 것이다. 내담자가 불평하거나 교착되어 있는 것으로 보인다면, 이는 자신의 안녕에 책임지지 않으려 하거나 책임질 준비가 안 되어 있다는 단서일 수 있다. 이 때 EFT 치료사는 전반적으로 내담자의 좌절감이나 압도감을 반영해 준다. 치료사는 내담자 따라가기와 그들의 감정과 삶의 이야기를 반영하는 것으로 돌아가도 된다. 서서히 더 강해지고 자신의 감정과 지각을 더 믿게 됨으로써 내담자는 더 주체적으로 될 수 있는 역량을 발달시킨다. 그들의 힘과 확신은 공감적이고, 수용적이고, 인정하고, 일치적인 치료 관계에서 키워진다. 내담자가 꽉 막혀 있어서 자신에게 자비적일 수 없거나 자신을 보호할 수 없을 때, 치료사는 내담자의 경험에서 무시되거나 간과되었을 부분이 있는지 알아보기 위해 내담자를 경험에 집중하도록 할 수 있다. 아마도 고통과 욕구를 더 이해하기 위해 삶의 역사에서 더 알아봐야 할 부분이 있을 것이다. 또는 내담자가 고통에 직면하기를 주저하고 그냥 사라지기를 바랄 수도 있다. 이때, 치료사는 내담자에게 고통을 덜어 주기 위해서 고통을 처리할 필요가 있다고 부드럽게 제언할 수 있으며, 내담자의 속도에 맞추어 이를 수행할 수 있다.

치료사가 할 수 있는 또 다른 옵션은 내담자가 고통을 해결하고 치료에 전념할 방법을 찾을 수 있는지 알아보기 위해서, 두 의자 대화를 사용하여 내담자가 주저하는 것을 갈등 분열(conflict split)로 구성하는 것이다. 내담자가 어떤 과업의 수행에 대해 철회나 저항을 나타낼 때, 치료사는 내담자에게 회기에서 무엇을 하려고 하는지 또는 무엇을 이루어 내려고 하는지 물어보거나, 그들의 유기체적 경험을 더 자각하도록 신체에 초점화하게 할 수 있다. 두 의자(제6장 및 제7장 참조) 및 빈 의자 대화(제8장 참조)와 같은 다른 과제를 위한 작업의 틀을 마련하기 위해 내담자가 자신의 정서경험을 어떻게 처리하고 있는지 인식하도록 격려하는 것이 중요하다(Elliott et al., 2004; Greenberg & Watson, 2006; McMullen & Watson, 2011). 내담자가 치료사의 태도를 내면화하고 자기 자신과 자신의 경험을 결부시키는 새로운 방법을 발달시키는 것이 더딜 때, 치료사는 막힌 느낌이 들 수 있다. 이럴 때는 내담자에게 정서 처리를 어떻게 하고 있는지 묻고 처치가 도움이 되는 것으로 보는가의 여부를 탐색하여 확인해 볼 수 있다. 이 전략은 과정을 방해하는 것이 무엇인지 알아내고, 함께 그것을 다루는 방법을 개발하기 위한 대화를 열 수도 있다.

GAD를 가진 내담자가 치료나 치료사에 대해 불평할 때, 이는 변형과 자기조직화의 새로운 상태가 나타났음의 표시로 보는 것이 중요하다. GAD를 가진 내담자는 종종 직면을 피하여 타인에게 쉽게 분노와 좌절감을 표현하지 않는다. 치료사에 대한 짜증, 좌절 및 실망의 표현은 더 강한 자아감의 출현과 위험을 감수하려는 의지의 표시일 수 있다. 치료사는 내담자의 불평을 경청하고 수용적이고, 비방어적이고, 공감적이며 일치적인 방식으로 반응할 수 있어서 내담자가 타인과의 관계에서 자신의 감정과 욕구를 표현하는 방법을 계속 배울 수 있게 해야 한다. 치료사에 대한 불만과 불평을 밝힘으로써 내담자는 자아와 타자와의 새로운 존재 방식을 개발할 수 있게 된다. 다음 장에서는 좀 더 구체적인 의자 대화를 탐색하기 전에 치료적 관계가 내담자의 변화에 어떻게 기여하는지 살펴본다.

취약한 자아의 강화

정서중심치료(Emotion-Focused Therapy: EFT)에서 가장 중요한 목표 중 하나는 더 강하고 회복탄력적인 자아감과 긍정적인 자기 조직화를 발달시키는 것이다. 이 책의 제1장에서 논의한 바와 같이, EFT 공식화는 범불안장애(Generalized Anxiety Disorder: GAD)의 핵심에 취약한 자아감과 부정적인 자기 조직화가 있다고 본다. 개인이 어린 나이에 자신과 다른 사람의 안전과 안녕에 대해 너무 많은 책임을 져야 하고, 이를 효과적으로 수행할 수 있는 적절한 기술과 능력이 부족할 때, 나약하고, 혼자이고, 무력하고, 과도한 부담감을 느끼는 취약한 자아감이 발달된다. 이들은 긍정적인 방식으로 자신의 경험을 효과적으로 조절하고 처리할 수 없어 정체감 형성에 손상을 입는다. 그러므로 자기 가치감, 자아 존중감, 자기 자비, 자기 수용 또는 자기 보호의 감정을 발달시키지 못한다. 오히려 GAD를 가진 내담자들이 발달시키는 부정적인 자기 조직화는 두려움과 불안의 고통스러운 감정과 근본적인 불안전감을 포함시킨다. 강한 취약감과 외로움이 있다.

    내담자의 고통스러운 감정과 취약성은 자신에 대한 부정적인 신념과 평가뿐만
아니라, 자신의 감정과 주관적인 경험을 부정적으로 결부시키는 방식에 의해 한층
더 악화된다. 부정적이고 취약한 자기 조직화가 활성화되면 디스트레스를 느낀다.
자신과 타인에 대한 신뢰가 손상되고 정서적으로 취약한 상태가 지속되어 대처할
수 없다고 믿게 된다. 적절한 지지와 보호를 받지 못하면 자신이 약하고 부적절하
게 느껴지며, 자신의 안전과 생존에 대처하고 보장하려고 할 때 자신에 대한 경직
된 기대를 키우며(Rogers, 1961), 자신의 안녕에 대한 위협을 예기하는 가운데 끊임
없이 걱정한다.

    이 책의 제1장에서 설명했듯이, 정동을 조절하고 긍정적인 자기 조직화를 발
달시킬 수 있는 내담자의 역량은 초기 아동기의 상호작용에 뿌리를 두고 있으며,
일생 동안 타인과의 상호작용 속에서 계속 발달한다(Benjamin, 1993; Blatt, Zuroff,
Hawley, & Auerbach, 2010; Rogers, 1959; Siegel, 2012; Sullivan, 1953; J, Watson et al.,
2007). 사람들의 자아감은 사회적 상호작용, 특히 애착 관계에서뿐만 아니라 또
래 집단이나 사회 전반에서 발달한다(Rogers, 1959; Schore, 1994, 2003; Siegel, 2012;
Sullivan, 1953; Vygotsky, 1978). 포유류는 양육자와의 관계와 상호작용을 통해서
세상을 탐색하는 자신의 능력에 대한 확신감을 키운다(Rogers, 1959; Schore, 1994,
2003; Siegel, 2012; Sullivan, 1953). 또한 자기 능력의 한계를 시험하고 언제 타인에
게 도움과 지원을 부탁할지 알고 자신의 근거지와 환경에서 생존하는 법을 획득한
다. 생존 기술을 탐색하고 발달시키기 위한 안전감과 확신감을 느끼는 능력은 불
충분한 지원과 보호를 제공하는 적대적이고 방임적인 환경 속에서 손상될 수 있
다. 그리하여 사람들은 자기 자비, 자기 보호 및 자기 진정하는 방법들을 내면화
하지 못한다. 연구에 의하면 GAD를 가진 내담자들은 불안전하게 애착되어 있음
을 보여 준다. 이들은 보다 안전하게 애착 형성된 사람들보다 더 부정적인 자아관
과 자기개념을 가지고 있고, 자기 불신을 더 많이 경험하고, 스트레스 대처 능력에
대해 더 낮은 확신감을 보인다(Griffin & Bartholomew, 1994; Hazan & Shaver, 1987;
Marganska, Gallagher, & Miranda, 2013).

따라서, EFT에서 가장 중요한 과업 중 하나는 내담자가 보다 긍정적인 방식으로 자신의 정동 경험을 조절할 역량을 개발하고, 자신과 자신의 지각에 대한 신뢰와 확신감을 높이는 것이다. 그들은 숙달감과 능력 및 자신의 안녕을 향상시키고 보다 긍정적인 자아 상태에 접근할 수 있도록, 자신과 타인을 연결시키는 방식을 보다 긍정적으로 습득해야 한다. GAD를 가진 내담자는 보다 더 자기 수용, 자기 자비 및 자기 보호적으로 될 필요가 있고, EFT 치료사는 GAD를 가진 내담자와 협력하여 주관적 경험과 지각에 대한 신뢰를 발달시키고 감정을 더 많이 조절하는 데 있어 자신감을 가질 필요가 있다. 내담자가 자신의 욕구를 충족시키고 스스로를 보호하기 위해 다른 사람들과 협상할 수 있을 만큼 충분히 강하게 느끼도록 돕기 위해서, 치료사는 긍정적인 방식으로 긍정적이고 치유적인 치료 관계를 제공하는 것이다.

🫶 더 긍정적인 자기 조직화의 조성

치유적인 치료 관계는 더 강한 자아감을 키울 수 있는 토양을 제공한다. 이 책의 제4장에서 논의한 바와 같이 EFT 치료사는 내담자의 자아감을 강화하기 위해 현전, 공감적 조율, 수용, 진정성, 일치 및 상대방 존중하기와 같은 긍정적인 치료적 관계의 중요성을 강조한다. 이 각각의 태도는 GAD의 핵심인 취약성과 두려움에 대한 해독제를 제공한다.

EFT에서는 치료적 관계가 내담자의 더 강한 자아감과 더 긍정적인 자기 조직화의 발달에 중요한 기능을 하는 것으로 본다. 여기에는 내담자들이 자신의 경험을 이해하고 고통의 원인을 확인하기 위해 일관된 자신의 이야기를 만들고, 대응할 수 있다는 믿음과 숙달감을 키우기 위해 정서 및 정동 경험을 처리하고, 자신의 정동 경험을 조절하기 위해 보다 더 긍정적인 방식을 생성하는 치료사의 태도를 내면화하고, 자신을 더 잘 돌보기 위해 책임감과 주체성 간의 균형을 맞추는 것이 포함된다.

긍정적인 치료 관계는 내담자가 취약하다고 느낄 때 자기 확신감을 가질 수 있게 하고, 더 확신적이고 탄력적인 자아감을 만들도록 돕는다. 결과적으로 더 만족스러운 방식으로 자아와 타인의 욕구 간에 균형을 맞출 수 있고, 더 자신감을 느낄 수 있고, 관계를 신뢰하도록 돕는다(Barrett-Lennard, 1997; J. Watson, 2002). 내담자는 치료사의 긍정적인 태도를 내면화한다. 그들은 자기 자신과 자신의 주관적 경험을 더 잘 수용하게 되고, 정서와 인지를 포함해서 자신의 경험을 소중히 하는 걸 익히고, 자신을 신뢰하게 되고, 자신을 돌보는 데 더 지지적이고 보호적인 방식을 만들어 간다.

EFT에서 내담자는 자신의 정서와 지각을 포함하는 경험을 자각하게 되고, 그 경험을 수용하고 타당화하며 욕구를 충족시키기 위한 미래의 행동 지침으로 사용할 수 있도록 격려받는다(Barrett-Lennard, 1997; Benjamin, 1974, Blatt et al., 2010; Rogers, 1951; Schore, 2003). 다른 사람에게 수용되고 이해받는 것은 취약감과 두려움의 중요한 해독제이다. 연구에 의하면 치료사에게 수용된다고 느끼는 내담자는 더 잘 견디고 자기 수용적이다. 치료사의 수용과 공감은 내담자의 자존감을 높이고(McMullen & Watson, 2015), 자신의 감정에 대한 지식과 자각을 촉진하여 정서를 더 잘 조정하고 조절할 수 있도록 정서적 경험을 반영하고 상징화하는 기회를 제공한다(Malin & Pos , 2015; Mlotek, 2013; Prosser & Watson, 2007; J. Watson, Steckley, & McMullen, 2014). 정서경험과 정서 표현을 조절하는 능력은, 내담자가 보다 적합하고 자기 발전이 느껴지는 방식으로 각성과 디스트레스의 내적 상태를 관리함으로써 유능감과 숙달감을 키우게 한다.

🤲 경험의 상징화

일관성 있는 서사의 개발

자아를 강화하는 것은 내담자가 자신의 삶의 이야기를 공유하고 경험을 이해하기 위해 서사를 개발하는 것으로 시작하는 느린 과정이다. 극심한 공포, 슬픔, 수치심 및 괴로움과 같은 고통 감정의 한 원인이 되는 방임적이고 해로운 환경에서 개인은 자신의 경험을 이해할 기회를 갖지 못할 수 있다. 그로 인해 사건이 제대로 입력되지 않고 위협과 관련된 특정 자극이 자각으로 적절하게 상징화되거나 표상되지 않을 수 있다. 결과적으로, 서로 다른 상황에 의해 촉발된 반응들이 '느닷없이' 나오는 것으로 경험한다. GAD가 있는 내담자는 불안이 활성화되거나 고조되어 통제 불능 상태에 빠지고 대처할 수 없을 때, 기습 공격을 당하는 느낌을 자주 보고한다.

내담자가 자신의 감정과 유기체적 경험을 효과적으로 처리하기 전에 자신에게 일어난 일을 온전히 이해하고 파악하기 위해 경험과 에피소드의 기억을 조직화해야 한다. 따라서 GAD가 있는 내담자를 치료하는 임상가의 중요한 목표는 내담자가 삶의 이야기를 재구성하고 전개하면서 반응과 서로 다른 자극 사이의 연결을 더 잘 자각하도록 돕기 위해 경험을 이해하고, 명명하고, 묘사하도록 격려하는 것이다(Angus & Greenberg, 2011; Rice, 1974; J. Watson, Goldman, & Greenberg, 2007; J. Watson & Rennie, 1994). 내담자의 삶에서 일어난 사건에 대한 서사와 이야기는 치료에서 탐색되어야 할 지형의 맥락과 준거틀을 제공한다. 변화로 이어지는 정서 처리를 촉진하기 위해 활성화되어야 하는 것은 내담자의 서사에 내재되어 있는 에피소드의 기억이다.

스토리텔링은 경험을 이해하는 데 도움이 되기 때문에 중요하다. 이야기는 사람들이 스스로를 통합하고 형성하는 데 기여하는 사건에 대한 설명을 제공한다(Angus & Greenberg, 2011). 이야기는 암묵적인 의미와 경험을 드러낸다(Siegel, 2012). 아이들이 발달하는 동안 자기 조절력을 키우기 시작하면서, 자신의 경험을 정리하고 이해하기 위해 스토리를 말하기 시작하는 것으로 관찰되었다. 시겔(Siegel, 2012)은 스토리텔링이 자기 조절을 촉진하는 사건의 대뇌반구간(interhemispheric)의 처리에 기여하고 대안적 자아 상태의 개발을 촉진하여 보다 일관된 자아감을 이끈다고 제언했다. 스토리를 말하고 경험을 설명할 수 있는 능력은 아이들이 경험을 회상, 조직화하고 거기서 의미를 도출하도록 돕는 중요한 타인과의 관계에서 발달한다

(Schore, 2003; Siegel, 2012).

내담자 역시 자신의 스토리를 말하고, 자신의 반응과 유기체, 신체적 느낌 경험과 함께 사건들을 재처리할 필요가 있다. 이야기를 전개하는 과정에서 알고 있는 자서전적 기억뿐만 아니라 암묵적인 경험에도 접근한다. 이는 자각되지 않거나 적절히 상징화되지 않았지만 치유로 이끄는 중요한 정보를 제공해 줄 수 있는 경험들이다. 제1장의 모니카(Monica)의 사례에서 살펴본 바와 같이, GAD가 있는 내담자는 타인에 의해 타당화되어 본 적이 있는 일관된 삶의 이야기를 전개할 기회가 없었을 수 있다. 오히려 그들의 이야기는 종종 타인의 관점에서 이야기되거나 일관성이 없을 수 있는데, 이는 그들의 삶의 사건들이 너무 고통스럽고 강렬하여 부적절하게 처리되었기 때문이다. 내담자와 치료사는 내담자가 지나온 길을 이해하는 것이 중요하다. 경험을 이해하고 삶의 역사에서 분명히 드러나는 인과 관계를 명확하게 말하기 시작하는 것이 GAD를 가진 내담자에게 중요한 과정이다.

불안의 촉발 요인 확인

내담자가 이야기를 쉽게 펼치도록 돕기 위해서, EFT 치료사는 내담자가 기억을 공유하고 자신의 역사와 경험에 살을 붙여나갈 때 주의 깊게 듣고 그들의 경험과 공감을 반영한다. 내담자가 암묵적 이해를 표명, 표현하고 불안의 촉발 요인을 확인하는 만큼, 자신의 경험을 말로 표현하고 새로운 방식으로 자신의 주관적 경험에 주의를 기울인다. 이러한 과정을 통해서 내담자는 이전에 보이지 않았거나 알아차리지 못했던 경험의 측면을 보고 알게 된다. 사건이 어떻게 전개되었는지 이해하게 되고 자신이 누구이며 세상에 존재하는 방식에 기여한 중요한 사건 또는 결정적 사건들을 확인하게 된다.

일단 사건과 경험이 묘사되고 처리되고 나면, 내담자와 치료사는 내담자의 반응을 촉발하는 요인을 이해할 수 있게 된다. 사건의 느껴진 영향(felt impact)을 보게 될 뿐만 아니라, 그 사건이 내담자의 자아에 대한 대우와 자아와 타인에 대한 관점을 어떻게 형성하게 했는지를 더 온전하게 이해하게 된다. 서사는 내담자의 삶에 밖을 내다보고 안을 들여다볼 수 있는 창을 제공하여 내담자가 자신의 경험을 시각화하고 상상할 수 있게 하여, 제4장에서 논의한 것처럼 공감 과정을 향상시킨다. 내담자가 경험한 것에 대한 공감적 이해가 커지면 치료사는 내담자의 내적 경험에 대한 공감적 추측을 공식화하거나, 불안과 존재 방식에 작용했을 수 있는 중요한 순간과 인생 사건들을 탐색하고 불러일으키는 데 도움이 된다.

EFT 치료사는 내담자의 경험을 타당화하는데, 이는 내담자가 세상에 대한 자신의 지각과 경험에 더 큰 확신감을 발달시킬 수 있도록 한다. 그 과정에서 자신이 방임, 정서적 학대 또는 중요한 타인의 자기애적 디스트레스를 당했는가를 보기 시작하고 명명하기 시작한다. 사건을 분명하게 묘사하면서 이렇게 타인의 행동에 이름을 붙이고 명명하는 것은 자아에 대한 신뢰를 높이게 된다. 내담자가 자신의 지각뿐만 아니라 감정을 믿고 자신의 반응을 이해할 때 자신에게 일어났던 일과 자신의 적응 방식을 더 잘 이해하게 된다.

세계관의 해체

서사를 발전시키는 과정에서 내담자는 자신의 세계관을 해체하고 다양한 렌즈를 통해 사건을 볼 수 있다. 공감적 반영과 공감적 이해의 중요한 기능은 치료사가 내담자에게 거울을 제공하여, 그들이 말하는 것과 경험하고 있는 것을 볼 수 있고 반영할 수 있다는 것이다. 이러한 반응 유형은 내담자가 세상, 자기 자신 및 타인에 대한 관점, 해석 및 가정들을 해체할 수 있게 한다. 이를 공감적 반응의 해석적 기능(hermeneutic function of empathic responding; Keil, 1996; J. Watson, 2015; J. watson, Goldman, & Vanaerschot, 1998)이라는 용어로 부르며, 이는 내담자를 해방시켜 위협적이고 압도적인 경험에 대처할 수 있는 새로운 방법을 개발할 수 있게 한다.

치료사가 내담자의 이야기를 반영함으로써, 내담자는 자신이 인생 스토리와 세계관을 어떻게 구성하여 가고 있는지 볼 수 있는 기회를 가지게 된다. 이는 내담자가 자신의 경험을 다르게 볼 수 있는 가능성을 열어 준다. 그들은 자신의 관점이 정확한지 주관적 경험이 사건에 적합한지 평가할 기회를 갖는다. 많은 번역가가 텍스트에서 저자의 의도를 이해하려고 노력하는 것처럼, 공감적이고 수용적인 치료사는 내담자의 세계관을 해체하고 그들의 지각의 주관성을 발견하기 위해 함께 노력한다(J. Watson, 2002, 2015).

자신에 대한 지각, 해석 및 가정의 가설적인 특성을 알게 되면, 행동과 선택의 범위가 넓어진다. 예를 들어, 한 내담자가 다른 사람의 무관심이 적대감이 아니라 수줍어서 그렇다는 것을 알고 나면, 기분이 상하거나 상처를 입는 것이 아닌 다른 방식으로 반응할 수 있다. 보다 더 반영적으로 되고 자기 세계를 더 분명하게 보는 것은 도전과 위협을 규명해 내는 새로운 방식을 개발할 수 있게 한다. 자신의 현재의 대처 능력뿐만 아니라 지각과 감정을 더 신뢰하게 된다. 일관성 있게 삶의 역사를 만들어 감으로써, 방임, 유기 및 학대와 같은 초기 경험에 의해 형성된 것들로부터 놓여나게 되어, 더 긍정적인 자아 상태를 획득한다(Siegel, 2012; J. Watson et al., 2007).

🤍 부정적인 자기 대우의 변화와 정동 처리

초기 애착 경험은 정서와 신경생리기능의 조절력에 중요한 역할을 한다(Benjamin, 2003; DeSteno, Gross, & Kubzansky, 2013; Feshbach, 1997; Siegel, 2012; van der Kolk, 1994, 1996, 2005). 연구에 의하면 불안하게 애착 형성된 GAD를 가진 사람들은 정서조절에 어려움이 있음을 보여 준다(Marganska et al., 2013; McMullen, Watson, & Watson, 2014; J. Watson, McMullen, & Watson, 2014). 그들은 정서를 수용하고 충동적인 행동을 통제하는 데 어려움이 있으며, 디스트레스 경우에 효과적으로 정동 조절하는 전략들이 부족하다.

그러므로 GAD를 가진 내담자는 자신의 정서에 압도되는 것을 두려워한다. 효과적으로 정서 처리하는 방법을 몰라서 감정에 사로잡힐 것으로 상상한다. 감정에 잠식되어 표면으로 올라올 수 없어서 일을 그르칠까 봐 두려워한다. 자신의 감정을 거부하고 신체를 무시했던 내담자는 즉각적으로 확신하지 못하거나 자신의 감정을 고려할 필요성을 느끼지 못할 수도 있다. 그들은 치료사가 공포와 불안으로 가득한 감정들에 대해 처방전을 써 주거나 다른 해결책을 줄 수 있을 것으로 기대할 것이다. 그들은 주의를 내면으로 향하게 하는 데 큰 어려움이 있다. 첫째, 그들은 그렇게 하는 방법을 모르고, 무엇을 찾고 경험해야 하는지 모른다. 뭔가 잘못될까 봐 미리 예상하여 걱정하고 주변의 모든 것을 관리하고 조직화하려고 함으로써 생각이 많다. 그러므로 첫 번째 과제는 그들과 함께 몸에 주의를 기울이도록 하고 공감적 반응과 초점화를 사용하여 다양한 신체 감각에 이름 붙일 수 있도록 돕는 것이다.

정서경험을 존중하는 학습

치료사는 고통스러운 정서경험의 처리의 중요성을 설명함으로써 이를 촉진할 수 있다. 예를 들어, 치료사는 이렇게 말할 수 있다. "이것이 힘들고 당신이 마치 살아남을 수 없을 것 같고, 고통이 거기서 당신을 아래로 끌어당기고 있다는 것을 저는 알아요. 안도감을 찾는 유일한 방법은 더 만족스럽고 덜 고통스럽게 다룰 수 있도록 그 정서를 처리하는 것입니다." 시간이 지나고 연습에 의해서 내담자는 신체에 등록된 정보에 주의를 기울이는 법을 배울 수 있다. 이 과정에서 내담자는 자신에게 미친 부정적인 사건의 영향을 인정하게 되면서 자신의 감정에 이름을 붙이고 적절하게 명명하게 된다. 내담자는 자신의 치료사가 자신의 감정을 존중하고 수용하는 것을 경험하면서 자신을 존중하고, 신뢰하고, 수용하게 된다.

내담자의 자신의 감정에 대한 두려움은 치료사와의 관계에서 자연스러운 감정의 썰물을 경험하면서 줄어든다. 즉, 신체 감각을 자각하게 되고, 그것을 수용하고, 발산시키고, 명명하고 반영하는 것이다. 그 과정은 내담자가 가장 극심한 감정조차도 경험하고 표현할 수 있다는 것을 알게 되고, 자신의 감정이 과정을 거쳐서 가라 앉는 것과 같은 순서를 가지는 자연스러운 사이클을 따른다.

감정의 분화

내담자가 자신의 삶의 이야기를 공유한 뒤에 감정을 쉽게 분화시키고 이름 붙이도록 돕기 위해, EFT 치료사는 내담자가 자신에게 미친 경험의 영향을 자각할 수 있도록 부드럽게 용기를 준다. 내담자의 이야기는 종종 분노, 슬픔 또는 두려움의 지배적인 감정에 의해 채색된다. 이러한 감정들은 대체로 촉발 요인과 다른 감정들의 측면에서 미분화되어 있다. 공감적 반응을 사용하여, EFT 치료사는 내담자가 자기 감정의 촉발 요인을 명확하게 확인하기 시작할 때 돕는다. 내담자가 자신의 감정을 분화된 방식으로 더 잘 자각하게 되면 다양한 욕구가 일어나면서 행동과 행위의 다른 방식들이 나타난다. 즉, 모든 감정은 행동으로 이르게 하려는 욕구를 가진다. 내담자가 자신의 감정을 더 잘 자각하고 이름 붙일 수 있도록 돕기 위해 EFT 치료사가 사용하는 또 다른 방법은 신체와 유기체적 경험에 주의를 기울이도록 하는 것이다. 내담자는 신체적인 느낌 경험에 초점화하여 그것을 자각하고, 이름 붙이고 반영하여 더욱더 삶이 향상되는 방식으로 자신의 욕구를 충족시킬 수 있다. 정서 처리의 이러한 사이클은 보다 적합한 정동 조절 전략의 발전 기반을 마련하게 한다.

내담자는 감정을 분화하면서, 자신의 감정에 더 잘 대처할 수 있다고 느끼고 감정이 표출될 때 나오는 안도감을 경험하기 시작한다. 감정이 사건에 반응하고 대처할 방법에 대한 정보와 방향을 제공한다는 것을 알게 되면서, 내담자들은 감정과 감정의 소통을 이해하는 것의 중요성을 파악하게 된다. 이런 깨달음과 함께 내담자는 자신의 정서경험을 더 잘 허용할 수 있게 되고, 이를 자각함으로써 회기에서 작업하여 재처리할 수 있게 된다. 더 이상 자신의 감정에 기습당하는 느낌이 들거나 대처 능력에 불안해하거나 겁먹지 않는다. 내담자들은 분열을 두려워하지 않고, 더

효과적인 감정 조절과 처리방식을 발달시켜서 수치심과 비통제감을 느끼지 않는
다. 그 과정에서 더 강하고 더 탄력적인 자아감을 발달시키기 시작한다.

자기 진정의 내면화

EFT에서 내담자는 자신의 감정과 인식을 더 수용하고, 감정을 더 잘 견디고, 감
정의 강도를 조절할 수 있는 자기 진정을 배우게 된다. 자신을 보호, 진정하고 경험
을 효과적으로 조절하는 능력이 초기에는 보호적인 타인의 진정 및 조절 기능의 내
면화를 통해서 발달한다(Bowlby, 1988; Fosha, 2000; Siegel, 2012; Sroufe, 1996; Stern,
1985). EFT 치료사가 내담자의 정동 조절을 향상시키는 중요한 두 가지 방법은 자
기 진정력의 내면화와 부정적인 자기 대우 방식 또는 정서조절 방식을 변화시키는
것이다(J. Watson, 2012).

EFT에서는 치료사의 현전, 공감적 조율 및 내담자의 정동에 대한 반응성과 내담
자의 주관적 경험에 대한 수용과 타당화를 통해서 대인관계적으로 자기 진정이 발
달된다. 각성된 감정을 직접 경험 · 표현하고, 관계적이거나 비언어적인 방식으로
진정시키는 것은 우뇌의 과정(Schore, 2003)이며, 개인의 자기 진정 역량을 구축한
다. 치료적 관계는 안전, 안정성 및 연결성 제공을 통해 정서의 이원적 조절을 촉
진한다고 제시되었다(Fosha, 2000; Porges, 2011a, 2011b; Siegel, 2012). 이러한 유형
의 상호작용은 내담자의 고립감을 깨고, 자기 경험을 확신하고, 자기 공감을 촉진
한다. 또한 포지스(Porges, 2011a)의 다미주신경 이론에서 본다면, 치유적인 치료적
관계에서 내담자는 고요하고 더 이완된 상태를 조성하기 위해 자신의 생물학적 체
계를 낮게 조절하는 법을 배울 수 있다.

정동 경험을 효과적으로 조절하고, 진정을 제공하며, 더 효율적인 전략을 개발하
기 위해서는 불안과 두려움의 강렬한 감정에 대처하고 취약한 자아감에 대항하는
것이 필요하다. 감정의 표현과 상징화를 통해 정서경험의 효과적인 조정이 이루어
진다. 정동 경험의 조절력은 유능감과 자아 존중감의 한 원인이 된다. 감정을 명명

하거나 이름 붙이는 것은 특히 이해, 수용, 존중 및 진정성을 전달하는 공감적 반영을 사용하는 EFT에서 필수 과제이다. 공감적 반응을 통해 치료사는 적극적으로 내담자가 신체의 느낌 경험을 자각하고 그 감정들에 붙일 이름을 찾도록 함께 노력한다. 이 과정은 내담자의 각성수준을 조정하는 데 도움이 되며, 사건의 영향을 이해하고 자신을 보호하고 앞으로 나아가려면 필요한 것이 무엇인지 확인하기 위해 감정과 정서를 반영할 수 있도록 한다.

예를 들어, 서문에서 제시된 내담자 모니카는 처음 치료에 왔을 때 감정을 정확하게 말로 표현할 수 없었다. 그녀는 주로 자신의 불안과 불길한 예감을 자각했다. 치료사가 그녀의 아동기를 탐색하기 시작하면서 모니카는 얼마나 슬프고, 외롭고, 거부감을 느끼고 있었는지를 깨닫기 시작했다. 그녀는 자신의 무력감과 어머니가 자신을 불공평하게 처우했던 방식에 접촉했다. 그녀의 이러한 감정 분화 과정이 한동안 일어났다. 그녀가 감정을 명명하고 구분하기 시작하면서, 어린 시절 상처와 애착 상처가 분명해진 것과 같이 그녀가 감정을 조절하는 과정이 더욱 분명해졌다.

내담자의 정동 경험에 대한 치료사의 인정, 수용 및 공감적 조율은 내담자가 정동을 조절하고 자기 진정 방법을 내면화할 수 있는 발판을 제공한다. 느낌 감정(feeling felt)은 생존에 본질적이고 기분 좋은 마음에 공명을 일으킨다(Siegel, 2012). EFT에서 치료사는 내담자의 정서경험에 공감적으로 조율하고 이를 반영하여 내담자가 더 명확하게 보고 자각에서 자신의 경험을 인정할 기회를 가질 수 있도록 노력한다. 사람들은 특히 강렬하고 고통스러운 정서를 경험할 때, 타인에 의해 이해받고 수용받는 느낌을 받으면 안도감과 편안함을 경험한다(Fosha, 2000; Greenberg, Rice, & Elliott, 1993; Schore, 2003; Siegel, 2012; J. Watson, 2002). 마찬가지로, 긍정적인 치료 관계는 내담자가 자신의 정서와 정동 경험을 조절하고 더 긍정적인 자기대화와 자기 진정의 방법을 발달시킬 수 있도록 치료사의 현전, 인정, 공감 및 수용을 내면화하면서 내담자의 정동 조절을 위한 변화를 촉진하는 것으로 볼 수 있다.

부정적인 자기 대우의 변화

이 책의 제1장에서 논의한 바와 같이, GAD를 가진 내담자는 강한 취약감을 장기간에 걸쳐 부적응적으로 조절하는 방식을 발달시켜 왔다. 일반적으로 이러한 내담자들은 자신의 정동 경험을 온전하게 인식하지 못한다. 즉, 그들은 디스트레스를 차단해 왔고 촉발 요인이 무엇인지 자각하지 못한다. 외부에 주의를 집중함으로써, 경험 조정의 주요 방법 중 하나인 걱정을 사용하여 자신을 보호하기 위해 주관적인 경험과 감정을 배제하고 사건을 통제하려고 한다.

안전하게 애착된 사람들은 GAD를 가진 불안전 애착 내담자들보다 상황이 어려울 때 정서 관리에 더 자신감을 가지고, 목표에 더 잘 집중할 수 있고 정서를 더 잘 자각하고, 이름 붙이고 수용할 수 있다(Marganska et al., 2013). 제2장에서 논의한 바와 같이 GAD를 가진 내담자는 자신의 감정을 거부, 무시, 부인 및 과소평가한다. 따라서 그들의 감정 조절력이 감소되고 미개발되어 환경에 숙달하고 대처하는 데 나약하고, 취약하고, 비효율적이라는 경험을 하게 되면서 지속적으로 도전받는 느낌을 갖게 된다.

EFT의 중요한 초점은 GAD를 가진 내담자가 부정적인 방식으로 정동을 조절하고 경험과 연관시키는 것을 볼 수 있도록 그들과 함께 작업하는 것이다. 이를 위해 치료사는 내담자가 자기 자신 및 경험을 어떻게 처치하고 있는지 관찰한다. 예를 들어, 치료사는 "당신이 자신을 방해하고 침묵시키는 것을 알겠어요. 내면에서 어떤 일이 일어나고 있습니까?" 또는 "그녀를 참을 수 없어 하는 것 같습니다. 어떤 점이 그런가요?" 이러한 정보는 치료사가 내담자의 정서를 인식하고 처리하기 위해 내담자와 함께 작업하면서 내담자의 서사와 인생사에서 수집된다. 내담자가 자신을 대하는 부정적인 방식들이 두 의자나 빈 의자 대화에서 부각된다(제6~9장 참조).

내담자의 부정적인 행동을 확인하려면, 치료사는 제4장에서 논의된 내담자와 치료사의 상호작용을 평가하기 위해 논의되었던 사회적 행동의 구조분석(Benjamin, 1974)의 순환 모형을 사용할 수 있다. 순환 모형(circumplex model; Benjamin, 1979,

1993)을 내담자가 자신의 경험을 긍정적으로 결부시키는지 또는 부정적으로 결부시키는지 결정하기 위해 사용할 수 있다. 치료사는 내담자가 자신을 수용적이고, 세심하고, 타당화하고, 공감적이고, 안내하고, 보호하고, 돌보고, 양육적이라고 자신의 경험과 긍정적으로 결부시키고 있음을 나타내는 행동과 존재방식을 보여 주고 있는지 평가할 수 있다. 또는 자신과 자신의 경험을 잘 잊어버리고, 방임적이고, 유기적이며, 거부하고, 위협적이고, 착취적이고, 비난적이고, 침범적이고 통제적이라고 부정적으로 결부시키고 있는지 평가할 수 있다. 예를 들어, 내담자가 자신의 감정을 무시하고, 자신에게 과도한 짐을 지우거나 과도하게 술을 마실 때, 이는 자신의 감정에 주의를 기울이지 않고 자신을 방치하고 있다는 징후이다.

EFT에서 내담자가 자신과 타인을 결부시키는 방식을 확인하는 것은 내담자가 자신의 감정을 조절하고 관리하는 방법과 관련하여 사례 공식화를 개발하는 데 유용하다. GAD를 가진 내담자는 일반적으로 자신의 감정을 존중하지 않고 수용하지 않는다. 그 대신, 그들은 타인이 필요할 때 없거나 아니면 타인의 존재감이 너무 크기 때문에, 타인의 욕구에 주의를 기울이면서 자신의 유기체적 경험을 무시하고, 침묵·차단하는 경향이 있다. 치료사는 내담자가 이야기를 공유할 때뿐만 아니라 자아나 상대방으로 의자 대화를 할 때, 내담자가 자신의 경험을 긍정적으로 또는 부정적으로 결부시키는지 결정하기 위해 내담자의 행동에 주의를 기울인다. 이러한 행동들이 나타날 때, 치료사는 내담자가 이를 자각하도록 반영하고 내담자의 불안을 완화하기 위해 이를 처리하는 방법들을 제시할 수 있다.

내담자는 감정에 주의를 기울이면서 자신의 유기체적 경험을 어떻게 처치하고 있는지 자각하게 된다. 치료 초기에 치료사는 내담자가 유기체적 경험을 억누르고, 침묵시키고, 방치하거나 무시하고 있다고 제언할 수 있다. 예를 들어, 내담자는 "저의 감정은 중요하지 않아요."라거나 "감정은 고려할 바가 못 되고, 이치에 맞지 않아요."라고 말할 수도 있고, 나약함의 표시라고 거부하면서 자신의 고통을 인정하고 싶지 않을 수도 있다. 치료사는 공감적 재초점화로 반응하고 내담자가 자신의 감정을 무효화하거나 거부하고 있는 것으로 관찰한 다음, 이것이 내담자의 경험에 적합한지 여부를 확인한다. 내담자가 자신의 경험과 결부시키는 방식과 행동을 더 자각하게 되면서, 치료에서 자신에게 미치는 행동의 부정적인 영향을 더 잘 인식하고 규명할 수 있다.

내담자가 자신의 행동이 부정적이라고 이해하는 데 시간이 걸릴 수 있다. 그러나 EFT 치료사는 내담자가 치료사의 태도를 내면화하면서 이러한 여러 가지 행동과 존재방식을 인식하고 범주화하는 역량을 키울 것이라고 믿고 기다린다. 내담자가 자신의 경험을 어떻게 연관시키는지 지각하고 이러한 행동들이 어떻게 고통을 일으키는지 알고 나면, 행동을 바꾸기로 결단하고 더 자기 자비적이고 자기 보호적으로 되는 방법을 느끼게 된다. EFT 치료사는 경험을 처치하는 내담자의 부정적인 방식을 다루기 위해 두 의자 대화를 사용한다. 이는 이 책의 제7장에 자세히 설명되어 있는데, 내담자의 자기 대화뿐만 아니라 태도와 표현 방식에서도 볼 수 있다.

내재화된 부정적인 행동을 바꾸는 것이 간단하거나 쉽지 않다. 치료사는 단순히 내담자에게 무엇을 해야 하는지 처방하거나 알려 줄 수 없다. GAD를 가진 내담자는 방치되고 적대적인 환경에서 살아남기 위해서 고통으로부터 자기 보호를 위한 대처법을 오랫동안 발달시켜 왔다. 자신의 경험을 무시하거나 부인하면서 여러 해를 보낸 사람들이 즉시 내면으로 주의를 돌려서 자신의 감정을 인정하고 이해하지는 않을 것이다. 내담자는 고통에 대처할 수 있는 힘과 고통을 없애는 것이 아니라 처리하고 변형할 것이라는 믿음을 키운다. 때문에 내담자와 치료사는 그 부분에 대한 인내심이 필요하다.

경험을 부정적인 방식으로 처리하는 것이 내면화되면, 사람들은 개인의 자아감이 약화되고 확신감이 손상된다. 그 결과, 어떻게 대처해야 할 것인가에 대한 감각이 손상되고 자신의 지각과 대처 능력에 대한 확신감을 잃게 된다. 자신을 보호하고 양육할 능력뿐만 아니라 방향감도 잃는다. 경험을 결부시키는 이러한 부정적인 방식을 바꾸기 위해 내담자는 치료사의 공감, 수용 및 긍정적인 관심의 감정을 내면화한다. 그렇게 해서 자신의 무력감과 공포감을 처리할 수 있게 되고, 디스트레스 감정을 조절하기 위해 자신을 진정하고 안심시키는 방법을 배울 수 있게 된다

(자기 진정의 발달을 위한 추가 전략은 제9장에 나와 있다). 내담자가 더 강해지고, 더 자기 수용적이며 자비적으로 될 때, 자기 자신이 포용되고 수용됨이 마땅하다고 보게 된다. 그들은 자신을 보호하기 위해 분노에 접근할 수 있고, 자신이 필요한 것과 그것을 받을 자격이 있음을 인정할 수 있다. 내담자 경험에 주의를 기울이고 수용하는 치료사와의 관계 속에서, 자기 수용을 발달시키는 것은 더 강한 자아감 획득과 정서조절력 향상에 필수적이다. 다음의 사례 예시는 이러한 변화를 자세히 보여 준다.

🫶 사례 예시: 과도한 책임을 지는 자아

58세 여성인 지니(Ginny)는 GAD를 치료받으러 왔다. 그녀는 이전에 치료를 받았지만 범불안을 극복할 수 없었다. 그녀는 직장에서 일은 매우 잘하고 있지만 15년 된 직장과 파트너를 잃는 것에 대해 걱정했다. 그녀의 관심의 초점은 항상 외부, 즉 타인에 있었다. 지니는 많은 시간을 걱정하고 불안해한다는 것 외에는 자신의 감정을 지칭할 수 없었다.

그녀는 다른 사람들의 부정적인 정서를 견디기가 어렵다는 것을 알았으며, 자신이 하는 것처럼 다른 사람들도 세상을 더 긍정적으로 바라보고 달라지기를 바랐다. 그녀는 자신의 취약성과 도움이 필요함을 받아들이는 데 많은 어려움을 겪고 있다. 그녀는 자신을 '도와주는 사람' 그리고 다른 사람의 필요를 돌보는 사람으로 간주해 왔기 때문에 자신이 타인의 도움을 바란다는 것을 인정할 수 없었다. 그녀는 도와주는 사람의 역할에 매우 능숙했으며 그에 대해 많은 즐거움과 자부심을 가졌다. 그리하여 자신이 도움이 필요한 때를 자각하지 못하여 이를 요청할 수 없었다. 그녀는 자신의 파트너에게 "그냥 힘내."라거나 "더 긍정적으로 생각해 봐."라고 말해 줌으로써, 파트너의 욕구에 반응할 수 없었던 것처럼 자신의 감정과 욕구를 부정하는 경향이 있었다.

치료사는 지니의 걱정을 반영하고 그녀와 그녀의 감정에 집중하기 위해 수용적이고 공감적인 자세를 취했다. 지니가 자신의 주의가 항상 외부에 집중되어 있다는 것과 자신의 몸과 감정의 내면으로 주의를 돌리는 것이 힘들다는 사실을 자각하게 되기까지 많은 회기가 걸렸다. 치료사는 그녀가 감정에 주의를 기울이도록 돕기 위해 공감적인 탐색 반응을 사용하여 그녀와 함께 경험을 분화시켰다.

> **치료사**: 그래요, [당신의 파트너가 불평할 때 왠지 힘이 드시네요?
>
> **내담자**: 예, 그녀가 최선을 다해 주면 좋겠어요.
>
> **치료사**: 그녀가 슬프거나 불행해하는 것을 보는 것이 어떤가요?
>
> **내담자**: 글쎄요, 우리를 끌어 내리기만 하지요. 그녀는 자신을 더 다스려야 해요.
>
> **치료사**: 당신은 어쩐지 끌어 내려지는 느낌이 드네요. 슬프고, 희망이 없고, 어떤?
>
> **내담자**: 잘 모르겠어요. 그녀가 항상 불평하면 더 힘든 것 같아요. 무거운 느낌이에요.
>
> **치료사**: 그녀가 불평할 때, 당신에게 부담으로 느껴지는 것 같아요. 그게 무거운 건가요?
>
> **내담자**: 그런 것 같아요. 제가 고쳐야 할 것 같고, 그녀를 낙담시키고, 실망시키고 있는 것 같아요.
>
> **치료사**: 어쨌든 당신은 그녀 삶의 잘못된 일에 책임이 있다고 느끼시네요? 무엇에 대한 책임인가요?

여기에서 치료사는 지니가 파트너의 행동에서 자신의 지각과 행동을 촉발하는 요인을 탐색하는 데 초점을 두도록 했다. 치료사는 지니에게 초점화한 것을 유지하면서 조금 더 멀리 나아가기 위해 공감적 탐색 반응을 사용했다.

초점화와 공감적 반응과 같은 과제를 통해, 지니는 주의를 내면으로 천천히 돌렸다. 그녀는 자신이 다른 사람들에게 얼마나 주의를 기울였으며 그들의 감정에 어떻게 반응했는가를 더 자각하게 되면서, 자신에게 얼마나 소홀했고 관계 속에서 자신의 욕구를 밝히지 않았는지 알게 되었다. 치료사는 그녀가 취약해지는 것에 어려움이 있음을 주목했다. 지니는 지원이나 보살핌이 필요한 자신은 결핍되어 있고 하찮다고 판단했음을 인정했다. 지니의 부정적인 대우와 자신과 결부시키는 방식이 걱정 대화에서 더 분명하게 드러났다(이 책의 제6장 참조). 그녀가 자신의 감정과 욕구를 더 자각하게 되면서, 치료사는 두 의자와 빈 의자 대화를 사용하여 타인과의 관계와 부정적인 자기 대우(negative self-treatment)를 다루기 시작했다.

연구에 의하면 내담자는 자신을 대하는 치료사의 방식을 내면화하고, 이는 그들이 자신의 주관적인 경험을 결부시키는 방식에 변화를 촉진하는 것으로 나타난다(Benjamin, 1974; Ulvenes et al., 2014; J. Watson, Steckley, & McMullen, 2014). 왓슨 등(J. Watson, Steckley, & McMullen, 2014)은 치료사가 공감적이라고 경험한 내담자는 부정적인 자기 대우의 감소와 친밀한 대인관계에서 느끼는 안전 수준의 증가를 발견했다. 이러한 변화는 상담 성과에 미치는 치료사의 공감의 역할을 매개하였으며, 이는 치료적 동맹을 통제한 후 내담자의 애착 유형과 부정적인 자기 대우에 있어서 중간에서 큰 정도의 변량차를 설명한다. 자기 침묵적이고, 방치적이고, 비판적인 적대적 행동과 치료 후반부의 불안정 애착과 같은 내담자의 부정적인 자기 대우의 감소가 치료사의 공감이 결과에 미치는 영향을 매개했다.

이러한 연구 결과는 치료사의 공감에 대한 내담자의 지각과 경험이 그들 자신과 그들의 경험을 처치하는 방식에 변화를 가져옴을 나타낸다. 또한 이러한 변화는 역기능적 태도, 자아 존중감, 대인간 어려움 및 치료 종결 시의 우울을 포함하는 내담자가 자기 보고한 기능의 개선을 촉진하는 경험 처치 방식의 변화에 기여한다. 결론적으로 이러한 변화가 내담자의 자기 보고 기능 개선을 촉진한다는 견해에 대해 예비적인 지지를 제공한다. 흥미롭게도 모든 결과지수에 미치는 치료사의 공감 효과가 애착 관계에서 불안정했던 내담자에게 더 크게 나타났다. 공감은 치료 시작 시기에 있어 더 안전하게 애착된 사람들보다 불안전하게 애착된 내담자들이 심리치료를 효과적으로 받는 데 훨씬 더 중요할 수 있다. 치료사를 공감적으로 인식하는 보다 더 불안전한 내담자는 치료 시작 때보다 종결 시에 유의미한 변화를 이루었고, 덜 불안전하고, 더 자기 수용적이고 정서조절을 더 잘 할 수 있었다(Prosser & Watson, 2007; J. Watson, Steckley, & McMullen, 2014).

따라서 내담자를 향한 치료사의 긍정적 태도의 경험이 내면화되어 자기와 타인과의 상호작용에 변화를 일으킨다. 치료사가 내담자에게 귀 기울이고 내담자의 경험을 수용하고 반영하면서, 긍정적인 존재 방식과 자아와 주관적 경험을 긍정적으로 결부시키는 방식의 모범을 보여 준다. 바렛 레너드(Barrett-Lennard, 1997)는 이를 자기 공감 또는 자기 자비의 발달이라고 지칭했다. 타인과의 공감, 수용, 지지, 보호 및 양육적인 상호작용은 자아를 긍정적이고, 보호적이고, 양육적인 방식으로 연결시킨다. 자신과 자신의 경험을 연결하는 긍정적인 방식의 내면화는 자기 확신, 자기 수용, 자기 보호 및 자기 진정을 더 많이 하는 행동을 발달시키게 된다. 내담자가 자신의 경험을 새롭고 더 긍정적으로 처리하는 방식을 개발함으로써 그들의 자아 개념은 변형된다. 자기 가치감을 경험하고, 자신을 더 좋은 대우를 받아야 한다고 보게 되고, 자신과 자신의 경험에 덜 판단적으로 되고, 더 자기 확신감을 느낀다(Barrett-Lennard, 1997; Bozarth, 2001; Rogers, 1975; J. Watson, 2015).

자아 강화와 자아에 대한 긍정적인 태도와 행동의 내면화 과정은 EFT의 기본적인 변화 과정이다. 공감적이고 수용적인 관계 속에서 내담자는 자기 자비를 구축하여 고통에 주의를 기울이고 들을 수 있게 된다. 그들은 고통을 더 잘 처리하고, 필요한 것에 귀를 기울이고, 반응하여 그 고통이 수용·타당화되고, 새로운 대처 방법이 나올 수 있게 된다. 내담자는 정동 경험을 보다 긍정적으로 다루는 방법을 발달시킴으로써, 두 의자 대화(제6, 7장 참조)와 빈 의자 대화(제8장 참조)와 같은 과제 해결에 필요한 변화를 만들 수 있다. 이러한 과제를 성공적으로 해결하기 위해 내담자는 자기 자비를 발달시키고, 더 자기 주장적으로 되기 위해 분노에 접근할 필요가 있다. 자신의 감정과 욕구가 당연하다고 느껴서 두 의자에서 자신의 경험을 부정적으로 처치하는 방식에 반대로 작용하거나, 빈 의자에서 경험에 침묵하는 부분에 목소리를 내게 할 수 있어야 한다. 하지만, 내담자가 더 자기 주장적으로 되기 위해서 홀로서기하여 타인과 세상의 도전에 맞설 수 있을 만큼 스스로를 강하다고 느낄 필요가 있다.

내담자가 자아와 타인에 대한 견해를 수정하는 것은 바로 치료사와의 관계에서 온다(Barrett-Lennard, 1997; Benjamin, 1993; Blatt et al., 2010; J. Watson, Steckley, & McMullen, 2014). 자신의 경험을 연관시키는 부정적인 방식을 바꾸어서 두 의자나 빈 의자 대화로 관계 상처를 해결하려고 하기 전에, 어떤 내담자는 자신을 결부시키는 보다 긍정적인 방식을 내면화해야 할 것이다. 의자 대화에서 규명될 수 있는 자아와 결부시키는 것과 같은 더 긍정적인 방식의 발달 방법은 다음 장에서 논의된다. 내담자가 치료사와 상호작용하고, 자신의 욕구를 더 잘 이해하게 되고, 자신을 존중하고, 자기주장을 배우고, 타인에게 지원을 받고, 자신이 필요하고 당연히 받아야 되는 보호를 해 달라고 표현함으로써, 이러한 긍정적인 행동들이 심리치료 전반에 걸쳐서 계속 발달한다(Benjamin, 1993; Schore, 2003; J. Watson et al., 2007).

💗 관계 책임성의 재균형화 및 자아의 재정의

긍정적인 관계는 주체성과 자아 정체성의 발달을 돕는다. EFT의 중요한 목표는 내담자가 더 자기 주도적이고 주체적으로 되는 것이다. 이는 방임적이거나 지나치게 침범적인 양육자에 의해 주체성 발달이 좌절되었을 수도 있는, GAD를 가진 내담자에게 특히 중요하다. 연결성을 구하는 것은 인간으로서 공동체 안에서 살아가는 복합성 중 하나이다(Benjamin, 1974; Greenberg, 2011; Schore, 2003; Siegel, 2012). 사람들은 내적 과정과 환경과의 지속적인 상호작용으로 이루어지는 자기 조직화를 하는 유기체이다. 그들은 성숙하면서 더 많이 자기 제어적이고 자기 조절적으로 된다(Bohart & Tallman, 1999; Damasio, 1994, 1999; Rogers, 1959; Schore, 2003). 하지만, 이 과정이 중단되면 역기능과 불안이 생길 수 있다. 온전히 기능하고 강해지려면 타인뿐만 아니라 자신의 내면의 유기체적 경험을 자각하고 정확하게 표상할 수 있어야 하고, 개인과 공동체에 최적의 삶을 위한 해결책을 찾기 위해 양 쪽의 정보를 통합할 수 있어야 한다(Schore, 2003; Siegel, 2012; J. Watson, 2011). 그 핵심에서의 최적의 기능이란 경험의 분화를 의미한다.

치료사의 내담자 경험에 대한 공감적 반응과 수용에 의해 촉진되는 분화에는 다음의 두 종류가 있다. 즉, ① 내담자의 주관적 경험의 분화, ② 자기와 타인과의 분화이다. 온전히 기능하고 자신의 정체성을 형성하기 위해 자신의 내적·외적 경험을 구별하고, 이름 붙이고, 그 경험을 타인의 경험으로부터 분화시켜야 한다. 이 후자의 과정은 개인이 타인으로부터 완전히 독립할 것을 요구하는 것이 아니라 타인의 경험과 구별할 수 있고, 자신의 경험을 타인의 경험과 함께 자기 조절하고 의식적으로 명확하게 표상할 수 있음을 의미한다. 온전히 기능하는 사람은 자신의 안녕을 책임질 수 있고 자신의 욕구를 존중하면서 효과적으로 타인과 협상할 수 있다(J. Watson, 2011).

타인과 상호작용하고 공감할 수 있는 정서적 존재로서, 개인들은 타인과 연결되어 있기 위해 자신의 감정과 욕구를 조정할 수 있다(Benjamin, 1993; Bowen, 1976; Rogers, 1959; Sullivan, 1953). 그렇게 하는 가운데 그들은 정체성, 숙달 및 유능에 대한 욕구 충족을 못 하게 되고, 이로 인해 본질적인 욕구가 충족되지 않은 채 남아 있어서 불안을 느끼게 된다. 개인이 연결된 상태를 유지하기 위해 자신의 욕구와 감정을 희생할 때 그들은 침묵, 거부, 무시 또는 다른 방식으로 잘못 귀인해서 타인의 욕구와 감정을 자신의 것으로 받아들일 수 있다(Greenberg, 2011; J. Watson, 2011).

또는 방치되고 보호받지 못할 때 사람들은 너무 자립적으로 되어서 도움이 필요할 때도 도움을 청하러 다가갈 수 없다. 고통에 침묵함으로써 그들은 나약하고 취약한 상태로 남아 있고, 분화과정은 지연되고, 건강하게 기능하는 것이 손상된다. 분화 과정은 건강하고 적응적인 기능에 매우 필수적이다. 즉, 개인의 안녕뿐만 아니라 부부, 가족, 지역사회 및 궁극적으로는 종과 지구의 생존에 매우 중요하다. GAD를 가진 내담자가 자신과 타인과의 상호작용 속에서 자신을 보호하고 지지하기 위해 자신을 신뢰하고, 더 큰 확신감을 발달시키고, 자신의 정서경험을 알고 이해하고자 할 때, 수용적이고 공감적인 다른 사람과의 안전한 유대는 자신 및 타인에 대한 분화를 지지하고 허용하기 시작한다.

GAD를 가진 내담자의 중요한 과업은 자기와 타인 간의 불균형을 해결하고 저울의 균형을 다시 맞추는 것이다. 환경과 타인의 욕구를 조절하기 위해 과도하게 책임져 온 내담자는 오히려 타인에게 더 많은 책임을 묻고 그들에게 내담자 자신의 안녕을 더 많이 돌보도록 해야 한다(Benjamin, 1993; Blatt et al., 2010). 스스로 많은 책임을 져야 한다고 보는 내담자는 종종 타인과의 관계에서 자신을 보호하고 돌보기 위해 그렇게 했다. 하지만, 자신의 욕구와 감정은 소홀히 한 채 타인의 것에 대해 끊임없이 걱정하게 됨으로써, 이러한 내담자는 자신에게 과도한 짐을 지우게 된다. 따라서 GAD를 가진 내담자는 자신의 욕구에 주의를 기울이고, 필요할 때 다른 사람의 도움과 지원을 구할 수 있도록 책임 부담을 더 동등하게 하는 것이 중요하다. 이는 우리가 이 책의 제8장에서 논의할 빈 의자 대화의 중요한 목표 중 하나이다.

이와 반대로 중요한 타인에 의해 지나치게 통제되고 관리되어 대처 능력이나 역량이 손상된 내담자들도 있다. 또한 이 내담자들은 자기 자신과 자신의 주관적 경험을 믿는 데 어려움이 있다. 그들은 자신의 감정을 일축하고 손상시키는 경향이 있는데, 이는 그들이 분화, 발달 및 개인화의 능력을 방해하는 불안하고 지나치게 보호적인 타인의 감정에 맞추기 위해 자신의 감정을 억압하기 때문이다(Bowen, 1976, 1978; Schore, 2003). 이러한 유형의 자기 조직화는 관계 형성의 불균형을 표상하고 타인의 요구에 부응하기 위해 자기희생을 요구한다. 첫 번째 시나리오에서의 타인은 방임적이거나, 무기력하거나 또는 도움이 되지 않는 사람이라서 내담자가 돌보아야 한다. 두 번째 시나리오에서는 내담자의 욕구와 자기 조절이 손상된다. 그 이유는 타인이 침범하여 타인에게 봉사하도록 내담자로 하여금 자신의 욕구에 침묵하도록 통제하고 관리하여, 내담자의 정서 처리의 손상, 부정적인 자기 조직화의 발달 및 자기 확신의 부족을 가져오기 때문이다. 더 자기 보호적으로 되기 위해서 내담자는 주장적인 분노를 끌어내야 하고, 타인이 자신의 안녕에 대해 더 많은 책임을 지게 하고, 그리고(또는) 통제당하지 않고 덜 침범적으로 되도록 해야 한다. 이러한 불균형을 재규명하면서 내담자는 자신의 경계를 재정의하고 자기와 타인 간의 분화를 향상시킨다. 그들은 더 많은 지원을 요청하고 자신과 타인의 안녕에 대한 책임감을 덜 가질 만큼 강하게 느끼게 되고, 타인의 안녕과 생존을 위해서는 타인이 더 많은 책임과 주도권을 가져야 한다고 기대하게 된다. 이러한 주체성과 책임의 재균형화가 알렉스(Alex)의 사례에 예시되어 있다.

🤲 사례 예시: 침범적인 타인의 영향

알렉스는 35세에 치료에 왔다. 그는 대부분의 시간을 걱정으로 보냈다. 그는 성공적인 회계사로 일했지만 아내, 자녀 및 고객에 대해 끊임없이 걱정했다. 그는 어렸을 때 어머니가 매우 강압적이었다고 보고했다. 그녀는 항상 그에게 조심할 것을 상기시켰었다. 친구들과 놀러갈 때 항상 걱정과 두려움을 표현했고, 때로는 숙제를 대신 해 주면서 그의 학업에 간섭했다. 그로 인해 알렉스는 매우 두려움이 많고 조심스러워졌다. 그는 이러한 불안과 두려움을 가족에게 전하고 있다는 것을 깨달았다. 그가 어렸을 때 얼마나 침해되었는지를 확인한 치료사는 현전과 알렉스의 두려움과 걱정에 공감적으로 반응하고, 주의 깊게 경청했다.

처음에 그는 어머니에게 매우 보호적이었다. 알렉스는 그녀가 가정을 위해 직업을 포기하고 그와 그의 형제들을 위해 자신을 희생시킨 것으로 보았다. 그러나 시간이 지남에 따라 알렉스는 어린 시절을 탐색하면서 어머니가 얼마나 침범적이었는지 알게 되었다. 그는 그녀의 두려움과 장악하려는 경향성이 그의 자신감을 얼마나 손상시켰는지 알았다. 그는 자신에게 얼마나 비판적인지 깨달았다. 치료사의 존중과 인정하는 태도를 내면화하면서, 자신의 경험을 더 믿게 되었고 어머니를 향한 주장적인 분노에 접근했다. 이로 인해 그는 자신의 능력을 주장하고 어머니의 침범적인 행위가 얼마나 해로운지 말할 수 있는 빈 의자 대화로 이어졌다. 알렉스는 그들의 관계에 경계를 설정하고 그녀가 일주일 동안 그에게 전화하는 횟수를 줄이도록 했다. 또한 그는 디스트레스를 느끼기 시작할 때 자기 진정하는 법을 배웠고, 자신의 능력에 대해 더 자기 자비적이고 덜 비판적으로 되었다. 그는 일에 대한 걱정을 멈췄고 가족 및 동료들과 함께 더 편안해졌다.

♥ 내담자의 근접발달영역에서의 작업

내담자들은 상처를 입거나 좌절된 정도에 따라 서로 다른 역량을 가지고 치료에 온다. 부정적인 삶의 경험을 더 어린 나이에 할수록, 상호작용이 더 방임적이고 가혹할수록 이러한 역량 가운데 하나 또는 그 이상이 손상될 가능성이 더 많다. 이는 약물 남용, 우울증 및 성격 장애를 포함한 동반 질환이 있는 GAD를 가진 내담자에게서 가장 명료하게 볼 수 있다. 따라서 어떤 내담자들은 서사를 제대로 전개하지 못하였을 수도 있으므로 정서 처리 과제로 옮겨가서 자기와 타인의 관계를 변화시키기 전에 더 일관된 삶의 역사를 전개하는 데 시간을 할애할 필요가 있다. 다른 내담자들은 더 발달된 서사와 삶의 역사를 가지고 있지만 정서 처리가 덜 발달되어 조절 능력에 영향을 미칠 수 있다. 치료에서 이들에게 두는 초점은 정서 처리 능력과 자기와의 관계를 개선시키는 것이다. 하지만 일관된 서사와 정서조절력을 가진 다른 내담자들은 타인에게 맞서고 그들의 관계에 도전하는 것을 두려워할 수 있다. 이러한 내담자는 더 확신적이고 단호하게 느끼기 위해서 더 강한 자아감을 구축해야 한다.

EFT 치료사는 내담자의 자아감과 자기 조직화의 변화를 지속적으로 평가한다. 초기에는 내담자와 협력하여 그들에게 일어난 일을 이해하고 그들의 삶의 이야기를 재구성한다. 동시에 치료사는 내담자의 자기 조직화에 따라 정서 처리, 주체의식 및 책임감을 평가한다. 내담자가 자신의 서사와 삶의 역사를 공유 및 발전시키고, 개선된 정서 처리와 정동 조절 역량을 얻고, 보다 긍정적인 자기 개념과 경험을 조절하는 방법을 발전시키고, 책임감과 주제성의 균형을 재조정함으로써 치료사와 내담자는 치료 전반에 걸쳐 이러한 상이한 과정들을 다루어 나아간다. 이 각각의 과정들은 내담자가 불안을 극복하기 위해 노력하면서 치료의 다양한 시점에서 형상화된다.

치료사는 치유의 촉진과 취약한 자아감의 강화를 위해 내담자의 근접발달단계에 맞게 조정하고 작업할 수 있기 위해서 이러한 차이점들을 알아야 한다. 원래 비고츠키(Vygotsky, 1978)는 아동의 인지 능력 발달과 관련하여 **근접발달단계**(proximal stage of development)라는 용어를 사용했다(Zaretskii, 2009). 하지만 그는 이 개념이 대체로 성격 발달과 관련이 있다고 했다. 여기서 우리는 그것을 개인의 자기 조절과 자기 조직화의 발달, 그리고 보다 구체적으로는 심리 치료에서 정서 처리 및 조절 능력에 적용하고 있다.

따라서 내담자는 다양한 시점에 따라, 삶의 역사를 개발하는 데 집중해야 할 것이다. 그리하여 자기 삶에서 사건들이 갖는 의미를 이해하고 조직화하기 위해 자서전적 정보와 함축적 경험에 접근할 수 있다. 또 어떤 경우에는, 그들은 신체적 경험을 표현하고 감정을 상징하기 위해 치료사와 함께 일하면서 그들의 정서 처리에 주의를 기울여야 할 필요가 있다. 그래서 그들은 사건의 함축적 의미와 안녕을 증진시키고 사회적, 정서적 기능을 향상시키는 데 필요한 것을 더 잘 이해할 수 있다. 치료의 또 다른 시점에서는, 경험을 결부시키는 더 긍정적인 방식을 개발하기 위해 부정적인 방식으로 자신을 대우하고 있음을 더 자각하게 되면서, 정서경험을 결부시키는 방식에 노력을 기울일 것이다. 마지막으로, 이와 동시에 그들은 타인과 분화하고 타인에게 맞서고, 애착 상처를 치유하기 위해 주장적인 분노를 끌어내고, 더 자기 보호적이게 되는 작업을 할 수도 있다. 이 모든 변화는 내담자가 치료사의 태도를 내면화하고 새로운 자기 진정 방법과 함께 더 큰 자기 주장과 자기 자비를 개발함으로써 촉진된다.

💟 결론

GAD의 핵심에 있는 취약한 자아가 치료의 초점이 되어야 한다. 일반적으로 반영, 과정 관찰, 질문 및 초점화 훈련의 형태로 수용, 공감, 인정 및 일치를 제공함으로써, 그리고 내담자의 이끎에 따라감으로써, 내담자의 약한 자아감을 강화하는 데 출발부터 주의를 기울이는 것이 중요하다(Elliott, Watson, Goldman, & Greenberg, 2004). 더 강한 자아감의 발달은 내담자가 두려움, 슬픔 및 수치심의 고통스러운 이면의 감정들을 자각하게 하고, 효과적으로 자기 자신을 중요한 타인으로부터 분화시키는 것과 같은 치료 과제를 수행하는 데 도움이 된다. 내담자가 치료사의 공감, 수용, 조율, 반응성, 인정 및 진정성을 내면화함으로써 취약한 자아의 핵심적인 불안이 변형된다. 정서의 자각이 증가되고, 고통스러운 정서 상태를 진정시키는 조절 능력이 향상되고, 보다 긍정적으로 자신을 대우하는 방법을 획득한다. 그 과정에서 내담자는 더욱 일관된 삶의 이야기를 발달시키고 주체성과 자아 정체성의 균형을 재조정하여 삶의 도전에 더 잘 대처할 수 있고, 더 강해지고 있다는 느낌을 갖게 된다.

내담자의 자기 조직화의 변화는 더딜 수 있으며 내담자가 치료사의 긍정적인 태도와 행동을 내면화하기 때문에 치료사는 인내심을 가져야 할 것이다. 치료사로부터 지속적인 공감 반응, 인정 및 수용을 통해 내담자는 혼자 설 만큼 강해질 것이고 자신에게 더 긍정적으로 느껴질 것이다. 더 자기 주도적이고, 자기 자비적이고, 자기 확신적이고 주장적으로 되면서 더 큰 숙달감을 발달시킬 것이다. 앞으로 남은 몇 장에서는 내담자가 더 큰 자기 자비와 자기 보호적인 분노에 접근하면서, 애착 상처를 규명하기 위해 빈 의자 대화를 사용하는 방법, 걱정 분열과 경험의 부정적인 처치 방식에 대한 두 의자 대화를 사용하는 방법에 대해서도 논의한다.

제6장

걱정과의 작업: 불안 분열

정서중심치료(Emotion-Focused Therapy: EFT)에서는 기저의 고통스러운 정서(예: 두려움, 슬픔, 수치심)가 활성화될 때 자신을 보호하는 방식이 걱정이라고 본다. 제1장에서 논의하였듯이 이러한 1차 감정들은 종종 해결되지 않은 애착과 정체성 문제에서 오고 불안을 초래한다. 이 정서들은 과거의 큰 외상(large-T trauma; 예: 심한 성적 및 신체적 학대), 누적된 작은 외상(small-t trauma; 예: 덜 심각한 대인관계의 상처)이나, 사람들이 자신에게 더 수용적이고 자비적인 방식으로 진정시킬 수 없을 정도의 방임 및 수치심의 경험과 같은 과거의 정서적, 신체적 그리고 심리적인 외상을 반영한다. 범불안장애(Generalized Anxiety Disorder: GAD)를 가진 내담자는 환경의 요구로부터 자기를 관리하고 보호할 능력과 역량에 대한 자신감 부족으로, 분노에 접근하고 자기주장을 하는 것이 어려울 수 있다. GAD 처치는 이러한 모든 어려움에 초점을 두어야 하지만, 종종 내담자의 걱정을 다루는 것으로부터 시작된다.

🫶 걱정 대화

걱정에 다가가기 위해서 두 의자 대화를 사용한다. 이 개입은 자아와 결부시키는 부정적인 방식을 밝히는 데 사용되며 원래는 갈등 분열을 다루는 데 사용되었다 (Greenberg, 1979; Greenberg, Rice, & Elliott, 1993; J. Watson, Goldman, & Greenberg, 2007). 걱정 대화는 자아 비판 대화의 변형으로 다른 곳에 더 자세히 설명되어 있다 (Greenberg & Watson, 2006; Elliott, Watson, Goldman, & Greenberg, 2004). 걱정 대화는 자아 비판 대화와 달리, 부정적인 자기 평가의 우울 과정과 관련된다. 불안 분열에는 비판적이고 평가적인 것이 아니라 걱정하고 파국화하는 목소리가 있다. 자아 비판 분열 작업에서는 비판적인 자아가 연민으로 부드러워지는(soften) 반면에, 불안 분열에서는 걱정하는 자아(worrier)가 방임과 유기로 인한 슬픔, 두려움 및 고통으로 부드러워진다. EFT의 발달 초기에 '비판적인 자아'와 '보호적인 자아' 간의 구별이 만들어지기 전에, 그린버그와 돔피에르(Greenberg & Dompierre, 1981)는 비판적인 목소리가 자비 또는 두려움으로 부드러워지는 것을 관찰했다. 비판적인 자아가 파국화하고 있을 때는 두려움으로 부드러워진 상태였다. 이 두 가지 대화 유형이 그 당시에는 구별되지 않지만, 자기 평가와 걱정을 다루면서 구별하게 된다.

따라서 자기 비판적인 분열과는 대조적으로, GAD가 있는 내담자의 걱정 대화에는 파국화하고 자아를 불안하게 하는 걱정스러운 목소리가 있는 것이 특징이다. 이 목소리는 내담자에게 과거의 위험을 상기시키고 미래의 위험을 상상하게 함으로써 최악의 상황을 두려워하게 해서 불안을 조성한다. 목소리에 대한 내담자의 자각과 걱정을 촉발하는 방식을 고조시키기 위해 치료사는 내담자에게 걱정 대화를 하게 할 수 있다. EFT에서는 두 자아 간의 대화로 걱정이 외재화되고 분리된다. 한 편은 걱정하는 자아 내지는 불안 생산자이며, 경계를 늦추지 말고 상황을 회피하라는 이 자아의 메시지가 상상의 파국과 다른 부정적인 결과로부터 자아를 보호하려는 것이지만, 사실은 긴장과 불안을 촉발하는 것이다. 다른 편은 걱정과 끊임없는 경계가 미치는 영향을 느끼는 자아이다.

　이러한 이원적인 방식으로 걱정 과정을 개념화하는 것은 걱정을 자아의 보호자 내지는 수호자로 보게 한다. 보호자는 안전과 안정을 위협하는 것을 찾고 미래의 위험을 방지하기 위해 끊임없이 경계하며, 개인이 굴욕, 거부, 심한 자기 비판, 외로움 및 유기의 감정을 경험하지 않게 하려고 한다. 그 사람이 사건의 결과에 전적으로 책임이 있다고 보면서 그 사람이 어떻게 행동하고 있고 인식될 것인지에 대해 걱정한다. 자신과 타인의 안녕과 안전에 대해 전적으로 책임을 져야 한다는 이러한 압박은 취약한 내담자에게 두려움을 주고 과중한 부담을 지우게 한다. 그로 인해 자아는 나약감, 피로감 및 무력감이라는 의도하지 않은 현상을 겪는다. EFT에서는 걱정을 하나의 증상으로 보며, 2차적인 반사적 정서 반응으로 개념화되는 동반 불안이다. 이는 두려움, 슬픔, 취약감, 수치심 및 부적절감과 같은 더 근본적인 1차 감정을 모호하게 한다.

　걱정은 종종 지배적이고 내담자를 소진시키는 것으로 경험되기 때문에 이를 조기에 해결하는 것이 중요하다. 걱정과 동반 불안이 주 호소 문제라는 점을 감안하면, 치료사와 내담자 사이의 협업을 쌓는 것이 도움이 된다. 흔히 불안한 내담자는 걱정을 다루도록 도움받는 것이 우선이며, 치료사가 치료 초기에 거기에 초점을 두기를 기대한다. 따라서 걱정과 그에 동반되는 불안에 초점을 두는 것은 내담자의 현상과 일치한다. 이는 긍정적인 치료적 동맹의 발달을 도와서 치료 초기에 내담자가 불안에 대처하게 한다.

　내담자들은 불안이 의식적인 통제 밖에서 일어나는 것으로 경험한다. 두 의자 대화에서 불안과의 작업으로 분열 과정이 명료하게 공식화된다. 여기서 한 자아는 걱정하고 파국화하고, 다른 자아는 두려워하고, 스트레스 받으며 지치게 된다. 이러한 공식화는 내담자가 자신의 불안 구성에 자신이 주체자 역할을 하고 있다는 것을 알게 하고, 불안하고 압도당하는 상태를 변형하기 위해 자신의 행동을 바꿀 수 있도록 돕는다. 그들은 자신의 불안이 자신에게 일어나는 것이라고 보는 것에서, 자신이 자신에게 하고 있는 것에 원인 제공을 하고 어떤 역할을 하는 것으로 봄으

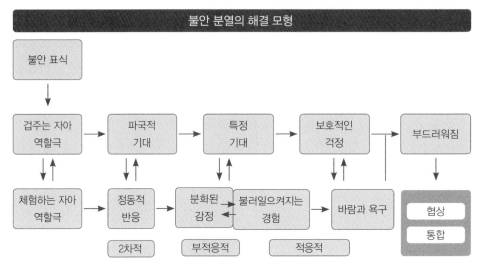

[그림 6-1] 불안 분열 해결 모형

로써 관점을 바꾸게 된다. 그러므로 첫 번째 단계는 내담자들에게 그들이 스스로에게 말하고 있는 메시지, 즉 일을 제대로 하라는 경고와 요구를 분명하게 말로 표현하도록 제언하는 것이다. 이것이 표현되고 나면, 자아는 요구가 미치는 영향에 반응하고 표현하고 대화가 전개되기 시작한다. 이 대화의 단계는 [그림 6-1]에 나와 있다.

두 의자 대화를 제안할 기회는 내담자가 자신의 걱정에 대해 이야기하기 시작할 때 생긴다. 이 때 그들이 자신의 걱정이 문제가 되고, 악화될 수도 있고, 온전히 정당화되는 것이 아니거나 통제할 수 없다는 것을 인식하고 있다는 징후들도 함께 나타난다. 걱정은 종종 예기된 파국이나 부정적인 결과를 피하기 위해 어떤 방식으로 행동해야 할 필요로 표현된다. 예를 들어, 한 내담자의 아버지는 그녀가 9세였을 때 심장 마비로 사망했다. 그로 인해 그녀는 남편이 심장 발작(heart attack)을 일으킬까 봐 두려워하였고, 하루 종일 정해진 시간대마다 확인하기 위해 직장에 있는 그에게 전화했다. 그녀의 사랑하는 사람들의 신체적 안녕에 대한 염려는 딸과 아들에게까지 확대되었다. 그들이 늦게까지 밖에 있을 때 '딸이 안전한가? 밖에서 혼자 있기에는 너무 늦어, 밤에는 위험해.'와 같은 생각을 하면서 걱정한다.

걱정 대화의 표식

내담자의 진술에 걱정이 표현되면 치료사가 두 의자 작업을 제안할 수 있는 표식으로 간주된다(예: "너무 걱정돼요, 남편, 딸, 아들이 걱정입니다. 심지어 저희 건물에 있는 모든 사람이 걱정되어요."라든가, "저는 보호막이 없는 것처럼 너무 불안하고 두려워요."). 이러한 진술은 치료사가 내담자에게 자신을 겁주는 자아와 걱정과 염려의 영향을 경험하는 자아 간의 대화를 하도록 제안할 수 있는 **표식**(markers) 또는 기회로 간주된다(Greenberg et al., 1993). 내담자가 동의하면 한 의자에 앉아서 반대쪽 의자에 있는 자신의 다른 자아에게 두려움과 걱정을 표현하도록 한다. 걱정이 표출되고 나면, 치료사는 내담자에게 반대 의자로 이동하여 걱정과 두려움이 만들어 낸 불안을 경험하도록 한다. 이 대화는 내담자가 불안을 어떻게 삶으로 가져오는지에 대한 전체 과정을 회기로 가져오기 위해 사용된다.

다음은 회기에서 불안한 내담자가 불러일으킨 불안 표식의 예이다.

> **내담자**: 오늘 저는 좀 긴장되고 지난 며칠 동안 [그랬었어요]. 뭔가 일어날 것 같고, 저는 기다리고 있어요. 지켜보고 있는 [느낌] 같아요.
>
> **치료사**: 알겠어요. 긴장되고 지켜보고 있는 [느낌]이시네요?
>
> **내담자**: 네.
>
> **치료사**: 그래서, 어떻게든 자신을 보호할 준비를 하고 계시네요?
>
> **내담자**: 네. 그래야 제가 그게 언제 일어날지 알고 충격받지 않겠지요.

이 예에서 치료사는 내담자가 그녀의 걱정을 표현하고 일어날 것 같은 일을 준비하도록 자신에게 한 말들을 명확한 말로 표현하고 걱정을 표출하게 하는 두 의자 작업을 제시했다. 치료사는 내담자에게 걱정하는 자아를 재연하도록 코치하였다.

> **치료사:** 당신을 불안하고 긴장하게 하는 그 [자아]가 되어서, 걱정하는 [자아]와
> 불안한 [자아]가 대화하게 할 수 있도록 해 봅시다.
>
> **내담자:** 좋아요.
>
> **치료사:** 너는 걱정하고 있어, 마치 무언가에 대비하거나 위험으로부터 너 자신
> 을 보호하고 싶은 것 같아.
>
> **내담자:** 나는 걱정에 대해 생각하고 있고, 그냥 그것에 대해 말만 해도 긴장돼.
>
> **치료사:** [다른 의자로] 와 주시겠어요? 여기는 걱정하는 [자아]이며, "나쁜 일이
> 일어날 수 있어, 조심해."라든가 "그 파일들을 보는 걸 잊지 마."와 같은
> 말을 합니다. 이 [자아]가 되어서 다른 자아에게 "만약에……."라고 말해
> 보실래요? 이 [자아]가 무슨 말을 하나요?

처음 몇 대화의 목표는 내담자가 불안과 긴장감의 원인이 되는 메시지를 자각할 수 있도록 하는 것이다. 과정에 대한 자각을 키우면 내담자가 과정의 주체자라는 점과 부정적인 결과가 안 생기도록 자신에게 하고 있는 말로 인해 불안이 촉발된다는 점을 부각시키게 된다.

걱정 표현하기

두 의자 대화에서 내담자에게 가능한 한 구체적으로 걱정을 표현하도록 요청한다. 이는 회기에서 불안 경험을 불러일으키고 내담자가 말하고 있는 것을 생생하고 구체적으로 확인하기 위한 것이다. 걱정하는 보호적인 자아는 구체적이고 상세하게 두려움과 걱정을 말하도록 격려받는다(예: 마감 시간을 맞추지 못하거나 반려동물의 죽음). 두려움이 구체적이고 상세할수록, 일화적, 상황적 또는 정서적으로 고통스러운 기억이 환기될 가능성이 높아진다. 메시지가 표현되면서 치료사는 내용뿐만 아니라 걱정하는 보호적인 자아가 염려를 표현하는 태도에도 주의를 기울인다. 매우 빠르고 정신없거나 가차 없고 요구적일 수 있다. 또는 걱정이 매번 반복되기

때문에 반추적일 수도 있다. 때로는 '만약에' 또는 '조심해'와 같은 걱정스럽고 파국화하는 문구들에 수반되는 경고적인 어조나 태도가 내담자의 긴장과 불안을 일으킨다. 종종 내담자는 자신의 내면의 대화 내용에만 주의를 기울인 나머지, 자신에게 말하는 태도에는 주의를 기울이지 않는다. 그들은 말해지는 것에는 집중하지만 자아의 부분들 간의 관계에는 집중하지 않는다. 치료사는 대화의 비언어적 요소에 특별한 주의를 기울임으로써, 내용뿐만 아니라 억양, 제스처, 자세 및 표정을 포함한 비언어적 요소를 반영하여 내담자가 자신의 걱정의 구체적인 내용뿐만 아니라 걱정하는 보호적인 자아의 정서적 어조에도 주의를 기울이도록 한다.

걱정의 영향을 표현하기

걱정하는 메시지가 표현되고 나면 내담자에게 다른 의자로 가서 보호적인 자아의 훈계와 경고에 어떻게 반응하는지 표현하도록 한다. 치료사는 "불안해요."라는 보편적인 인지적 반응을 넘어서, 그 순간 몸에서 실제로 살아나는 것의 분화된 감각으로 내담자를 안내한다. 이는 위장 속의 나비 또는 탈출하려는 충동으로 인해 떨림이나 긴장됨과 같은 느낌을 불러일으킬 수 있다. 감정이 언어로 분명하게 표현될 때 탐색은 깊어진다. 따라서 치료 초기 동안의 불안한 내담자와의 재연 과정은 먼저 무력하고, 지치고, 불안한 감정을 불러일으키기 위해 보호적인 자아의 걱정하는 목소리를 활성화하는 데 초점을 둔다. 이러한 2차 정서는 취약감, 불안전감, 나약감과 같은 더 1차 정서를 향해 있다.

다음은 걱정 대화에 사용된 두 의자 과제의 예시이다. 내담자는 62세의 여성으로 대부분의 삶에서 불안을 겪었다. 치료사는 내담자의 걱정을 다루자고 했으며 그녀의 두려움에 접근하기 위해 불안을 촉발하는 상황을 묘사하도록 했다.

치료사: 걱정이 실제로 어떻게 작용하는지 살펴볼까요.

내담자: 남동생이 바닥에 누워 있는 모습이 떠올라요. 두세 번 [그에게 전화]한

후 바로 머리에 떠올랐어요.

내담자는 그녀의 남동생이 쓰러진 것을 떠올렸다.

> 내담자: 그리고 저는 그가 [바로] 저기서 전화를 받으려고 하고 있다고 나 자신
> 에게 말했어요.
> 치료사: 네. 처음부터 자세하게 말해 주세요. 불안이 처음 엄습한 것이 언제인가
> 요? 마치 영화를 보는 것처럼 해 보세요.

치료사는 내담자에게 불안이 촉발된 바로 그 순간을 정확하게 파악하기 위해 매
우 상세하게 얘기하도록 했다.

> 내담자: 저는 [남동생]에게 전화를 걸었고 신호가 계속 가는데도 받지 않아서,
> 저는 "오, 무슨 일이 일어났구나. 그는 누군가 도와주기를 바라면서 바
> 닥에 그냥 누워만 있구나. 그가 아파."라고 [생각했어요].

내담자가 상황을 설명한 후, 치료사는 그녀가 걱정을 표현하고 그 걱정이 미치는
영향을 이해하기 위해 두 의자 대화를 제안하였다.

> 치료사: 뭔가 해 봅시다. 괜찮으시겠어요? 어떤 지점에서 이것이 당신에게 맞
> 지 않다 싶으면 말해 주세요. [이 다른 의자로] 와 주시겠어요? 할 수 있
> 도록 도와드릴게요. 괜찮나요? 당신이 [반대편 의자에 앉아서 그녀에
> 게 겁을 주고] 있다고 상상해 보십시오. 무엇을 하나요? 어떤 생각들을
> 하십니까? "[내 동생]이 바닥 위에 누워 있어. 그가 죽는 건 아닐까?" "거
> 기에 누워서 무력하게 고통받고 있는 건 아닐까?" "그가 아파하는데 아
> 무도 도와줄 사람이 없는 건 아닐까?" 걱정하는 그 자아를 놀라게 할 수

있나요? 그녀에게 그렇게 할 수 있겠습니까?

내담자: 내가 다른 사람인 [것처럼 나 자신]에게 말하라는 건가요?

　여기서 내담자는 과제의 본질에 대한 혼란을 표현했다. 치료사는 치료사와 내담자가 그녀 자아의 두 가지 다른 부분에 목소리를 주려고 노력하고 있다고 설명했다.

치료사: 그 부분은 당신의 자아의 한 부분입니다.

내담자: 좋아요. 그래서 이게 유체 이탈 경험 같은 건가요?

치료사: 글쎄요. [이 목소리]가 머릿속에서 언제 [이러한 생각을 하고] 있는지 아는 것과 비슷하지 않을까요? 미친 목소리가 아니라 그가 "바닥에 누워서 고통스러워 할 수도 있다."라는 생각이지요. 그가 손을 뻗지만 전화를 받을 수 없다고 상상할 수 있어서 이에 대한 이미지를 그릴 수 있고 그건 정말 무서운 장면입니다. 그것은 유체 이탈 경험이 아니고, 당신을 겁먹게 하는 목소리, 즉 걱정을 이 의자에 두는 것과 [더] 비슷합니다. 이해가 되시나요?

내담자: 예. 알겠어요. 나는 내면에 있는 나이고, 그게 나의 [목소리]네요.

　이 예에서 치료사는 의자 대화에 대해 설명했다. 처음에 내담자는 그것을 유체 이탈 경험과 비교했다. 그러나 치료사는 그녀를 안심시켰고 그녀는 대화 참여에 동의했다. 치료사는 과제와 걱정하는 자아 역할의 소개와 명료화를 위해 심리교육을 더 진행했고 내담자는 그 과제의 목적을 이해할 수 있었다.

치료사: 맞습니다. 그것은 당신의 일부이지만, 걱정으로 아파하는, 걱정하는 [자아와 같습니다. 걱정자아의 목소리이지요. 이해가 되시는지요?

내담자: 네.

치료사: 잠시 시간을 내어 우리가 여기 있을 때의 자신의 모습을 그려 보시고 남

동생을 생각하고 있었던 시간으로 돌아갈 수 있을까요? [남동생이] 어떻게 전화기에 다가가려 하는지, 통증으로 인해 어떻게 전화를 받을 수 없는지에 대해서, [당신 자신]에게 알려 주고 [당신 자신]을 놀라게 하고 두려워하게 만들어 보세요. 그는 쓰러졌을 수도 있고, 그는…… 어떻게 됐을 수도 있지요?

치료사는 대화를 구조화하고 공감적인 이중자아(doubling) 반응을 사용하여 대화가 진행되도록 한두 문장으로 몇 가지 가능한 생각들을 제공했다. 이는 내담자가 자신의 경험과 일치하는 문구를 생각해 내도록 격려하기 위해 잠정적인 탐색 방식으로 수행되었다. 이를 통해 내담자는 대화에 참여하기 시작했다.

내담자: 그가 다쳤을 수 있어.

치료사: [반대편 의자의 당신 자신에게] 말해 주세요. 그녀에게 말하세요. 그녀를 겁먹게 해 주세요.

내담자: 왜 너는 동생과 함께 있지 않아?

치료사: "왜 너는 동생과 함께 있지 않아?" 그 부분에 대해 그녀에게 더 말해 주세요.

내담자: 그는 바닥에서 죽어갈 수도 있고 전화기를 잡으려고 할 수도 있고 고통받을 수도 있어. 그래, 그건 내 [잘못]일 수 있어, 내 잘못일 거라고 생각했어.

치료사: 그녀에게 말해 주세요. "네 잘못이야, 네가 거기 있다면 [그를 도와줄 수] 있을 거야." 그녀에게 뭐라고 말하지요? 당신이 거기 있었다면 어떻게 될까요?

치료사는 정서를 불러일으키기 위하여 내담자 경험을 확장하려고 하였다. 내담자는 동생이 쓰러졌다면 그게 마치 자신의 잘못인 양 느꼈다. 타인의 안녕이나 재난 예방에 대해 이렇게 책임을 떠맡는 것은 GAD를 가진 많은 사람들의 특징이다. 책임부담을 타인에게 옮기는 것이 자신에게 더 자비적이고 보호적으로 되는 것이다. 치료사는 대화를 이어가도록 내담자를 격려하였다.

> **내담자:** 내가 거기에 있었다면 의사를 부르거나 응급 [번호]로 전화했을 수도 있었어. 그를 위해 뭔가를 [할 수 있었을 거야].
>
> **치료사:** 당신은 그를 도울 수 있었어요. 당신이 전화할 수 있었지만, 당신은 거기에 없었어요. 그녀에게 "너는 거기에 없었어."라고 말해 주세요.

치료사는 자아에서 감정을 불러일으키기 위해 불안을 생성하는 목소리를 확장시키려고 했다.

> **내담자:** 너는 거기에 없었고 비행기를 타고 거기에 갈 여권조차 없어.
>
> **치료사:** 그래.
>
> **내담자:** 그러니 네가 그렇게 하려면 시간이 너무 많이 걸렸을 거야. 사전에 그런 걸 생각했었어야 했어.
>
> **치료사:** 사전에 그런 걸 생각했었어야 해. 이런 걸 미리 생각했었더라면 네가 이런 혼란에 빠지지 않았을 것이고, 그는 바닥에 누워서 고통받지 않을 거야. 그녀에게 이렇게 말할 수 있겠어요?
>
> **내담자:** 네가 여권을 준비하지 그랬어? 동생은 혼자 힘으로 해내고 있다는 걸 너는 알아. 그리고 너는 네 문제가 있어, 하지만, 한편으로는…….
>
> **치료사:** 한편으로는?

치료사는 내담자의 추이를 따라갔다.

> **내담자:** 내 생각에, 동생이 자기는 친구가 [있기] 때문에 [나]는 걱정하지 않아도

된다고 말한 것이 기억나.

치료사: 좋아요. [이 다른 의자로] 와 주세요. 이 목소리는 "하지만, 그는 나보고 걱정하지 말라고 했어."라고 다른 [걱정하는] 목소리에게 말하고 있어 요. 그녀에게 말해 주세요.

치료사는 내담자가 동생의 안녕을 전적으로 책임져야 한다는 것에 대처할 수 있는 것으로 이해하였다. 그는 내담자를 안심시키기 위해서 그리고 걱정하는 자아를 책임감으로부터 벗어나게 하려고 의자를 바꾸도록 하였다.

내담자: 걱정하지 마. 동생이 친구가 있다고 말해 줬잖아. 그가 전화를 받지 않 거나 연락이 안 될 경우에 누군가 그리로 갈 거야. 누군가는 거기에 갈 거고, 그 건물을 관리하는 [사람]도 있잖아, 그가 갈 수도 있어.

치료사: 그래. 그러니 [너의] 잘못이 아니야. 그가 그런 걱정 하지 말라고 [너에 게] 말했지.

치료사는 내담자가 안심하고 자기 진정하는 새로운 목소리를 내도록 지지했다. 내담자는 더 자기 보호적이 되었고 책임의 한계를 설정했다. 그녀는 타인이 동생의 안녕을 돌보는 역할을 할 수 있다는 것을 인정했다.

내담자: 나는 그를 사랑하기 때문에 그를 걱정해, 하지만 한편으로는 몇 년 동안 이나 [보지 못했던] 사람을 어떻게 [책임질] 수 있겠어? 그의 아내가 세 상을 떠났지만 내가 어떻게 할 수는 없어.

치료사: 네가 어떻게, 그건 운명이야, "너는 나를 탓할 수 없어."

내담자: 못하지. 너는 나를 비난할 수 없고 결국[에는] 내가 알게 되겠지, 무슨 일이 일어나든 누군가 나에게 전화하겠지. 그는 병원에 있을 수도 있고 [그리고] 만약 무슨 일이 있다면, 임시 여권을 발행받아야겠지……

치료사: 그래. 이 모든 것이 그럴 수도 있는 거지, 맞지? 하지만 실제로 [네가] 할
　　　　수 있었던 것은 아니야.

내담자: 그래. 하지만 나는 거기 있었어야 했어. 너는 왜 동생 곁에 있지 않아?

비록 내담자가 비록 한계를 인정하고 표현할 수 있었지만, 그녀가 타인을 돌볼
것을 기대하고 요구했던 걱정하는 자아의 목소리가 다시 나타났다. 치료사는 다시
비난하고 걱정하는 대화로 돌아가서 의자에서 그 대화를 이어갔다.

치료사: 나는 도우려고 할 것 같은데, 너는 왜 거기에 없어? [다른 의자로] 다시
　　　　와 주시겠어요?

내담자: 죄책감. 죄책감이 느껴져.

치료사: 그녀가 왜 틀렸는지 그녀에게 말해 주세요. 왜 그녀가 나쁜지, 그 대신
　　　　그녀가 무엇을 하고 있어야 하는지? "너는 동생과 함께 있어야 해."라고
　　　　말해 주세요.

내담자: 너는 거기에 가려고 노력해야 해, 하지만 지금 보다시피 나는 문제가 있
　　　　어. 2월인데 세금 문제를 처리해야 해. 나는 세금이 큰 골칫거리야.

치료사: [이 의자로 다시] 오세요.

반대 상황이 일어났기 때문에 치료사는 내담자를 자아 의자로 다시 옮겼다. 내
담자는 자신을 방어하고 자기 삶에 필요한 것에 집중했다.

내담자: 나는 그가 무엇보다 중요하다는 것을 알고 있어. 불행히도, 지금 당장
　　　　나는 큰 문제가 있고 그걸 바로잡아야 해.

치료사: 네, 그렇게 그녀에게 말해 주세요.

내담자: 아무도 이 일을 할 수 없어. 나는 세금을 내야 해.

치료사: "내가 이 일을 할 수 있는 유일한 사람이야." 그래서 당신은 "나에게 무

엇을 기대해?"라고 말하고 있네요. [걱정하는] 목소리에게 "내가 뭘 하
기를 바라나? 나는 해야 할 일이 너무 많아."라고 말하고 있군요. 그건
마치, [당신이] 어떻게 해 주길 바라지? 하는 것처럼 들리네요. [당신은]
그냥 일에 파묻혀 있네요.

내담자: 네. 저는 파묻혀 있어요.

치료사는 내담자 경험을 증대시키기 위해 환기적인 반응을 하였다. 그녀는 자신
에게 주어진 요구사항에 질식되고 있다는 느낌이 있었다.

내담자: 나는 해야 할 일에 파묻혀 있고 지금 이 순간, 항상 전화해야 하는 사람
은 나뿐이고 아무도 나를 도와주지 않아. 나는 책임져야 하는 사람이야.

내담자의 파묻혀 있고 외로운 느낌이 떠오르기 시작하자, 치료사는 그녀와 그녀
자신의 유기체적 반응에 집중했다.

치료사: 당신은 혼자 해 나가고 있어요. 혼자 해 나갈 때 어떤가요?
내담자: 어깨에 많은 무게를 느끼는 것 같아요.
치료사: [다른 의자에서] 그 무게에 대해서 그녀에게 말해 주세요. 그게 당신의
몸에서 어떻게 느껴지는지, 이 무게를 지고 다니는 것이 어떠한지 그녀
에게 말해 주세요.

치료사는 내담자에게 그녀의 경험을 표현하고 확장하도록 요청했다. 이는 GAD
가 있는 내담자에게 중요한데, 그들이 종종 자신의 욕구와 타인에게 느끼는 감정을
침묵시키기 때문이다. 여기서 내담자는 자신이 받는 전체적인 영향을 표현했다.

내담자: 음. 우울해.

치료사: 너는 우울하고, 외로워?

치료사는 내담자의 감정을 추측한다.

내담자: 응. 나는 혼자 있는 걸 좋아하지 않아. 남편은 내가 전화할 사람을 찾아
야 한다고 말하며, 나는 항상 전화를 걸고 이야기를 나눌 사람을 찾으려
하고 있어.

치료사: [네가] 너무 외롭고 혼자이기 때문에?

내담자: 남편이 내 말에 귀를 기울이지만, 그는 64세이고 그 사람 [자신의] 문제
가 있기 때문이지.

내담자는 남편에게 도움을 청할 수 있음을 인정했지만, 그녀가 남편과 나누고 싶
은 연결감을 갖고 있지 않다는 것을 계속 말했다. 그는 비록 좋은 사람이지만 그녀
에게 도움이 되지 않는다. 그녀는 이 연결감 결핍에 대해 이야기하면서 때때로 자
신이 불안감에 사로잡히는 모습을 관찰했다.

내담자: 갑자기, 나는 뭔가를 하고 있고 뭔가가 나에게 일어나. 그것이 무엇인지
정확히 모르지만, 나의 위장, 마음을 공격하고 내가 생각하고 있는 것
같아. 내가 처해 있는 상황을 봐. 나는 눈이 좋지 않고 남편은 우리를
곤경에 빠뜨렸던 몇 가지를 필요로 한다는 걸 너는 알아. 나는 세금 정
산을 해야 해. 9월에 일을 그만두고 나서 퇴직금을 받았고 이 모든 서류
들을 보관해야 했기 때문에, 이건 큰 문제야.

치료사는 다시 한번 더 내담자가 의자 대화로 걱정을 표현하도록 했다.

치료사: [이 의자로] 오시겠어요? 이 모든 것들이 그녀를 눈으로 덮어 버려서 모

든 것을 그녀 위에 내려놓습니다. 이것이 바로 당신이 하는 것이지요, 맞나요? 이것이 당신의 걱정입니다.

내담자: 그리고 남편은 고관절에 문제가 있고, 그래서 은퇴해야 해.

치료사: 그래서 이 모든 것들이 그녀를 파묻고, 이 모든 것들이 마치 "너는 할 수 있어, 너는 그냥 할 수 있어." 하는 것 같아요. 이 모든 것들로 그녀를 덮어라.

내담자: 너는 아파트를 어떻게 구하려고 해? 네가 아파트를 구하게 될까? 가장 수입이 많은 사람이 남편이라는 걸 넌 알지만 그는 신용 불량자인데, 어떻게 [아파트를 구하겠어]? 나는 우리가 공원에서 자게 될 것 같아.

치료사: 그래서 너는 노숙자가 되겠네.

내담자: 그래. 하지만 내가 직장이 있고 남편도 직장이 있었고 모든 것이 잘 되었던 4년 전만 해도 [그런] 생각을 하지도 않았어. 모든 것이 [좋았고], 그리고 나서 노숙자인 것과 노숙자 [아닌 것] 사이에는 가느다란 선이 있다고 생각하기 시작했어. 가는 선.

치료사: 그녀에게 이 가는 선에 대해 말해 주세요. 그녀가 얼마나 이 선 가까이 있는지 말해 주세요. 그녀를 겁먹게 하세요.

내담자는 계속하여 자신을 걱정하고 두려워했다. 내담자를 따라가면서 치료사는 그녀가 참여하고 있는 과정을 더 자각할 수 있도록 그녀의 두려움을 고조하려고 노력했다. 그러나 내담자는 재조직화 과정에 있었고 자신이 노숙자가 될 가능성에 대처하는 방법에 대해 자신을 안심시키려고 했다.

내담자: 있잖아, 우리가 임대할 집이 없기 때문에 노숙자가 된다고 생각하지는 않지만, 지불해야 할 집세가 너무 비싸. 하지만 지금은 멀리 가야 하기는 해도, 집을 얻기는 할 거야. 그러나 앞으로는 우리가 얻기로 한 집보다 더 싼 곳을 찾지 못하면 떠나야 할 것이고 고향으로 돌아가야 할 거야.

왜냐하면 거기서는 우리가 버는 돈 천 달러 갖고 살 수 있기 때문이지.

이 지점에서 정서의 재조직화가 일어났고 가능한 해결책이 나왔다. 내담자는 더 확신이 있는 것처럼 들렸고, 그래서 치료사가 기어를 바꿨다. 내담자가 이끄는 대로 따라가면서 치료사는 내담자에게 그녀를 안심시킬 수 있도록 의자를 바꾸라고 요청했다.

> **치료사:** 좋아요. [다른 의자로] 다시 오셔요. 이 의자에서 하는 말은 당신이 말하는 것입니다. 여기는 [당신]에게 "나는 내가 할 수 있는 것을 할 거야. 나는 노숙자가 되지는 않을 거야."라고 말하는 [자아]입니다.
>
> **내담자:** 아니, 나는 그렇게 생각하지 않아.
>
> **치료사:** 그녀에게 그렇게 말해 주세요.
>
> **내담자:** 돈은 어쨌든 남편의 연금, 직장 연금, 노령 연금 그리고 정부 연금이 나오고, 남편은 그걸 나와 나눌 거야.
>
> **치료사:** 그녀에게 말해 주세요.
>
> **내담자:** 우리는 괜찮을 거야.
>
> **치료사:** 그녀에게 말해 주세요. 그녀에게 당신은 괜찮을 거라고 말해 주세요.
>
> **내담자:** 한 가지 방법만 있는 것이 아니라 다른 방법도 있기 때문에 우리는 괜찮을 거야. 은행에서 받는 내 연금과 노령 연금도 있기 때문에 아파트를 구할 수 있을 거고, 매달 충분하게 받을 거야. 다른 일이 잘못되었다고 해서 아파트를 얻을 수 없다는 뜻은 아니야.
>
> **치료사:** 그녀가 언제 이런 걱정들의 눈으로 당신을 덮어 버리는지 그녀에게 말해 주세요. 그녀로부터 당신이 필요한 것이 무엇인지 말해 주세요.

여기에서 치료사는 주장적 분노라는 새로운 적응 정서가 나타나는 것에 대해 내담자의 자각을 지지한다.

내담자: 짜증 나. 닥쳐.

치료사: 그녀에게 [닥쳐]라고 말해 주세요.

내담자: 더 이상 이런 걸 나한테 말하지 마. 나는 우리가 괜찮아질 거라는 걸 알아.

치료사: [그녀는] [당신을] 돕고 있지 않아요. [그녀는] 악화시키고 있어요. [그녀가 어떻게] 악화시키고 있는지 말해 주세요.

내담자: 너는 항상 네 생각이 떠오르는 대로 이런저런 말을 하기 때문에 상황을 악화시키고 있어. 집을 얻을 여유가 있어질 거라는 걸 [나는 알아].

치료사: 그래서, 그냥 닥쳐인 것 같습니다.

내담자: 네. 닥쳐 [그리고] 꺼져 버려.

치료사: 지금 기분이 어때요?

내담자: 너에게 화가 나. 나는 은행에 돈이 있어. 충분한 돈이 있고 남편도 나를 도울 만큼 충분한 돈이 있어.

이 삽화에서 우리는 과정이 비선형적이고 내담자가 비판적인 자아에 맞서기 시작하면서 한 단계 앞으로 나아간다. 그리고 나서 내담자가 파국화에 들어가면서 한 발짝 물러나고, 마침내 자신을 안심시키고, 주장적인 분노에 접근하고, 한계를 설정할 수 있게 되면서 두 발짝 앞으로 나아가는 것을 본다. 하지만 그녀는 여전히 걱정의 기저에 있는 고통스러운 감정을 밝혀야 한다.

내담자는 가끔 회기에서 자신을 놀라게 하거나 걱정하는 과정을 재연하길 주저한다. 다음의 예는 일생의 대부분을 불안으로 고통받아 온 63세 여성 마리아(Maria)가 일주일 동안 겪은 불안에 대해서 이야기하는 것이다. 그녀는 회기에서 자신을 두렵게 만드는 것을 주저했다. 그러나 치료사는 그녀가 주의를 딴 데로 돌리거나 회피함으로써 두려움에 대처하기보다는 두려움에 직면하도록 격려하였다. 이 부분은 마리아가 치료사에게 암 치료를 받은 친구의 아들에 대해 이야기하면서 시작되었다.

내담자: [내 친구]는 아들의 항암치료와 모든 것을 겪었어요. 그녀는 아들이 하느님 덕분에 이제 괜찮다고 하는데, 저는 그녀의 아들이 제 아들과 같은 나이라는 생각이 들었고 그 일이 나에게 일어난다면 나는 어떻게 할지에 [대해서 생각했어요].

치료사: 그래서, 당신은 무슨 일이 일어날지 상상조차 할 수 없으시네요?

내담자: 네. 근데 [제 친구]는 여전히 일하고 있어요.

치료사는 걱정 대화에 대한 표식을 듣고 마리아에게 의자 대화를 제안했다.

치료사: [이 다른 의자로] 와 주시겠어요? 뭔가 해 봅시다. 당신이 그녀를 두렵게 해 주면 좋겠어요. 두렵게 하는 이 목소리는 당신 내면의 것입니다. 그 목소리가 [당신의 아들]이 병이 났다고 말하고 있고 이쪽의 이 [빈 의자]는 당신의 두려움을 느끼는 [자아]라고 상상해 보세요. 그녀를 놀라게 하세요. 무슨 일이 일어나고 있는지 말해 주세요. "아들이 아플 수 있어."

치료사는 내담자의 불안을 촉발하는 목소리를 활성화하려고 했다.

내담자: 아들이 아플 수 있어.

치료사: 그렇게 그녀를 놀라게 하세요.

내담자: 아프면 그는 혼자일 거야. 아들에게는 아무도 없어. 그에게 아무도 없다고 봐.

치료사: 그렇게 아들은 혼자입니다. 그는 아무도 없어요. [당신]은 아들과 함께하는 그 누구도 본 적이 없어요.

내담자: 몇몇 친구를 제외하면. 그에게 누가 있는 걸 본 적이 없어요.

치료사: 그래서 그는 아무도 없고, 아무도 없었을 수도 있어요. 그런가요?

내담자: 네!

치료사: 그녀에게 말해 주세요.

내담자: 그가 할 수 있는 걸 생각해 봐. 전화기를 들고 누군가에게 전화할 수 있을까? 나는 그와 가깝게 있고 싶어.

치료사: 그가 너무 고립되어 있어서 아무도 그의 곁에 있지 않을 거야.

치료사는 내담자가 자신의 파국화적인 대화가 미치는 전체적인 영향과 그것이 그녀에게 어떤 느낌을 주는지 경험할 수 있게 하기 위해서, 파국화하는 자기 대화(self-talk)를 이해하는 데 도움이 되는 걱정 대화를 고조하려고 했었다.

내담자: 그가 친구나 누군가를 찾을 것이고 또는 사회 복지사나 [아마도] 나의 딸이나 누군가에게 전화를 할 거예요. 저는 아들과 딸에게, 비록 서로가 말은 많이 하지 않지만, 그들에게 너희들은 오빠고 여동생이니까 무슨 일이 생기면 가장 먼저 달려올 사람이 여동생이라고 말해 줬어요.

이 삽화에서 내담자는 치료사와 함께 자신의 걱정에 대해서 계속 이야기하고 있었고, 두 의자 대화를 완전하게 수행하지는 않았다. 그래서 다시 한번 치료사는 다른 의자에서 그녀의 걱정을 표현하도록 격려했다.

치료사: 그래서 생각하는 것이 일어나고 있나요? 어떠세요? 그걸로 그녀를 두렵게 하세요. 그에게 무슨 일이 일어나고 있나요? 정말 생생하게…… 해 보세요. 물론 저는 당신이 상상한 것임을 알아요.

내담자: 그가 암에 걸리거나 그런 걸 말하는 건가요?

치료사: 그것이 당신이 상상하는 것입니까?

내담자: 무서워서 아무 상상도 안 해요. 그냥 생각하지 않으려고 해요. 그들은 평생 행복할 겁니다.

치료사: 네. 하지만 그게 효과가 있던가요?

내담자: 아니요. 그렇지 않지만 그것을 생각할 때는 다른 것을 생각하려고 해요.

치료사: 이렇게 다른 생각을 하는 것이 효과가 없기 때문에, 그 불안으로 그녀를 두려워하게 해 봅시다. 우리가 그렇게 노력해서 그 불안을 조금씩 떼어 내 버려야 해요.

치료사는 내담자에게 근거를 제시했다. 그는 회피가 도움이 되지 않았고 내담자가 여전히 불안을 느낀다는 것을 관찰했다. 내담자는 이전에 두 의자 대화에 참여했지만 이런 식으로 아들에 대한 불안을 다루는 것을 주저했다. 치료사는 동맹을 구축하고 치료의 과제와 목표에 대한 동의를 얻는 데 시간을 들였다. 그는 내담자가 파국화하는 목소리를 표현하고 강화하는 대화를 하도록 격려했다. 내담자는 동의하고 그녀가 자신을 두려워하게 만드는 방식을 재연한 다음, 치료사는 그녀를 다른 의자로 옮겨 걱정하는 목소리에 대한 그녀의 경험에 접근했다. 내담자의 신체적 경험에 대한 접근성을 높이기 위해 치료사는 반영과 초점화를 사용했다. 내담자가 각 단계에 들어갈 수 있으려면 종종 두 번 이상의 대화가 필요하다.

걱정 대화와 다른 의자 대화가 반드시 한 회기에서 해결되어야 하는 것은 아니라는 점에 유의하는 것이 중요하다. 치료사와 내담자는 해결의 단계들을 거쳐야 할 수도 있다. 마리아의 세 번째 걱정 대화에서 가져온 다음의 삽화에서 그녀는 걱정으로 인해 자신이 치러야 하는 대가에 대해 말했다. 치료사는 그로 인해 그녀가 얼마나 지쳤는지를 강조했다.

치료사: 그 목소리를 지속적으로 듣기 위해서는 많은 에너지가 필요합니다. 피곤하신가요?

내담자: 지쳐요.

치료사: 결코 끝나지 않을 것 같고, 그냥 피곤하기만 하군요.

내담자: 네. 하루 24시간요.

치료사: "이렇게 되면 어떡하지. 이렇게 될 수 있어. 이렇게 해. 그렇게 하지

마."라는 목소리로 인해서 내가 느껴지는 대로, 내면으로 그냥 느껴 보
세요. 내면에서 어떤 일이 일어나나요? 어떤 느낌인가요?

내담자: 마치 귓가에서 윙윙거리는 벌 소리처럼 늘 신경 쓰이고 헤어나지 못하
고. 그리고 가끔은 그냥 쓰러질 것 같고 하다못해 터질 것 같은 기분이
들 때가 있어요. 그냥 멈춰!

　　내담자는 걱정이 그녀에게 가하는 신체적 고통과 그녀가 소진으로 쓰러질 것이
라는 두려움을 더 많이 자각하고 표현하기 시작했다. 그녀는 소진이 얼마나 압도적
이고 끝이 없는지 이야기했다. 그녀는 한계를 설정하고 자신을 주장하려고 하면서
상태의 변화를 표시하는 "멈춰."라고 말했다. 내담자가 무너지는 것에 대한 핵심적
인 두려움을 묘사하자, 치료사는 그것을 분화시키기 위해 함께 작업하는 내담자의
경험을 공감적으로 추적했다.

내담자: 제 역할을 할 수 있도록 [모든 것을] 감당하려고 해요.
치료사: 네. 알겠어요. 그래서 [당신이] 무너질 것 같지만 [당신은] 그럴 수 없어요.
내담자: 네. 그럴 수 없어요.
치료사: [당신은] 모든 것에 대처해야 하고, 관리해야 하니까요.
내담자: 네. 그리고 끊임없는 [걱정].
치료사: 하지만 그건 외적인 압박 내지는 어떤 그런 건가요?
내담자: 네. 바로 그겁니다.
치료사: 그리고 그 느낌은 당신이 말하고 있는 것과 같은, 고통 같은 것이지요.
소진 같은 것?
내담자: 네. 내면에서 그렇게 흔들리고, 무너질 것 같은 건물처럼, 딛고 설 땅이
없는 것처럼 느껴져요.
치료사: 그렇게 그냥 너무 흔들리고, 그렇게 안전하지 않고.
내담자: 네. 안전하지 않고…… 내가 필요한 것을 지지해 줄 그 누구도, 그 어떤

것도 없는.

치료사: 너무 외롭고 흔들리는 [느낌이시네요].

내담자: 나약하고 피곤하죠.

치료사: 그냥 지친 [느낌이네요]. 그녀에게 말해 주세요.

내담자: 나는 그냥 지쳤어.

치료사: 당신이 느끼는 것과 필요한 것을 그녀에게 말해 주세요.

욕구 표현하기

내담자가 자신의 핵심 두려움을 경험하고, 표현하고, 그것을 명확하게 상징화하게 되면, 치료자는 감정에 내재된 욕구를 물음으로써 변화를 촉진할 수 있다. 이는 성격의 회복탄력적인 주체성의 감각을 활성화하여, 자기주장을 하게 한다. 따라서 EFT의 중요한 단계는 내담자에게 핵심 1차 정서에 접근한 후 필요한 것이 무엇인지 묻는 것이다. 여기서 내담자는 자신이 완전히 지쳤다고 했고, 그래서 치료사는 그녀가 필요한 것을 물었다. 핵심 1차 정서는 내담자의 욕구를 내담자가 확인하기 힘든 경우에 치료사가 그 욕구를 추측하는 데 도움이 되었다. 핵심 1차 정서는 그 추측이나 욕구의 적합성을 검토할 수 있는 준거로 작용했다. 치료사는 내담자가 무엇을 필요로 할지 다음과 같이 추측했다.

내담자: 피곤함과 분노가 [있어]요.

치료사: 네. 하지만 분노는 '나에게 휴식이나 뭔가를 달라'는 것과 같은 건가요? 아니면 멈추라는 건가요?

내담자: 그냥 내버려 둬. 혼자 있게 둬.

치료사: 알겠어요.

내담자: 그냥 조용히 해.

치료사: 그래요. 조용히 해.

내담자: [나는 네가] 비켜 주면 [좋겠어]. 나는 평화와 고요가 필요해. 쉼이 [나는 필요해].

치료사: 그래요? 그녀에게 비키라고 말해 주세요.

내담자: 비켜서 나 좀 쉬게 해 줘. 조용히 해.

치료사: 네. 조용히 해. 이 말을 하면서 기분이 어떤가요?

치료사는 내담자에게 내면을 점검하도록 했다. 이는 내담자가 말하고 있는 것이 자신의 경험과 일치하는가의 여부를 결정하는 매우 중요한 단계이다. 내담자가 분노에 접근하여 더 자기 주장적으로 될 때, 정서로 정서를 변화시키는 그 과정을 반영하여 그 순간에 나타나고 있는 새로운 경험에 접근할 수 있도록 한다.

내담자: 화 같은 것이 [느껴져요].

치료사: 당신의 화는 매우 중요합니다. 발을 바닥에 대고 의자에 앉아서, 호흡하시고 그녀에게 다시 말해 주세요.

내담자: 그냥 조용히 해. 머릿속에서 내내 윙윙거리는 것 좀 그만둬. 날 내버려 둬.

치료사: [당신은] [그녀에게] 멈추라고 해야 합니다.

내담자는 자신의 욕구를 분명하고 단호하게 표현했다. 치료사는 그녀에게 [걱정하는] 자아로 돌아가서 어떻게 반응하는지 보자고 요청했다.

치료사: 좋아요. [다른 의자로 다시] 바꾸어 앉으시겠어요? 이제 [걱정하는 자아]로서, 내면에서 어떻게 반응하나요?

내담자: 내가 네 곁을 지키는 걸 멈추면, 네가 곤란해지겠지?

치료사: 알겠어요. 그래서 [당신이] 멈출 수가 없네요. 맞나요? 그녀에게 말해 주세요.

내담자: 내가 멈춘다면 무슨 일이 일어날지 아무도 모르기 때문에 내가 멈출 수
    가 없어. 나는 너와 가족을 위해 모든 것을 붙들고 있어. 너의 아들이
    약을 먹지 않으면 어떻게 되겠어? 너의 딸이 직업을 갖지 못하면?

치료사: 알겠어요.

내담자: 나는 일이 잘 되고 있는지 확실하게 하는 거야. 나는 일이 잘 되어 가는
    지 확실하게 하려는 거야.

치료사: 알겠어요. 그래서 [당신이] 위에서 모든 걸 관리하려고 하시네요.

내담자: 조심해. 무슨 일이든지 항상 일어날 수 있으므로 경계해야 해.

치료사: 알겠어요, 하지만 그건 당신이 무너질 수 있다는 두려움에 의해서 그런
    거지요. 맞나요? [당신이] 당신을 관리하지 않는다면, [어떤 일이 일어날
    까요]?

내담자: 나는 무너질 거야. 모든 것이 무너질 거야.

치료사: 당신과 다른 사람들이 무너질 것이고, 전체가 [무너질 것이며], 전 가족
    이 무너질 겁니다. 맞나요?

내담자: 그렇습니다.

치료사: 알겠어요. 그래서 [당신은] [자기 자신]에게 쉼을 줄 수가 없네요. 맞나
    요? 그녀에게 말해 주세요.

내담자: 나는 너에게 쉼을 줄 수 없어. 나는 너를 멈추게 할 수 없어. 너를 편하
    게 둘 수가 없어.

　　내담자의 걱정하는 목소리는 분명했다. 그녀의 긴장감의 일부와 조심해야 되는
필요가 경험될 수 있었다. 이들 감정에 대한 감각을 치료사가 고조하면서 내담자에
게 의자를 바꾸도록 했다.

　　치료사: 의자를 바꾸시겠습니까? 이쪽에서는 뭐라고 하나요?

　　내담자: 내 인생은 내가 다룰게. 네가 이런 식으로 계속한다면 나는 쓰러질 거야.

치료사: 알겠어요.

내담자: 그리고 나는 이것을 멈춰야 해. 그만해.

치료사: 그녀에게 다시 말해 주세요. 너는 멈춰야 해, 그만해.

내담자: 나는 네가 그만하면 좋겠어.

치료사: 이런 말을 하면서 지금 몸에서는 어떤 느낌인가요?

내담자: 정말로, 너는 그만해야 돼. 이런 식으로 항상 나를 제압하는 너에게 화가 나.

이 예에서, 치료사는 내담자가 자신의 욕구를 주장하도록 도왔다. 내담자는 걱정에 맞서려고 노력하면서 한 번 더 보호적인 분노에 접근했다. 이로써 그녀는 자신의 욕구를 재주장하고 걱정하는 자아에게 그녀를 믿으라고 말할 수 있었다. 여기서 우리는 걱정이 그 자체의 정서와 동기를 담고 있는, 정동-인지 도식이나 자기 조직화에 기반을 두고 있음을 알 수 있다. 마음 깊이 두려워하며 자기를 보호하려고 했던 것이다. 걱정하는 의자에서 이러한 감정과 동기를 포착하는 것이 중요하다. 의자를 바꾸어 앉음으로써 내담자는 보호적인 분노에 접근 할 수 있었고 걱정하는 자아에게 물러나라고 요청했다. 이러한 해결 방식은 과잉 보호적이고, 침습적인 타인으로부터 GAD가 일어나는 내담자가 사용할 가능성이 더 많다. 이러한 경우 내담자가 자신의 능력과 역량에 대한 신뢰감과 유능감을 키울 수 있도록 경계를 설정해야 한다. 그러나 다른 애착 손상으로 인해 분노의 표현이나 중단 요청이 침묵당하는 걸로 경험될 수 있으며 걱정하는 의자에서 심한 디스트레스가 유발될 수 있다.

부분적 해결

대화의 끝부분에서 내담자는 자신의 걱정하는 자아에게 맞섰다. 이는 걱정 대화의 부분적 해결을 나타낸다. 두 의자 대화는 증상과 관련된 작업이며, 이러한 변화를 유지하고, 자아의 핵심적인 불안감과 자기 진정의 불능에서 나오는 불안한 걱정의 근본적인 결정 요인을 파악하기 위해서 더 많은 작업이 필요하다는 것을 인지해야 한다. 걱정 의자의 마지막 차례에서 내담자는 다음과 같이 말했다. "조심해. 언제 무슨 일이 일어날지 모르니 경계하고 있어. 그렇지 않으면 나는 무너질 거야. 모든 것이 무너질 거야." 이는 내담자의 근본적인 불안감의 기저의 감정과 타인의 안전에 대한 그녀의 깊은 책임감을 가리킨다.

걱정하는 자아는 자아와 타인의 안전과 불안전에 대한 근본적인 두려움에 의해 움직인다. 치료의 다음 단계로 해야 되는 것이 이 핵심적인 고통이다. 지친 자아가 동력을 준 걱정하는 자아에 직면하는 것이 중요하기는 하지만, 걱정하는 자아를 진정시키고 안심시키는 것도 중요하다. 진정이 없으면 걱정하는 자아가, 특히 내담자가 방임과 학대를 당한 경우, 적절하게 보호받고 양육받지 못했던, 보살펴지지 않고 있는 슬픔과 고통을 표현하는 초기 자아 상태로 용해될 수 있다. 이 경우에 분노는 걱정하는 자아의 두려움과 염려에 대한 거부와 무시로 경험된다. 이럴 때에, 자기 침묵 과정과 고통스러운 감정의 무시에 이름을 붙이고, 자기 공감, 자기 자비 및 자기 진정을 발달시키기 위하여 내담자의 부정적인 자기 대우를 다루기 시작하는 것이 중요하다. 이러한 과정은 이 책의 제5장, 제7장 및 제9장에서 설명한다.

다음 예에서, 내담자는 자기 공감과 자기 진정할 수 있는 능력이 있었고 대안적인 존재 방식을 고려할 수 있었다. 여기서 내담자는 걱정하는 자아 의자에서 반응하고 있다. 그녀는 걱정하지 않는 것이 낫다는 것을 알 수 있었지만, 자신을 어떻게 멈춰야 할지 모른다는 것을 관찰했다. 내담자가 걱정하는 자아에게 멈추라고 요청한 후, 치료사는 그녀를 다른 의자로 옮겨서 걱정하는 자아로서 반응하게 했다.

> **치료사:** 알았어요. [걱정하는 자아의 의자로 다시 돌아오시겠어요? [다른 의자에서] 당신의 자아가 "너는 나를 겁먹게 하는 걸 멈춰야 해."라고 말하고 있습니다. 맞나요? 이는 [당신과 [당신의] 삶을 해치고 있어요. [당신이] [걱정하는 자아]에게 이것을 멈추도록 해요. 내면에서 어떤 반응을 하나요? 겁먹는 것에서 오는 고통이 보이나요? 당신은 [당신의 다른 자

아내에게 어떤 말을 하나요?

내담자: 그래요. 그게 제가 원하는 거예요.

치료사: 좋아요. 그러니까 [당신은] 기꺼이 하시겠네요.

내담자: 기꺼이 하죠. 내가 하는 대로 행동하게 하는 것이 이 두려움이에요. 그런데 정말로 쉴 수가 없어요.

치료사: [당신이] [그녀]를 쉬게 할 수 없다고 그녀에게 말해 주세요.

내담자: 할 수가 없어. 나는 너를 쉬게 할 수 없어.

치료사: 네. 당신이 [그녀]를 쉬게 하지 않을 거라고 말해 주세요.

여기서 치료사는 내담자의 주체성을 강조했다. 내담자는 자신이 할 수 없다고 말했고 치료사는 내담자가 그렇게 하기를 원하지 않는다고 제언했다. 내담자는 그녀의 그다음 반응에서 자신의 주체성을 인지했다. 우리는 그녀가 치료사의 진술대로 표현하기를 거부하고 그 대신 다음과 같이 말하면서 자신을 재조직화하는 것을 본다.

내담자: 아니요, 그렇게 말하지 않을래요.

치료사: 알겠어요.

내담자: 나는 노력할 거고 너를 편하게 해 줄게.

치료사: 네. [그녀를] 압도하는 대신에.

내담자: 네가 나를 무릅쓰고 어떤 걸 할 위험을 감수한다면. 나는 너를…… 나를 도우려고 노력할 거야. 그러나 나는 항상 너를 붙잡으려고 여기 있어. 안전망은 항상 준비되어 있어. 그게 나에게 도움이 될 것 같고, 그러면 나는 조금 더 편안해질 거야.

치료사: 그래요. 다른 자아가 "너 없어도 나는 매우 책임감이 강한 사람이야."라고 말하고 있으니까요.

내담자: 네.

여기서 걱정하는 자아는 걱정으로 인한 고통을 인정할 수 있었다. 걱정하는 자아는 그녀가 스스로를 붙들기 위해 거기에 있을 거라는 걸 알게 되자, 기꺼이 변하려고 했고 내담자의 두려움에도 불구하고 다른 자아가 행동하도록 용기를 주었다. 걱정하는 자아는 치료사의 도움으로, 다른 자아가 걱정하는 자아의 관리감독 없이도 책임질 수 있고 돌볼 수 있다고 깨달았다. 이 걱정하는 자아는 내담자의 주체성과 자아 정체성을 제한하고 과보호하고 있었던 타인과 같았다. 우리는 두려움이 걱정하는 자아뿐만 아니라 그 자아의 취약성과 불확실성에 기반을 두었으며, 편해지려면 다른 자아로부터 지지가 필요했다는 것을 알게 된다. 걱정하는 자아와 자기 진정에 도움이 되는 능력을 구축하는 것은 불안 감소에 중요한 단계이다.

자비적인 자기 진정에 접근하기

제5장에서 논의했듯이 자기 진정 능력은 치료 전반에 걸쳐 진행되는 과정이다. 자기 진정 능력을 촉진하고 구축하는 추가 방법은 제9장에 설명되어 있다. 다음 예에서는 내담자가 자아 의자에서 더 자기 확신을 하는 입지를 공고히 했다. 그녀는 자신이 신뢰받았어야 한다고 말함으로써 걱정하는 자아를 달랠 수 있었다.

> **내담자:** 날 믿어. 내가 길을 찾을 거야. 처리할 수 있을 거야.
>
> **치료사:** [너는 할 수 있어]. [너는] 능력 있어. 그래서 [당신 자신의] 이쪽 부분이 "나를 믿어. 내가 처리할 수 있어. 지금 나는 통제할 수 있고 우리를 위해 잘 되게 할 거야. 내가 우리를 보호할 거야."라고 말하고 있네요.
>
> **내담자:** 나는 미래에 대해 걱정하는 것이 아무 의미가 없다는 것을 알기 때문에 걱정 많이 안 할 거야.
>
> **치료사:** 그래. 그건 전혀 우리에게 도움이 되지 않네.
>
> **내담자:** 전혀 도움 되지 않아.
>
> **치료사:** 실제로 걱정은 상황을 더 나빠지게 하고, 그리고 너를 더 나빠지게 해.

내담자: 그래. 네가 무슨 일이 일어날지 모르기 때문에 네가 미래를 생각할 때처럼, 더 크게 과장하는 경향이 있는 거야.

걱정하는 자아가 부드러워지고 그 영향을 인지하고 다른 자아에 의해 안심할 수 있게 되면 내담자의 긴장이 풀린다. 치료사는 자비적으로 부드러워지는 것의 영향을 확인하기 위해 내담자를 다른 자아로 의자에 다시 오도록 했다. 이 예에서 걱정하는 자아는 다른 자아에게 자비로 반응할 수 있었고, 걱정하는 것이 내담자에게 해로운 부정적인 영향을 미친다는 것을 인식했다. 그러나 어떤 때에는 걱정하는 자아가 고통을 인식하고 인정할 필요가 있었다. 이는 종종 지원이 거의 없는 방임과 학대 환경에서 발달한 자아와 관련이 있다. 또한 자아는 강함을 유지하고 삶의 위기와 고통스러운 사건에 대처하기 위해 고통과 약점을 무시하는 경향이 있었다. 이 경우에 치료사는 고통스러운 어릴 때의 방임 경험에 뿌리를 둔 걱정하는 자아의 고통을 타당화하고 자비로 반응함으로써 처리과정을 도울 수 있다. 그 단계는 고통이 자각되고 밝혀져야 한다는 인식과 함께 중요한 애착 대상과의 빈 의자 작업에서 핵심 불안이 어떻게 발전했는지 탐색하도록 설정된다. 이 과정은 제8장에서 살펴본다.

변화 촉진을 위한 성장 경계에서의 작업

무력감이나 다른 부적응적인 상태에 대한 해독제로서, 적응적인 정서를 불러일으키는 작업을 할 때, 전반적인 초점은 내담자의 성장 경계(growth edge)에 초점을 둔다. 치료사의 반응은 내담자의 이해범위나 자각 지점 안에서 이루어져야 한다. 예를 들어, 무력감이나 소진을 겪고 있는 사람이 흔들리는 태도로 자신이 조절할 수 있다거나 보여 줄 수 있다고 말할 때, 치료사는 그것을 반영함으로써 이를 지지할 수 있다. 내담자의 성장 경계에서 반응한다는 것은 내담자보다 너무 앞서지도, 뒤처지지도 않고 같은 수준에 있다는 것을 의미한다. 내담자에게 소진감이나 무력감에서 벗어날 수 있는 디딤돌을 제공하기 위해서, 치료사는 내담자가 경험적으로 있는 곳에서 충분히 가깝게 반응해야 한다. 치료사가 두 발짝 앞에 있다면, 이는 방해가 될 수 있다. 따라서 내담자가 "너무 약하고 흔들리는 느낌이 들어요."라고 말하고 난 뒤에, "나는 해낼 수 있다."라고 자기주장적으로 말하도록 내담자를 격려하는 것은 너무 앞서가는 것일 수 있다. 하지만, 내담자가 "조금 더 강해진 느낌이에요."라고 말했을 때, 치료사가 내담자에게 "당신은 그냥 부서질 것 같은 느낌이 들고 너무 두려워하네요."라고 한다면 너무 뒤처지는 것일 수 있다. 치료사는 성장 경계가 나타나기 시작했을 때나 내담자 경험이 바뀌고 보다 회복탄력적인 조직화 수준으로 발달상의 변화가 가능하다는 것을 제시하는 새롭고 중요한 경험 방식이 등장했을 때를 민감하게 찾아내야 한다. 하지만 치료사는 내담자가 미지의 것에 대한 두려움으로 인해 새로운 조직화 수준으로 나아가는 것에 조심스러울 수 있다는 점도 알아야 한다. 이 경우에 치료사는 현재 상태의 내담자에게 충분한 지원을 제공해야 하며 새로움과 변화의 두려움에 대한 이해를 주의 깊게 전달하는 동시에, 보다 더 탄력적인 성장 경계를 상세화하고 표현하도록 격려해야 한다.

🤍 애착 상처의 구조화

이어진 회기에서 마리아와 치료사가 또 다른 걱정 대화로 작업하고 있을 때, 그녀는 자신의 상처, 즉 아동기의 외로운 유기감과 슬픔에 초점을 두기 시작했다. 이는 이전에 내담자가 남편과 얼마나 단절되어 있는가를 생각하기 시작하면서 촉발되었다. 그러나 이전에는 명확하게 말로 표현되지 않았다. 이제 내담자는 이 고통을 명명할 수 있었고 그녀와 치료사는 그 감정에 집중하기 시작했다.

　　치료사: 그래요. 어떻게 지내세요?

　　내담자: 좋아요. 선생님이 저의 감정을 작업하기 위해 그 감정을 자각하라고 하

셨고 저도 그렇게 하려고 한 것이 기억나네요. 여전히 바쁘거나 다른 일을 할 때도 있었지만, 몇 번 이런 걸 할 수 있게 되었고, 뭔가를 깨달 았어요. 그것이 저절로 오지 않는다는 것이지요. 내가 그걸 가져오더라 고요. 조용히 앉아서 신문이나 뭔가를 읽으려고 하고 있었고, 아들이나 딸에 대해서 또는 뭔가에 대해서 생각했고, 내가 걱정을 가져온다는 것 을 알아차렸어요.

이는 불안이 어떻게 시작되는지에 대한 내담자의 자각을 가리켰다. 그녀는 과정 에서의 자신의 주체성을 인식했다.

치료사: 그렇게, [당신이] 어떤 식으로든 이 걱정을 만들고 있네요?

내담자: 제가 갖고 있는 문제로 걱정을 가져오고 있어요.

치료사: 그래요. 어떻게든 "내가 이것을 만들어 내고, 내가 거기에 대한 권한을 갖네요?"

내담자: 그걸 가져오는 것[에 대한 권한]. 네. 나는 걱정이 저절로 일어날 거라고 생각했는데 그게 아니라서 놀랐어요. 그리고 나서 그것을 붙잡고는 나 는 괜찮다고 말했고 그래서 아들에 대해 생각하고 있어요. 그래서 일어 날 수 있는 최악의 상황은 무엇인가요?

치료사: 그래서 당신은 아들을 생각하고 있었고, 그리고 나서 [어떤 것을] 알아 차렸나요?

내담자: 이 느낌을 알아차렸어요.

치료사: 우리는 자녀들에 대한 걱정과 이 부분 사이에 매우 명확한 연결고리를 세웠어요. 그래요, 이건 좀 새롭네요. 계속하세요.

내담자: 네. 그건 새로워요. 새롭네요! 나는 항상 생각하기 때문에 걱정은 그냥 일어나는 것으로 알았어요. 그런데 그러고 나서 [그게 아니라, 그건 나 와 함께 있는 것이라는 걸 깨달았어요.

> **치료사:** 그렇다면 그것이 [일어났을 때] 어떤 느낌이 들었습니까?
>
> **내담자:** 공허한 것, 공허한 고통 같아요. 슬픔 같아요.

여기서 내담자는 두려움의 원천인 슬픔과 공허감이라는 핵심적인 고통 감정에 접근했다.

> **치료사:** 그래요. 이 공허함.
>
> **내담자:** 그러나 나는 거기서 도망가지 않았어요.

내담자는 자신의 감정에 다가갔고 받아들였다. 치료사는 그녀와 함께 계속 정서를 탐색했다.

> **치료사:** 대단해요. 기분이 어땠나요?
>
> **내담자:** 저는 항상 무언가를 찾아요. 차를 끓이고, TV를 켜고, 남편과 이야기하고, 신문을 읽고, 이웃과 이야기하고, 뭔가를 해요.

내담자가 이전에는 슬픔과 두려움의 고통스러운 감정을 살피는 대신에 무시하고, 억압하고 그리고 주의를 딴 데로 돌렸었다. 이번에는 치료사의 지지와 격려로 이러한 감정에 맞서고 해결책을 찾기 위해 반영할 수 있었다. 그 결과 그녀는 더 유능감을 느꼈다.

> **치료사:** 도망가지 않는 게 어떠했나요?
>
> **내담자:** 통제하고 있는 느낌이었어요. 그렇게 저는 '괜찮아.'라고 생각하기 시작했고, 이걸 없애려면 그렇게 생각해야 하고, 선생님이 말했듯이 황소를 잡으려면 뿔을 잡아야 했어요.
>
> **치료사:** 이것이 당신에게 어떤 의미[였습니까?]

내담자: 이런 일이 그냥 있는 것이 아닌 거 같아요. 그냥 오는 것이 아니에요. 내가 만들고 있어요.

치료사: "내가 [만드네요]."

내담자: 그리고 그건 식도, 위, 그런 것[에서의] 느낌과 같은 것이에요.

치료사: 이 불편함이 당신에게 달려 있지만, 기분이 나아지기 위해 다른 사람이 무언가를 해 주기를 기다리는 것과 반대로 스스로 기분을 좋게 하기 위해 무엇을 할 수 있어요?

내담자: 우리가 이야기를 나눴던 것이 한참 된 것 같고, 그런 걸 생각해 본 것도 오랜만인 것 같고, 선생님이 이 문제에 직면해 보라고 했기 때문에 며칠 전에 생각해 봤고, 그냥 그 시점에서 내가 가진 문제가 무엇인지 보려고 노력하고 있어요. 그리고 저는 텅 빈 구멍이 느껴져요. 엄마와 있을 때 느꼈던 슬픔과 공허감을 느낄 수 있어요.

내담자는 이전에 허용되지 않은 감정을 받아들이고 인정했다. 이는 미해결 과제 작업에 대한 표식이다. 처리되지 않은 감정에 주의가 필요하다는 표식이다. 치료사가 회기의 이 지점에서 빈 의자 작업으로 바꿀 필요는 없지만, 이후 회기에서 밝히는 것이 중요하다. 대신, 치료사는 슬픔이 무엇에 대한 슬픔인지 추측하고 미해결 과제 해결에 대한 작업의 틀을 세우기 시작했다. 치료사는 내담자가 자신을 더 잘 이해하도록 돕기 위하여 슬픔에 초점을 맞추었다.

치료사: 그 곳에서 말할 수 있겠어요?

내담자: 슬픔은 그 상황 때문이에요.

치료사: 네. 슬프네요.

내담자: 항상 아파서 침대에 누워 있는 어머니와 있으면 너무 외롭고 무서웠어요. 집에서 저는 혼자[였어요].

여기서 내담자는 일차적인 부적응 정서도식에 접근했다. 그녀는 아픈 어머니와 연관된 두려움에 대처하려고 애쓰는 아이였을 때의 외로움을 떠올렸다. GAD를 가진 내담자는 종종 대처할 수 없거나 위협적이고 감당할 수 없을 것 같은 결과에 대한 두려움에 반응하여 취약감과 무력감을 발달시킨다.

💚 더 탄력적인 자기 조직화의 발달

걱정과 무력감의 관련 여부에 관계없이 모든 유형의 불안 분열의 첫 번째 징후는 작업의 심화 단계에서의 새로운 경험의 출현이다(Elliott et al., 2004; Greenberg, 1984; Greenberg & Watson, 2006). 이 시점에서 치료자는 내담자의 새로운 경험을 공감적으로 인정하는 것이 매우 중요하다. 이는 보다 탄력적인 자기 조직화가 나타나기 시작하는 것이다. 내담자들이 더 적응적인 핵심 정서에 도달하기 위하여 무력감이나 나약감을 극복했을 때, 대체로 슬픔, 고통을 느끼고 때로는 분노를 느낀다. 모든 1차 정서에는 관련된 욕구가 있다(Greenberg, 2002, 2011). 욕구는 행동 경향성과 연결되어 욕구를 충족시키고 자신의 안녕과 관계되는 목표를 달성하도록 내담자를 이끈다. 내담자의 기저의 감정을 인식하고 확인하는 것이 필수적이기는 하지만, 치료사는 관련된 욕구를 경청하고 내담자가 주장적인 태도로 걱정하는 자아와 파국화하는 자아에게 이것을 표현하도록 이끌어야 한다. 적응적인 욕구는 생존과 번영을 위한 회복력 있는 자아의 핵심이다. 때로는 치료사가 내담자 경험을 고조시켜서 자기 조직화에 변화를 가져오게 하여, 욕구를 나타내는 말을 표현하도록 격려할 수 있고, 그리하여 그들이 권한을 가지도록 돕는다. 이러한 욕구의 강조와 주장은 자아를 강화하고 변화를 촉진한다.

예를 들면, 지지, 위로, 인정 및 존중과 같은 기저의 욕구에 접근하는 것이 어떤 면에서는 확증시키고 안도감을 주기도 하지만, 종종 과거에 이러한 욕구가 충족되지 않았던 고통을 극복해야 가능하다. 이러한 오래된 애착 상처를 해결하기 위해서 내담자는 종종 미래에 자신의 욕구를 충족시키는 방법을 찾기 전에 과거에 놓쳤거나 받지 못했던 것을 애도해야 한다. 하지만 현재의 욕구에 접근하는 것은 뇌에서 새로운 감정 상태와 그러한 존재 상태에 도달하는 대안적인 방법으로 가는 길을 열어 준다(Davidson, 2000a, 2000b). 그러므로 핵심적인 1차 감정에 기반을 둔 욕구에 접근하는 것이 자아를 위한 회복력과 지지를 동원하는 중요한 단계이다.

💗 두려움과 슬픔으로 부드러워지기

불안 분열은 걱정하는 자아가 기저에 있는 두려움, 슬픔 또는 분노에 대해 진술함으로써 부분적으로 해결 가능하다. 이는 망가지고, 손상되고, 상처 입었거나 침범당한 것에 대한 기저의 고통을 자아가 인정하도록 자아에게 호소하는 것이다. 이러한 고통스러운 정서가 인정받고 걱정하는 자아가 타당화되고 나면, 내담자는 더 큰 회복력을 느낄 수 있고 걱정의 영향을 더 잘 자각하고 인정하게 된다. 걱정하는 자아는 더 이상 자아를 겁먹게 하는 파국화나 걱정으로 자신의 욕구를 표현하지 않고, 그 대신 과거의 외상 및/또는 아동기 애착 상처에서 종종 비롯되는 기저의 두려움과 취약성에 대해 일치적으로 진술하여 욕구를 표출한다. 대조적으로, 내담자의 대처 능력을 손상시켰던 침범적인 타인에 의해 생기는 걱정 대화는 종종 내담자가 자아와 타자 간의 경계를 정하고, 타인의 행동에 한계를 설정하여 자기주장적으로 분노를 표현함으로써 해결될 수 있다.

💗 걱정 대화 작업의 어려움

걱정 대화가 회기에서 생생한 불안감을 불러일으켜서 어떤 내담자들은 그로 인해 당황하거나 압도될 수 있다. 이 때 불안이 너무 심해지면 치료사는 내담자가 거리를 두거나 스스로 진정할 수 있도록 도울 준비가 되어 있어야 한다. 이를 위해, 치료사는 내담자가 치료사와 상담실을 자각하도록 주의를 기울임으로써 그들의 신체감각에 이름을 붙이고 호흡을 조절할 수 있도록 격려할 수 있다. 내담자가 이렇게 하는 것을 힘들어하거나 어렵게 여긴다면, 불안 과정을 다루는 작업에 두 의자 과제를 사용하지 않아도 된다. 감정에 대한 반영과 질문을 사용하여 재연 없이 이 과정을 수행할 수 있다. 이 경우에 치료사는 자아의 서로 다른 부분을 계속 추적하여 순서대로 한 번에 하나씩 작업한다. 그러나 두 의자를 사용하여 재연을 하게 되면 내면의 대화의 비언어적인 측면에 더 접근 가능하고 시각화할 수 있는 이점이 더해져서, 경험을 살아있게 하고 그 과정을 강조하고 명료하게 하는 데 도움이 된다.

비난과 방어를 변형하기

EFT에서 치료사는 GAD를 가진 내담자가 회기에서 걱정과 무력감을 불러일으키도록 격려하여, 그들이 무력감과 걱정의 감정에 대한 해독제로 새로운 반응들을 만들어 낼 수 있게 한다. 정서중심 방식의 핵심 작업 요소는 치료사는 내담자가 자신의 불안과 싸우지 않도록 한다는 점이다. 내담자가 비난/방어 게임에 들어가는 것은 생산적이지 않다. 그러므로 내담자가 파국적인 걱정의 진실이나 합리성에 대한 대화에 갇히는 것을 피하도록 하는 것이 중요하다. 오히려, 목적은 감정이 생기는 방식을 알려 주고 감정이 바뀌기 쉽게 하기 위해 감정을 불러일으키는 것과 관련하여 대화를 보는 것이다.

내담자는 걱정스럽고 파국화하는 내용에 반응하지 않고 걱정하는 자아가 미친 정서적 영향을 자각하도록 격려된다. 치료사는 "안전한지 확인해야 할 책임이 있다거나 경계하지 않으면 큰 일이 생길 수 있다는 말을 듣는 것은 어떤 느낌인가요? 그런 말을 들을 때 마음은 어떤가요?"라고 물을 수 있다. 내담자는 파국을 부르는 생각의 타당성에 대한 동의 여부가 아니라, 걱정하는 자아가 미치는 영향을 경험하기 위해서, 걱정이나 무력감에 대한 신체적인 느낌 경험으로 말하도록 도움받는다.

치료사는 내담자의 현재 불안 상태에 대한 비언어적이고 유사언어적인 지표를 공감적으로 관찰함으로써 내담자의 신체적인 느낌 감각에 접근하도록 도울 수 있다. 치료사는 "의자에서 당신이 떨고/어깨가 축 처져/목소리가 가늘어지고 있다는 걸 알겠어요. 겁이 나요? 떨리는/덤덤한/가느다란 목소리가 무엇을 말하고 있나요?"라고 말할 수 있다. 제4장에서 논의한 바와 같이, 내담자의 감정을 불러일으킬 수 있는 또 다른 가능한 방법은 치료사가 내담자의 무력감의 경험 상태를 '느끼는' 공감적 추측을 제공하는 것이다. 종종 내담자들은 이러한 상태를 희미하게만 인식할 수 있다. 예를 들어, 치료사가 "이 끔찍한 무력감이 올라오는 것 같은데요?"라고 말할 수 있다. 또는 "항상 감시해야 한다는 것은 어떤 느낌인가요?"라고 물음으로써 반영적인 질문으로 불안감을 포착할 수 있다.

걱정 대화에서 무너진 자아와 작업하기

경험하는 자아와 함께 의자에 앉아 있는 내담자의 목소리가 무너지고, 무력감에 빠지고, 걱정하는 자아에게 다른 상태를 제공할 수 없으면, 내담자와 치료사가 힘들 수 있다. 불안하고 무력한 자아감을 받아들이고 머무는 것이 종종 이 작업에서 가장 힘든 부분이다. 첫째, 내담자의 경향성은 끔찍한 감정을 회피하거나 벗어나는 것이다. 다음으로, 치료사는 내담자를 '돕거나' 변화시키고, 빠른 해결책을 찾으려는 비슷한 경향성을 가질 수 있다. 하지만 치료사는 내담자의 행동을 수정하려고 하기보다는 자신의 감정을 받아들이도록 하는 것이 권장된다. 치료사는 현재의 불안한 무력감에 머무르고 과정을 따를 것이 권장된다. 치료사의 목표는 안전하고 수용적인 환경을 제공하고, 내담자의 경험을 타당화하며, 취약감과 무력감의 내적 경험으로 내담자의 주의를 돌리는 것이다. 이는 내담자가 취약성과 무력함을 분화시키도록 돕는다. 그러고 나면 이 감정들은 두려움, 슬픔 및 근원적인 불안전감과 같은 더 핵심적인 1차 감정으로 발전한다.

사람들이 자신의 취약성과 무력감에 직면하도록 돕는 것이 종종 불안을 다루는 데 있어서 핵심 요소이며, 그리하여 내담자는 자신이 회피해 왔던 고통을 수용할 수 있다. 압도적인 무력감을 분화시키고, 정교화하고, 거기서 어떤 관점을 얻기 위해서 치료사는 감정의 신체 감각 운동 측면에 초점화하거나 무력감의 의미를 공감적으로 반영하고 그 의미가 무엇에 대한 것인지 물을 수 있다. 치료사는 또한 내담자에게 최악의 부분이 무엇인지 확인하도록 할 수 있다. 치료사는 내담자에게 '무력감과 함께 머무르는 것'의 목적을 가르칠 수도 있다. 취약성과 무력감이 불안으로 이어진다고 설명할 수 있다. 또한 취약성과 무력감은 종종, 유기감, 슬픔 및 분노의 근본적인 두려움과 같은 더 1차적인 감정에 대한 반응으로, 모호하거나 차단되어 있어서 발견하고 표현하고 해결하는 것이 중요하다는 점을 지적할 수 있다. 이러한 모호하고 해결되지 않은 감정은 주요한 욕구를 확인하고 불안에 대한 해독제를 개발하고 자아와 문제에 대해 변화된 관점을 발달시키기 위해 표현되어야 한다. 일단 내담자의 부정적인 대처 방법이 확인되고 나면, 치료사는 두 의자 대화를 다시 시작할 수 있다. 목표는 걱정과 불안의 기저에 있는 거부되고 무시된 정서적 반응에 접근하는 것이다.

회복탄력성이 나타나지 않고 내담자가 고착된 것처럼 보일 때, 의자 대화에서 붕괴나 좌절을 다루는 또 다른 방법은 걱정을 고조시키는 것이다. 치료사는 걱정하는 자아의 파국을 불러일으키고 겁을 주는 행동을 강화하여 경험하는 자아로부터 반응을 야기할 수 있다. 치료사는 또한 내담자의 감정을 불러일으키기 위해서 걱정스러운 메시지를 증폭시키는 어조를 사용할 수 있다. 이러한 시도는 내담자가 자신이 하고 있는 것을 더 많이 자각하고 자신의 유기체적인 반응에 더 잘 접근하도록 걱정하는 자아가 미치는 영향을 강조하려는 것이다. 걱정하는 자아가 매우 디스트레스일 때, 그 자아가 부정적인 결과에 대해 걱정하면서 두려움의 파국적인 감정을 더 자각하게 되도록 돕는 것이 유익할 수 있다.

대화가 종결되려면 내담자가 자신의 고통에 공감하고 인정할 수 있어야 한다. 내담자 경험의 가장 통렬한 측면을 고조하고 그 사람의 신체적인 느낌 감각에 초점화하는 공감적 추측과 환기적인 언어는 기저의 핵심 고통에 접근하는 데 도움이 될 수 있다. 핵심 감정(즉, 슬픔, 분노, 두려움, 수치심)에 대한 공감적 긍정, 감정과 욕구에 대한 내적 초점은 항상 자아의 보다 능동적이고 건강한 측면이 나타나도록 이끈다. 내담자는 더 나은 과정을 배우고 정서 상태를 조절하고 치료사의 수용과 공감을 내면화하면서, 자기 공감과 자기 수용을 발달시키기 시작하고 생존과 안녕을 증진시키도록 1차 정서에 의해 안내된다. 이는 내담자가 자신의 건강하고 양육적인 목소리를 찾으려는 희망과 용기로 고군분투해야 하는 고통스러운 과정이다.

내담자가 슬픔, 두려움, 수치심과 같은 고통스러운 감정을 표현하고 자신에 대해 공감적이고 자비적으로 되고 나면, 치료사와 내담자는 내담자의 근본적인 취약성과 애착 손상으로 초점을 옮겨 고통의 근원을 다룰 수 있다. 이는 빈 의자 작업을 위한 표식이다. 그러나 걱정하는 자아가 자신이 방임되고, 무시되고, 묵살되었다고 말하면서, 경험하는 자아가 있는 의자에 공감적이고 자비적으로 반응하지 못한다면, 이는 자아를 강화하고 자기 자비와 자기 수용을 구축하기(제4장 및 제5장 참조) 위해 좀 더 상호작용적인 작업뿐만 아니라, 부정적인 자기 대우에 좀 더 초점을 둔 작업(제7장 참조)이 필요하다는 표식이다. 치료 작업은 사람들이 고통의 원인이 되는 반복적이고 만성적인 애착 상처뿐만 아니라 사람들이 정서를 조절하고 처리하도록 배워 온 부정적인 방법도 해결하기 위한 작업으로 평행적인 두 노선을 계속 이어간다.

빈 의자나 두 의자 작업을 위한 표식 중에서 어떤 것이 먼저 나타나는가는 중요하지 않다. GAD의 해결 방향은 슬픔, 두려움, 분노 및 근본적인 불안전감과 같은 내담자의 이면의 고통 감정에 초점이 맞춰져야 한다. 또한 부적응적인 정서와 행동 경향성을 변형하기 위해 이러한 고통 감정이 애도의 적응적인 슬픔, 보호적이고 힘을 부여하는 분노 및 자기 자비에 접근할 수 있도록 전개된 상황에도 초점을 맞추어야 한다. 걱정 대화의 해결은 미해결 과제와 자아에 대한 부정적인 대우에 관한 것이며, 이는 다음 장에서 논의된다.

부정적인 자기 대우 바꾸기:
두 의자 대화

범불안장애(Generalized Anxiety Therapy: GAD)의 중요한 이면의 과정은 자신과 자신의 경험을 부정적으로 결부시키는 것으로, 이는 위협적이고 고통스러운 삶의 경험에 대처하고 적응하는 수단으로 발달했던 것이다. 사람들은 부정적인 환경에서 생존하고 대처하기 위해, 자신의 감정과 지각이 너무 위협적이고 압도적이거나, 타인에 의해 무시되거나 거부될 것으로 여겨지면 그것을 부인하고, 회피하거나 억압하도록 배울 수 있다. 예를 들면, 이러한 학습은 양육자나 타인이 아동의 경험 실재를 왜곡하거나 부인하는 경우에 일어날 수 있다. 또는 이러한 학습이 거부, 방임 및 불충분한 대인관계나 물리적 지원에 대처하는 방식으로 발달할 수도 있다.

내담자가 자신을 결부시키는 부정적인 방식을 규명하기 위해, 정서중심치료(Emotion-Focused Therapy: EFT) 치료사는 두 의자 대화를 사용한다(Elliott, Watson, Goldman, & Greenberg, 2004; Greenberg, Rice, & Elliott, 1993). 이는 자아의 서로 다른 측면들 간의 대화들이다. 이 대화들은 갈등 분리, 자기 비판 및 내담자 경험을 결부시키는 다른 부정적인 방식을 해결하기 위해 사용된다(J. Watson, 2011; J. Watson, Goldman, & Greenberg, 2007). 두 의자 대화의 목적은 부정적인 자기 진술과 행동을 고조하여 내담자가 자신을 더 잘 자각할 수 있게 하는 것이다. 이러한 부정적인 행동이 더 잘 보이게 되면, 치료사는 내담자가 이 행동들의 영향을 경험하도록 도울 수 있다. 자기와 결부시키는 이러한 부정적인 방식으로 인한 고통을 인식하고 그 영향을 온전히 경험함으로써 내담자는 지지와 자비에 대한 욕구를 확인할 수 있고, 이러한 욕구를 표현하고 자신의 경험과 결부시키는 방식을 더 긍정적으로 만들어 나갈 수 있다. 이는 GAD 관점에서 내담자가 자신의 경험을 침묵, 부인하거나 무시하는 것을 멈추고 자신을 진정하고 보호하기 위해 경험에 주의를 기울이는 법을 배워야 함을 의미한다.

적절한 자기 진정 방식이 없다면, 사람들은 어떤 희생을 치르더라도 극복하고 생존하기 위해 고통을 억압하고 무시할 것이다. 앞 장에서 우리는 내담자의 걱정 대화를 통한 작업이 어떻게 불안의 이면에 있는 고통스러운 정서와 상황으로 이어지는지, 그리고 고통에 대처하기 위해 발달시킨 부정적인 자기 결부 방식이 어떻게 불안을 유지하는 것으로 이어지는가를 보여 주었다. 이 장에서는 자기 방해, 억압적 통제, 자기 비판 및 자기 비난과 같은 경험을 대하는 부정적인 방식과 어떻게 작업하는가를 설명한다.

위협적인 상황(예: 부모 간의 심한 갈등, 학대 · 거부 또는 방임을 당하거나 목격하는 경우, 부모의 따뜻함과 관심의 부재)에서는 경험을 적절히 처리하기가 어려울 수 있다. 불안은 적절한 정서 처리뿐만 아니라 정보 처리도 방해한다(Staal, 2004). 사람들이 두렵고 위험하다고 느낄 때, 정서가 방해받고 차단될 수 있으며, 자신은 비난받아야 한다고 느끼는 식으로 왜곡될 수 있거나 행동과 사건들이 정확하게 명명되고 인정되지 않을 수 있다. 이러한 경험들이 일어나고 있는 것을 부인하고 수반되는 정서경험과 감정을 억압하는 형태로 자기 비난, 자기 침묵, 자기 방임과 같은 다양한 방식으로 자기와 연결시킬 수 있다.

사람들이 자기와 결부시키는 부정적인 방식 중 몇 가지를 다음 사례에서 설명한다. 제니퍼(Jennifer)는 나이 많은 부모의 어린 자녀였다. 그녀의 아버지는 다른 삶을 추구하려고 했기 때문에 그녀가 태어난 사실이 못마땅했다. 그녀의 어머니는 구타당하고 수심에 잠겨 있었으며, 더 만족할 만한 삶의 꿈을 잃어버린 것에 대한 회한으로 가득 차 있었다. 어머니는 결혼 생활에서 답답함과 압도감을 느꼈고 자신의 자존감과 성취감을 높이기 위해 딸에게 위로를 구했다. 제니퍼가 태어났을 때 그녀 위로 10세와 12세의 오빠들이 있었으며, 그들은 청소년기에 접어들었고 가족의 테두리에서 멀어지고 있었다. 제니퍼는 아버지가 자녀들, 특히 제니퍼를 조롱한다는 점에서 가학적이고 화내는 사람으로 묘사했다. 그는 자녀들을 때릴 듯이 위협하고 복종을 요구하고 으르렁거리면서 무력감을 느끼게 만드는 것에서 희열을 느끼는 것 같았다. 제니퍼의 오빠들은 아버지가 그녀를 괴롭힐 빌미를 주면 패거리로 그녀를 괴롭힌 적이 많았다. 그들이 그녀를 놀리면서, 그녀가 매우 작고 나약하게 느끼도록 했다. 막내인 제니퍼는 자신이 원치 않는 존재이고 부모에게 짐이 된다는 강한 느낌을 안고 자랐다. 그녀는 부모의 거부감을 느꼈고 부모가 자신을 언제든지 처분할 수 있다고 보았다. 그녀는 질식하거나 익사하는 악몽을 꾸곤 했다. 그녀는 집중적인 보살핌이 필요하거나 불구가 되면, 아버지가 자신이 사냥한 동물에게 했듯이 그녀도 그렇게 처분할까 봐 걱정했다.

제니퍼가 치료에 왔을 때 그녀는 끊임없는 이면의 불안과 두려움 상태에 있었다. 그녀는 자신의 건강뿐만 아니라 돈 버는 능력에 대해 걱정했다. 성공적인 경력이지만 만족을 느끼지 못했고 자신의 삶이 황폐한 것으로 여겼다. 치료사는 걱정 대화를 통해 작업했고, 그녀의 거부당하는 고통과 취약감을 차단하는 전략이 분명하게 드러났다. 그녀는 자신의 취약성과 슬픔을 나약함의 표시로 보고 거부했다. 처음에는 그녀가 자신에 대한 방식에 자신이 역할을 했다는 사실을 받아들이기 어려워했다. 자신의 고통과 불행을 부모와 오빠들 탓으로 돌렸고, 자신의 '망쳐진' 존재에 대해 그들을 비난했다.

처음에 치료사는 제니퍼의 아동기 경험에 대한 이해를 높이고 더 완전하고 온전하게 자각으로 표상하는 데 중점을 두었다. 이 치료의 단계에서 또 다른 중요한 초점은 치료사가 공감과 수용을 제공하여 제니퍼가 자신의 경험을 더 긍정적인 방식으로 다룰 수 있도록 하는 것이었다.

이 단계에서 제니퍼는 오빠들과 부모가 자신을 대했던 방식에서 오는 고통을 밝히기 위해 빈 의자 대화로 작업하기 시작했다. 분명하게 드러난 그들의 학대와 보살핌과 지지의 부족으로 인한 깊은 슬픔과 수치심을 다루는 이 작업이, 그녀가 사물을 더 명확하게 보고 그들의 행동의 영향을 인식하기 시작하는 데 시간이 걸렸다. 그러나 제니퍼는 빈 의자 대화에서 자신을 주장할 수 없었고 심지어 자신이 더 좋은 대우를 받을 자격이 있음을 자신과 치료사에게 인정할 수 없다는 것을 깨달았다. 그녀가 자신을 거부하고 있었고 고통을 온전히 느끼지 않기 위해서 스스로 무감각하게 만들었다는 것이 분명해졌다. 부모의 대우에 대해 스스로를 비난했으며 자신을 사랑받을 수 없는 사람으로 여겼다. 부모에게 자기주장을 못하는 것을 관찰하면서 제니퍼는 자기 자신과의 관계와 자신에 대해서 생각했던 것과 자신의 경험을 대했던 부정적인 방식을 밝힐 필요가 있음을 깨달았다.

💗 부정적인 자기 대우를 위한 두 의자 대화

제니퍼는 부모와 오빠들과의 고통을 해결하기 전에 자신과의 관계를 해결하기로 결정했다. 그녀는 이것이 치료에 오는 목표 중의 하나인 자신에 대해 더 나은 느낌을 갖는 것의 열쇠로 보았다. 그녀는 어떻게 자신을 비난·경멸하고, 감정을 부정·방해 및 침묵시켰는가를 더 잘 자각하기 위해 두 의자 대화와 두 의자 재연에 참여하기로 했다. 두 의자 대화에서는 행동과 메시지를 거부하고, 폄훼하거나 무시하는 것과 같이 사람들이 자신과 자신의 경험을 대하는 부정적인 방식이 확인되고, 분화되고, 표현된다. 두 의자 재연에서는 사람들이 억제, 억압 또는 멍해지기 등과 같이 자신의 감정을 해석한다.

부정적인 자기 대우의 표식

의자 작업을 하면서 치료사와 제니퍼에게 그녀가 경험한 고통이라는 느낌이 외면받고 거부되어야 하는 나약함의 표시였다는 점이 분명하게 나타났다. 그녀는 또한 자신을 단단히 죄고 무감각하게 만들었다. 그로 인해 그녀는 의자 작업에서 슬픔과 취약한 감정을 불러일으킬 때나 어린 시절의 기억을 묘사할 때, 그녀는 매우 이성적으로 되거나 멍하게 됨으로써 경험을 즉시 방해했다. 제니퍼는 나약하고 무력한 자신을 적극 거부했다. 이럴 때에 그녀는 어떤 감정도 차단하고 자신의 경험과 치료사에게 더 주지적으로 교류하는 것으로 되돌아갔다. 제니퍼는 슬픔과 취약함보다는 분노, 좌절 및 불평에 접근하는 것이 더 쉬웠다. 그녀가 자신의 경험을 방해, 비난 및 침묵시키는 등 자신을 대하는 부정적인 방식이 뿌리가 깊다는 점과 함께, 자신을 대우하고 자신의 고통에 주의를 기울이는 것과 같은 더 긍정적인 방식을 개발할 필요가 있음이 분명해졌다. 치료사는 제니퍼가 자신의 경험을 처치하는 데 있어서 더 긍정적인 방식으로 내면화를 촉진하기 위해 공감적이고 수용적인 반영을 이어갔다.

가족에게서 자신을 보호하기 위해 제니퍼는 어떤 고통의 감정도 적극적으로 숨기려고 했었다. 그녀는 괴롭힘과 위협을 당할 때 감정을 표현하거나 고통을 보이는 것은 가해자를 만족시키는 것으로 느꼈다. 그녀는 또한 어떤 나약함이나 감정의 표시라도 모욕과 조롱으로 이어진다는 사실을 일찍 터득했다. 그래서 그녀는 언제나 강해지려고 노력하고 자신을 통제하려고 했다. 분명히 제니퍼는 자신에 대한 가족의 가치관을 내면화해 왔다. 어떤 상처라도 시인하거나 인정하기조차 거부하면서, 자기 자신의 고통을 부정하고 무시했다. 회기에서 고통스러운 감정이 환기될 때, 그녀는 무감각하고 주의를 딴 데로 돌려서 부모를 분석, 묘사 및 비난하는 이성적인 자세로 넘어가곤 했다. 그녀는 분노를 표현할 때 자신이 강하게 느껴졌으며, 그래서 그녀는 재빨리 분노를 표현하여 나약하고, 무력하고, 작게 느껴지게 만드는 감정에서 벗어날 수 있었다.

GAD가 있는 내담자는 자신이 자신의 감정과 경험을 방해하고, 침묵시키고, 일축하거나 거부하고 있다는 사실을 알지 못한다. 따라서 치료사의 첫 번째 단계는 내담자가 자신을 대우하고 있는 방식을 탐색하는 것이다. 이는 내담자가 자신의 경험에 결부시키는 방식에 대한 자각을 증가시키고, 이런 식으로 자신의 정서경험과 교류하는 것의 부정적인 영향이나 함의를 알게 하는 기회를 제공한다. 자기 자신을 어떻게 차단하고, 자신이 행동하고 느끼는 것을 막는 것이 무엇인지에 대한 자각은 과거에 위해와 고통을 가했던 사람들에게 자신을 주장할 수 없고, 현재의 타인과 만족스럽게 관계 맺을 수 없거나 자신의 경력에서 어떤 목적을 성취할 수 없는 것을 경험하면서 구축되기 시작한다.

이러한 행동 방식은 두 의자 작업과 내담자가 자신의 경험에 대한 설명에 의해서 분명하게 드러난다. 예를 들어, 정서가 두 의자 작업에서 부인되거나 무시될 수 있으며, 내담자는 회기에서 자신의 감정을 무시하고 교류하기를 거부할 수도 있다. 이 때 치료사는 내담자가 자신의 경험의 흐름을 어떻게 방해하는지 관찰하고 짧게 설명해 줄 수 있다. 어떤 때에는 내담자가 심상화한 타인과 대화하는 빈 의자 작업에서 무너질 수도 있으며, 주제에서 벗어나거나, 주제를 바꾸거나, 자기 비난으로 되돌아가거나 타인에 대해 불평을 제기할 수 있다. 이는 치료사가 회기에서 초점을 바꾸어 내담자 경험과 연관시키는 부정적인 방식(예: 자신의 경험을 경시하고 방해할 때)을 밝히기 위하여 두 의자 작업을 할 필요가 있음을 나타내는 표식이다.

부정적인 자기 대우를 표현하고 재연하기

내담자의 동의로 치료사는 내담자가 자신과 감정을 어떻게 대우하는지 탐색하기 위해 경험에 대한 차단과 방해에 대해 함께 작업할 것을 제안할 수 있다. 처음에 제니퍼는 자신의 경험을 어떻게 대하고 있는지 알지 못했다. 그녀는 비난을 받아야 할 사람은 부모와 가족이라고 느꼈고 어린 시절을 바꿀 수 있기를 바랐다. 그녀와 치료사가 감정을 함께 처리하면서, 자신이 경험을 어떻게 방해하고 있는지 알게 되었고, 이것이 디스트레스를 느낄 때 거부당하고 괴롭힘을 당할 때의 무력감, 두려움 및 슬픔의 고통스러운 감정을 피하려고 자기 자신에게 하고 있는 것임을 알았다. 그녀는 슬픔을 느끼기 시작할 때 거기서 멀어져 간다는 것을 자각하기 시작했다. 제니퍼는 부정적인 가정환경에 적응하려고 노력하면서 자신의 감정을 잘라내고 축소시킴으로써 자신의 성장 경향성을 억눌렀다. 그녀는 자신의 행동과 안전에 대해 걱정했을 것이다. 그녀의 '상처받은 아이'는 위해로부터 자신을 보호하기 위해 그녀가 자신을 돌볼 것을 요구했을 것이다. 치료사는 대안적인 직업 선택을 탐색하는 데에서 제니퍼가 자신의 감정을 차단하고, 자신을 기분 나쁘게 하는 방식에 대해서 함께 작업하기 시작했다. 그녀는 자신이 노숙자가 되고 궁핍해질 것이며 더 보람 있는 일에 대한 꿈을 그만둬야 한다고 스스로에게 말함으로써 자신의 경험을 부정했다. 이는 다음의 삽화에 잘 나타나 있다.

> **내담자:** 꿈 깨. 그건 소용없어. 아무도 너의 이상에 관심이 없어. 정신 차려, 현실을 봐. 너는 돈을 벌어야 하고 너를 보살펴야 해.
>
> **치료사:** 그래서, 이 부분이 당신을 무시하고 있고 정신 차리라고 말하고 있나요? 여기 [다른] 의자로 오세요. [이제], 그녀가 "꿈꾸지 말고 정신 차려!"라고 할 때의 느낌을 말해 주세요.
>
> **내담자:** 그녀가 옳아요. 꿈은 나를 어디에도 데려가지 않을 거예요. 저는 하고 있는 일을 계속해야 해요.

무너진 자아와 작업하기

여기에 교착상태가 있다. 즉, 대화가 막히고 오직 한 관점만이 지배하고 있다. 이를 **무너진 자아**(a collapsed self)라고 한다. 이는 내담자가 자신과 어떻게 관계하는지 더 잘 자각할 수 있어서 자기가 자신에게 이러한 행위를 하는 주체자로서 자신을 경험할 수 있도록 치료사는 두 부분을 분리하기 위해 더 많이 노력해야 한다는 표시이다. 이로써 그녀는 부정적인 자기 대우의 영향을 인식하고 경험할 수 있으며 자신의 욕구를 확인하는 데 필요한 정보를 제공받을 수 있을 것이다.

　내담자가 부정적인 자기 대우에 직면하여 자신의 정서를 인식하고 표현할 수 없을 때, 이는 치료사가 관계적인 과제에 주의를 기울이고, 내담자 경험에 공감·수용·이해 및 긍정적인 존중을 제공하고, 자각 하에서 경험을 자세히 묘사하고 상징화할 수 있도록 그들과 작업하는 데 더 많은 시간을 할애해야 한다는 표시일 수 있다. 이 작업은 내담자가 자신의 정서를 처리하고 더 강한 자아감의 구축뿐만 아니라, 감정과 경험을 결부시키는 더 긍정적인 방식을 세우는 기술을 습득하도록 지원한다. 제4장에서 논의한 바와 같이 지지적이고, 공감적으로 조율되어 있고, 수용적이고 진실한 타인의 지원이 더 새롭고 긍정적인 자아와 정서경험을 대하는 방식과 행동을 내재화하도록 촉진한다. 치료사로부터 수용, 타당화, 주의 깊은 경청 및 공감적인 조율을 받으면, 내담자는 자신의 감정을 경청하고 인정할 수 있는 능력을 개발하여 이를 자각 하에서 상징화하고 욕구와 행동에 대한 지침으로 사용하기 시작한다.

감정과 욕구를 표현하기

　내담자가 자신의 감정과 욕구를 더 잘 견디고, 주의를 기울일 수 있고, 더 강해지고, 고통에 더 잘 대처할 수 있게 될 때, 두 의자 대화와 재연으로 돌아가서 내담자가 나쁘게 대우받았거나, 왜곡되거나, 외면당했거나, 방임되었던 경험이 미치는 영향을 표현할 수 있고, 더 나은 대우를 요청할 수 있게 한다.

　제니퍼의 경우 자신의 감정을 표현하지 않고 침묵하는 것이 숨이 막힌다고 할 수 있었다. 그러나 자신의 감정을 표현하는 것이 두려운 그녀의 일부는 귀를 기울이지 않았다. 그녀는 자신을 안전하게 보호하기 위해 감정을 느끼지 않거나 타인에게 표현하지 않는 것이 자신을 안전하게 지킨다는 규칙을 발달시켜 왔다. 그녀의 어머니는 제니퍼가 욕구와 디스트레스의 감정을 표현했을 때 그녀를 성가시다고 일축했다.

어머니 자신의 부담감과 실망감을 감안해 보면, 그녀에게 제니퍼는 행복해하고 만족해야 하고 너무 많이 요구하지 않아야 했다. 제니퍼는 자신의 욕구를 억눌렀고 오빠들로부터 보호와 보살핌을 받기 위해 어머니가 원하는 대로 하려고 노력했다.

> **내담자:** 너는 계속 일해야 해. 그렇지 않으면 우리가 어떻게 살아가겠어? 꿈 깨!
>
> **치료사:** [이 다른 의자로] 다시 오세요. 그녀가 당신은 계속 일해야 한다고 하고 당신을 위해서 시간을 쓰는 것에 대해 듣고 싶지 않다고 말할 때 그녀에게 무슨 말을 하고 싶으세요?
>
> **내담자:** 힘드네요. 그녀가 내 말을 듣지 않을 것 같은 느낌이 듭니다. 어머니가 생각나네요. 이 말은 항상 그녀가 하던 말이었어요.
>
> **치료사:** 어떤 점이 힘든지 그녀에게 말해 줄 수 있나요?
>
> **내담자:** 피곤해. 계속 이렇게 할 수 없어. 나는 너무 불행해. 싫어! 숨 막히고, 재미없어.
>
> **치료사:** 그래요. 당신이 얼마나 불행한지 그녀에게 말해 주세요.
>
> **내담자:** 나는 네가 나를 밀어붙이고 통제하는 것이 싫어.
>
> **치료사:** 좋아요. [첫 번째 의자로 돌아오세요. 이 자아는 어떻게 반응하나요? 제니퍼는 당신이 그녀에게 억지로 강요하는 것이 싫다고 합니다. 그게 그녀를 불행하게 만듭니다. 기쁨을 앗아 갑니다.
>
> **내담자:** 나는 신경 안 써. 네가 날 돌봐줘야 해. 아무도 나한테 신경 쓰지 않아. 나는 너무 상처받았고 너는 신경 쓰지 않고. 아무도 나를 아끼지 않았어. 네가 나를 돌봐야 해!

핵심 고통을 표현하기

걱정하는 자아 또는 불안한 비판자는 지치고 불행한 자아에 대해 공감적으로 반응할 수 없다. 오히려 걱정하는 자아는 자기 자비와 공감이 없을 뿐만 아니라 긍정적인 방식으로 자아를 대하지 못하고, 고통스러운 취약성과 방임의 초기 자아 발달 상태로 해체된다. 내담자의 취약성을 두 종류의 의자 작업 모두에서 볼 수 있었다. 걱정하는 자아는 관심을 갖고 돌보지 않는다고 다른 자아를 비난했다. 걱정하는 자아가 걱정하지 말라는 말을 들었을 때, 다시 한번 더 무시되고 있고 오히려 관심을 요구당하는 것처럼 느끼기 때문에 이를 거절했다. 경험하는 의자에 앉은 내담자는 완전히 압도당하고 소진되어서 이 불안한 비판자에게 반응할 수 없었다. 그보다는 자신도 돌봐 줄 사람이 없어서 걱정하는 자아를 돌볼 수 없다고 대답했다. 그녀는 또한 투덜대고, 요구가 많은 걱정하는 자아에게 어떤 혐오감을 표현했다. 이는 두 번째의 기저의 분열에 대한 표식이다. 즉, 부정적인 자기 대우를 하고 있다는 것을 가리키며 내담자가 나약함을 나타내는 어떤 징후도 수용하거나 반응할 수 없다. 대신에 그녀는 강하고 금욕적이며 고통에 굴복하거나 표현하지 않을 것을 요구하면서 자기를 거부하고 있었다. 이는 내담자가 고통을 진정시키고 그것에 반응하는 다른 방법을 찾을 수 있도록 자기 공감과 자기 연민을 구축하기 위해 치료사가 내담자와 계속 협력해야 한다는 신호이다.

> 치료사: 그렇게, 이 [자아]도 고통 속에 있네요? 어느 누구도 그녀를 돌보고 있는 것 같지 않은데요?
>
> 내담자: 아무도 나에게 신경 쓰지 않는데, 내가 왜 그녀를 걱정해야 합니까? 그녀가 나를 돌봐야 해요!

불안하고, 걱정하는 자아가 이 내담자의 아주 어린 상태에서 발달했다. 어린아이일 때 경멸받고 무시되는 것에 적응하기 위해 발달시킨 자아의 부분이다. 고통이 너무 심해서 그녀는 더 만족스러운 직업을 찾으려는 노력 대신에 돈을 벌도록 자신을 강요하는 것을 그만두라는 경험하는 자아의 요청을 고려할 수 없었다.

> 치료사: 그녀로부터 무엇이 필요한가요? 그녀에게 말해 주세요.

내담자: 너는 나를 돌봐야 해!

치료사: 좋아요. [걱정하는 자아가 있는 의자]로 돌아오세요. 그 [자아]가 자신이
고통스러우며 당신이 그녀를 돌봐야 한다고 할 때 어땠나요?

내담자: 나도 고통스러워. 나는 그녀를 돌볼 수 없어. 나도 불쌍해. 누군가 다른
사람이 우리를 돌봐야 해.

치료사: 그렇게 말할 때 넌더리가 나는 것처럼 보입니다.

내담자: 글쎄, 그녀는 나약하고 혐오스러워. 너는 강해야 돼. 아버지는 약한 것
을 경멸했어. 그는 직장에서 약하고 줏대 없는 사람들을 조롱하곤 했
어. 그건 정말 이해할 수 없어.

자기 자비와 자기 돌봄을 구축하기

제니퍼는 자신의 고통에 주의를 기울일 내적 자원이나 역량이 없었다. 그녀는
외면하고 부인하는 것을 택했다. 그녀와 치료사는 더 많은 관계 작업을 시작했고
부정적인 자기 대우에 대해 두 의자 대화를 계속했다. 그녀가 자신에게 더 자비적
으로 되고 슬픔을 느끼고 고통을 표현할 수 있게 되기까지 몇 회기가 더 걸렸다. 다
음의 삽화에서 변화의 시작을 볼 수 있다.

내담자: 이곳에는 너무 많은 고통이 있고 저를 달래거나 돌봐 줄 사람이 아무도
없어요.

치료사: 그래서 이곳이 너무 고통스럽나요?

내담자: 네. 나를 돌봐 줄 사람이 필요해요. 나는 어떤 사랑도 받지 못했어요.

치료사: 알겠어요. [체험하는 의자로] 오셔요. 그녀가 그런 고통에 빠져 있고 아
무도 그녀를 돌보지 않았다고 말할 때 여기에서는 어떤 느낌이 드나요?

내담자: 알아요. 그녀의 고통을 이해할 수 있어요. 하지만 저는 자원이 없어요.
그녀를 어떻게 돌봐야 할지 모르겠습니다. 아무도 나에게 방법을 보여

주지 않았어요. 누군가 다른 사람이 우리를 돌봐야 합니다. 저도 지원
이 필요해요.

치료사: 그래서 양쪽 모두 도움이 필요하다고 느끼네요, 둘 다 지지가 필요하
고요?

내담자: 그래요. 어쨌든 나는 약하고 도움이 필요한 그녀를 보고 싶지 않아요.

이 지점에서 치료사는 어느 쪽이든지 상대 쪽의 고통을 밝히고 인정하기가 얼마
나 어려운지 인정했다. 치료사는 양쪽이 누그러지고 발달하는 데 시간이 걸릴 수도
있는 세상에서의 존재 방식과 초기 정서도식을 표상하고 있다고 제언했다. 다시 한
번, 그들은 치료사가 제니퍼와 함께 그녀의 자아감을 강화하고, 감정에 주의를 기
울이고 처리하는 능력을 키우면서 더 관계적인 과제로 되돌아갔다. 시간이 지나면
서 제니퍼는 걱정하는 자아의 의자에서 자신의 고통과 무시당하는 느낌에 더 개방
적으로 되었다. 비록 그녀가 아직도 그 자아를 지지하기를 주저하고, 그녀를 돌보
고 그녀의 고통에 귀 기울인다는 생각만으로도 힘들어했지만, 이러한 것이 시간이
지남에 따라 바뀌었다. 이 과정을 촉진하기 위해 치료사는 걱정하는 자아가 느끼는
고통을 표현하고 공유하도록 제니퍼를 격려했다.

치료사: 당신의 고통에 대해서 제니퍼에게 말해 주시겠어요? 아무도 당신을 돌
보지 않는다고 느끼는 어린 시절이 당신에게 어땠나요?

내담자: 너무 무서웠어요. 나는 언제든 폐기 가능한 쓰레기처럼 느꼈어요. 내가
죽었는지 살았는지 아무도 신경 쓰지 않았고 그들은 나를 놀리는 걸 그
렇게 즐거워했어요.

치료사: 그들이 당신을 놀릴 때 어땠나요?

내담자: 그들이 나를 알지 못하게 했어요. 나는 내가 상처받는 것을 보는 즐거움
을 그들에게 주지 않으려고 했어요. 나는 완전히 차단했어요. 강해져야
했어요. 나는 약해질 수 없었어요.

치료사: 그래서, 차단하고 고통을 숨겼나요?

내담자: 네. 그게 유일한 생존법이었어요. 그게 그들이 나를 내버려 두도록 내가 할 수 있는 방법이었어요. 그들이 이겼다고 느꼈다면 계속했을 것이지만, 나의 고통을 숨기면 그들은 갔을 거예요. 그것이 그들의 조롱보다 더 나았어요. 그들은 내가 우는 걸 보면 나를 비웃었어요.

치료사: 그들이 당신의 고통을 본다면 그게 더 안 좋을 것이라는 사실을 일찍부터 배웠네요. 고통을 숨기고 아무것도 느끼지 않는 척하는 것이 더 좋았네요.

내담자: 그래요. 나는 취약감을 느낄 수 없었어요.

치료사는 가족 내에서의 생존에 매우 유용했던 이러한 행동이 이제 제니퍼가 더 만족스럽고 행복한 삶을 영위하는 데 방해가 된다고 말했다. 제니퍼는 시간이 지나면서 자신에게 결부시키는 방식을 바꿔야 한다는 것을 인식하고 인정하게 되었다. 그녀는 치료에 왔을 때 두려움을 없애고 자신에 대해 편안하고 좋은 느낌을 갖기를 원한다고 말한 것을 회상했다. 치료사는 집에서 느끼는 홀대감과 무력감에 대해서 내담자와 계속 작업했다. 그녀는 부모님과 오빠들이 자신을 돌봐 줬으면 하는 소망을 포기하면서 매우 슬프고 비탄에 잠겼다. 한동안 그녀는 그들이 자신을 사랑하고 소중하게 여기지 않았던 것은 자기 잘못이라고 여기고 계속 자신을 비난했다. 시간이 지나면서, 제니퍼는 그들에게 부정적인 대우를 받아서는 안 되며, 오히려 어린 아이로서 사랑받았어야 마땅하고 그녀를 아끼고 보호와 지지에 대한 그녀의 욕구에 주의를 기울이는 부모를 가졌어야 한다고 인식하게 되었다. 이러한 변화는 그녀가 자신을 존중하게 되고 고통을 나눌 때 지지받고 안전하게 느끼게 되는 것을 필요로 했다. 제니퍼가 두 의자 대화에서 자신의 고통을 듣고, 주의를 기울일 수 있고, 그럴 자격이 있음을 더 많이 느끼는 쪽으로 변화하기 시작하면서, 그녀는 부모와 형제자매가 하는 빈 의자 작업에 참여할 수 있었다. 이 대화에서, 그녀는 그들의 행동에 대해 그들에게 책임을 물을 수 있었고 직업과 타인과의 관계에서 자신에 대한 기대를 더 높게 설정할 수 있었다.

제니퍼가 덜 자기 침묵적으로 됨에 따라 슬픔과 분노와 같은 정서가 발산되기 시작했다. 그녀는 감정을 더 많이 표현하는 자신을 발견했다. 이는 무섭고 낯설었다. 그녀는 자신의 감정을 통제할 수 없는 것처럼 보이지 않는 방식으로 감정을 표현하는 법을 배우고 싶어 했다. 치료사와 내담자는 제니퍼가 다른 사람들에게 자신을 표현하는 것에 대한 두려움과 자신을 차단시키는 데 사용한 다양한 행동에 대해 두 의자 대화와 두 의자 재연을 계속하게 하면서 이 문제를 다뤘다. 그녀가 자신의 감정을 더 많이 밝히고 터놓고 말하기 시작하면서, 건강에 대한 두려움이 감소했다. 그녀는 덜 불안해했고 자신이 소중히 여기고 즐겼던 일을 더 많이 하게 되었다. 제니퍼는 직업을 바꾸고 여행을 더 많이 다니기 시작했다.

🤍 두 의자 작업의 어려움을 해결하기

이러한 두 의자 작업 형태의 다양한 단계들을 거치는 데 시간이 걸릴 수 있다. 이들 단계는 ① 정서경험을 대하는 부정적인 방식에 대해 자각하기 및 자신을 주체자로서 경험하기, ② 핵심 고통에 접근하기, 정서의 영향에 주의를 기울이고 경험하기 및 말로 표현하기, ③ 감정과 느껴진 영향에 기반을 둔 욕구를 표현하기, ④ 변형을 받아들이는 돌보고 지지적인 방식으로 반응하기 등이다. 내담자는 종종 각 단계에서 막히는 경우가 있다. 이는 치료사에게 내담자는 아직도 정서경험을 처리해야 하고 자신과 자신의 정서를 긍정적으로 결부시키는 방식을 발달시킬 필요가 있다는 점을 시사한다. 이들 각 단계에 대해서 다음에 설명한다.

부정적인 자기 대우의 자각을 구축하기

EFT의 중요한 과제는 내담자의 정서경험에 대한 자각과 느낌 감각을 촉진하는 것이다. 이는 다음과 같은 다양한 방식으로 수행될 수 있다. 즉, 치료사는 내담자가 삶의 사건을 설명하고 자신의 이야기를 구성할 때 공감적이고 수용적이며, 존중하는 태도로 내담자 경험을 비춰 주는 반영하기, 내담자가 내적 경험에 집중하고 그것을 말로 표현하도록 교육하기 및 자기 방해가 미치는 영향에 주의를 기울일 수 있고(두 의자 재연), 자기 비판적인 진술과 부정적인 자기 대우 방식과 작업할 수 있거나(두 의자 대화) 타인의 행동과 태도가 미치는 영향을 표현하게(두 의자 작업) 할 수 있는 의자 작업 등이다. 내적 경험에 주의를 기울이는 것과 그것을 말로 표상하는 것은 새로운 방식으로 경험을 처리하는 내담자 학습의 첫 단계이다.

EFT 치료사와 내담자는 자기 대화(self-talk), 경험에 대한 태도 및 기타 행동과 같은 내담자의 부정적인 자기 대우를 자각하기 위해 함께 노력한다. 두 의자 작업의 첫 번째 과제 중 하나는 내담자가 이러한 부정적인 행동을 더 자각하게 되고 표현하여 느낌 영향(felt impact)에 접근하는 것이다. 두 의자 작업에서, 내담자가 자기 비판, 자기 무시 또는 자기 침묵과 같은 경험을 다루는 부정적인 영향에 접근하고 이를 표상하려고 할 때 정서 처리의 어려운 점들이 더 잘 드러날 수 있다. 이렇게 하도록 요청을 받으면, 내담자는 갑자기 아무 생각이 나지 않을 수도 있고 자신이 무엇을 느끼고 있는지 모른다고 말할 수도 있다. 또한 그들은 주제를 바꾸거나 혼란스러워할 수 있거나 비판과 비난을 받아 마땅한 자기 비판에 동의할 수도 있다. 이러한 반응들은 자아가 무너졌음을 가리키며, 때때로 대화가 교착되어 있음을 나타낸다. 이는 내담자가 차단되고 그들의 경험이 방해받거나 중단되었음을 나타내는 표시이다.

내담자가 이 단계에서 자신의 경험에 주의를 기울이거나, 경험을 표상할 수 없거나, 자기 방해의 징후를 보이고 있다면, 치료사는 내담자가 어떻게 경험을 차단하는지에 대해서 다루어 보자고 제언할 수 있다. 또는 내담자와 치료사가 잠시 두 의자 작업을 멈추고 내담자 서사에 기반을 둔 더 상호작용적인 작업으로 돌아갈 수 있다. 내담자가 자신의 경험에 주의를 기울이고, 수용하고, 존중하는 법을 배우고 나면, 두 의자 대화에 더 잘 참여할 수 있으며 정서를 처치하는 부정적인 방식이 그들에게 미치는 영향을 표현할 수 있다. 이는 처치의 다음 상태로 이어진다. 즉, 핵심적인 고통 정서에 접근하기 및 어떤 상황에서의 자신의 느낌 감각뿐만 아니라 그 상황에서 자신과 타인의 행동이 미친 영향을 인식하는 데서 나오는 연관된 욕구를 표현하기이다.

핵심 고통에 접근하기와 감정과 욕구를 표현하기

내담자는 어느 정도의 각성 상태에서 중단된 고통스러운 경험에 접근해야 한다. 이 경험이 더 인지적인 수준에서 단순하게 처리된다면, 그것이 표상하는 충족되지 않은 욕구에 접근할 수 없을 것이다. 각성 수준이 너무 높으면 혼란스러워질 것이다. 일단 내담자가 핵심 고통을 경험하고 나면 필요한 것을 더 잘 표현할 수 있다. 하지만, 어떤 내담자의 경우에 감정과 욕구 간의 연결이 전혀 형성되지 않아서 어찌할 바를 모를 수도 있고, 자신의 욕구를 분명하게 표현 못할 수도 있다. 하지만, 적정 수준의 각성에서 고통스러운 감정을 더 많이 경험할수록 충족되지 않은 적응적 욕구가 더 명확해진다.

내담자가 자신이 필요로 하는 것이 무엇인지 잘 모를 때, 치료사는 그것을 추측할 수 있고 인간 욕구에 대한 자기 자신의 경험과 자신의 내담자와 타자와의 경험에 기반을 둔 제언을 할 수 있다. 예를 들어, 내담자가 자신의 부정적인 목소리와의 싸움에 지쳤다고 말할 때, 치료사는 내담자가 휴식이 필요한지 물어볼 수 있다. 이때 내담자는 치료사의 제언이 적합한지 알아보기 위하여 내면을 확인하고, 할 수 있다면 두 의자에서 표현할 용기를 내도록 격려받는다. 그러나 제언이 적합하지 않다면, 내담자는 자신의 안녕을 보장하는 데 어떤 것이 더 적합할지 계속 탐색하는 것이 좋다. 치료 전반에 걸쳐 이어지는 공통된 주제는 자신의 필요한 것을 결정하기 위해 내면을 점검함으로써 내담자가 자신의 정서에 주의를 기울이고, 수용하고, 상징화하고 표현하는 것이다. 이는 내담자에게 무엇을 느끼고 무엇을 필요로 하는지 물음으로써 간단하게 구성할 수 있다.

따라서 EFT 치료사는 내담자가 막힌 것 같을 때 회기의 특정 지점에서 내담자의 감정과 느낌 욕구(felt needs)에 주의를 기울이기 위해 작은 초점화(minifocusing) 연습을 하도록 용기를 준다. 감정과 감정에서 흘러나오는 욕구에 주의를 기울이는 법을 배우는 것은 비반응적이고 가혹한 환경 속에서 이러한 능력이 소멸된 내담자에게는 긴 학습 과정이 될 수 있다. 의자 작업에서 욕구를 표현한다는 것은 어떻게 받아들여질지에 대한 걱정과 염려를 가지고 자신이나 타인의 또 다른 측면에 그것을 진술하는 것을 의미한다. 그러므로 내담자는 거절을 견딜 수 있을 만큼 충분히 강하게 느껴야 하고 타인이 무반응적일 때 수반되는 고통을 경험할 필요가 있다. 타인이 자신의 감정과 욕구에 관심이 없고 비지지적이라고 경험한 내담자에게는 감정과 욕구를 다른 사람에게 표현하는 것이 부담스러울 수 있다. 소리 내어 말하기위해서 용기가 필요하다. 감정과 욕구에 주의를 기울이고 표현하는 힘과 확신감은 치료사와의 지지적인 관계에서 발전하며, 수용, 공감, 존중, 실천 및 실행하는 타인들과 경험을 지속적으로 공유하는 것을 통하여 반대편 의자에서 이러한 욕구들의 표현에 반응하도록 요청받는다.

돌봄과 자비의 표현을 촉진하기

내담자가 자신의 욕구를 표현한 후, 치료사는 그에게 두 의자 작업의 반대편 의자에서 반응하도록 요청한다. 이 단계에서 치료사는 내담자가 치료사의 태도를 내면화하였는지 그리고 자신의 경험에 더 긍정적으로 반응하는 방법을 발달시켰는지의 여부를 읽을 수 있다. 긍정적인 자기 대우 방식을 흡수하고 내면화하면, 내담자는 자신의 고통에 자비적으로 반응할 수 있고 자신의 다른 자아의 욕구를 이해하고 수용할 수 있다. 치료사는 또한 내담자의 고통 감정에 공감하고 타당화할 필요가 있다. 자아의 각 부분이 환경의 요구와 자아 간의 더 만족스러운 균형에 필요한 것을 인식하면서, 대체로 내담자의 고통스러운 감정의 협상과 타당화가 시작된다.

하지만, 경험을 처치하는 긍정적인 방식이 내면화되지 않았다면, 반응에서 공감이 결여되고 내담자의 욕구와 감정이 거부, 배제 또는 부인될 수 있다. 이는 자아가 너무 상처를 입어서 내담자의 감정과 욕구를 알아차릴 수 없는 것으로 개념화할 수 있다. 예를 들어, 제니퍼가 처음으로 지지에 대한 욕구를 표현하고 자신의 감정을 표현하고 싶었을 때, 불안한 자아의 반응은 제니퍼를 무시하고 불안한 자아의 고통이 더 크다고 말하는 것이었다. 이는 내담자가 여전히 더 긍정적인 돌봄 행동을 내면화할 필요가 있다는 것을 치료사에게 알려 주는 표식이다. 내담자는 자신의 욕구를 보다 효과적으로 충족시키기 위해 자신의 고통을 인정하고 돌볼 수 있는 자기 공감, 자기 수용 및 자기 연민을 개발해야 한다. 정서를 무시하는 것은 부정적인 자기 대우 및 자기 침묵의 표식이며, 이는 내담자가 불안 감정을 해결하기 위해 자신의 핵심 고통에 주의를 기울이고 접근할 수 있기 위해 규명되어야 한다.

내담자가 계속해서 경험에 침묵하고 억압 및 통제할 때, 치료사는 경험을 공감적으로 경청하고, 따르고, 수용하는 것으로 돌아가야 한다. 목표는 내담자가 고통에 주의를 기울이고, 견디고, 이름을 붙이고, 그 고통에 공감적으로 조율하고, 수용하고, 따뜻하고 진실한 타인에게 표현하기와 같은 작업을 계속해서 내담자와 함께 고통을 처리하는 것이다. 그러고 나서 내담자는 서서히 이러한 행동을 내재화하여 자신을 더 공감적이고, 지지적이고, 수용적이고, 양육적으로 될 수 있게 한다(J. Watson, Steckley, & McMullen, 2014). 내담자가 더 강하게 느낄 때, 두 의자 대화의 다른 단계들로 들어갈 수 있다(예: 부정적인 행동의 영향을 표상하기, 욕구를 표현하기, 돌보고 지지적인 방식으로 반응하기).

경험주의 치료사는 내담자와 함께 그들의 정서경험을 처리할 때, 그 경험을 말로 이름을 붙이고, 타당화하고, 수용하고 공유하면서 그들에 대한 존중과 수용을 보여 주는 보다 더 상호작용적인 자세를 취함으로써 이러한 과정을 촉진한다. 다음으로, 내담자 또한 자신의 경험에 주의를 기울이고, 공감적이고 수용적인 타인과 함께 그 경험을 처리함으로써 자신과 자신의 경험을 향한 이러한 태도를 내면화하게 된다. 또한 자신의 감정과 욕구를 경청하고 자신을 지지하고 양육하는 방법을 배우게 된다. 이는 흔히 치료에서의 큰 전환점을 반영하는데, 특히 교착되어 있어서 지지, 보호 및 양육의 필요에 대해 보살피고 친절하게 반응할 수 없었던 내담자에게 그러하다.

♡ 변형: 자기 진정을 발달시키기

GAD를 가진 내담자가 불안 감정을 변형하려면, 보호적인 걱정을 대체할 만한 자기 진정의 방법을 찾아야 한다. 자기 자비를 내면화했고 더 자기 보호적인 내담자들은 자신의 불안에게 직접 말하는 두 의자 대화에서 진정시키는 문구나 만트라를 만들어 낼 수 있다. 그러나 이는 내담자에 따라 다른데, 걱정과 불안을 촉발하는 자아를 평가하거나 보호하고자 하는 방법이 각자 다르기 때문이다. 예를 들어, 제니퍼는 자신이 수용될 수 있고 소속될 자격이 있다는 것을 알아야 했다. 그녀가 두 의자 대화에서 자신에게, "너는 수용되고 사랑받고 안전감을 느낄 자격이 있어."라고 말했을 때, 눈에 띄게 이완되고, 어깨가 내려가면서 몸에서 긴장이 빠져나왔으며 호흡이 더 규칙적으로 되었다. 불안의 촉발 요인을 직접 밝히는 말을 먼저 분명하게 표현하는 사람이 바로 내담자이고, 불안을 진정시키고 감소시키는 열쇠가 자신이라고 느끼는 사람도 내담자라는 점에 유의하는 것이 중요하다.

또 다른 예로, 직장에서 잘 대처하지 못하고 파트너가 그녀를 떠날 것에 대해 끝없이 걱정한 미리엄(Miriam)은 이완에 도움이 되었던 조금 다른 만트라를 갖고 있었다. 미리엄에게는 끊임없는 걱정과 두려움이 있었다. 그녀의 어머니는 걱정이 많았고 둘째 아이를 낳은 후 미리엄을 적절하게 돌볼 수 없었다. 이로 인해 미리엄은 홀로 남겨진 느낌을 가졌고 생후 18개월 만에 생존하기 위해 고군분투했다. 미리엄은 일찍 자립하는 법을 배웠고 무슨 일이 일어나면 홀로 처리해야 했다. 더구나 그녀의 어머니는 비판적이었고 미리엄이 계속해서 도움이 되고 자기 희생적으로 되도록 기대했다. 치료사가 그녀의 걱정과 어머니와의 미해결 과제를 다루기 시작하면서, 미리엄이 자신을 부정적으로 대했던 방식이 명백해졌다. 그녀의 기본 입장은 자신이 뭔가를 잘못했을 것이며 비난을 받아들이는 것이 당연하다는 것이었다. 그녀는 상황과 다른 사람들의 행동에 대한 책임을 떠맡았다. 치료에 왔을 때, 그녀는 지쳤고 과도한 부담감을 느끼고 있었다.

미리엄과 치료사는 그녀의 불안감과 작업하기 시작했다. 그녀는 이기적인 것에 대한 두려움 때문에 자신에게 주의를 기울이지 못했다는 것을 깨달았다. 그녀와 치료사는 그녀가 이기적이라는 비난을 규명하기 위해 상호작용 작업과 두 의자 작업을 이어갔다. 그녀는 자신이 이기적이라고 함으로써, 타인을 위해 자기 자신의 감정을 부인하고 무시했다. 치료사는 그녀가 자신이 관심과 보살핌을 더 받아 마땅하다는 것을 알게 하려고 노력했고, 그 결과 그녀는 자신의 감정과 욕구를 더 경청하고 표현하기 시작했다. 그러나 그녀는 여전히 밤에 잠에서 깨어나 걱정하곤 했다. 치료사는 미리엄과 함께 불안을 촉발한 여러 가지 상황을 탐색하기 시작하면서 그녀가 자신에게 매우 비판적이라는 것이 분명해졌다. 그녀는 좋지 않은 결과에 대해 자신을 비난하고 비판하고 자신이 뭔가 잘못했다고 걱정했다.

치료사는 비난을 변형시키기 위해 두 의자 작업을 그녀에게 제안했다. 미리엄은 그녀의 어머니가 어떻게 그녀를 항상 비난하고 집에서나 동생에게 잘못된 일에 대한 책임을 지웠는가를 회상했다. 그녀는 "네 잘못이야." 및 "일어나는 일은 네 책임이야."라는 문구들이 그녀의 불안과 걱정을 촉발한다는 것을 깨달았다. 미리엄은 자신이 그 말을 했을 때의 느낌과 일이 잘못될 수 있다는 걱정이 얼마나 부담스럽고 무서웠는지 자각하게 되었을 때, 치료사는 그녀에게 두려움에 주의를 기울이고 두 의자 대화에서 그것에 대해 이야기하도록 격려했다. 이는 미리엄에게 자신이 항상 비난받아야 한다고 느꼈던 무섭고, 취약한 부분을 위해 더 많은 자비에 접근하도록 용기를 갖게 했다.

미리엄은 자신의 두려움을 눈에 띄게 완화시키는 말을 발견할 수 있었고, "네 책임이 아니야." 그리고 "너는 비난받아서는 안 돼."라고 말하면서, 더욱더 지지적으로 자신의 경험과 관계 맺는 방식을 택할 수 있었다. 이 말을 들으면서 미리엄의 몸은 이완되고 안도의 숨을 내쉬고 어깨로부터 엄청난 짐이 미끄러져 나가는 것을 느꼈다. 그녀는 모든 사람을 돌보고 보살펴야 하는 것처럼 느꼈던 것이 얼마나 무겁고 힘들었는지 생각하면서 울기 시작했다. 미리엄은 자신이 실수를 할 수 있고 인간적으로 될 수 있다는 생각에 안도감을 느꼈다. 물론, 그녀는 여전히 사람들을 실망시키는 것에 대해 염려했지만, 그녀는 훨씬 더 자신을 받아들이고 있었고, 그렇게 가혹한 기준을 자신에게 적용하지 않았다. 그녀는 자신이 실수를 저지를 수도 있으며, 모든 일에 책임을 질 수는 없지만 타인이 수습하도록 일을 남겨둘 수 있다는 점을 수용했다.

내담자가 불안을 촉발하는 상황과 대응 방법을 알아내는 것이 중요할 수 있다. 예를 들어, 가족으로부터 대단히 사랑받고 존중받는다고 여기는 또 다른 내담자인 산드라(Sandra)는 GAD로 진단받았다. 그녀는 관계, 집의 유지 관리 및 일에 대해 끊임없이 걱정하고 염려했다. 치료사가 걱정 대화와 작업할 때, 산드라는 사람들이 자신을 좋아하게끔 제대로 하라고 항상 자신에게 말하고 있다는 것을 깨달았다. 직장에서 실수를 하지 않도록 진지하고 조심해야 한다고 자신에게 말했다. 그녀는 시종일관 직장에서 긍정적인 피드백을 받지만 직장에서의 위치에 대해 걱정했다. 치료사는 이 걱정을 규명하기 위해 두 의자 대화를 제안했다. 산드라는 걱정하는 자아에게 자신이 긴장하고 이완될 필요가 있다고 말할 수 있었다. 하지만 걱정하는 자아는 잊히는 것이 무서우며 이에 대해 걱정하지 않을 수 없다고 대답했다.

> **내담자:** 나한테 조심하라는 말 좀 그만 해. 그런 말에 나는 너무 긴장되고 경계하고 실수하지 않으려고 노력하는 것이 너무 피곤해.
>
> **치료사:** 그래요. 이 부분은 너무 피곤하고 지쳤어요. 무엇이 필요하나요?
>
> **내담자:** 그녀가 걱정하는 걸 그만둬야 합니다. "일이 잘못될 거야."라는 말은 이제 그만해. 나는 그녀가 진정해 주길 바라요.

치료사: 그래요. 당신은 그녀가 편하게 있고, 당신을 걱정하지 않길 바라고 있어요. [이 다른 의자로] 오시겠어요? 그래서 그녀에게 당신이 어떻게 응답하나요? 그녀가 "나는 휴식이 필요해. 나는 네가 진정하길 원해. 나는 너무 지치고 피곤해."라고 합니다.

내담자: 나는 멈출 수가 없어. 잊히는 것이 너무 무서워. 아무도 나를 못 볼 거야. 나는 보이지 않는 느낌이 들어. 내가 일을 제대로 하지 않으면 아무도 나를 알아보지 못하고 혼자 남게 될 거야.

그녀가 이렇게 나누면서, 아주 어렸을 때 집에서 무슨 일이 분명히 있었다고 생각했다. 2세 때 어머니가 임신 중 합병증으로 인해 유산을 했고 이어서 우울증으로 입원한 것을 회상했다. 아버지는 일 때문에 멀리 떨어져 있었다. 산드라는 어머니가 방황했고, 우울했고, 유산을 슬퍼했기 때문에 자신을 보살피고 함께 있어 주지 못했다는 것을 깨달았다. 그녀는 자신이 계속 눈에 띄도록 노력해야 한다는 것을 깨달았다. 이러한 깨달음에 이르렀을 때, 그녀는 이완되기 시작했다. 그녀는 이 깨달음이 자신의 경험에 부합된다고 느꼈고 자신에게 일어나고 있는 것을 설명했다. 치료사는 내담자가 "그녀는 기억되고 잊히지 않을 거야."라고 스스로에게 말하도록 제언했다. 그 제언이 적중했고, 산드라는 눈에 띄게 이완되고 긴 숨을 내쉬었다. 그녀는 어릴 적에 어머니가 입원했을 때 버림받았다고 느꼈었기 때문에 계속 눈에 띄도록 노력해야 한다고 생각했던 것과, 그 느낌이 그녀의 내면의 느낌 감각과 전혀 맞지 않았다는 것을 알아차렸다. 그러나 잊힌 느낌이 그녀의 경험에 가까웠고, 그녀가 기억될 것이라는 만트라가 더 적절하게 여겨졌다. 내담자는 반대편 의자로 돌아가서 다음과 같이 과정을 처리했다.

내담자: 너는 기억될 거야. 나는 너를 잊지 않을 것이며 너는 주목받고 눈에 잘 띄게 하려고 노력하지 않아도 돼. 너는 눈에 띄어.

치료사: 그래요. 당신은 그녀가 중요하다고, 당신이 그녀를 보고 있고 잊지 않을

거라고 그녀를 안심시켜 주고 있네요. [다른 의자로] 오시겠어요? 그녀
가 그렇게 말하는 걸 들으니 어떠세요?

내담자: 그거면 됐어요, 그게 제가 들어야 했던 겁니다. 그 느낌이 너무 좋아요.

이후에 산드라의 불안이 사라졌다. 그녀는 더 기쁘고 덜 두렵게 느꼈다. 사회적
상황이나 직장에서 불안을 느낄 때면 자신이 다른 사람 눈에 띄고 관심받으려고 노
력하지 않아도 된다는 것을 상기할 것이다.

제니퍼와 미리엄과 같은 내담자들과 대조적으로, 부정적인 처치나 방임이 아니
라 과보호의 대상인 내담자들도 있다. 이 내담자들이 내면화한 메시지는 스스로 자
신을 돌볼 수 없다는 것이다. 이로 인해 그들은 도전적인 환경에 직면할 때 취약하
고 위험하다고 느낄 수 있다. 지지받지 못하거나 압도되는 느낌을 받을 수 있다. 예
를 들어, 말콤(Malcom)의 어머니는 그에게 매우 보호적이었다. 그의 어머니와 할머
니는 끊임없이 그를 보살피며 그가 허약하고 잘 아프다고 안절부절못했다.

말콤의 불안은 청년기와 첫 결혼에서 시작되었고, 신혼여행을 위해 카리브해로
가는 비행기에서 아프기 시작했고 위 합병증으로 극심한 메스꺼움을 느꼈다. 이 때
문에 고생할 때, 그의 아내는 자고 있었고 그의 곤경을 알지 못했다. 그는 그녀를
깨우고 싶지 않았고 비행기에서 구토로 자신과 아내가 수치를 당할까 봐 대단히 무
섭고 외로웠던 느낌을 떠올렸다. 그는 아내가 매우 어리고 그에게 지나치게 의지하
는 것 같았다. 그녀는 아이 같아서 지원이 필요할 때마다 아무런 도움이 될 것 같지
않았다. 이는 말콤을 매우 외롭고 무력하게 느끼게 했다. 그 후 말콤이 가족의 건강
과 안전에 대해 걱정하고 더 주기적으로 불안을 느끼면서 GAD 진단을 받았다. 그
는 자녀와 아내가 스스로 돌볼 수 없을까 봐 걱정했다. 직장에서 사람들의 반감을
사서 가족의 안녕을 위태롭게 할까 봐 걱정되었다.

치료의 중요한 초점은 말콤과 협력하여 자신의 대처 능력과 확신감을 더 많이 발
달시키는 것이었다. 그는 두 의자 대화를 해낼 수 없겠다고 자신에게 말했을 때 더
불안해지는 것을 깨달았다. 초기 경험의 정서적 영향을 처리한 후, 그는 끊임없이

자신에 대해 걱정하고 애태우는 어머니와 할머니에 의해서 얼마나 그가 취약하고 손상된 것으로 느꼈는가를 이해하게 되었다. 그들의 염려가 그를 서투르고 무력하게 느끼도록 했다. 그는 자신의 감정을 표현하고 그들에게 자신이 할 수 있다고 안심시키기 위해 빈 의자 작업을 했다. 그는 그들에게 걱정하지 말고 그를 신뢰하고 더 많이 믿으라고 말했다. 이 작업을 마친 후, 그는 두 의자 대화를 통해 안심할 수 있었으며, 대처할 수 없다고 무서워하고 두려워했던 자신의 부분에게 '나는 강하고 할 수 있다'는 말로 대응했다. 이렇게 말하면서 말콤은 그의 불안이 없어지기 시작했다는 것을 깨달았다. 치료사는 그에게 이러한 안도감에 주의를 기울이고 불안에 대항하기 위해 '그는 강하고 능력 있었다'는 문구를 되새기라고 했다. 비록 이 말이 그의 불안을 완화시키기는 했지만, 그 말을 사용하는 것만으로는 충분하지 않으며, 그 말에 귀를 기울이고 믿어야 했다. 그가 이러한 정서경험을 더 많이 신뢰하도록 배우고, 욕구를 확인하고, 그 욕구를 충족시키는 방법을 찾으면서 점진적으로 그렇게 되었다. 치료 과정을 통하여, 그는 가족을 위해 유능하고, 강하고, 훌륭한 공급자로서의 자신을 보게 되었다. 또한 그는 아내에게 자신의 감정을 표현할 수 있었고, 그녀는 지지와 관심으로 그에게 답할 수 있었다. 말콤의 만트라는 "너는 더 강하고 유능하고, 모든 것이 잘 될 거야."로 되었다.

내담자는 두 의자 작업(자신의 경험을 처치하는 부정적인 방법을 해결하는 것과 더 긍정적인 자기 대우 방식을 획득하는 것)과 빈 의자 작업(대인관계 상황에서 감정과 욕구를 말로 표현하는 것과 타인에게서 분화하는 것) 사이를 오고갔다. 또는 외상 경험을 상징화하고 조직화하도록 돕기 위해 다시 들려주는 서사에 초점을 둘 수도 있다. 이러한 과정들은 내담자가 자신의 경험을 상징화하고 치료사와 공유하게 되면서 일어난다. 내담자는 이러한 과정을 밟으면서 감정과 지각을 이해하기 위해 사건을 재구성한다. 그 과정에서 자신의 인식을 재평가할 수 있고 사건과 타인의 행동을 다르게 볼 수 있게 된다. 이러한 인식 변화는 이전의 해석이나 타인이 동일한 사건에 대해 가지는 해석과도 상충될 수 있다. 자기 자신과 자신의 경험을 신뢰하도록 배우는 것은 내담자가 자기 확신감을 쌓고 삶의 어려움에 대처할 수 있는 자신의 역량에 대해 보다 탄력적이고 자신감 있게 되는 데 필수적이다. 이는 정서에 주의를 기울이고, 이름을 붙이고, 타인에게 표현함으로써 자신의 정서경험을 재처리하게 되면서 증강된다. 정서는 욕구를 확인할 수 있는 정보를 제공하여 내담자가 필요로 하는 것으로 안내하고 더 만족스럽고 온전한 방식으로 욕구를 충족시키도록 정서를 사용할 수 있다.

변화 과정의 또 다른 중요한 부분은 빈 의자 작업을 이용하여, 내담자를 보호하거나 실패한 타인과의 고통스러운 경험을 처리하는 것과 자기 진정 방식을 배우는 것이다. 빈 의자 작업은 내담자의 핵심적인 고통 감정을 밝히고 그 감정을 주장적인 분노, 슬픔 및 자기 자비로 전환시키는 데 있어서 중요한 과제이다. 자기 진정을 배우는 것은 이 과정에 없어서는 안 될 부분이다. 어떤 내담자에게는, 이 과제가 자기를 돌보고 자비와 친절로 자신을 대하는 방법에 대한 명확한 교훈이 필요할 수 있다. 자기 진정은 GAD가 있는 내담자와의 작업의 중요한 성과이다. 자기 진정은 내담자가 자신의 정서를 처리하고, 분류하는 법을 배우고, 불안 촉발에 대한 해독제 역할을 하는 만트라를 찾는 법을 배우면서 발달하는 이면의 과정이다. 어떤 내담자는 진정작용하는 만트라를 두 의자 대화에서 얻는다. 그러나 다른 내담자는 자기 진정 행동을 개발하고 습득하기위하여 더 명확한 코칭이 도움될 수도 있다. 이러한 개입은 제9장에 자세히 설명되어 있다. 흔히 내담자들은 자신에게 더 자비적으로 되고, 핵심적인 고통스러운 감정을 진정시키고, 불안한 자아감을 안심시키기위해 자신의 역량을 강화하는 특정 작업에 참여함으로써 도움받을 수 있다.

고통의 변형:
범불안장애의 빈 의자 대화 작업

내담자는 두 의자 대화에서 삶의 서사를 재구성하면서, 종종 극도의 취약감과 고통스러운 감정의 원인이 되었을 수도 있는 타인과의 상호작용과 관계 상처를 확인한다. 걱정과 불안의 이면의 고통스러운 감정과 관계 상처가 자각될 때, 치료사는 이를 밝히기 위하여 내담자에게 빈 의자 대화를 해 보자고 제언할 수 있다(Elliott, Watson, Goldman, & Greenberg, 2004; Greenberg & Paivio, 1997; Greenberg, Rice, & Elliott, 1993; J. Watson, 2006). 내담자가 타인과의 관계에서 경험되고 변형된 두려움, 슬픔 및 수치심의 이면에 있는 핵심적이고 부적응적인 고통 감정에 접근하고 표현하는 것이 목표이다. 빈 의자 대화 작업의 목적은 내담자가 고통스러운 핵심 감정과 충족되지 않은 욕구를 처리하도록 돕는 것이다.

내담자는 빈 의자 대화에서 감정에 접근하기 위해 에피소드를 기억해 내고, 타인의 행동의 영향을 상징화하고, 타인과의 관계에서 경험한 감정들을 말로 표현하도록 격려받는다. 내담자는 치료사와 함께 타인이 자신에게 대했던 부정적인 방식을 더 자각하게 되고, 고통스러운 감정을 표현하고 그 감정들을 처리하면서, 타인의 행동이 미친 영향을 온전히 알게 되어 그들로부터 받아야 했던 것이 무엇인지 인식하게 된다. 타인과 대화하면서 자신의 감정을 표현하고 욕구를 주장함으로써, 내담자는 더 자기주장적으로 되고 자신의 안녕에 자신이 더 큰 책임이 있다고 보게 된다. 타인이 보호와 보살핌을 자신에게 제공하지 않은 것에 대해 더 많은 책임을 그들에게 묻고, 앞으로 나아가기 위해서 스스로 돌보고 보호한다. 이는 자아와 타인 간의 더 큰 분화를 가져오기도 하고 타인과의 상호작용에 힘의 부여와 숙달감의 증가를 이끈다.

타인과 나누는 빈 의자 대화의 목표는 내담자가 감정과 욕구를 토로할 수 있게 하고 타인과의 관계에 새로운 존재 방식을 발달시키는 것이다. 내담자가 감정을 더 자각하게 되고 회기에서 그 감정들을 경험하기 시작하면서, 타인과의 상호작용에서 두려움과 수치심의 고통스러운 감정을 느꼈거나 두려움과 불안한 감정을 느꼈던 때와 특정 에피소드를 회상할 수 있다. 치료사는 내담자가 감정에 접근하도록 돕기 위해 자신에게 상처를 준 타인을 상상하고 묘사하도록 한다. 이와 같이 상대방을 상상하는 것은 회기에서 내담자가 말로 표현할 수 있는 감정을 불러일으킨다. 그 감정들은 종종 알지 못하고 있거나 이전에 표현된 적이 없다. 하지만, 공감적으로 조율된 치료사와의 상호작용에서는 내담자가 고통스러운 감정의 목소리를 낼 수 있고 타인에게 자신의 목소리가 들리게 된다. 치료사의 공감, 수용 및 따뜻함은 내담자가 타인의 행동뿐만 아니라 결부시키는 방식 및 상처가 자신에게 미치는 영향을 더 의식하게 되도록 돕는다. 내담자가 상대방과의 상호작용에서 자신의 정서와 감정을 더 잘 인식하게 되면서, 자신의 감정을 표현하고 자신의 디스트레스와 책임감을 공유할 수 있고, 또한 타인으로부터 자신이 필요로 하는 것을 알 수 있게 되며 타인을 더 명확하게 볼 수 있게 된다.

빈 의자 작업은 정서적 유기, 거부, 학대, 비판, 과부담 및 과보호로 인한 과거의 상처를 밝히는 강력한 방법이다. 치료사는 내담자가 타인을 돌보기 위해 또는 대처 방법으로 무시했거나 침묵시켰던 고통스러운 감정을 표현하도록 격려한다. 이 과정에서 내담자는 자신을 더 잘 돌보기 시작하고 자신의 한계에 대해 더 수용적으로 되는 한편, 타인에게 더 많은 기대를 한다. 타인의 행동에 대한 책임을 그들에게 묻고 그 결과에 대해 자신이 책임지는 걸 그만둔다. 이 과정에서 내담자는 불안한 자아의 발달에 원인이 되었을 수도 있는 자신과 타인의 상호작용 방식을 내려놓는다.

🤲 애착 상처의 해결을 위한 빈 의자 대화

빈 의자 대화를 이용하는 범불안장애(Generalized Anxiety Disorder: GAD)의 고통 정서를 처리하는 단계들은 다음과 같다. 즉, 타인과의 관계에서 지속된 내담자의 고통과 관계 상처에 접근하고 인식하며 주의를 기울이기, 일화적 기억을 소환하여 상대방을 상상하기, 상대방과 대화하기, 타인과의 관계에서 보살핌과 수용을 더 많이 받을 자격이 있다고 느끼고 자신의 욕구와 정서가 인정되고 충족되기를 기대하면서 더 많은 여지를 요구하기 위해 자기 주장하기와 보호하기 등이다. 빈 의자 대화를 하기 전에 내담자는 자신의 고통스러운 감정을 이 방식으로 다루는 것에 동의해야 한다. 동의하면 치료사는 과제를 설정할 수 있다.

애착 상처의 표식

마음을 다치게 한 상호작용과 관계적 상처에 대한 내담자의 불만, 묘사 및 기억은 빈 의자 작업이 이러한 고통 경험을 밝히는 데 유용할 수 있다. 이러한 유형의 내담자 진술은 빈 의자 작업이 내담자가 고통스럽고 부정적인 상호작용과 사건들을 밝히는 것이 유익할 수도 있음을 가리키는 표식이나 안내자 역할을 한다. 방임, 거부, 비판 및 위해와 관련된 고통스러운 감정은 빈 의자 대화의 필요성을 가리킨다. 앞 장에서 우리가 논의한 바와 같이, 정서중심치료(Emotion-Focused Therapy: EFT)는 사람들이 정서적, 심리적 및/또는 신체적 생존이 어떤 식으로든 위협받고 있다고 느낄 때 GAD가 발전한다고 제언한다. 두려움, 슬픔, 수치심 및 양육자에 의해 보살핌을 받았다는 느낌이 없는 데서 오는 미분화된 디스트레스와 같은 강렬한 고통스러운 감정에는 자아가 대처할 수 없고 압도당하는 느낌이 있다. 상처받고 보호받지 못한 사람들은 위해나 위협을 경계하고 감시하도록 배운다.

이 책의 제1장에서 논의한 것처럼, GAD는 종종 정서적이고 육체적인 학대, 거부, 유기 또는 방임당한 경험에 의한 것이거나, 사람들을 신체적·정서적으로 취약하게 느끼도록 하는 다른 부정적인 경험의 결과일 수 있다. 이는 부정적이고, 냉정하고, 거부하고, 적대적이고, 요구적이며 과도한 부담감을 주는 양육자와의 애착관계나, 지나치게 침습적인 관계에서 누적된 보이지 않는 작은 외상들이다. 내담자의 과도한 책임감은 양육자가 너무 힘들어서 내담자 자신을 적절하게 돌보거나 보호할 수 없다고 보는 상황에서 발달할 수 있다. 이를 상쇄하려고 사람들은 고통스러운 감정과 위협감에 대처하기 위해 자신의 안녕뿐만 아니라 타인의 안녕에도 책임지려고 한다. 또는 타인이 지나치게 보호적이었을 때, 내담자는 타인을 위해 욕구를 침묵시키고 희생할 수도 있으며, 함몰(enmeshment)과 교착된 정체감 형성을 가져올 수 있다.

GAD가 있는 내담자의 경우, 고통스럽고 위협적인 경험을 의식적인 자각에서 온전히 상징화하지 못한다. 오히려, 내담자의 디스트레스에 반응했던 타인의 태도가 내담자의 부적응적인 정서도식, 정서 처리와 주관적 경험을 다루는 방식 및 내담자의 안전과 생존의 확보에 과도한 책임과 걱정을 발달시키는 문제적인 방식의 발달을 이끌었다. 정서 처리와 정서 표현의 어려움과 걱정을 효과적으로 밝히려면, 핵심적이고, 고통스럽고, 부정적인 정서경험이 상징화되고 변형되어야 한다. 앞 장에서 논의하였듯이, EFT 치료사는 먼저 내담자의 고통에 접근하고 삶의 역사를 적절하게 설명하는 서사를 구성하기 위해 내담자와 함께 작업한다(Angus & Greenberg, 2011; J. Watson, Goldman, & Greenberg, 2007). 내담자가 걱정 대화와 작업할 때, 타인과의 상호작용에서 경험한 핵심 고통이 고조되어 미해결 과제의 표식이 나타난다.

감정과 에피소드의 기억을 불러일으키기

내담자의 고통 감정의 처리를 촉진하는 첫 단계는 내담자가 두려움의 이면에 있는 디스트레스적이고 위협적인 경험을 구체적으로 확인하도록 돕는 것이다. 종종 GAD로 발현되는 상처를 일으켰던 상황과 관계로 인해 내담자는 타인을 돌볼 수 없고, 자신의 경험이 상징화되지 못하고, 인식되지 못하고, 지지받지 못하는 상태로 남겨둔다. 더구나, 대처 능력에 의구심을 품는 그런 침습적이고 지나치게 보호적인 타인에 의해 그들의 유능감과 숙달감이 손상될 수 있다. 내담자가 타인과의 관계를 유지하기 위해서, 어렵고 제한적인 환경에서 생존하기 위해 발전시킨 대처 방식대로 자신의 감정과 욕구가 묵살되고 억압되어 왔을 것이다. 빈 의자 작업을 통해 이전에 암묵적이고 표현하지 않았던 경험의 부분들에게 내담자가 목소리를 주도록 할 수 있다. 경험에 주의를 기울이고 접근하여 힘들고 위해적인 타인과의 상호작용에서 느끼고 경험한 것을 상징화하고 표현할 수 있도록 한다.

일단 걱정에 새겨진 두려움이나 디스트레스 감정에 접근하고 나면, 치료사는 이면의 고통을 탐색할 수 있게 된다. 내담자가 자신의 고통을 확인할 수 있도록 돕기 위하여 치료사는 "이런 감정을 처음 알게 되거나 느끼게 된 때를 떠올릴 수 있으신가요?" 또는 "바로 지금 그렇게 괴로운 것이 무엇인가요?"와 같은 질문을 할 수 있다. 이러한 질문들은 내담자의 관심을 내부로 향하게 하여 취약하고 불안하게 느꼈던 때를 기억하게 하는 경우가 많다. 예를 들어, GAD 치료를 받고 있던 로저(Roger)는 어릴 때 어머니가 화를 내고 집을 나갔을 때 얼마나 힘들었는지 회상했다. 자신이 어머니의 분노에 대한 책임을 져야 하고, 자신에게 뭔가 크게 잘못된 게 있었다고 믿었다. 이러한 부적절함과 '잘못'됨에 대한 느낌은 성인기까지 남아 있었다. 결과적으로 그는 자신의 일과 관계에 대해 걱정했다. 그는 자주 죄책감을 느꼈고 많은 보살핌이 필요하고 불우한 사람들과 관계를 형성했다. 그 사람들이 실망하거나 못마땅한 기색을 보이면, 매우 불안해지고 그들의 사랑에 보답하지 않은 것 같아 죄책감을 느꼈을 것이다. 걱정 대화를 나눈 후에 로저는 자신이 얼마나 압도당하고 부적절하게 느꼈는지 자각하게 되었다.

내담자 반응의 촉발 요인은 의식적인 자각의 범위 밖에 있는 경우가 흔하다. 그러므로 내담자들은 자신이 하고 있는 것에 대한 자각 없이 자동적으로 반응한다. 내담자가 타인의 행동뿐만 아니라 자기 삶 속의 다양한 상황, 사건 및 사람들에 대해서 말하고 설명하기 시작할 때에야 비로소 디스트레스를 일으킨 촉발 요인에 이름을 붙이고 타인의 행동을 명료하게 볼 기회를 가지게 된다. 이러한 과정 중에서, 내담자는 다른 렌즈를 통해 자신의 경험을 보게 되고 자신에게 미치는 부정적인 영향을 인식하게 된다. 로저의 경우, 부정적인 사건들이 어머니와 자신의 안녕에 대해 두려움과 책임감을 느끼도록 영향을 미쳤다. GAD를 가진 사람들은 종종 자신과 타인의 안녕을 자신이 확보해야 한다고 생각하는 책임감의 무게로 인해 심신이 쇠약하게 된다. 비록 결과가 내담자의 실제적인 통제 범위를 벗어날지라도, 그들은 자신과 타인에게 일어날 부정적인 결과를 피하기 위해 끊임없이 걱정한다. 자신도 책임지지 못하고 내담자도 보호하고 보살필 수 없었던 타인으로부터 애착, 사랑, 지지 및 가용성을 유지하기 위해 그들은 항상 주의하고 감시한다.

상대방의 심상화

내담자가 자신의 고통 정서에 접근하도록 돕기 위해 EFT 치료사는 빈 의자에 있는 타인을 상상하여 시각화하고 상호작용하면서 떠오르는 고통스러운 감정에 주의를 기울이도록 한다. 내담자는 상대방이 현재 또는 과거에 있는 것으로 상상할 수 있다. 치료사는 내담자에게 상대방의 신체적 특징을 묘사하도록 하는데, 이는 회기에서 상대방이 생생하게 살아있게 하고 상대방의 존재감을 주는 것이다. 그런 다음 치료사는 내담자에게 상대방이 내담자를 어떻게 보고 있는지 또는 상대방의 얼굴 표정이 어떠한지 묻는 것이 중요하다. 대체로 내담자의 정서 반응을 일으키는 것은 상대방의 얼굴표정이다. 이런 질문을 받은 후에 내담자는 "그녀는 슬프고 무력해 보여요."라든가 "그가 얼굴을 찡그리고 화를 내요."라는 말을 할 수 있다. 상

대방의 표정이 명명되고 나면, 치료사는 내담자에게 치료사가 타인과 대화를 나누
라고 할 때 그것이 어떤 느낌을 갖게 하는지 묻는다. 흔히 상대방의 표정에 대한 내
담자의 이미지는 그 관계를 특징짓고 요약하여 정동 경험의 중요한 원천이 되게 하
는 경우가 많다.

상대방과 대화하기

감정의 표출

　상대방에 대한 기억이 되살아난 후에, 치료사는 내담자의 감정에 접근하고 말로
표현하기 위해 내담자를 지지하는 데 중점을 둔다. 내담자가 자신의 감정을 상징화
할 때, 치료사는 내담자가 고통을 표출하면서 그 고통을 견디게 하기 위해서 긍정
하고 타당화하는 반영을 사용한다. 치료사는 또한 내담자가 감정을 말로 표현할 수
있도록 공감적 추측을 사용할 수 있다. 또는 정서적 상처가 있을 때에 내담자가 느
끼는 방식을 표상하기 위해서 치료사는 공감적 이중자아 반응을 사용할 수도 있다.
이런 반응은 잠정적으로 제공되며 내담자와 함께 검토된다. 내담자가 자신의 감정
을 표현하고 상대방과의 대화를 하려고 할 때, 치료사는 내담자의 정서를 불러일으
키고 만나기 위하여 치료사 자신의 목소리를 사용하여 더 충족적인 표현을 할 수
있다. 치료사는 염려, 분노 또는 슬픔을 전달할 때 말하는 속도뿐만 아니라 목소리
를 다양하게 표현한다. 주요 목표는 내담자를 도와서 그들의 감정을 그 방으로 초
대하여 명료하게 표현되고 상대방과 공유될 수 있게 하는 것이다. 치료사는 내담
자들이 슬픔, 수치심 및 두려움의 고통스러운 감정에 목소리를 내도록 지지해야 한
다. 이를 위해 치료사는 내담자의 감정이 상징화되고 말로 표현될 때에 그 감정들
을 반영한다. 내담자가 자신이 어떻게 느끼는가를 표현하고 나면, 상대방으로부터
필요한 것이나 받고자 했던 것이 무엇인지 진술하도록 한다. 내담자에게 상처를 주

었거나 고통을 야기했던 상대방에 대한 감정과 욕구를 온전하게 표현하기 위해 내담자와 함께 작업하는 것이 중요하다. 그다음, 내담자에게 빈 의자에서 상대방으로 반응하도록 요청한다.

이들 대화는 짧고 강렬할 수 있고, 또는 느리고 오래 갈 수도 있다. 빈 의자 대화의 완전한 해결의 표식은 일반적으로 내담자가 보호적인 분노에 접근함으로써, 그리고 상처 주고, 방임적이고, 위협적인 행동에 대한 책임을 상대방에게 지움으로써 자아, 상대방 또는 둘 다에 대해 자비와 공감으로 다가가는 것이다. 내담자의 첫 번째 빈 의자 대화에서 해결이 일어나지 않는 경우가 많다. 일반적으로 완전한 해결이 이루어지기 전에 치료 과정 전반에 걸쳐 많은 대화가 이루어진다. 그들이 자신의 감정을 온전히 소유하고 자신의 감정으로 살 때, 타인에게 자신의 감정을 표현하고, 자아와 타인에 대한 지각을 소유하고, 자신의 감각에서 오는 정보를 신뢰하고, 욕구를 표현하고 보살핌과 관심을 받아 마땅하다고 느낀다.

온전한 표현의 지지

내담자의 몸과 비언어적 행동은 그들이 자신의 감정을 해결했는지 또는 완전히 표현했는지에 대한 좋은 지침이 된다. EFT 치료사는 모든 감정이 표현되었는지 확인하기 위해 내담자에게 자신의 몸, 특히 핵심 정서를 체크하도록 요청한다. 내담자들이 어떤 감정은 표현하지만 다른 감정은 억압하여 내장기관이나 가슴에의 긴장, 두려움, 분노 또는 슬픔이 지속되는 경우가 많다. 이 경우 치료사는 현재 회기나 이후 회기에서 내담자가 입은 관계적 상처를 해결하기 위해 돌아오면서 내담자가 자신의 감정을 온전히 표현하도록 계속 협력한다. 내담자가 일단 자신의 감정을 온전히 표현하고 나면, 숨을 길게 내쉬고, 의자에 깊숙이 앉아서 편안하고 이완되어 보이면서 가벼움을 느끼게 된다. 일반적으로 표정이 가벼워지고 눈이 밝아진다. 이를 치료사가 알아차리면, 내담자에게 느끼고 있는 바를 알리기 위하여 신체변화를 확인하고 공유하도록 한다. 그렇게 해서 내담자와 치료사는 과정이 해결되었다는 것과 상대방을 향한 느낌에서 의미 있는 변화가 일어났다는 것을 확신할 수 있다.

내담자가 일화적 기억에 접근하면서 감정들이 회기에서 살아나게 되고 이 감정들이 더 많은 감정을 불러일으킨다(Angus & Greenberg, 2011; J. Watson, 1996; J. Watson & Rennie, 1994). 내담자가 외적 경험을 상징화하는 과정은 내담자가 타인에서 비롯된 취약하고, 거부되고, 유기되고, 보살핌받지 못한 느낌을 가지게 되었던 사건들을 회상하기 시작하면서 이야기가 재구성되는 과정을 지속시킨다. 이런 과정을 밟으면서 내담자는 새로운 시각으로 타인을 보게 될 수 있다. 즉, 내담자가 자신의 중요한 타인은 요구에 응할 수 없고, 자기중심적이거나 적대적이면서 필요한 보살핌, 관심 및 보호를 제공할 수 없는 것으로 인식하게 된다. 때로 이는 힘든 삶의 상황으로 인한 의도하지 않은 결과(예: 중병을 앓거나 사망한 부모)일 수 있다. 또는 필요한 보살핌을 상대방이 제공할 역량, 의지 또는 기술이 없었다는 것으로 인식될 수 있다. 아니면, 상대방의 욕구가 더 중요하게 여겨졌기 때문일 수도 있다. 다음의 레이첼(Rachel)의 사례에서 이를 설명하고자 한다.

GAD 치료를 위해 내방한 레이첼은 아동기 사건을 처리하기 시작하면서 어머니에게 극심한 분노와 실망을 느꼈다. 레이첼은 자신의 일과 다른 사람들과의 상호작용에 대해 항상 걱정하고 불안했다. 그녀와 그녀의 어머니는 레이첼의 아버지가 죽은 후 조부모님에게로 이사했다. 어렸을 때 어머니가 조부모에게 신체적으로 공격받는 것을 본 것을 회상했다. 조부모 모두 기분이 안 좋을 때는 그녀의 어머니를 때리며 때로는 어머니의 머리카락을 잡아당기거나 식탁에서 끌고 나갔다. 조부모는 어머니가 잘 하지 않으면 레이첼에게 소리치고 때리려고 위협하기도 했다. 내담자는 그런 상황이 너무 무서웠던 것을 회상했고 그래서 사람들을 귀찮게 하거나 화나게 하는 것을 크게 우려했다. 결과적으로, 그녀는 자신의 감정과 소망을 침묵시키고 타인이 불쾌하지 않게 하는 데 집중하는 경향이 있었다. 그녀는 자신이 옳게 하고 있는지 여부에 대해 항상 걱정했고 타인의 욕구를 미리 알려고 했다. 이는 소진적이었고 그녀를 편히 쉴 수 없게 했다. 레이첼은 타인의 욕구를 우선시함으로써 자신의 행동에 대해 걱정했다. 그녀는 성적과 학업에 대해 걱정했다. 그녀는 건강

관리 전문가가 되려고 공부하고 있었고, 공부를 잘 하지 못하면 선생님과 조부모님이 반대하고 화낼까 봐 걱정했다.

처음에 레이첼은 자신의 생일파티에 참석하지 않겠다고 한 제일 친한 친구에 대한 염려를 호소했다. 레이첼은 이 일로 인해 매우 상처받았고 혼란스러웠다. 그녀는 친구가 무엇 때문에 거절했는지 알기 위해서 함께 보낸 최근의 시간들을 더듬어 보았다. 걱정 대화에 다시 참여한 후 레이첼은 저녁 식사 자리에서 자신이 얼마나 겁을 먹었는지 떠올렸다. 그녀는 아무도 화내지 않으면서 식사할 수 있기를 바라면서 어머니와 조부모를 바라보던 것을 회상했다. 조부모와 함께 성장하는 것의 고통을 나누고 두려움과 슬픔의 감정을 표현하기 시작하면서, 어머니가 자기 관리도 못하고 레이첼과 함께 조부모의 학대를 받게 만든 것에 대한 분노와 실망도 표출했다.

예를 들어, 레이첼이 실망과 분노에 접근하고 나서, 치료사는 그녀가 자신의 고통과 더 큰 보호에 대한 욕구를 표현하기 위하여 어머니와 빈 의자 작업을 하고 싶은지 물었다.

치료사: 어머니와 하는 작업을 해 보시겠어요? 당신이 좀 더 편안해질 수 있는지 알아보기 위해 감정을 표현해 보는 것이 도움이 되겠는지요?

내담자: [조부모]에 대해 제가 말하는 것을 어머니가 감당할 수 있을지 모르겠어요. 그들에 대해서 어머니에게 말한 적이 없었던 것 같아요.

치료사: 그래요. 이런 감정들을 어머니에게 말하는 것이 힘드네요? 아마도 이것은 레이첼에게는 자신의 감정을 표현해 보는 기회가 될 수 있으며, 어머니가 어떻게 반응할 것인가에 대한 걱정은 안 해도 돼요. 해 보시겠어요?

치료사는 빈 의자 대화를 하는 것에 대한 논리적 근거를 제공하려고 했다. 가끔 내담자들은 직접 상대방과 대화해야 하는 것으로 생각한다. 하지만 여기서 치료사는 회기에서 그 대화를 수행함으로써, 내담자의 어머니나 어머니의 반응을 걱정할 필요가 없이 내담자에게만 집중할 수 있다고 설명했다. 처음에는 작업이 이상하고 어색해 보일 수 있다. 그녀는 망설이는 듯했지만, 동의했다.

> **내담자:** 좋아요.
>
> **치료사:** 네 좋아요. [다른] 의자에서 시작할 것이며 맞은편에 있는 의자에 어머니가 있다고 상상해 보시라고 할 거예요. 어머니에 대해 설명해 줄 수 있나요? 어떤 것이 보이나요? 제가 그녀를 알 수 있도록 도와주시겠어요?
>
> **내담자:** 그녀는 갈색 곱슬머리의, 약간은 저와 비슷하게, 작고, 연약해 보여요.
>
> **치료사:** 그러네요. 그녀는 [작아요]. 그녀가 당신을 바라볼 때 그녀의 표정은 어떠한가요?

이 질문은 내담자에게 종종 파급효과가 가장 큰 자극을 주기 때문에 매우 중요하다. 상대방이 금발이나 파란 눈을 갖고 있는가의 여부는 대체로 적중하지 않지만, 얼굴 표정은 치료사뿐만 아니라 내담자에게 많은 감정 정보를 전달한다. 내담자가 상대방을 바라보고 있다고 상상하는 방식이 상대방과의 관계의 질에 대한 첫 번째 단서를 제공한다. 그러한 자극들이 회기 중에 내담자의 정서들을 불러일으켜서 빈 의자 작업에서 그 정서들이 명명되고 상상된 타인에게 표출될 수 있게 된다. 여기서 레이첼은 어머니의 얼굴 표정을 묘사했다.

> **내담자:** 어머니는 멀리 있는 것 같아요. 실제로 그녀는 나를 쳐다보지 않고 그냥 허공을 보고 있어요.
>
> **치료사:** 그래요. 그녀는 당신을 보지 않고 먼 곳을 응시하고 있습니다. 그럴 때 어떤 느낌이 드나요?
>
> **내담자:** 슬픈 [느낌이 드네요]. 그녀가 나를 잊었다고 느껴져요. 마치 그녀는 저나 어떤 것을 볼 수 없는 것 같아요.

일단 내담자가 자신의 감정에 접근하면, 치료사는 빈 의자에서 상상했던 상대방에게 자신을 표현하도록 힘을 실어 준다. 이 삽화에서, 레이첼은 어머니를 회상하면서 멀리 응시하는 심상화된 타인인 어머니와 대화를 나누었다.

치료사: 어머니에게 [레이첼이 어떻게 느끼는지] 말할 수 있을까요? "엄마, 저 멀리 바라보고 있는 엄마를 볼 때, 마치 엄마가 나를 잊어버린 것 같아. 그게 나를 슬프고, 외롭게 느껴지게 해."

내담자: 그래. 엄마가 저 멀리 바라볼 때는 나는 잊힌 느낌이야. 그게 나를 너무 외롭고 슬프게 해. 마치 내가 여기 없는 것 같아.

치료사: 외로웠네요. 어쨌든 당신은 보이지 않는 느낌이에요? 그게 당신에게 어떤 것 같아요?

내담자: 저를 불안하게 하고 [그리고] 조금 무섭게 해요. 나는 무언가를 해야 한다고 느껴요. 어머니를 [제가 돌봐야] 할 것처럼 느껴져요.

치료사: 당신은 마치 뭔가를 해야 할 것처럼 두렵군요? 그걸 어머니에게 말할 수 있나요? "엄마를 돌봐야 할 것처럼 무섭고 책임감이 느껴져."

내담자: 그래. 어렸을 때가 생각나. 엄마는 항상 너무 슬퍼 보였고 창밖을 쳐다보곤 했어. 나는 너무 외롭고, 슬프고 [그리고] 두려움을 느꼈었지. 엄마한테 나는 존재하지 않는 것 같았어.

치료사: 그래요. 당신은 당신이 존재하지 않는 것처럼 느껴졌고 그래서 슬프고 외로웠어요. 그녀에게서 무엇이 필요했나요?

내담자: 나는 어머니가 나에게 주의를 기울여 주는 것이 필요했어. 엄마가 나를 봐 주기를 바랐어. 할아버지와 함께 있을 때 나는 너무 무서웠어. 항상 그가 나를 때릴 것만 같았고 그들이 엄마를 벌 주는 걸 보는 것이 너무 힘들었어. 왜 그들에게 대들지 않았어? 엄마가 떠나기만 했어도 많이 달라졌을 거야.

치료사: 알았어요. [다른 의자로 와서 어머니인 것처럼 말해 보실래요]? "할아버지와 함께 사는 것이 무서웠어. 나는 엄마가 떠났으면 해, 엄마가 나를

돌봐 주는 것이 필요했어."라고 레이첼이 말하는 걸 들으시면서 지금
여기에서 어떤 느낌이 드시나요?

내담자: 힘들었다는 걸 알아. 하지만 내가 어디로 갈 수 있었겠니? 혼자서 우리
둘을 돌볼 수 없었어. 나는 일을 찾을 수 없었고, 아빠가 죽은 뒤에 어떻
게 해야 할지 몰랐어.

치료사: 그녀가 무슨 말을 하나요? 그녀는 선택의 여지가 없었나요?

내담자: 네. 선택의 여지가 없었어요. 그게 내가 할 수 있는 최선이었어요.

치료사: 당신은 최선을 다했고 레이첼의 고통에 대해서는 어떻게 말하시겠어요?

내담자: 미안해. 그러나 내가 조용하게만 하고 눈에 안 보이게만 하면, 그들이
나에게 화를 내는 걸 멈추고 나를 때리는 걸 그만둘 거라고 생각했어.

치료사: 알았어요. [첫 번째 의자로 돌아와서 다시 레이첼로 말하세요]. [어머니
가] 미안하지만 그게 [어머니가] 할 수 있는 최선이었다고 말하는 걸 들
을 때 어떤가요?

내담자: 엄마가 최선을 다했다는 것을 알아. 엄마를 공격하는 그들을 보는 것이
너무 힘들었어. 그때 나는 항상 너무 무서웠어. 나는 사라지려고도 했
고 나를 안 보이게 하려고도 했었어.

치료사: 당신은 겁에 질렸어요. 어머니가 무엇을 할 수 있었으면 좋겠어요?

내담자: 엄마가 나를 보호해 줄 수 있었으면 좋겠어. 우리가 달아날 수 있었으면
좋겠어.

치료사: 어떻게 되었으면 당신에게 좋은지 어머니에게 말해 주세요.

내담자: 그들이 엄마를 때리고 화내고 공격하는 것과 엄마가 그것을 받아들이고
아무것도 하지 않는 것을 보는 것으로 인해서 내가 화내거나 나를 보호
하는 것이 어려웠어. 내 감정을 피하기 위해서 차단해 버렸어. 그래서
다른 사람들과 연결되는 것이 힘들게 되어 버렸어. 나는 항상 사람들이
나를 떠나거나 혼낼까 봐, 화낼까 봐 무서워.

치료사: 그게 당신을 그렇게 무섭게 했고 관계를 맺는 것을 어렵게 했네요. 무엇

을 원하나요?

내담자: 엄마가 나를 보호해 줄 수 있었더라면 좋겠어.

치료사는 레이첼에게 자신의 감정을 표현하도록 격려했고 그녀는 어머니가 더 강해져서 둘 다 보호할 수 있었으면 하는 소망을 표현했다. 이는 처음으로 레이첼이 어머니에게 도움을 요청한 것이기 때문에 앞으로 나아가는 중요한 단계이다. 지금까지 그녀는 어머니를 돌보는 것이 자신의 책임이라고 여겼었다. 그녀는 자신들의 안전과 안녕에 대해 항상 걱정했다. 대화의 이 시점에서, 그녀는 자신이 조부모의 손에서 어머니가 당하는 학대를 목격하는 것으로부터 보호가 필요했던 아이였다는 사실을 알기 시작했다. 치료사는 이것이 표식이라는 것을 인식하고 조부모와의 빈 의자 작업을 제안했다.

조부모와 빈 의자 대화를 하는 동안 레이첼은 치료에서 자신의 고통을 온전히 표현할 수 있었다. 그들에게 그녀가 얼마나 무서워했는지, 그들이 어머니를 공격하는 것이 얼마나 끔찍했는지를 말할 수 있었다. 그녀는 그들이 자신들의 분노를 다르게 다루어서 더 좋게 처리하는 걸 배웠기를 바랐었다고 말했다. 그녀는 그들이 더 자기 통제가 되어야 한다는 그녀의 욕구를 표현했고 그들의 행동을 수용할 수 없었다고 말했다. 그녀는 자신의 감정을 표현하면서 분노하고 더 자기 주장적으로 되었고, 치료사의 지지로 한계를 설정할 수 있었다. 그녀는 더 이상 다른 사람들의 감정에 대해 걱정하거나 그들의 심기를 다치는 것을 무서워하지 않겠다고 단호하게 말했다. 그녀는 사람들이 자신을 억제하고 자신의 분노를 적절하게 표현해 주었으면 한다고 말했다.

내담자가 자신의 감정을 표현하고 욕구를 확인하는 과정을 통해, 타인과의 상호작용에서 보다 더 자기 주장적이고 자기 보호적으로 되기 위하여 보호적인 분노에 접근한다. 빈 의자 작업을 하면서 내담자는 타인의 감정과 욕구로부터 자기 자신의 감정과 욕구를 분화시키게 된다. 이는 GAD를 가진 내담자에게 특히 중요한데, 어떤 경우에는 매우 어린 나이에 역할이 전도되어야 했었고, 양육자뿐만 아니라 자기 자신도 돌봐야 했었다. 타인과의 부정적인 상호작용 주기를 성공적으로 해결했던 내담자는 타인이 무엇을 했고 어떻게 반응했던가를 명확하게 더 잘 볼 수 있다. 예를 들어, 어떤 내담자들은 타인이 디스트레스일 때는 자신을 침묵시킨다는 사실을 깨달을 수 있다. 아니면, 어떤 내담자들은 들리는 목소리의 강도를 누군가 화가 나서 터뜨리겠다는 신호로서 해석한다는 것을 인식할 수 있다.

또 다른 사례는 자신이 뭔가 잘못했는지에 대해서 끊임없이 걱정하는 내담자인 애비(Abbie)의 사례이다. 치료에서 자신의 감정을 탐색하기 시작하면서 그녀는 다른 사람이 아파하는 것을 볼 때 자신을 침묵시키고, 자기 자신을 희생시키고 그들의 필요에 주의를 기울이곤 했다는 사실을 깨달았다. 그녀가 상처받거나 슬퍼 보이는 타인을 보는 것이 촉발 요인임을 확인한 후에야, 자신의 감정을 표현하기 시작할 수 있었고, 다른 사람이 실망하고, 괴로워하거나 상처를 받을 때마다 그녀가 느꼈던 책임감을 줄일 수 있었다. 애비는 어머니가 아파서 자녀를 돌볼 수 없었기 때문에 어릴 때부터 형제를 돌봐야 했고 위해를 당하지 않도록 해야 한다는 말을 들었던 것을 회상했다. 어머니는 매우 우울했고 자녀를 돌보는 책임감에 압도감을 느꼈다. 애비는 어머니의 디스트레스를 알고, 어머니가 형제들을 돌보는 것을 자신에게만 남겨둔 채 죽거나 입원하게 될까 봐 노심초사했다. 어머니를 돕고 고통을 덜어 주기 위해 애비는 그녀와 그녀의 형제들이 버림받지 않게 하려고 가족에서 어머니의 역할을 맡았다. 이러한 역할 전도로 인하여 애비는 형제들의 식사, 통학시키는 것, 숙제 돕기 그리고 어머니를 수발하면서 자신과 자신의 형제들의 안녕에 대한 책임을 떠맡았다.

상대방의 반응을 평가하기

내담자가 상상의 타인에게 자신의 감정과 욕구를 표현한 후에는 상대방이 어떻게 반응할지를 이해하기 위해 상대방을 재연하도록 한다. 과제의 이러한 측면은 치료사에게 내담자의 자아를 향한 내재화된 태도뿐만 아니라 내담자와 상대방의 상호작용의 질에 대한 중요한 진단적 정보를 제공한다. 이상적으로는, 내담자가 상대방을 자비적인 사람으로 상상할 수 있고 그들의 고통을 인정하고 반응할 수 있는 것이다. 이 시점에서 상상된 타인은 일어난 일에 대한 슬픔과 그 일이 다르게 일어나서 내담자가 괴로움을 겪지 않았으면 하는 바람을 표현한다. 내담자가 자신의 고통에 공감하는 자비적인 타인을 상상할 수 있다면, 이는 좋은 예후이고 과제가 빠르게 해결될 가능성이 있다. 내담자가 상대방으로서 긍정적으로 반응할 수 있다면, 이는 상대방이 관대했고 내담자가 내면화할 수 있었던 긍정적인 돌봄 기능으로 작용했음을 의미한다. 또는 내담자가 시간이 지나면서 치료사나 타인과의 긍정적인 상호작용에서 자아에 대한 긍정적이고 돌보는 태도를 내면화했을 수도 있다. 때로는 치료사가 내담자에게 더 자기 주장적으로 되어 욕구를 표현하도록 격려할 때에도, 상대방에 대한 내담자의 긍정적인 감정과 염려에 주의를 기울이고 균형을 맞추어야 한다. 이 경우에 내담자는 아이로서 보호와 보살핌이 필요했다는 사실을 인정하면서도 상대방의 고통이나 어려움에 대한 인식도 표현할 필요가 있을 수 있다.

하지만, 상대방이 자기중심적이고 내담자의 욕구를 인식하지 못하여 고통에 반응할 수 없다면, 내담자가 더 긍정적이고 돌보는 태도와 행동을 내면화하기 위해 치료사의 지지가 필요할 가능성이 높다. 표출된 내담자의 고통 앞에서 상대방이 변함없이 부정적이라면, 치료사가 개입하여 상대방이 하고 있는 행동을 명명할 수 있다(예: 내담자의 고통을 무시하기, 상대방의 고통에 주의를 집중시키는 변명을 늘어놓기, 비판하기, 내담자를 일축하기 및 내담자의 고통을 최소화하기). 상대방이 하고 있는 행동을 명명하거나 빈 의자 대화에서 묘사함으로써 치료사는 상대방이 부정적인 방식으로 반응할 때 내담자가 어떻게 느끼는지 묻기 위해 내담자에게 다시 집중할 수 있다. 이 시점에서 상대방이 부정적으로 반응하면 치료사는 내담자를 상대방과의 대화에서 분리하고 내담자와 함께 고통을 처리하기 위해 개입한다. 치료사는 염려하고 공감적인 타인의 역할을 맡는다. 목표는 내담자가 자신의 정서경험을 더 잘 받아들이고 수용적으로 되고, 자신의 인식을 타당화하고 자기 자신에게 더욱더 자비롭고, 친절하고 양육적으로 되도록 돕는 것이다.

　상대방의 반응이 부정적이면, 내담자는 자신에게 적절한 양육, 지지 및 공감이 없었음을 애도할 필요가 있을 수도 있다. 예를 들어, 자신의 소원이 결코 충족될 수 없음을 인식한 내담자는 이 소원을 '순진한 소원(baby wish)'이라고 불렀다. 이 바람은 자신을 확신하고 강하게 성장시키고 타인의 지지를 신뢰하고 확신하는 방식으로 양육되고 보살핌을 받는 것이다. 이는 포기되어야 할 소원이다. 일단 공감적으로 조율되고 수용적인 치료사와 함께 지원의 결핍을 애도하고 나면, 내담자는 자신이 종종 더 강하고 소중하게 느껴진다. 그리고 나서 상대방과 다시 대화를 나누어 그(그녀)에게 방임과 내담자에게 적절한 보호, 양육 및 지원을 하지 못한 것에 대한 책임을 물을 수 있다.

　앞의 레이첼의 사례에서는 GAD의 발달로 이끈 것이 어머니가 신체적 학대를 받는 것을 목격한 것이었다. 하지만, 흔히 정서적 방임이나 과보호의 사례에서처럼, 방임과 고통스러운 경험이 눈에 보이지 않는 때가 있다. 이러한 경우, 치료사는 내담자가 고통스러운 정서와 욕구를 표현할 때 상대방이 반응하는 방식으로 반영하는 것이 도움이 될 수 있다. 내담자는 의식적인 인식 하에서 상대방의 행위나 행동 방식 및 반응을 표상하지 않았을 수도 있다. 오히려, 상호작용은 인식 밖에 있을 수 있고 낡아빠진 행동패턴에 의해 지배받을 수 있다. 다른 사례에서 이 부분이 잘 나타나 있다. 치료에 왔을 때 40대 중반이었던 제인(Jane)은 성인 생활의 대부분이 불안했다. 그녀는 지속적으로 신체 건강과 안전에 대해 걱정하면서 GAD 진단을 받았다. 제인이 20대 후반에 어머니가 암으로 사망했다. 제인은 피아노를 쳤지만, 성공하면 벌을 받을 것 같은 두려움 속에서 살았기 때문에 뮤지션이 되는 꿈을 실현시킬 수 없었다.

　제인은 네 자녀 중 막내였으며 세 오빠들과 함께 자랐다. 그녀는 오빠들이 잘못 행동하거나 명령을 따르지 않을 때 아버지가 그들을 때리는 것을 보았다. 그다음으로, 그들은 제인을 괴롭혔고 어머니가 가끔 개입하기는 했지만, 부모 중 누구도 그들의 행동을 꾸짖는 경우가 거의 없었다. 제인은 가족 중 누구보다 어머니와 더 가까웠다. 그러나 어머니는 자주 아파서 그녀를 보호해 줄 수 없었다. 어머니는 제인에게 의지했고, 친척들에게 딸을 자랑할 수 있도록 자기 삶이 더 좋아지게 하기 위해서 제인의 성공을 재촉했다. 결과적으로 제인은 그만하면 충분하다는(good enough) 느낌을 결코 갖지 못했다. 그녀는 그렇게는 살 수 없을 정도의 과도하게 높은 기준을 만들었고 성공해야 한다는 압박감을 느꼈다. 그동안 그녀는 자신의 꿈과 야망을 실현할 수 없었다. 성인이 된 그녀는 음악 교사로서의 일에 만족하지 못했고 파트너와 만족할 만한 친밀 관계를 맺을 수 없었다.

제인은 아버지가 그녀를 원하지 않고 싫어한다는 느낌이 들었다. 그는 오빠들로부터 보호해 주지 않았고, 그녀에게 사랑을 보이거나 돌보지 않았다. 그는 가혹하고 권위주의적이었으며 어느 자녀에게도 그다지 친절함을 드러내지 않았다. 점차 그녀는 자신의 기억을 공유하고 경험을 상징화하기 시작했다. 이전에 그녀는 치료받은 적이 있었고, 어린 시절의 경험에 대해 이야기했었지만 자신의 감정과 연결할 수 없었다. 비록 그녀는 부모와 오빠들에게 분노를 표출할 수는 있었지만 두려움, 수치심 및 취약성을 인정할 수가 없었다. 몇 개월의 치료 후에 그녀는 자신에게 불리하게 사용되었기 때문에 억압했던 취약한 감정들에 접근하기 시작하면서 이러한 것이 바뀌었다. 제인은 어렸을 때 오빠들에 의해 처벌, 조롱이나 수치심을 당할까 봐 울지 않고 자신의 취약한 감정을 드러내지 않는 법을 터득했음을 회상했다.

처음에 제인은 건강과 신체적 안녕에 대한 끊임없는 걱정에 집중하였다. 제인은 걱정 대화 동안에, 어머니가 아파서 자신에게 많은 것을 기대했기 때문에 어머니에게는 도움을 청할 수가 없었고 오빠들의 괴롭힘으로 인해, 자신의 안전에 대한 염려가 아동기부터 시작되었다는 것을 깨달았다. 그녀의 치료사는 그녀가 대우받은 방식을 더 온전하게 상징화하고, 표현하고 억압된 감정을 언어화하기 위하여 빈 의자 작업을 제안했다. 치료사는 아빠와의 작업을 하고 싶은지 물었고 제인은 동의했다. 의자를 배치한 후 치료사는 제인에게 아버지에 대한 기억을 떠올릴 수 있는지 물었다.

치료사: 맞은 편 의자에 계신 아빠가 상상이 되나요?

내담자: 네.

치료사: 제가 그를 이해할 수 있도록 그에 대해서 설명해 주세요.

내담자: 그는 키가 크고 검은 곱슬머리에 양옆은 조금 세었어요.

치료사: 키가 크고 검은 머리. 그리고 그가 당신을 바라볼 때 그의 얼굴 표정은 어떤가요?

내담자: 참을성 없고 무섭게 보여요. 저에게 화를 잘 내서 항상 무서웠어요.

치료사: 참을성 없고 [그리고] 화나 보이는 그를 볼 때 당신은 어떤가요?

치료사는 내담자에게 아버지의 이미지에 의해서 일어나는 신체적 반응에 주의를 기울이도록 했다. 이렇게 제인의 주의가 내면으로 집중되어 자신의 반응과 감정을 더 잘 인식하고 명명할 수 있게 되었다. 일단 자신의 반응과 접촉하게 되면, 상상된 타인에게 그 반응을 표현하도록 도움받는다.

내담자: 배 안에 응어리가 있어요. 그냥 아파요. 그가 나를 보지 못하도록 눈에 띄지 않는 곳으로 사라져서 [그리고] 자취를 감추고 싶어요.

치료사: 그래요. 그가 무서워요. 당신은 당신이 사라져야 한다고 느끼시네요?

내담자: 네. 나는 아버지는 자기 주변에 제가 없기를 바란다는 걸 알아요. 나는 그에게 귀찮은 존재였어요. 내가 그의 계획에 방해가 되었어요. 그는 여자애를 원치 않았어요. 나를 멸시한다고 느꼈어요.

치료사: 그가 당신을 원하지 않는 사람으로 느끼게 만들었네요? 그에게 이렇게 말할 수 있습니까? "나는 아빠가 나를 경멸한다고 느꼈어. 나를 원하지 않는다고 느꼈어."

치료사는 내담자가 자신의 감정을 말로 직접 표현하도록 도왔다. 특히 상대방이 학대적이거나 가혹했다면 여기에 격려가 필요할 수도 있다. 치료사의 격려로 제인은 아버지와 직면하여 자신의 감정을 표현할 수 있었다.

> **내담자:** 아빠가 나를 너무 거부하는 것 같았고, 나를 원한 적이 한번도 없었던 것 같아. 아빠가 나를 꾸짖을까 봐 항상 무서웠어. 오빠들을 때릴 때 언제나 그림자 속으로 숨고 싶었어. 아빠가 무서웠어.
>
> **치료사:** 그래요. 당신은 그가 너무 무서웠어요? 당신이 얼마나 무서웠는지 그에게 말할 수 있나요?
>
> **내담자:** 무서웠어. 나는 숨어서 모든 것이 진정되고 고함 소리가 멈출 때까지 기다리곤 했어.
>
> **치료사:** 그에게서 무엇이 필요했나요?
>
> **내담자:** 아무것도. 나는 그에게서 아무것도 필요한 것이 없게 하려고 노력했어요. 그는 나를 너무 원망했어요.
>
> **치료사:** 그래서 [그에게] 당신이 필요로 하는 것이 무엇인지 말하기가 어려[웠네요]. 자기 충족적으로 되려고 했어요?
>
> **내담자:** 네, 그것이 유일한 생존 방법인 것 같았어요.
>
> **치료사:** 그가 당신을 그렇게 원망하는 것이 당신에게 어땠나요? 그 어린 소녀는 어떻게 느꼈을까요?

치료사는 내담자의 취약한 감정과 욕구에 대한 접근을 높이려고 노력했다. 그녀는 그것이 어린 소녀에게 어떠했는지 강조했다. 이는 일화적 기억을 더 생생하게 해서 내담자의 감정을 환기하여 내담자가 그 감정을 명명하고 표현하여 거기에 따르는 욕구를 상징화하는 것을 더 쉽게 하는 데 도움이 되었다.

> **내담자:** 거부당하고 원치 않는 느낌이 너무 컸어요. 아버지가 나를 사랑했으면 좋겠어요. 그가 나에게 특별하고 보살핌을 받는다는 느낌을 갖게 해 주면 좋겠어요.

> 치료사: 당연히 그랬어야죠. 당신이 특별하고, 수용받고, 사랑받는다고 느껴야
> 했어요. 그에게 그걸 말해 줄 수 있겠어요?
>
> 내담자: 나는 아빠가 너무 나한테 화를 낸다고 느꼈어. 난 그냥 아빠가 나를 사
> 랑했으면 좋겠어.
>
> 치료사: 너무 큰 고통이네요. 그가 당신을 사랑했었기를 바라고 있어요. 그 눈물
> 이 무엇을 말하고 있나요?

치료사는 내담자의 고통을 공감적으로 반영했다. 공감적으로 타당화하고 감정을 불러일으키기(제4장 참조)뿐만 아니라 공감적인 이중자아 반응도 이 과업 전반에 걸쳐 매우 중요하다.

빈 의자 작업의 목표 중 하나는 내담자가 자신의 감정을 충분히 표현할 수 있는 기회를 제공하는 것이다. 이 작업을 통해 내담자가 이전에 처리되지 않았거나 표현되지 않은 일부 경험들을 상징화하고 말로 표현할 수 있게 한다. 이러한 맥락은 내담자들이 자각으로 경험을 상징화할 수 있게 해 줄 뿐만 아니라 수용적이고, 공감적이고 소중하게 여겨 주는 타인에 의해 진정되고 지지받을 기회를 제공하기도 한다. 치료사로부터 수용과 지지를 받는 것은 내담자가 다른 사람에게 취약해지는 색다른 경험을 제공한다. 이를 통해 내담자는 디스트레스일 때에 다른 사람에게 의지하고 지지받을 기회를 가지게 된다. 시간이 지남에 따라 내담자는 자신의 경험을 대하는 이러한 더 긍정적인 방법 중의 일부를 내재화할 수 있어서, 자신의 감정을 존중과 배려를 받을 권리가 있는 것으로 대함으로써 더욱더 수용될 수 있고 소중하게 여겨질 수 있다.

상대방 행동의 명명

다음 삽화에서 치료사는 제인에게 아버지의 행동과 그에게 대우받은 방식에 이름을 붙이도록 함으로써 그녀의 고통을 처리하는 작업을 이어나갔다.

내담자: 그렇게 아픈 건지 몰랐어요. 그는 오빠들로부터 나를 보호하지 않았어요.

치료사: 그래서, 하고 싶은 말이 이런 건가요? "아빠는 나를 보호하지 않았어. 아빠는 그들이 나를 괴롭히게 했어."

내담자: 그래요. 나는 보호가 필요했는데 아빠는 오빠들을 [부추기는] 것과 마찬가지였어. 어찌되든 상관하지 않았어. 딱 한 번 아빠가 일하는 데 그들이 너무 시끄럽게 해서 우리 모두에게 화를 낸 것 외에는.

치료사: 뭐가 필요했어요?

내담자: 나를 보호하고 사랑해 줄 아빠가 필요했어요, 소리 지르고 내가 있으나 마나 하고 사랑받지 않는다고 느끼게 [할 사람]이 아니라.

치료사: 그래요. 그의 사랑과 보호가 필요했네요. [반대편 의자로] 오세요. 당신이 그렇게 말할 때 그는 어떻게 반응하나요?

내담자: 화를 내요. "무슨 말을 하고 있나, 물론 너를 아꼈지. 너는 가족이 있었어. 내가 너를 먹여 살렸지. 너는 내가 가진 것보다 더 많은 걸 가졌어. 나는 15세에 집을 나와 길거리에서 스스로 먹고 살아야 했어. 너는 너무 나약해(거부하는 손짓으로)."

치료사: 그래서 그가 무엇을 하고 있나요? 이 손짓은 무엇을 말합니까? 마치 당신을 거부하고 있고 당신을 우습게 여기는 것처럼 들리네요? 맞나요?

치료사는 내담자가 상대방이 하고 있었던 것, 상대방이 그녀를 대하는 방식을 상징화하고 명명하게 하려고 했다. 내담자에게 빈 의자 대화에서 이렇게 하도록 하면 상대방이 내담자에게 무엇을 하는지, 어떻게 행동하는지 분명하게 알 수 있다. 상대방의 행동뿐만 아니라 내담자의 행동을 명명하면 내담자가 자기 자신과의 관계뿐만 아니라 타인과의 관계를 매우 잘 드러내고 명료화할 수 있다. 이렇게 하기 위해 치료사는 내담자의 비언어적 행동에 주의를 기울인다. 치료사는 내담자가 무엇을 하고 있는지, 내담자의 얼굴에서 무엇을 표현하는지에 대해서 자문할 수 있다.

내담자의 비언어적 행동, 얼굴 표정에서 답을 얻을 수 있다. 내담자가 말하고 있는 것의 내용에 초점화하지 않고, 전반적인 어조나 메시지에 초점을 맞춘다. 치료사는 어떤 태도가 전달되고 있는지 스스로 질문할 수 있다(예: 내담자가 애원하고 있는가? 상대방은 자비적인가? 내담자나 상대방이 내담자 경험을 일축하고 있고 무효화하고 있는가?). 목표는 행동의 본질을 추출하고 이를 말로 표현하여 내담자가 더 잘 인식하게 하는 것이다.

제5장에서 설명했듯이, 사회적 행동의 대인관계 순환의 구조 분석(Benjamin, 1974)이 내담자가 타인이 자신을 대하는 것을 경험하는 방식뿐만 아니라 자기 자신을 대하는 방식에 대한 지침으로 사용될 수 있다. 뒤로 물러서서 상호작용의 질과 유형에 주의를 기울임으로써, 치료사는 내담자의 심상화한 타인의 행동을 볼 수 있고, 더 잘 보이도록 그 행동을 명명하고 의식적인 자각으로 가져올 수 있다. 상대방의 행동을 볼 수 있게 되면, 내담자는 자신과 타인의 행동을 더 잘 볼 수 있고, 그 영향을 더 잘 이해하고 상대방의 부정적인 대우에 직면하여 자신의 감정과 욕구를 처리할 수 있다. 내담자는 자신의 감정과 상대방의 행동을 연결시키고, 공감적으로 조율된 치료사는 이를 인정하고 타당화한다. 제5장에서 논의된 바와 같이, 이러한 치료적 상호작용 유형은 내담자에게 매우 치유적으로 될 수 있다.

어떤 내담자들은 자신이 심상화한 타인의 행동을 명명하기 어려울 수 있다. 명료하게 속속들이 보는 것이 두려울 수도 있다. 이러한 내담자는 상대방의 부정적인 행동을 더 명료하게 보고 자신과 자신의 관계에 미칠 영향에 대처할 수 있기 위하여 더 강한 자아감을 발달시킬 시간이 필요할 수 있다. 내담자가 이미지화한 상대방의 눈을 통해서 세상을 바라보고 그것에 함몰되어 있다면, 상대방의 행동을 부정적으로 보는 것을 배신으로 느낄 수 있다. 또는 상대방이 얼마나 부정적이었는지를 충분히 안다는 것은 내담자에게 세상에서 외롭고 취약한 느낌을 갖게 할 수 있다. 따라서 내담자는 충분히 홀로 설 만큼 강하게 느끼고 스스로를 보호할 수 있어야 한다. 그렇게 할 수 있게 되면, 상대방의 행동에 대한 의식적인 명명은 신선하고 새로운 방식으로 분명하게 그 행동들을 볼 수 있게 한다. 이는 내담자가 자신과 자

신의 경험을 비슷한 방식으로 대하고 있다는 것을 인식하는 데 도움이 되고, 과거
와 현재의 자신의 삶에서 타인의 행동에 대한 자각을 높일 수 있기 때문에 유용하
다. 명확성이 커지면 더 긍정적인 관계를 형성하고 유지하기 위해 타인과의 긍정적
이고 부정적인 상호작용을 구별할 수 있게 된다.

치료사가 아버지의 행동을 조롱이라고 명명한 후 제인은 긍정적으로 반응했다.

> 내담자: 네. 그게 바로 그가 한 것이에요!
>
> 치료사: 그가 당신이 우는 걸 볼 때 뭐라고 말하나요?
>
> 내담자: 그만 훌쩍이고 징징거려. 그러면 계속 징징거리게 할 거야.
>
> 치료사: 그는 당신의 고통을 볼 수 없네요? 방어적이고 위협적이네요. [원래의
> 의자로 돌아와서 자기 자신으로 말하세요]. 그가 당신을 거부하고 위협
> 할 때 당신은 어떠한가요?
>
> 내담자: 포기하는 것 같아요. 희망이 없고 약간 화가 납니다. 그는 변하지 않을
> 거예요.
>
> 치료사: 그래서 당신의 한 부분은 포기하고 패배감을 느낍니다. 무엇에 대한 분
> 노입니까?
>
> 내담자: 아빠가 그렇게 저를 대하는 것이 옳지 않지만, 그게 무슨 의미가 있겠
> 어요?

여기서 제인은 포기했다. 그녀는 분노를 느꼈지만 아버지의 경멸을 느끼면서 기
가 죽었다. 그에게 맞서거나 책임을 물을 수 없었다. 사실, 그녀는 아버지의 거부를
내면화해서 자신의 취약성을 너무 경멸하고 자신의 고통을 돌보거나 자비적으로
될 수 없었다.

제7장에서 논의한 바와 같이, 취약감에 직면하여 강한 자기 거부가 일어나는 이
러한 내적 분열을 GAD에서 규명할 필요가 있다. 제인은 아버지에게 맞설 수 있어
서 자신을 사랑과 보호를 받을 자격이 있다고 생각하기 전에 자신에게 더욱더 수용

적이고 돌보는 태도를 발전시켜야 했다. 내담자가 취약감을 느끼고 고통스러울 때 자신을 진정시키고 보살필 수 있도록 자기 수용과 자기 자비를 내면화하는 과정을 제9장에서 설명한다.

이후에 아버지와의 대화에서 제인은 고통과 취약성을 표현하는 것이 나약하게 되는 것이었고 거부당할 위험이 있었기 때문에, 자신의 고통에 귀를 기울이거나 주의를 기울이는 것이 얼마나 어려웠는가를 인정했다. 시간이 지남에 따라 그녀는 자신의 고통과 슬픔을 경험하고 치료사에게 이러한 감정을 표현할 수 있었다. 그녀는 자신이 얼마나 관심을 받고 싶어 했는지 인식했고 더 긍정적으로 자신을 대하는 방식을 내면화하기 시작했다. 그녀는 자신의 감정에 주의를 기울이고 그것을 말로 표현하는 법을 배웠다. 처음에 그녀는 고통에 빠져서 압도당할 것으로 생각했지만, 고통은 커졌다 사라지며 자신은 그것을 견딜 수 있고 자신을 위로하는 방법을 찾을 수 있다는 것을 깨달으면서, 더 강하게 느끼기 시작했다. 어떤 내담자는 이미지화한 타인이 결코 사랑과 보호에 대한 욕구를 충족시켜 줄 수 없다는 것을 깨달을 때 강한 슬픔을 경험할 수 있다. 이러한 내담자는 고통을 변형하기 위해 애도하고 미래에 자신의 욕구를 충족시키기 위해 앞으로 나아갈 시간이 필요하다.

변형

자기 자비와 자기 보호적인 분노에 접근하고 표현하기

사랑과 수용에 대한 '순진한 소원'을 내려놓는 것에 시간이 걸릴 수 있는데, 이는 내담자가 치료사의 수용ㆍ공감 및 긍정적인 존중의 태도를 내면화하고 그다음에 자기 진정과 자기 자비의 능력과 자신에 대한 공감을 발달시키기 때문이다(Barrett-Lennard, 1997; J. Watson, Steckley, & McMullen, 2014). 상대방에 의해 보호, 보살핌 및 사랑받고자 하는 소망을 단념함으로써, 내담자는 자신을 돌보고 진정시켜야 하고 자신의 감정과 욕구에 더 자비적으로 되어야 한다는 것을 받아들이게 된다. 자아를 돌보고 그 욕구를 충족시키는 역량에 따라 자아에 미치는 영향과 상대방을 명확하게 보는 이러한 분화된 상태는 역설적이게도 더 자기 보호적이고 자기 양육적인 방식으로 행동하도록 힘을 부여한다. 그럼에도 이러한 행동은 많은 내담자로 하여금 외롭고 무섭게 느끼게 할 수 있다.

자아와 상대방에 대한 공감을 발달시키는 내담자의 역할을 고려할 때, 관점 취하기, 추상적 추론 및 인지적 유연성과 같은 공감의 다양한 구성 요소를 구별하는 것이 도움이 될 수 있다(Rankin et al., 2006). 상대방을 재연하는 과업에는 인지적 유연성과 상대방의 관점을 취하는 역량 및 상대방에 대해 더 원격적인 분석적 관점을 제공하는 동기, 감정 및 의도에 대한 추상적 추론이 필요하다. 내담자가 상대방의 관점을 취할 수 있다면 상대방의 동기가 더 명확해진다. 상대방 외의 다른 사람과 긍정적인 상호작용이 있었다면, 관점 취하기는 내담자가 상대방을 이해할 수 있게 되는 데 유용하다. 하지만, 상대방이 매우 부정적이고 악의적이었고 내담자가 상대방의 세계관에 깊이 빠져서 너무 많은 시간과 노력을 써 버렸다면, 관계에서 자기 자신을 더 잘 돌보고 타인과의 경계를 주장할 수 있도록 자기 공감을 발달시키는 것이 더 중요하다(Greenberg & Paivio, 1997; Paivio & Pascual-Leone, 2010; J. Watson, 2006).

대부분의 상호작용이 부정적이었다면, 내담자가 빈 의자 대화에서 상대방의 역할을 맡는 것이 불가능할 수 있다(Greenberg & Paivio, 1997; J. Watson, 2006). 그렇게 한다면, 내담자는 상대방의 부정적인 행동을 자신에게 재연할 수 있다. 빈 의자 대화에서 상대방으로부터 자비나 긍정적인 보살핌의 부재는 감정과 인식을 포함하여 자신을 대하는 더 긍정적인 방식을 구축하고 강화할 필요가 있음을 나타낸다. 때문에 내담자와 그들의 경험에 대한 공감·수용·존중 및 긍정적인 관심과 같은 치료적 태도에 기반을 둔 치료사와 함께 부가적인 관계 작업이 필요함을 시사한다. 또한 내담자는 자기 진정을 발달시키기 위해 코칭과 지원이 필요할 수 있다(제9장 참조). 이러한 태도가 내면화되고 나면, 내담자는 자신의 상처받고, 아픈 자아에 쉽게 공감하고 고통을 덜어 주는 데 필요한 자비, 수용 및 진정을 줄 수 있다. 내담자가 고통을 내려놓을 때, 해방감, 개방감 및 더 쉽게 호흡할 수 있다는 느낌을 보고하는 경우가 많다. 긴장감과 그들이 몸에서 붙들고 있었던 슬픔, 두려움 및 수치심의 고통 감정이 녹아내리고 안도감을 준다.

제3장에서 논의된 바와 같이 내담자는 다양한 발달 단계에서 부정적인 상황과 외상을 겪는다. 발달 주기의 초기에 내담자가 상대방이나 환경과의 힘든 상호작용을 경험하면, 내담자의 성격 양상이 더 경직되고 정서경험을 이해, 처리 및 조절하는 역량과 자신감 있는 강한 자아감을 발달시키는 역량이 더 손상된다. 이러한 내담자는 자기 자비와 자기 수용을 내면화하고 적절한 정서 처리 방법을 발달시킬 가능성이 적다. 내담자가 부정적인 상호작용과 환경을 초기에 경험하거나 더 심각할수록, 상대방에게 주의를 기울이고 회유하려고 자신을 거부하고 자신의 정서경험을 침묵시키거나, 아니면 아예 모든 경험을 회피할 수도 있다. 어느 쪽이든 내담자는 부정적인 환경에 대처하고 적응하려고 할 때 자기 자신의 경험과 자신을 무시한다.

불안전 애착 유형인 사람에게서 억제된 정서 처리가 나타난다. 흔히 이러한 내담자는 상대방의 행동을 자기중심적이라거나 자기애적이라고 표상하지 않았을 수도 있다. 오히려 내담자 자신의 경험이 간과되고 부인되어 인식에서 부적절하게 상징화되었을 정도로 상대방의 관점에서 세상을 보려고 많은 노력을 기울였을 것이다. 이것이 바로 내담자들이 아이로서 안정을 유지하고자 했고 안전, 사랑 및 보호의 기본적인 욕구를 충족시키고자 했던 방식이다. 하지만 이는 정체성을 발달시키고 효과적으로 정서를 처리, 조절 및 표현하기 위해 주체적이고 자치적으로 되어야 할 과업이 방해받고 중단될 정도로, 자아 분화(Bowen, 1976, 1978; Erikson, 1959; Sullivan, 1953; J. Watson, 2011)에 막대한 대가를 치르게 된다. 이러한 내담자는 자신의 지각과 감정을 무시하고 자각 하에서 그 감정을 명명하고 상징화하지 못하는 경향이 있으며, 오히려 위해로부터 자신을 보호하고 안전을 유지하려고 할 때 상대방의 욕구에 이끌려 간다.

제인의 사례에서 이러한 변화는 자아에 대한 보다 분화되고 공감적인 태도의 발전을 엿볼 수 있는 기회를 제공했다. 그녀와 치료사는 오빠들과 빈 의자 대화에 참여하여 그녀에게 그들의 행동이 어떤 영향을 미쳤는지 말할 기회를 주었다. 그녀는 그들이 자신을 보호해 주지 않았던 것에 대한 분노와 실망뿐만 아니라 그들의 괴롭힘으로 인해 겪었던 고통을 표현했다. 처음에 제인이 오빠들을 심상화했을 때 그들은 방어적이었지만, 그러고 나서 그녀는 오빠들이 그녀에게 했던 것에 대해 사과하는 것을 심상화할 수 있었다. 그녀가 오빠들을 표상할 때, 그들은 아빠가 그녀를 때리지 않았기 때문에 그녀가 호의를 받는 것으로 보았다고 설명했다. 이것이 그들을 분개하게 만들었다. 제인은 자신이 아버지의 분노를 비켜갈 수 있었음을 인정했고 오빠들이 그렇게 당해야 했던 것에 공감을 표현했다. 제인은 오빠들의 경험에서 자신의 경험을 분화시킬 수 있었다.

오빠들에게 공감을 표현할 수 있는 내담자의 역량은 그녀가 더 긍정적인 존재 방식을 내면화했다는 징후이다. 다른 사람에 대한 공감 표현은 내담자가 자신에게 더 공감하고 자비적일 수 있다는 좋은 징후이다. 실로 제인은 이후에 얼마 지나지 않아서 아버지와 대화를 나누고 자녀들에게 한 그의 비열하고 잔인한 행동에 대한 책임을 물을 수 있었다. 그녀는 더 나은 보살핌을 받을 자격이 있었고 사랑받고 보호받을 자격이 있었다고 진술할 수 있었다.

내담자: 나는 보호받을 자격이 있었어요. 우리 모두 그랬어요. 나는 테러를 당할 누군가가 아니라, 그냥 어린 여자아이였어요. 아빠가 항상 나에게 화를 냈던 건 옳지 않았어요.

치료사: 그래요. 당신은 보호가 필요했어요. 여기 [다른 의자로] 오세요. 아버지는 어떻게 반응하나요?

내담자: 내가 너를 아프게 한 걸 알겠구나. 고통을 줄 생각은 없었어. 내가 그렇게 하고 있었다는 걸 결코 알지 못했어. 나는 단지 너희 모두가 올바르게 행동하고 조용히 있기를 바랐어. 나는 아이들을 어떻게 대해야 할지 몰랐어.

치료사: 그래서, 제인이 그렇게 아프다는 것이 놀라우신가요? 미안한가요?

내담자: 예. 하지만 양육하는 방법을 몰랐어요. 아버지는 내가 아기였을 때 떠났고 어머니는 재혼했고 계부는 저를 괴롭혔어요. 이제서야 저는 다르게 양육하는 걸 알았더라면 해요.

치료사: [반대편 의자로] [다시] 오세요. 그가 달랐으면 좋겠다고 말할 때 어떤 느낌인가요?

내담자: 기분이 더 좋아요. 그가 힘든 삶을 살았다는 것을 알아요. 하지만 우리를 벌하고 우리 자신을 나약하고 취약하다고 느끼게 하는 사람이 아닌 …… 따뜻하고 사랑해 주는 부모가 필요했어요.

치료사: 그래요. 당연히 그렇게 필요했지요. 제인은 자기 자신을 특별하게 느끼도록 해 주고 소중하게 아껴 주는 아버지를 가질 자격이 있었어요. 그 눈물이 무엇을 말하고 있나요?

내담자: 우리의 어린 시절이 그렇게 힘들었다는 것이 너무 슬퍼요.

여기서 내담자는 자신의 고통을 인정했다. 보호적인 분노에 접근함으로써 그녀는 자신의 욕구를 주장할 수 있었고 사랑과 보호의 부재를 애도하는 과정을 시작할 수 있었다. 상실을 애도하기 시작하면서 그녀는 자신에게 더 자비적이고, 덜 요구적으로 되었다. 그녀가 자신의 유기체적 경험에 주의를 기울이고 자기 진정하는 방법과 더 자기 자비적이고 자기 보호적으로 되는 방법을 찾으면서 불안이 완화되기 시작했다.

제인의 예는 학대의 가혹함과 양육자로부터 사랑과 지지의 결핍으로 인한 심각한 GAD 사례였다. 더 심각한 경우에, 내담자는 매우 부정적인 자기 대우 방식을 내면화했을 수 있다(예: 심각한 자기 거부). 걱정하는 자아가 회피하려고 하는 것이 종종 이러한 심각한 자기 거부 상태이다. 이 경우에 치료사는 더 긍정적이고, 수용적이며 그리고 양육적인 자기 대우 방식을 구축하기 위해서 내담자와 함께 작업해야 한다. 이는 어느 정도는 내담자가 치료사의 수용, 관심 및 공감을 내면화함으로써 달성될 수 있다. 치료사는 내담자의 고통을 타당화하고 수치심에 대한 해독제를 제공하는 비판단적이고 수용적이며 공감적인 타인이 된다. 내담자가 자신의 취약성을 허용하고, 거부당하지 않고 언제든지 버려질 수 있다는 느낌이 들지 않게 해 주는 전적인 책임감을 내려놓는 것을 배우면서, 내담자는 자신이 안심하고 살기 위해 설정했던 터무니없이 높은 기준에 의문을 제기한다. 빈 의자 과제를 통해 우리는 내담자의 공감력과 수용력이 성장하는 것을 볼 수 있을 뿐만 아니라, 상대방에게 맞서서 이전에 거부당했던 지원, 보살핌 및 보호에 대한 필요를 주장하는 힘을 볼 수 있다.

분화와 공간 확보

정서적·신체적 안전을 보장하기 위해 자아를 침묵시키는 것과 상대방의 욕구에 맞추는 것은 정서의 용해로 이어진다(Bowen, 1976; Erikson, 1959; Perls, 1969). 그 결과 어떤 내담자는 내·외적 경험을 적절하게 처리하지 못했을 수도 있고, 아니면 정서적 필요를 충족시키지 못했을 수도 있다. 빈 의자 작업의 중요한 측면은 내담자의 자아와 타인의 분화를 촉진하는 것이다(J. Watson, 2011). EFT의 빈 의자 과제는 타인의 행동의 영향뿐만 아니라 사건의 영향을 온전하게 표현할 기회를 내담자에게 제공한다. 상대방이 그들에게 무엇을 했고 어떻게 처신했는지에 대한 온전한 상징화와 표현은 상대방을 더 명확하게 볼 수 있게 한다. 내담자는 더 장기적인 영향을 인식할 수 있게 되고 과거에 필요했던 것과 미래에 필요할 것이 무엇인지 파악하기 시작한다. 이 새로운 이해는 더 만족스러운 방식으로 자신의 욕구를 충족하고 실현하는 방법을 발달시키기 위한 안내자 역할을 한다. 타인과의 관계를 재작업하면서 내담자는 자신을 위해서 해야 할 것뿐만 아니라 관계에서 필요한 것을 더 잘 이해하게 되고 더 분화한다. 자기주장적 행동이 공고해져서 타인과의 상호작용에 일반화된다. 우리는 제5장에서 처음 논의되었던 알렉스(Aelx)의 사례에서 이를 확인할 수 있다.

알렉스는 그의 생활 전반에 침습적이고 불안한 어머니와의 경계를 설정할 필요가 있었다. 그가 확신감을 더 키우기 시작하면서 그는 어머니와 빈 의자 대화를 나눌 수 있었다.

> **치료사:** 의자에 앉은 어머니를 상상해 보시겠어요? 그녀에게 무슨 말을 하고 싶으세요?
>
> **내담자:** 어머니는 조용히 좀 있으세요. 걱정하는 건 알지만 저는 이제 컸어요. 그러니 제발 조심하라는 말을 하지 마세요. 저를 믿어야 해요.
>
> **치료사:** 당신은 어머니가 물러나 있는 것이 필요하네요. 어머니가 당신을 믿는 것이 필요해요. [다른 의자로] 오세요. 그녀는 어떻게 반응합니까?
>
> **내담자:** 나는 너를 보호하려는 것뿐이야. 나는 네가 어떤 위해도 당하지 않기를 바라. 네가 태어난 뒤에 많이 아팠다는 걸 너도 알지. 네가 체중이 늘었는지 확인하기 위해서 계속 지켜봐야 했어. 우리에게는 매우 힘들었고 나는 너무 걱정되었어.
>
> **치료사:** 그래요. 어머니는 당신이 태어난 후 걱정했고 당신을 보호하려고 한다고 합니다. 그것에 대해 어떻게 말하시겠어요?
>
> **내담자:** 잘하셨어요. 이제는 제가 나 자신을 돌본다는 걸 믿어야 해요. 저와 제가 하는 일에 대해 어머니의 모든 관심을 집중하는 걸 멈춰야 해요. 더 이상 도움되지 않아요.
>
> **치료사:** 그래요. 그녀를 확신시키고 이제 그만해도 된다고 말해야 해요. 그녀는 잘 해냈어요.

여기서 알렉스는 어머니와의 한계를 설정했다. 그는 자기주장적이었지만 한편으로는 어머니 자신의 두려움과 염려로 인해 그에게 필사적인 모습을 볼 수 있었다. 그를 살려야 한다는 어머니의 책임감을 덜어 주기 위해서 자기 자신을 잘 돌볼 수 있다고 말함으로써 그녀를 안심시켰다. 내담자가 자신을 안심시키고 진정시키는 방법을 터득해야 하는 것처럼, 불안한 타인을 안심시키는 역량이 경계 설정에 도움이 될 수 있다.

타인과의 대화에서 내담자는 자신의 경험을 온전하게 표현할 목소리를 내고, 자신들이 어떻게 영향을 받았는지, 그로 인해 치른 대가에 대한 통찰력을 줄 뿐만 아니라 안도감을 주도록 한다. 고통을 표현하면서, 내담자는 상호작용 패턴이 남긴 여파를 분명하게 확인할 수 있고 이 패턴이 다른 영역에서 작용되는 방식뿐만 아니라 자신의 반응을 더 분명하게 볼 수 있다. 내담자가 상대방에 대한 자신의 욕구와 갈망을 더 명확하게 인식하고 이들 욕구가 표출되고 나면, 내담자는 상대방으로서 반응하도록 해야 한다. 이 과정에서 내담자는 상대방에 대한 내면화된 의미를 표상하고 있다. 긍정적인 것과 부정적인 것이 혼합되어 있을 때, 많은 경우에 내담자는 긍정적인 것에 접근하고 표현된 고통에 공감할 수 있다. 이는 대체로 상대방이 고통에 책임을 지고 용서를 구함으로써 책임을 재배치하는 것으로 끝난다. 하지만, 상대방으로부터 어떤 긍정적인 행동이 없는 경우에 내담자는 치료사의 수용 · 공감 및 존중의 태도를 내면화해야 한다.

🤍 빈 의자 대화의 어려움

때로는 내담자가 빈 의자에서 고통 정서에 접근하고 표현하는 것이 어려울 수 있다. 아니면, 삶이 힘들고 어렵다는 사실을 받아들이지 못할 수도 있다. 자신의 이야기를 구성하기 시작하면서 현실을 수용하고 받아들이는 것을 배우는 데는 시간이 걸릴 것이다. 처음에는 틀이 정해진 낡은 행동을 사용하여 계속 대처하면서 그것이 얼마나 고통스러운지 거부하고 무시하는 경향이 있다. 어떤 내담자는 상대방과 너무 융합되어 있어서 자기 자신의 렌즈로 세상을 보는 것이 상대방을 배신하는 것으로 볼 수 있다. 이러한 내담자는 홀로 서서 세상을 다르게 보고 상대방을 분명하게 보기 위해 강하게 느껴야 한다. EFT 치료사는 내담자가 다양한 치료 시점에서 그

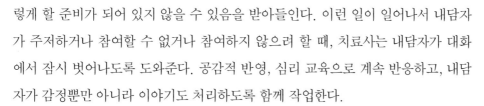

렇게 할 준비가 되어 있지 않을 수 있음을 받아들인다. 이런 일이 일어나서 내담자가 주저하거나 참여할 수 없거나 참여하지 않으려 할 때, 치료사는 내담자가 대화에서 잠시 벗어나도록 도와준다. 공감적 반영, 심리 교육으로 계속 반응하고, 내담자가 감정뿐만 아니라 이야기도 처리하도록 함께 작업한다.

치료 후반에서 표식이 다시 나타나면, 치료사는 내담자에게 다시 대화에 참여해서 얼마나 멀리 갈 수 있는지 보도록 할 수 있다. 이런 방식으로, 빈 의자 대화의 각 단계는 변화를 위한 내담자의 준비도를 나타내는 지표로서 작용하기도 하며, 자기 보호적이고 자기 자비적인 긍정적 방식으로 고통을 처리하고 반응하는 데 필요한 기술과 역량을 내담자가 획득했는지 여부를 나타내기도 한다. EFT 치료사는 내담자가 작업을 거부하거나 작업의 특정 단계를 완료하는 것을 저항으로 보지 않는다. 오히려 과제가 교착될 때, 이는 내담자가 자신의 감정에 접근하고 상징화할 수 있는지, 자신의 감정과 욕구를 타인에게 주장하고 표현할 권리와 자격이 있다고 느끼는지 또는 그들이 충분한 자기 자비를 가지고 있거나 자신을 보호할 수 있는지의 여부에 대한 예후적인 지표로 간주된다. 내담자가 대화를 주고받으면서 교착될 때마다 치료사는 내담자가 이 과제를 효과적으로 해결하기 위해 여전히 해야 할 작업에 대한 정보를 얻게 된다. 이런 식으로 EFT 치료사는 공감적으로 조율되어 있고, 수용하고, 존중하며, 내담자와 그들의 경험에 일치적이고, 내담자는 자신의 고통에 직면하고 치료의 특정 과제에 들어갈 시기와 준비도 면에서 전문가라는 점을 신뢰한다.

빈 의자 작업을 통해 고통을 해결하는 것은 자아를 변화시킬 수 있는 강력한 정서적 과제이다. 내담자는 수년 간의 고통스러운 감정과 디스트레스로부터 안도감을 만들어 내면서, 상황에 대한 새로운 반응을 발달시킨다. 빈 의자 작업은 정서 처리 기술뿐만 아니라 자아의 대우 및 타인과 함께 존재하는 다양한 방식들의 학습을 촉진한다. 내담자가 자기 자비, 자기 진정 및 자기 공감을 제공함으로써 자신을 보호하거나 상대방의 관점을 취할 수 있는 능력을 개발할 때 그것은 매우 치유적이고 힘을 부여한다. 다음 장에서는 더 큰 자기 진정과 자기 자비를 불러일으키기 위해 내담자와 함께 작업하는 방법을 살펴본다.

범불안장애의 정서 변형과
자비적 자기 진정

범불안장애(Generalized Anxiety Disorder: GAD)를 위한 정서중심치료(Emotion-Focused Therapy: EFT)에서의 정서 변형은 향상된 정서 처리 능력과 강화된 자아감에서 비롯된다. 제5장에서 설명했듯이 내담자는 치료사와의 관계에서 자기 자비와 자기 수용을 발달시킨다. 이러한 새로운 태도와 자신에 대한 방식들은 더 큰 회복탄력성과 자신감을 기반으로 하여 자신을 진정시키고 안심시킬 수 있는 내담자의 역량에 기여한다. 앞 장에서 우리는 GAD를 가진 내담자가 고통의 나락으로 떨어질 두려움 때문에 어떻게 자신과 자신의 경험을 거부하고 감정을 차단하고 무시하는가를 살펴보았다. 이는 종종 내담자가 자신의 욕구를 충족시킬 자격이 있다고 느끼지 못하게 만든다. 두 의자와 빈 의자 작업을 통해 느껴야 할 감정의 차단과 작업하면서, 내담자들은 자신을 주장하고, 힘을 부여하는 분노에 접근하고 슬픔과 애도를 처리할 수 있게 된다. GAD 변형의 중요한 결과 중 하나는 내담자가 두려움, 슬픔 및 수치심과 같은 고통스러운 감정을 다룰 수 있는 다른 방법을 찾는다는 것이다. 이는 그들이 고통스러운 정서에 주의를 기울이고, 욕구를 확인하고, 이를 충족시킬 다른 방법을 찾으면서 자기 진정을 하는 것이라고 볼 수 있다.

🫶 대처적이고 변형적인 자기 진정의 구축

EFT의 자기 진정(self-soothing)은 내담자가 정서적 시련이나 고통의 상태를 겪는 동안에 자신을 다독이고, 돌보고 그리고 위로하는 과정을 말하며, 이는 부정적인 감정을 무효화하는 데 도움이 된다(Goldman, Greenberg, & Angus, 2006; Greenberg, 2011; Pascual-Leone & Greenberg, 2007; J. Watson, 2006, 2012). 자신의 고통에 자비적으로 되고 돌봄과 위로받고 싶은 욕구를 충족시키는 것이 사람들이 자신으로 존재하고 자신을 대하는 방식이다. 타인이 자신의 고통을 덜어 주지 않을 때 자기 진정이 그 역할을 한다. 이러한 유형의 개입은 내담자가 정서적으로 고통받고 있고, 고통 속에서 혼자 괴로워하며, 자기 자비적으로 될 수 없을 때 가장 적합하다. 디스트레스일 때에, 내담자가 자신에게 자비, 유연함 및 위안과 같은 긍정 정서를 경험할 수 있다면, 자기 진정을 실행하고 있고 자아를 더 긍정적인 방식으로 대하고 있다는 증거이다. 진정이 부정적인 감정을 무효화하는 데 성공하게 되면, 고통스러운 감정에 대한 두려움을 줄이고 두려움, 수치심 및 슬픔을 달래고 불안과 고통을 극복할 수 있는 도구를 갖게 된다. 그다음, 고통스러운 감정에 대처할 수 있는 심리내적 안전감과 더 큰 회복탄력성과 자신감을 갖게 해 준다.

따라서 EFT의 중요한 목표는 욕구 충족이 안 되어서 느껴지는 고통과 정서적 괴로움의 상태를 스스로 달랠 수 있는 내담자의 능력을 증가시키는 것이다. GAD가 있는 내담자의 변화에 매우 중요한 자기 진정 능력은 수용적이고, 따뜻하고 진심어린 치료사와 공감적으로 조율된 관계에 의해서 촉진된다. 이러한 관계는 치료사의 수용, 공감, 존중 및 진실성을 통한 대인관계적인 진정을 제공함으로써 내담자가 압도적이고 혼란스러운 고통의 정서를 조절하는 데 도움이 된다. 내담자는 치료사와의 관계 속에서 정서조절력과 삶의 도전에 대한 더 큰 회복력뿐만 아니라 자신에 대한 긍정적인 견해와 신념을 발달시킨다. 시간이 지남에 따라 대인 간의 정동조절은 자기 진정과 내적 상태를 조절하는 역량으로 내면화된다(Stern, 1985). 공감적이고 수용적인 치료사와 연결되면 뇌의 정서 처리 센터가 영향을 받고 새로운 가능성이 열린다. 자기 자비와 자기 공감은 수용적이고 따뜻하고 공감적인 치료사로부터 공감과 정동 조율의 진정적인 측면의 내면화에서 나오는 것으로 간주된다.

그러나 치료에서는 치료사의 긍정적인 태도의 내면화가 수년이 걸릴 수도 있다. 타인으로부터 자기 자비를 내면화하고 긍정적인 기반을 가진 내담자는 신속한 반응이 가능하고 자아와 타자가 긍정적으로 공존하는 방식에 접근할 수 있다. 긍정적인 자기 존재 방식을 내면화하지 못하고 정동 조절과 자기 조직화가 심각하게 손상된 다른 내담자들은 그러한 존재 방식과 정동 조절의 내면화가 더 오래 걸릴 수 있다. 이 경우에 치료사는 공감, 수용 및 따뜻함과 같은 긍정적인 치료적 태도의 제공 외에도 자기 진정의 촉진을 위해 명시적으로 설정된 개입을 할 수 있다. 이러한 개입으로 내담자는 자신의 취약한 자아를 진정시키기 위하여 심상화하거나 의자 대화로 안내된다. 이러한 과제는 치료에서 얻게 되는 자기 자비와 자기 진정의 관계 과정을 구축하고 강화하는 데 도움이 될 수 있다.

자기 진정은 두 가지의 다른 방법으로 개발된다. 첫째, 대처적 자기 진정(coping self-soothing)으로, 증상적인 2차 불안에 대한 정서조절을 향상시키는 것이다. 이러한 유형의 대처 전략은 생리적 반응에 초점을 둔다. 따라서 불안 수준이 관리할 수 없을 정도일 때, 대처적인 자기 진정이 감정의 강도를 관리하는 데 도움이 된다. 두 번째는 EFT에서 **변형적 자기 진정**(transformational self-soothing)이라고 하는 중요한 방법이다. 이는 핵심 고통을 조정하는 타인에게서 받아들인 자기 자비와 자기 수용의 내면화에서 오는 자기 존재 방식이다. 고통스러운 1차 부적응 정서에 직면할 때의 자기 진정은 내담자의 내적 자원에 뿌리를 두고 있고, 이를 통해 고통과 자아감을 변형시킬 수 있다. GAD의 핵심 고통은 일반적으로 슬픔, 두려움, 수치심과 같은 1차 부적응 정서 및 유대와 지지에 대한 충족되지 않은 욕구에서 비롯된다. 대처와 변형이라는 자기 진정의 이 두 가지 유형은 자기 진정 작업을 시작하기 위한 표식과 함께 다음에 자세히 설명된다.

🤲 자기 진정 과제를 위한 표식

자기 진정의 두 가지 유형에는 각기 다른 표식이 있다. 대처적 자기 진정은 호흡하기, 주의를 딴 데로 돌리기 및 안전감을 통해서 2차적인 증상 경험(예: 공황, 공포, 분노)을 하향 조절하는 것이며, 표식은 그 순간의 조절 곤란이다. 변형적인 자기 진정은 다른 정서를 경험함으로써 핵심적인 1차 정서를 바꾸려는 시도이며, 이를 위한 표식은 내담자가 이전에 부인했던 고통과 정서 문제에 접근하는 것이다 (Goldman & Greenberg, 2014; Ito, Greenberg, Iwakabe, & Pascual-Leone, 2010).

그러므로 대처적 자기 진정은 조절되지 않은 증상적 디스트레스에 사용되며, 회기에서 경험하는 정서의 강도를 하향 조절하도록 돕는 것이다. 초점은 2차적인 정서 반응과 생리적 반응을 진정시키는 데 주어진다. 불안 반응은 이면의 1차 핵심 정서가 올라올 것 같은 두려움에 대한 반응이다. GAD를 가진 내담자들은 걱정하고, 불안해지고, 가슴의 압박감과 위장의 뒤틀리는 느낌에 압도되기 시작한다. 이와는 달리, 변형적 자기 진정을 위한 표식은 정서 문제가 고통을 느끼는 것이다 (Goldman & Greenberg, 2014; Ito et al., 2010). 내담자는 혼자서 생존 불가능하다는 믿음과 근본적인 불안전감과 함께 1차 핵심 고통 정서(예: 혼자됨의 두려움, 단절의 슬픔, 거부됨의 수치심)가 활성화된다. 이는 종종 내담자의 욕구가 한 번도 충족되지 않았고 앞으로도 충족되지 않을 수 있다는 절망을 수반한다. 일반적으로, 내담자가 타인에 의해 충족되지 않았고, 고통 감정에 직면하는 것을 회피하기 위해 인정하지 않았던 강한 대인간 욕구(예: 사랑, 타당화, 보호)에 직면할 때 아픔이 발생한다.

이러한 충족되지 않은 욕구는 내담자가 붕괴되어 혼자서 생존하지 못할 것 같은 근본적인 불안감과 더불어 GAD의 기반이 된다. 회기에서 내담자의 고통 정서에 접근하고 변형 가능하도록 하기 위해서 이전에 충족되지 않은 욕구와 자신의 욕구가 결코 충족될 수 없음에 대한 비통함(anguish)을 불러일으킨다. 충족되지 않은 욕구는 빈 의자나 두 의자 대화의 치료적 작업을 통해 일어난다. 중요한 타인과의 미해결 과제에 뿌리를 둔 내담자의 비통함은 빈 의자 대화에서 종종 일어나며, 이 대화에서는 고통스러운 1차 정서와 욕구가 표현되지만 상대방은 이에 반응하지 않는다. 심상화된 타인으로부터 반응이 없을 때 고통스러운 외로움과 절망감을 느끼게 된다. 이 절망은 내담자가 자신의 두려움과 슬픔의 1차 감정에 접근하여 혼자서 그 고통을 감당 못한다고 느낄 때 일어난다.

두 의자 대화에서, 내담자가 **자아 의자**(self chair)에서 자비와 돌봄의 반응이나 인정을 받지 못한 욕구를 표현하고 나면 괴로움이 일어난다. 자아 비판적인 두 의자 작업의 맥락에서 비판적인 자아가 심하게 무효화하고 경험하는 자아가 회복력을 보이지 않을 때가 자기 진정을 위한 표시이다. 일반적으로 이러한 형태의 비판에 대한 반응으로 자아는 깊은 절망과 괴로움으로 인해 무너지고 해체되기 시작한다. 이는 내담자가 자아에 대한 공감과 자비의 결여를 나타내는 지표이다. 또한 비판적 자아가 가혹하고, 타협하지 않거나 완고할 때도 나타난다. 이럴 때, 내담자는 자신에게 자비적이고 친절하기 어려우며, 그래서 '부드러워지기(softening)'가 안 되는 것으로 보인다. 종종 이러한 상황에서 내담자는 이전에 누군가가 자신에게 친절하거나 상냥하게 대해 준 경험을 기억하지 못한다고 보고한다. 그러면 치료사는 내담자가 감정의 강도를 하향 조절하도록 돕고, 자아와 함께하는 공감적이고, 수용적이고 타당화하는 방식의 모델을 제공하기 위해 진정시키고 공감해 주는 타인의 역할을 맡을 수 있다. 여기에서 치료사는 공감적이고 수용적인 타인으로서 교정적인 정서경험 및 관계 경험을 제공한다. 또한 치료사는 자기 진정 대화를 사용하여 내담자가 자기 자비에 대해 더 분명하게 교육할 수 있다.

♥ 대처적 자기 진정

대처적 자기 진정은 내담자가 압도되는 감정에 대처하기 어려울 때 나타나는 불안이나 부정적인 정동 및 높은 생리적 각성이 있을 때 사용된다. 이러한 압도적인 감정은 종종 내담자가 "이건 참을 수 없어, 벗어나야 해."와 같은 말을 하는 데서 파악할 수 있다. 정서조절을 촉진하는 첫 번째 단계는 안전, 진정, 인정 및 공감하는 환경을 마련하는 것이다. 이러한 유형의 상호작용은 조절되지 않는 디스트레스를 가라앉히고(Bohart & Greenberg, 1997; J. Watson, 2002, 2015), 자아를 강화하는 데 도움이 된다. 또한, 이 과정은 촉발 요인의 확인과 피하기, 정서의 확인과 명명, 정서의 허용과 견디기, 작업거리 설정, 긍정정서의 증가 그리고 의식적인 호흡 조절과 주의 돌리기(Greenberg & Paivio, 1997; Kennedy-Moore & Watson, 1999; J. Watson, 2006) 등과 같은 정서조절과 디스트레스 인내 교육(Linehan, 1993)에 의해서 도움받을 수 있다. 명상 훈련과 자기 수용의 유형들도 압도하는 정서로부터 작업 거리를 얻는 데 도움이 될 수 있다. 호흡을 조절하고, 정서를 관찰하고, 오고 가는 대로 받아들이는 능력은 정서적 디스트레스를 조절하는 데 도움이 되는 중요한 과정이다.

생리적 진정

정서의 강도는 생리적이고 심리적인 수준을 포함하는 다양한 수준의 자가 처리 과정의 진정에 의해 하향 조절될 수 있다. 자가 처리과정의 예로는 자기 대화와 심상 훈련 등이 있다. 생리적 진정에는 심박동 수, 호흡 및 스트레스 하에서 속도를 높이는 기타 교감 기능을 조절하기 위해 부교감 신경계를 활성화하는 것이 포함된다. 회기에서 내담자가 압도되거나 감정을 주체하지 못할 때 치료사는 전략적으로 자기 진정을 조절하도록 안내할 수 있다. 이러한 전략에는 호흡에 주의를 기울이고, 발을 바닥에 대고 주변에서 일어나는 것을 인식하고, 의자에 앉아 자신을 느끼거나, 치료사에게 내담자가 보는 것을 묘사하게 하는 것 등이 있다(J. Watson, 2006). 또는 치료사가 내담자에게 "지금 불안을 느끼고 있어도 괜찮아요, 우리는 할 수 있어요."라는 말로 불안한 자아를 안심시키라고 할 수도 있다. 이완훈련과 이완 테이프가 이런 기술을 가르치는 데 사용될 수 있다. 이완하기, 기초훈련 및 자기 위안을 지지하고 격려하는 이러한 활동들은 내담자가 순간의 디스트레스를 조절하는 데 도움이 될 것이다.

안전한 장소를 상상하기

이러한 전략 외에도, 치료사는 회기에서 내담자가 자기 진정에 다가가도록 보다 명시적으로 안내할 수 있다. 새로 드러나는 고통스러운 정서의 느낌으로부터 작업 거리를 취하고 조절할 수 있도록 내담자의 역량을 촉진하는 것은 정서를 견디고 자기 진정으로 나아가는 중요한 단계이다. 이런 식으로 자기 진정을 촉진하는 핵심 전략은 심한 디스트레스에 처한 내담자가 안전한 장소를 심상화하는 것이다. 일단 이러한 이미지를 갖게 되면, 그곳에 있는 것이 어떨 것 같은지 느껴 보라고 요청한다(Elliott, Watson, Goldman, & Greenberg, 2004; Gendlin, 1996; J. Watson, 2006). 예를 들어, 치료사는 다음과 같이 말할 수 있다.

> 내면의 상처 입은 아이를 당신이 보살피고 보호할 수 있는 안전한 어딘가로 데려간다고 상상해 보십시오. 그 곳이 어디인가요? 주변에 무엇이 보이는지 말씀해 주시겠어요? 그녀를 안전하게 느끼도록 어떤 말을 해 주고 싶으세요?

또는 치료사는 내담자가 '공간을 정리하도록' 도울 수 있다(Elliott et al., 2004). 이 훈련에서 내담자는 걱정 목록을 만들어 자기 앞에 펼쳐놓을 수 있는 곳을 상상하거나 아니면 그 걱정들을 각기 다른 용기에 담아 놓을 수 있는 곳에 가도록 심상화한다. 이런 식으로 내담자는 그 순간의 긴장을 완화하고 걱정과 불안을 누를 수 있게 된다. 이는 불안으로부터 거리를 만들 수 있고 더 이완되고 차분한 느낌을 가질 수 있도록 불안을 조절할 수 있다는 느낌을 갖게 한다.

심상화 훈련은 내담자에게 자신의 안전을 상상할 수 있고 제공할 수 있다는 것을 가르친다. 이 훈련들은 회기 내에서 일어나는 높은 증상적 디스트레스를 진정시키는 수단으로 사용되고, 회기 밖에서 경험하는 높은 수준의 디스트레스에 대처하기 위한 숙제로 사용된다. 안전한 장소에 도달하고 감정을 하향 조절하는 방법을 실제로 느낄 수 있도록 가르치는 이 훈련은 내담자가 디스트레스 상태에서, 자신에게 보다 더 진정하는 자세로 전환하여 고요한 상태에 이를 수 있게 하는 기술을 쌓는 데 도움이 된다. 자기 진정 대처법은 특정 상황에서 일어나는 즉시적인 불안감을 다루기 위해 교육받고 수련할 수 있도록 체계화된 기술이다. 이 개입의 목적은 내담자가 고통을 느낄 때 자동적으로 나타나는 자신을 안정시키고 안심하게 하는 역량을 쌓도록 돕는 것이다.

다음은 대처적 자기 진정을 사용하는 사례이다. 일에 대한 걱정이 컸던 내담자는 다음날 상사들에게 발표하는 것에 대한 심한 불안감을 처리하려고 하였다. 치료사와 함께 그녀는 심하게 불안하게 했던 자신에게 한 부정적인 말들을 분명하게 표현하려고 했다. 예를 들어, "나는 결코 시간에 맞춰 발표 준비를 하지 못할 거야, 나를 궁지에 빠뜨릴 거야, 준비를 더 했어야 했어." 그녀는 준비되어 있다는 느낌이 들지 않았기 때문에 발표가 엉망이 될 것이라고 걱정을 자주 했으며 그래서 잠드는 데 어려움이 있었다. 자기 진정을 위하여 먼저 더 규칙적으로 호흡에 집중하였고, 이후 어렸을 때 잠자러 가는 자신을 상상함으로써 안전한 장소에 다가가려고 했다. 그곳의 벽에는 원숭이 그림, 호기심 많은 조지의 그림이 있고, 부드러운 음악이 연주되고 있는 걸 상상했다. 그녀는 긴장을 풀고 "괜찮을 거야, 전에도 이걸 해 봤잖아, 너는 말해야 할 중요한 것이 있잖아. 자, 호흡하고." 이 연습으로 그녀는 기분이 나아졌다. 그녀는 부드러운 담요를 두르고 있는 자신을 상상하면서 힘이 강화되는 느낌이 들었다. 자신을 진정시키는 이러한 기술을 익힌 후 그녀는 생리적으로 자신을 조절할 수 있었다. 이 예에서는 우리는 내담자가 위안을 구할 수 있는 안전한 장소에 대한 기억에 다가갈 수 있음을 알 수 있다. 하지만, 어떤 내담자는 안전한 장소를 불러내지 못하여 처치 과정에서 자신을 진정시키는 다른 방법을 찾을 필요가 있을 수도 있다.

위로되는 경험을 확인하기

내담자에게 자기 진정을 가르치는 다른 방법은 위로되고 있는 느낌에 주의를 기울이게 하는 것이다. 내담자가 디스트레스일 때 안전한 장소를 불러내지 못하거나 자기 자비로 반응할 수 없으면, EFT 치료사는 고통의 감정에 내담자를 집중하게 하여 위로에 대한 욕구를 확인하고 분명하게 말로 표현하도록 한다. 내담자가 이렇게 하고 나면, 치료사는 위로되고 진정되는 경험이 어떠했는지 물어볼 수 있다. 어떤 내담자에게는 이러한 것이 좋은 음식, 따뜻한 목욕, 담요를 덮고 편하게 책 읽기, 앉아서 한 잔의 뜨거운 커피 마시기, 음악 듣기, 악기 연주하기 또는 영화 보는 것일 수 있다. 예를 들어, 어떤 내담자는 부모의 학대에 대한 슬픔과 분노를 처리할 때의 디스트레스를 진정시키기 위해 어렸을 때 했던 것처럼 자신을 위한 특별한 잡지를 사서 집에 가서 읽을 수도 있다.

이러한 예들은 내담자가 괴로울 때 진정하고 위로받는 데 도움이 되는 것으로 찾아낸 몇 가지 방법들이다(J. Watson, 2006). 중요한 것은 개인마다 위로와 진정을 찾는 방식이 다르다는 것이다. 어떤 사람들은 무엇이 위로가 되는지 아는 데 어려움이 있다. 그들은 위로를 경험한 적이 없거나 언제 위로받았는지에 대해서 주의를 기울인 적도 없고, 자신을 위로해 줄 수도 없었다. 이러한 내담자들이 일상생활에서 위로를 찾는 그러한 느낌들에 주의를 기울이고 그것을 찾고자 실험해 볼 수 있도록 도와주는 것이 중요하다. 그렇게 하면서 그들은 괴롭고, 불안하고, 외로움을 느낄 때 자신을 돌보기 위한 전략과 방법을 천천히 구축하기 시작한다. 이러한 개입과 함께 치료사는 내담자의 더 큰 자기 수용 및 자신과 정서경험을 처치하는 새로운 방식뿐만 아니라 자기 진정적인 대화를 사용하여 내담자의 자기 자비를 계속하여 구축해 나간다.

💟 변형적 자기 진정

자기 진정과 최적의 정서조절을 발달시킬 수 있는 것은 보호적인 타인의 자기 공감과 자기 자비와 같은 진정 기능(Sroufe, 1996; Stern, 1985)을 초기에 내재화함으로써 발달된다. 시간이 지나면서 보호적인 타인의 행동과 태도, 진정과 수용이 내면화되어 내담자는 의도적인 노력 없이 자동적으로 고통의 감정을 달래고 조절하는 역량과 자기 자비를 발달시킨다. 이러한 유형의 자기 진정의 발달을 향상시키는 개입에는 수용과 존중을 보여 주고 내담자의 정서를 이해하는 치료사의 지속적인 공감적 반영이 수반된다. 또한 치료사는 내담자의 경험을 바탕으로 보살핌, 자비 및 진정을 이해함으로써 보다 명시적으로 자기 진정을 가르칠 수 있다. 이것은 내담자들에게 진정을 제공할 수 있는 사람이 없을 때 박탈 또는 무효화되는 장면을 상상하고 자신이 자신을 달래고 위로하도록 함으로써 수행된다. 내담자가 고통스러울 때나, 자기 비난이나 자기 경멸을 많이 표현할 때, 외롭고 지지받지 못하거나, 정서적으로 괴로워하고 자기 진정 능력에 접근할 수 없는 것처럼 보일 때 이 개입을 제안할 수 있다.

내담자의 진정 능력은 다음의 두 가지 방식으로 활성화될 수 있다. 즉, ① 어린 시절 상처 입었을 때의 기억 속에서 현재의 성인 자아를 상상하게 하고 회복시키는 반응(reparative response)을 하게 하는 것, ② 의자 대화에서 자신이나 다른 자비적인 인물이 상처 입은 아이인 자신을 달래줄 수 있는지 내담자에게 물어보는 것이다. 목표는 자아에 대한 자비를 불러일으키는 것이다(Gilbert, 2012 참조). 이 개입은 치료사와의 관계보다 더 능동적인 방법이며, 내담자에게 성인으로서 고통받는 자아에게 자비를 주라고 함으로써 자기 진정을 직접적으로 촉진한다. 이는 공감적인 치료 관계를 보완하고 더 명시적으로 만들어서 자기 진정력을 발달시키는 과정을 잠재적으로 가속화할 수 있다. 또한 치료사와 내담자가 자기 자비와 자기 보살핌을 발달시키고 내재화하고 있는지의 여부를 읽을 수 있게 하는 역할을 한다.

취약한 자아와의 대화

치료사는 내담자가 자기 자비적이고 자기 수용적으로 되는 것이 어려워 보일 때나 이전에 부인했던 고통스러운 감정에 도달했을 때 이 과제를 도입한다. 자기 자비를 불러내기 위해 치료사는 내담자가 정서적 고통이나 아픔의 상태에 있을 때 상상의 취약한 자아와 대화하고, 그 자아를 달래고 돌보도록 제언할 수 있다(Ito et al., 2010). 내담자는 자신을 다정하게 돌보고 위로하도록 격려받는다. 자기를 향한 자비는 긍정 정서로 부정 정서를 변형시켜 부정적인 감정을 무효화한다(Greenberg, 2011; Tugade & Frederickson, 2004).

상상의 아이와의 대화

내담자가 빈 의자 대화를 하는 자신을 상상하지 못하면, 맞은 편 의자에 앉아 있는 아이로 상상하도록 할 수 있다. 아이의 곤경을 불러내기 위해 치료사는 내담자의 히스토리에서 가장 가슴 아픈 사항들을 얘기하면서 "그 아이에게 어떻게 말하겠습니까? 그 아이에 대한 마음이 어떠세요?"라고 물을 수 있다. 이는 그 아이와 그 아이의 상황에 대한 자비적인 반응을 불러일으킬 뿐만 아니라 아이가 필요한 것을 인식하게 할 수 있다. 연구에 의하면 공감을 활성화하는 조절 요인 중의 하나가 돌봄과 보호가 필요한 사람을 보는 것이다. 예를 들면, 치료사는 자신에게 자비적으로 되는 것을 힘들어했던 내담자 리사(Lisa)에게 이 대화를 도입했다.

> 내담자: 제가 학교에서 집에 돌아왔을 때 어머니는 너무 아파서 저를 보살필 수 없었고, 아버지는 정서적으로 나약해서 저에게 의지했어요. 저는 너무

외롭고 무서웠어요. 혼자서 해낼 수 없었어요. 감당할 수 없었어요.

치료사: 그야말로 혼자였군요. 당신을 돕거나 지원해 줄 사람이 아무도 없었네요?

내담자: 없었어요, 저는 그냥 아이였고 어른은 없었어요. 그냥 그랬어요.

자비를 활성화하기 위해, 치료사는 이어갔다.

치료사: 여기 앉아 있는 8살짜리를 마음속에 그려 볼 수 있나요? 그녀의 어머니는 거기에 없어요. 아파서 침대에 있고, [딸]과 대화할 수 없어요. 그녀의 아버지는 사랑과 의지할 곳으로 [딸]을 바라봅니다. 그게 그녀에게 어떠할지 상상이 되나요? 그녀가 당신의 아이라면 그녀에게 뭐라고 말하겠습니까?

내담자: 그녀를 돌봐 줄 사람이 없어서 그녀가 매우 외로웠다는 걸 알아요. 그녀는 너무 많은 부담을 안고 있어요. 지금 그녀를 보면서 그녀는 더 많이 돌봐 줄 수 있는 사람을 가졌어야 한다는 생각이 들어요.

치료사: 그래요. 그녀는 더 많은 보살핌이 필요합니다. 그녀에게 어떤 느낌이 드세요?

내담자: 마음이 쓰이네요. 그녀가 느낄 수밖에 없었던 것에 대한 연민.

치료사: 그녀에게 말해 주세요. 그녀가 필요한 것을 주시겠어요?

내담자가 아이의 욕구를 인정하고 돌봄과 위로의 태도로 반응하고 나면, 치료사는 내담자에게 자신의 상처 입은 아이에게도 같은 태도로 반응할 수 있는지 물었다. 고통은 어렸을 때 견뎌 온 경험에 뿌리를 두고 있기 때문에 EFT에서 치료사는 내담자의 상처 입은 내면 아이를 은유적으로 사용한다. 회기에서 불러내어지고 있는 내적으로 조직화된 취약한 아이 상태로, 종종 이러한 자기 조직화가 빈 의자와 두 의자 대화를 할 때 분명하게 드러난다. 여기서 우리는 내면에 아이가 있다고 가정하는 것이 아니라, 초기에 경험한 취약한 자아 상태나 어린 시절 경험한 상처의 의미를 불러일으키는 것이며, 그리하여 상처를 받던 시기의 내담자가 경험한 정서를 활성화한다는 점에 유의하는 것이 중요하다. 어렸을 때 겪은 상처와 한번도 받지 못했던 애정 어린 조율과 돌봄을 성인 자아가 해 줌으로써 진정되고 위로되는 것이 내담자에게 매우 가슴 아픈 일일 수 있다.

🤲 자기 진정의 차단과 작업하기

개입 시점

이러한 개입에는 시점이 중요하며 내담자가 상처 입은 어린 자아에게 어떤 느낌이 드는지에 관한 질문에서 특히 그러하다. 너무 이른 치료시기에서 이런 질문을 하는 것은 내담자가 무효화되는 느낌을 갖게 하거나 부담감을 줄 수 있다. 내담자가 자신을 돌보는 것에 부담과 책임을 져야 했을 때, 언젠가는 누군가 다른 사람이 곁에서 공감, 자비 및 수용으로 반응해 줄 거라고 믿고 짐을 내려놓고 편해질 수 있는 시점이 필요하다. 내담자가 다시 한번 더 자기 돌봄의 책임을 맡기 전에, 결핍된 돌봄과 지지를 제공할 누군가를 필요로 한다. 물론, 내담자가 다시 책임을 받아들일 때는 다른 방식일 것이다. 즉, 자신의 감정과 욕구를 인정하고, 현재에 그러한 욕구를 충족시킬 수 있는 더 나은 방법을 찾도록 지원하는 방식이다.

회기에서 자신을 진정하기 위해 내담자는 어린 시절의 고통과 절망의 감정으로부터 다소 분화될 필요가 있다. 내담자가 타인에게 공감적이었던 때를 예로 들게 하거나 보여 주게 한다면 도움이 될 수 있다. 도움이 필요한 다른 사람에게 공감하고 돌보는 능력이 바로 치료사가 내담자에게 구축하려고 하고 더 자각시키려고 노력하는 것이고, 자기 자비에서 그렇게 될 수 있다. 내담자가 회복탄력적이라고 느낄 만큼 취약감이 충분히 타당화되지 않고, 감정이 여전히 얽혀 있어 혼란스럽고, 자신의 행동에 대해 괴로워하고 수치스러워하거나 비반응적인 부모로부터 분화하지 않았다면, 괴로워하는 자아에게 위안과 위로를 주지 못할 수도 있다. 이는 그들이 여전히 나약하고 취약하게 느끼고 대처할 수 있다는 확신감에 다가갈 수 없는 경우에도 일어날 수 있다. 자신의 고통에 압도되고 대처할 수 없을까 봐 여전히 두려워한다면, 자신을 향한 자비감에 다가가거나 탐색할 준비가 되어 있지 않을 수 있다. 때로는 내담자는 필요한 것을 제공하지 않은 중요한 타인에게 분노나 배신감을 느낄 수도 있으며, 이 또한 자기 돌봄을 책임지고자 하는 그들의 바람에 방해가 될 수 있다. 그러나 치료가 진행되면서, 내담자가 치유되고 성숙하면, 자기 자신의 보호와 안녕을 위해 이를 수행할 필요가 있음을 받아들이게 된다.

보편적인 아이를 심상화하기

내담자가 자신의 경험에 공감하는 것을 주저하거나 힘들어할 때, 어린 시절의 내담자를 상상하게 하는 대신에 보편적인 아이를 상상하는 것으로 시작하면 도움될 수 있다. 적대적이고 부정적인 양육자로부터 충분히 분화되지 않은 내담자에게 자기 진정하는 대화를 소개하고 내담자의 아이 자아로부터 시작하자고 하면, 상대방이 경멸이나 파괴적인 반응을 보일 수 있다. 처치 과정에서 변형되어야 하는 것이 바로 이러한 유형의 부정적인 반응이다. 이와 같은 경우에, 내담자가 상처받은 아이로서의 자신에게 자비를 느끼는 것이 초기에는 어려울 수 있으며, 오히려 자신의 취약성을 무효화한다. 이 경우에 내담자에게 자신을 반대편 의자에 앉아 있는 아이로 보라고 하거나 위로가 필요한 자아의 부분을 심상화하라고 하지 않는 것이 더 좋다. 이는 부정적인 감정이나 아이의 경멸이나 취약한 자아를 불러낼 수 있기 때문이다. 그 대신에 보편적인 아이로 또는 고통의 근원이 같은 것을 경험했던 친한 친구로 그 고통을 상징화하는 것이 더 도움이 될 수 있다. 비록 사람들은 비슷한 상황에 있는 보편적인 아이에게 자비적으로 되어 달라고 요청받는 일의 의미를 이해하지만, 자신의 아이 자아보다는 이 보편적인 아이를 더 쉽게 위로할 수 있다. 이는 전자는 무의식중에 자기 경멸을 느낄 수 있기 때문이다.

보호의 제공

  때로는 성인 자아가 상처 입고, 망가진 아이를 보는 것에 의해 압도감을 느낄 수 있다. 이는 자신을 효과적으로 보호할 수 있다는 느낌을 아직 갖지 않거나 자신의 고통으로 인해 해체되거나 무너질까 봐 두려워할 수 있기 때문이다. 이 때 치료사는 대리 보호자가 될 수 있다. 예를 들어, 내담자가 어린아이로 자신을 보는 고통에 의해 압도되거나 겁에 질릴 때, 치료사와 내담자는 학대적이거나 방임적인 타인에게 함께 직면하거나 작업할 수 있다. 내담자는 치료사의 현전에서 더 안전함을 느끼고 그로부터 힘을 얻을 수 있다. 치료사가 가학적인 타인의 바로 뒤나 앞에서 멈추라고 말하는 것을 심상화하도록 한다. 빈 의자 대화에서 치료사는 내담자가 자신의 욕구를 말로 표현하도록 도울 수 있다. 예를 들면, 내담자가 과보호적인 타인에게 물러서라고 말할 수 있도록 돕는 것이다.

> **치료사**: 그에게 필요한 것이 무엇인가요? 그가 멈춰야 할까요?
> **내담자**: 네.
> **치료사**: 이렇게 말할 수 있나요? "그만, 당신은 나를 아프게 하고 있어. 그게 나를 무섭게 하고 외롭게 해."[라고 말할 수 있나요?]
> **내담자**: 네. "그만해! 나를 비난하면 상처가 돼. 당신은 내가 바보 같고 무능하게 느껴지게 해. 나는 스스로 이걸 할 수 있어. 강요하지 마!"

  자기 진정 대화가 수행될 수 있는 방법에는 여러 가지 응용이 있지만, 기본적으로 치료사는 내담자가 고통받고 취약한 자신의 부분에 대해 자비, 친절 및 따뜻함을 표현하도록 지지하고 용기를 줘야 한다. 내담자가 정서적으로 고통받고 있을 때 개입이 가장 잘 도입된다. 일반적인 개입 단계는 내담자가 진정되는 대상이 되도록 격려하고 상처 입은 자아가 되어 자비를 받아들이도록 안내하는 것이다. 위안이 되는 주체자는 자아의 강하고 양육적인 측면이나 이상화된 부모와 같은 인물 또는 다른 어떤 긍정적인 힘으로 표상된다. 취약한 의자(vulnerable chair)에서 내담자는 보편적인 아이, 알고 있는 아이, 자신의 내면 아이 또는 취약한 자아를 포함하여 다양한 인물들을 심상화할 수 있다.

내담자에게 자비를 표현하는 이상화된 타인의 역할을 하여 자아를 돌보도록 제안한 후에, 치료사는 "그 장면으로 들어가는 어른으로서 이제 자기 자신이 되어서 아이인 자신에게 반응하실 수 있나요? 그녀에게 뭐라고 말하고 싶으세요?"라고 물을 수 있다. 내담자가 알고 있는 아이에게 자비를 표현한다면, 치료사는 "당신이 조카딸을 위해 정말로 거기에 있으려고 노력한다는 것을 알아요."라고 말할 수 있다. 여기서 치료사는 내담자가 이전에 보여 주었거나 공유했던 익숙한 자비의 감정을 불러일으키려고 한다. 치료사는 내담자가 상대방에게 어떻게 반응할 건지 물어 볼 수 있다. "그녀가 이걸 겪고 있다면 딸/조카딸/친구에게 어떻게 말하겠어요? 거기에서 그녀를 보고 그녀에게 말해 줄 수 있나요?"

또는 내담자가 보편적인 아이를 심상화하고 있다면 치료사는 "저기에 있는 그아이에 대해 어떻게 느끼시나요? 그녀가 너무 슬프고 외로워 보이나요? 그녀에 대한 당신의 느낌을 말해 주세요." 이는 상처 입은 타인에 대한 내담자의 자비를 환기하는 데 도움이 된다. 내담자가 자비적이고 공감으로 보이지 않는 경우, 치료사는 "그녀가 그렇게 느끼고 있다면 딸/조카딸/친구에게 어떻게 말하겠어요?"라고 질문하여 이전에 경험했던 긍정적인 자비를 활성화할 수 있다. 내담자가 관심을 표현하고 나면, 치료사는 "이와 동일한 돌보는 느낌과 태도를 자신에게 갖게 하는 것을 상상할 수 있으신가요?"라고 물을 수 있다. 자신에게 자비적으로 되는 것의 어려움을 탐색하기 위해 치료사는 "자신에게 이것을 주려고 하는데 무엇이 못하게 막나요?"라고 물어도 된다. 이는 내담자가 자신에게 자비적으로 되고 안심시키는 데 방해가 되는 것이 무엇인지 탐색하는 데 도움이 될 수 있다.

치료사가 자비를 활성화하는 다른 방법은 내담자에게 진정시켜 주는 타인이 어떻게 반응해 줄 것인지 심상화하도록 하는 것이다. 예를 들어, "이 상상의 타인은 그것을 겪고 있는 친구에게 어떻게 반응할까요?" 타인에 의해 진정되거나 위안을 얻었던 때를 회상하게 하는 것도 도움이 된다. 이 경우에 자기 진정 대화에서 치료사는 다음과 같이 말할 수 있다, "당신이 얼마나 고통스러운가를 안다면 무슨 말을 해 줄지 상상할 수 있으시나요?" "꿈에서 어머니나 아버지가 되실 수 있나요? 그들이 무슨 말을 하나요? 당신은 무슨 말을 들어야 하나요?" "당신이 엄마나 아빠가 될 수 있습니까? 무슨 말을 들을 필요가 있었나요?" 또는 "과거에 당신을 위해 곁에 있어주고 돌봄과 자비를 주었던 사람으로 누군가를 떠올릴 수 있나요? 그들이 당신에게 뭐라고 말할까요?" 이 상상의 타인은 실제의 사람, 조부모, 교사, 영적 인물 또는 안전을 제공했던 종족이나 기관과 같은 집단일 수 있다.

🫶 변형: 정서와 대인관계

정서 변형

내담자가 자신에 대한 자비나 관심을 표현하고 나면, 치료사는 아이 자리로 가도록 하여 아이 위치에서 욕구와 바람을 표현하도록 돕는다. 치료사는 "사랑받는다고 느끼려면 [당신의 성인 자아/자비적인 타인]으로부터 무엇이 필요한가요? 당신이 괜찮다는 느낌을 가지려면 무슨 말을 들어야 하나요?" 하고 물을 수 있다. "어머니나 당신의 어른 자아가 당신에게 돌봄과 관심을 표현하는 것을 들으니 어떤가요?"라고도 물을 수 있다. 치료사는 내담자의 아이 상태에서의 경험과 작업하여 진정되는 것의 긍정적인 감정을 인식하도록 한다. 이를 위해서 치료사는 위로되는 감정의 특성을 내담자가 아이로서 언어로 분명하게 표현하도록 돕는다. 이 과제를 완수하려면 자아에게 자비를 느끼는 것뿐만 아니라 충족되지 않은 욕구에 접근하여 사랑, 보호 및 타당화에 대한 욕구가 한 번도 충족되지 않은 것에 대한 고통과 상실을 잠재적으로 애도하도록 자아를 지지하는 것이다.

상실을 애도하기

이 과정은 내담자가 고통스러운 부적응적 1차 정서에 접근하는 주요 단계들을 통해, 괴로움에서 충족되지 않은 욕구와 이들 욕구가 충족되지 못한 것에 대한 슬픔의 진술로 변한다(Ito et al., 2010). 때때로 정서의 중단에 뒤따르는 두려움이 있을 수 있으며, 내담자가 자신의 일차적인 고통스러운 감정에 접근하기 전에 해내야만 하는 자기 진정에 대한 반발이 있을 수도 있다. 해결에 이르게 하는 것은 단순히 자아에 대한 자비를 재연하는 것뿐만 아니라, 상실의 고통에 대한 연민의 감정을 활성화하고 받아보지 못한 자비와 치유적인 반응성을 제공함에 있어서 그러한 상실에 대한 애도와 충족되지 않은 욕구에 접근하는 것이 중요하다. 내담자가 지지적이고 공감적인 치료사와 함께 이 과정을 거칠 때, 상실한 것에 대해서 자신에 대한 자비의 감정을 발달시킨다. 시간이 지나면서 내담자는 정서적으로 조율된 치료사의 공감적인 진정과 수용과 함께 이를 수행하면서, 결국에는 자신을 진정하고 고통의 정서를 변형하는 능력을 발달시킨다.

변형을 심상으로 재연하기

내담자의 고통과 변형적인 자비를 불러일으키기 위하여 심상을 다양한 방법으로 사용할 수 있다. 시각 체계는 정서와 밀접한 관련이 있다(Lang et al., 1998). 심상은 해결되지 않은 고통스러운 정서를 불러일으키고, 상상으로 대화를 재연할 수 있게 한다. 또한 심상을 통해 자비와 같은 새로운 정서를 경험할 수 있기도 하고, 상황이나 장면에 위안을 주는 사람이나 자원을 더할 수도 있는데, 이는 내담자가 새로운 방식으로 이전과 다른 장면을 경험하는 데 도움이 된다. 따라서 내담자의 핵심 정서에 다가가기 위해 치료사는 고통을 겪거나 방임되는 장면을 상상하라고 요청할 수 있다. 이러한 고통 감정은 내담자가 필요한 것을 표현할 때나 어린 시절 장면에서 보호자와 함께 있는 것을 심상화함으로써 변형될 수 있다. 이 후자의 시나리오에서 내담자는 받지 못하던 보호를 제공해 줄 수 있는 보호자(예: 경찰, 치료사)를 상상하도록 한다. 또는 내담자에게 힘을 부여하거나 보호해 줄 다른 보조 수단을 상상할 수 있다(예: 방의 안전을 위해 문 잠그기, 무서운 사람을 새장에 두기). 이 심상화 작업은 두려움, 수치심 및 슬픔의 부적응 정서를 변화시키기 위해 자아를 향한 자기주장적인 분노와 긍정적인 감정과 같은 새로운 정서를 만들어 낼 수 있다.

이러한 유형의 심상화에 의한 변형에서, 치료사는 다음과 같이 말할 수 있다.

> 눈을 감고 이 상황에서 당신이 보고 느낀 것을 기억해 보십시오. 가능한 한 이미지를 구체적으로 해 보세요. 그리로 들어가세요. 이 장면에서 당신의 어린 시절 아이가 되십시오. 무슨 일이 일어나고 있는지 말해 주세요. 그 상황에서 무엇을 보고, 냄새 맡고, 듣습니까? 몸의 느낌은 어떠하며 마음은 어떠한가요?

잠시 후 치료사는 내담자에게 다음과 같은 말로 관점을 바꾸도록 한다.

> 이제 장면을 성인으로 보셨으면 합니다. 당신은 무엇을 보고 느끼고 생각하나요? 아이의 얼굴 표정이 보입니까? 무엇을 말하고 싶거나 하고 싶으십니까? 그걸 할 수 있을까요? 어떻게 개입할 수 있을까요? 상상으로 지금 그것을 해 볼 수 있을까요?

다시 관점을 바꾸기 위하여 치료사는 다음과 같은 질문을 하여 내담자에게 그 아이가 되도록 요청할 수 있다.

> 아이로서 당신은 무엇을 느끼고 생각합니까? 그 성인에게서 무엇을 필요로 하나요? 당신이 필요하거나 원하는 것을 달라고 할 수 있나요? 그 성인은 어떻게 합니까? 그밖에 또 필요한 것이 있습니까? 그것을 달라고 할 수 있나요? 도움을 받으러 가고 싶은 다른 사람이 있습니까? 제공되는 보호와 돌봄을 받으실 수 있나요?

이 개입은 치료사가 다음과 같이 묻는 것으로 끝난다.

> 지금 내면의 느낌이 어떠한지 확인하세요. 이 모든 것이 당신에게, 당신에 대해서, 그리고 당신이 필요한 것에 어떤 의미를 가지나요? 이제 현재로, 저와 함께 지금 여기에 있는 성인으로 자신에게로 돌아오실까요? 어떠세요? 그 아이에게 지금은 작별인사를 할 수 있으신지요?

이는 많은 내담자에게 부족한 자기 자비를 생성하는 강력한 방법으로, 자기 경멸, 죄책감 및 자기 비난에 직접적으로 맞선다. 내담자는 초기에 아이로서 자신에게 느꼈던 자비가 얼마나 적었는지 또는 그런 경향이었는지를 깨닫기 때문에, 자기 자비의 생성에 눈을 새로 뜨게 할 수도 있다. 따라서 GAD의 핵심에 있는 부적응적인 1차적 불안, 슬픔 및 두려움은 위안과 원조의 욕구를 충족시키기 위하여 자아를 보호하고 진정시켜 줄 수 있는 안전과 자기주장적인 분노로 변형될 수 있다.

♡ 사례 예시: 로슬린

다음의 사례 예시는 내담자가 자기 자비와 자기 진정에 다가가고 개발하도록 돕는 과정을 보여 준다. 여기서는 내담자 로슬린(Roslyn)이 비타협적이고 비판적인 목소리로 표출된 두 의자 대화에서 자기 진정이 일어났다.

내담자: 네가 나를 지지해 줬으면 해. 적이 아니라, 친구로 있어 줘.

치료사: 의자를 바꾸어서 [비판하는 자아로 들으세요]. "나는 네가 나를 지지한다는 것을 알았으면 해." 뭐라고 대답하시겠어요?

내담자: 너는 지지받을 자격이 없어. 지지받을 만한 일을 한 적이 없어. 아무것도. 너는 나약하고, 한심하고, 쓸모없어.

내담자가 이렇게 말할 때 깊은 취약성과 아픔이 올라왔기 때문에 치료사는 그렇게 멸시하는 것처럼 보이는 자아에 대한 자비를 촉진하기 위해 자기 진정 대화를 도입했다.

> **치료사:** 그래요. 이 [자아]는 매우 경멸적입니다. 저기서 이 깊은 고통을 느끼는 아이를 상상할 수 있나요? 아이일 때 당신이 그랬던 것처럼 그녀는 존재의 의미를 느끼지 못해요. 이 아이에게 어떤 말을 하시겠어요?
>
> **내담자:** 그건 총체적인 문제야. 나는 그렇게 할 수 없어. 그렇게 한 적이 없어. 나를 위해 그렇게 한 사람이 아무도 없었어. 어떻게 해야 할지를 모르겠어. 왜 그런지 모르겠어.
>
> **치료사:** 그래요. 힘들고, 자신을 위해서 그렇게 할 수 없을 것 같아요.

내담자는 아무도 자신에게 친절하거나 자비적이지 않았었기 때문에 자비를 보이는 방법을 모른다는 것을 알아차렸다. 치료사는 그녀에게 다른 아이를 생각하거나 상상하도록 했다.

> **치료사:** 정말로 지지가 필요했던 아이가 있었고 그 아이가, "당신이 나를 돌봐 줬었다는 것을 나는 알아야 해요."라는 말을 한다면 어떨까요? 얼마 전에 아버지에 대해서 어렸을 때 비록 항상 함께 해 주신 것은 아니었지만, 서커스나 놀이 공원에 데려가곤 했다고 말했어요. 그게 로슬린에게 어땠는지, 어떤 느낌이었는지 모르겠습니다만 매우 특별하게 사랑받는 느낌이었을 거라고 생각해요. 이리로 오셔서 "괜찮아, 내가 돌봐 줄게." 라고 그녀에게 말해 주시겠어요?
>
> **내담자:** 흠, 아버지가 될 수 있겠어요. 그를 회상하는 것이 힘들지만 좋아하는 감정이 있어요. 지금의 내가 아버지로 되어, 아주 작은 그녀를 보면서, "걱정 마, 내가 함께 있어." 하고 말해요.

치료사: 네. 좋아요. 그녀에게 그렇게 말할 수 있습니까?

내담자: 그래. 나 여기 있어. 너를 위해 여기 있을 거야. 걱정할 필요 없어. 내가 네 뒤에 있어. 너는 사랑받을 자격이 있고 나는 그걸 너에게 주기 위해 여기에 있어.

　내담자는 자신에 대한 자비에 접근할 수 있었고 아이 자리에 있는 자신을 지원하고 보호하려고 했다. 그다음, 치료사는 아이 자리에 있는 내담자가 다른 사람에게 보호받는 것이 어떤 느낌인지에 집중하도록 했다.

치료사: 좋아요. 여기 다른 의자로 바꿔 앉으시겠어요. 그녀에게 그 말이 어떠한 지, 당신의 내면으로부터 들을 수 있도록 말해 주세요.

내담자: 정말 그런 말을 들어야 했어. 그런 말을 들으니 정말 기분이 좋아.

치료사: 정말 그 사랑을 받아야 하고 받을 자격이 있어요. 그것을 받는 것이 어 떤 것인지 그녀에게 말해 주세요.

내담자: 속이 따뜻해지는 것 같아. 마치 담요를 두르고 있는 것 같아.

치료사: 그래요. 그게 당신이 들어야 할 말입니다. "너는 괜찮아."라고 말해 주 세요.

내담자: 그 말을 듣고 싶었어. 들으니 기분이 좋아. 그 말을 들으니 더 강해지는 느낌이야.

　다음은 자기 진정의 또 다른 예이다. 이 예에서는 자기 진정의 일반적인 절차가 의자 작업이나 상처 입은 아이 이미지를 명시적으로 사용하지 않고 수행되었다. 로 슬린은 자신의 걱정, 주로 그녀의 가족과 치료를 통해 더 많이 인식하게 된 무서운 느낌에 대해 이야기했다. 치료사는 그녀에게 이 느낌에 초점화하도록 했다.

치료사: 우리가 이 취약한 곳으로 가서 그 느낌을 이 방으로 가져와서 그것이 지

금 무슨 말을 하는지 좀 보려고 해도 괜찮을까요? 괜찮으시겠어요?

그다음 몇 분 동안 내담자는 처음에는 그 감정에 들어가지는 않고 감정에 대해서 이야기하다가, 아들과 그의 미래에 관한 회기 때에 이러한 감정이 있었음을 알아차렸다.

> **내담자**: 모르겠어요. [이것이] 나라고 생각합니다. 그것을 하는 것은 내 안에 있어요. 그를 도와주려고 애쓰[다가] 그리고 제가 아들 걱정을 너무 하니까, 그런가 봐요.
>
> **치료사**: 흠, 해 보실까요? 마치 당신의 눈을 내면으로 향하게 할 수 있어서 어떤 장소에 실제로 접촉하려는 것처럼, 머릿속에서 생각하는 것이 아니라, 실제로 당신의 몸으로 들어가서 그 곳에 접촉하려고 해 보세요. 그것에 대한 느낌을 얻으려고, 그것에 대해 생각하는 것이 아니라, 그 장소의 느낌을 얻도록 노력해 보시라는 뜻입니다.

치료사는 내담자에게 자신의 감정에 초점화하고 그것을 상징화하도록 부탁했다. 내담자는 이를 수행하고 구분하기 시작했다.

> **내담자**: 네. 제가 느낀 것은 약간의 공허함이고 약간의 슬픔도 느껴져요.
>
> **치료사**: [그냥 그 느낌이 들면] 무슨 말을 하고 싶은가요?
>
> **내담자**: 그 느낌처럼 그냥 배를 껴안고 싶어요. 그냥 편안함을 느꼈던 것 같아요.
>
> **치료사**: 그래서, [당신은] 배를 껴안고 싶으세요?
>
> **내담자**: 예. 가끔은 그 느낌을 잊고 밤에 베개를 집어서 배 위에 올려놓아요. 남편은 제가 뭘 하고 있는지 물을 때가 있어요.

내담자는 배를 껴안고 위로와 지지의 감각에 접근했다. 이어서, 디스트레스를 외면하지 않고 자신을 위로할 수 있었던 지난주의 기억을 회상했고, 거기에 주의를 기울이고 초점화할 수 있었다. 치료사는 그녀가 어떻게 자신을 위로할 수 있었는지 반영했다. 내담자는 배를 쓰다듬으며 편안함과 지지의 감각에 접근했다. 이어 그녀는 지난주 자신을 위로할 수 있었던 기억을 회상하며 괴로움을 외면하지 않고 그것에 집중하고 돌볼 수 있었다. 치료사는 그녀가 자신을 위로할 수 있었던 방식을 다음과 같이 반영했다.

> 치료사: 그래서 [당신은] [자신을] 조금 진정시키고 있고 그렇게 하는 것이 매우 자연스러워요. 거의 그 곳에 오신 것 같아요. [당신은] 포옹, 지지, [또는] 사랑을 받지 않았고, [당신이] 성인으로서 그렇게, 거기에서 할 수 있다는 것을 알고 있어요. 당신은 스스로를 안아 주고 진정시키는 것을 알고 있습니다. 당신이 그렇게 할 때, [자신을] 위로할 때 어떤 느낌이 드나요?
>
> 내담자: 편안해요. [저는] 더 편안합니다.
>
> 치료사: 당신 자신에게 말할 수 있나요? 그 곳에 있을 수 있다면 [그리고] 당신이 성인으로서 자신을 안아 주고, 진정하고, 위로한다면 어떤 느낌인지 자신에게 말해 주세요. 그 곳에서의 느낌은 어떠한가요?
>
> 내담자: 느낌이…….
>
> 치료사: 마치 당신이 그 곳에서 말하는 것처럼 '나'를 주어로 해서 말해 주시겠어요?
>
> 내담자: 나는 보살핌을 받았던 것처럼 느껴져.
>
> 치료사: [너는] [네가] 보살핌을 받고 있는 것처럼 느껴.
>
> 내담자: 이제 내가 괜찮으니까 [치료]를 떠나야 할 것처럼.
>
> 치료사: 마치, [네가] 지금 잘 하고 있고 [네가] 그 위로를 받았기 때문에 [너는] [치료]를 그만둘 수 있다는 것 같아.
>
> 내담자: 맞아. 바로 그 말이야, 위로.
>
> 치료사: 위로. 그것이 어떤 느낌인지, 그것이 [네가] 치료를 그만둘 수도 있는 것

에 대해 좀 더 말해 줄래? 그것에 대해 [네가] 더 말해 줄 수 있니?

내담자: 글쎄, 위로되는 것은 기분이 좋아. 무슨 일이 일어나고 있는지 내가 [나에게] 느끼도록 하고 있었던 느낌처럼.

여기서 내담자는 자신을 위로했다. 그녀는 자신을 안아 주고 돌봄과 지지의 경험을 제공할 수 있었다. 그녀와 치료사는 계속해서 불안의 기능과 내담자가 이전에 대처했던 방식을 계속 탐색했다.

치료사: 그래서 나는 너에게 그 사실을 알렸었고 너는 내 말을 듣고 깜짝 놀라고 있어. 그리고 네가 내 말을 듣기 시작한 것은 매우 중요해.

내담자: 그래, 하지만 [이건 단지] 지난주에 대해 내가 몇 번 말한 일이야. 그 전에는 그런 일이 일어나게 두지 않았을 거야. 그냥 여기서 차 한 잔 마시거나 TV를 [켜고] [또는] 책을 읽는 것이 좋겠다는 생각을 하고 있었어. 나는 그런 [식]의 기분이 싫어서 남편과 뭐라도 얘기를 나누곤 했는데, 이번에는 그렇게 하지 않았어. 이번에는 베개를 기억했고 그리고 나서 그것에 대해서 생각했기 때문에 기분이 좋아졌어. 나는 그 나쁜 공허함의 원인이 무엇인지, 이 느낌이 무엇인지 생각해보고 해결책이 있다는 것이 느껴졌어.

내담자는 지난주에 자신을 위로할 수 있었던 것을 회상했다. 이전에는 스스로 기분전환을 하려고 하거나 위로해 줄 남편을 찾거나 했었는데, 이제는 자신의 고통을 돌보고 스스로 진정하는 성장 역량을 이끌어 낼 수 있었다. 내담자는 고통스러운 디스트레스 정서에 주의를 기울이는 것을 중요시하게 되었다. 해결책을 찾을 수 있고 감정에 주의를 기울이는 것이 도움될 수 있다는 것을 깨달았다. 그녀는 공허한 느낌이 자신이 견뎌왔던 심각한 의학적 상태와 돈이나 지원이 없으면 장애가 될 것 같은 두려움과 관련이 있음을 인식했다.

치료사: 그래서, 이 느낌이 네가 내 말을 들었다는 것을 말하는 거야? 너는 내가 거기에 있는 것을 허용했고 너는 내가 말해야 하는 것을 들었어.

내담자: 음, 글쎄, 아마도 네가 필요했겠지. 아마도 이런 느낌이 필요했을 거야.

그러고 나서 치료사는 내담자에게 그 공허한 느낌으로 대화를 하도록 요청했다.

치료사: [이 다른 의자로] 오시겠어요? 여기는 다른 [자아]입니다. 괜찮으시죠? 그러한 곳이 있는 것처럼, 그러한 구멍이 있는 것처럼 공허한 느낌에게, "나는 네가 필요했어."라고 말할 수 있겠습니까?

내담자: 내가 항상 피해자처럼 느껴졌던 방식 때문에 나를 불쌍하게 생각했는데, 이제는 그런 방식이 아닌 다른 방식으로 생각하기 시작했기 때문에 네가 필요했어. 그러나 실제로는 그렇지 않아. 나의 눈에 문제가 있고 남편은 다리에 문제가 [있지만], 우리는 여전히 생산적인 사람들이고 일을 할 수 있어.

치료사: 물론, [너는] 아직 젊어.

내담자: 그래. 우리는 아직 상당히 젊고 [쓰레기차에 버려질] 정도는 아니야.

여기서 내담자는 자신의 회복탄력성과 자신감에 접근했다. 미래에 대처할 수 있다고 느끼고 자신의 자원을 인정하게 되면서 자기 조직화에 변화가 있었다. 치료사는 그녀에게 불안이 말하는 것을 바라보도록 용기를 주었다.

치료사: 아니지. 하지만 '네가 나를 위해 뭔가 했던 것' 같아. 그것에 대해 좀 말해 줄 수 있어?

내담자: 너는 내 문제를 생각할 기회를 주고 해결책을 찾으려고 해.

치료사: 거기에 정말 오랫동안 있었고 네가 [자신에게] 무언가를 말하려고 하는 것이 이상한 일이 아닌 것 같아. 그것에 대해 말하고 나면, 이 감정이 너

에게 전할 메시지가 있음을 알 수 있어. 그리고 그것은 너를 보호했던 부분이 지금 "너의 메시지를 듣기 시작하고 있어."라고 말하고 있는 것 같아. 그리고 너는 그걸 알고 [너 자신을] 안아 주는 것 같아. 그래서 네가 [너 자신을] 안아 줄 때 하는 것이 자신을 양 팔로 거의 껴안고 있는 것이고, '내가 너를 달래 주고 싶다.'는 감정일 때 하고 싶은 것이지.

내담자: 그래. 너를 달래 주고 싶어.

치료사: "나는 너를 돌보고 싶어."

내담자: 그래. 어떤 면에서 나는 그냥 그렇게 하고 싶을 뿐이고 그러면 몇 가지 문제를 더 잘 해결할 수 있어. 적어도 희망은 있다고 생각해.

이 지점에서 내담자는 자비에 접근했다. 그녀는 더 낙관적으로 느끼기 시작했다.

치료사: 그래요, 그래요. 그래서 희망이 있고 [그게 어떤 것 같아요]? 이 쪽에서 당신은 "우리는 함께 해나갈 수 있다."라고 말하고 있어요. [둘이서] 함께 하면, 당신은 [당신 자신]에게 잘못된 것에 대한 메시지를 주려고 하고 해결책을 찾으려고 할 거예요. [당신은] 같은 일을 함께 할 수 있을까요?

내담자: 우리는 함께 할 수 있고 어쩌면 [그 공허한 느낌]이 그냥 사라져서 돌아오지 않을 수도 있어. 왜냐하면 내 인생에서 잘못된 것에 대해 생각만 해도 너무 힘에 부치기 때문이야.

치료사: 통제할 수 없다고 느꼈네요.

내담자: 그래. 하지만 어쩌면 할 수도 있겠죠.

치료사: 그게 정말 중요한 거예요.

내담자: 아직 처리해야 할 일이 있기 때문이기도 하지만 나는 할 수 있어요. 자신을 진정할 수 있어요.

치료사: "나 자신을 위해서 그렇게 할 거야."라고 [당신 자신]을 위해 할 수 있다는 점이 우리가 [치료]를 마무리하고 있기 때문에 정말 더할 나위 없이

좋아요. 앞으로 우리는 두 회기만 남겨놓고 [있고], [당신이] [자신을] 위해 이를 사용할 수 있기 때문에 어떤 통제감과 힘을 좀 더 느끼게 될 것이라고 생각해요.

치료사는 내담자가 앞으로 나아갈 수 있도록 자신을 위해 이 일을 할 수 있고, 불안감을 규명하는 새로운 도구와 자신을 진정하는 새로운 방법을 가지고 있다고 말해 주었다. 내담자는 다음과 같이 동의했다.

내담자: 더 이상 그렇게 걱정하지 않을 것 같아요. 해결책이 있다는 것을 안다면, 해결되지 않는다고 하더라도 우리가 블랙홀에 빠지지 않을 것이라는 걸 알고 있기 때문이지요. 블랙홀에 빠질 것이라는 것이 [치료] 초기에 느꼈던 방식[이었어요]. 하지만 이러한 것들에 대한 많은 이야기와 회기들을 하고 난 후의, 지금은 더 이상 그렇게 될 것 같지 않거든요. [내가] 거기서 빠져 나올 수 있거나 [그 아이들이] 뭔가를 찾게 될 거예요. 내 말은, 그들을 위해서 내가 뭔가를 찾지 않을 거라는 것이지요.

치료사: 그렇지요. 그건 그들의 선택이니까요.

내담자: 일들이 해결될 수 있다는 것을 알 수 있고 내가 할 수 있다면, 그렇게 할 거예요.

치료사: "항상 그래왔듯이, 나는 최선을 다하겠다."

내담자: 오, 네!

치료사: 그러나 그게 이 무력감이나 절망감은 아니지요?

내담자: 남편이 다시 정상으로 되고 있다는 희망이 조금씩 주어지고 있어요.

치료사: 네. 그래서, [두 사람] 모두 괜찮아지고 있다는 건가요?

내담자: 그가 그렇게 좋지는 않아요, 그리고 나도 한 쪽 눈에 문제가 없는 건 아니지만, 괜찮아요. 감당할 수 있고 괜찮아요.

이 예에서 내담자는 장애를 입는 것을 두려워했던 자신의 한 부분에게 위로와 지지를 보냈다. 비록 자신과 남편이 의료적 문제를 안고 있지만, 서로를 돌볼 수 있다는 것을 깨달으면서 자신을 진정시킬 수 있었고 문제를 해결하기 시작할 수 있었다. 그들은 헤쳐 나갈 방법을 찾을 것이다. 효과적으로 자신을 안심시키고 진정시키기 위해, 어떤 내담자들은 타인의 고통을 돌보는 책임에서 벗어나야 할 수도 있고, 다른 내담자들은 사람들을 주변에 있게 하기 위해 자신을 침묵시키는 것에서 벗어나야 할 수도 있다. 그러나 어떤 내담자들은 타인이 자신을 비열하고 조롱당하고 언젠가는 벌받을 것으로 보기 때문에 자기 자신을 나약하고 무력하고 보살핌과 보호가 필요한 채로 있게 해야 하고, 타인의 필요를 거부하지 않아야 한다고 받아들여야 할 수도 있다. 초기 발달 단계에서 비롯된 행동방침과 대처 방식에서 불안이 생겨나는 내담자의 경우, 온화하고 자비적이고 공평하게 자신을 달래고 돌보는 역량은 시간이 걸릴 수 있다. 이는 내담자가 자신에 대한 확신과 신뢰를 키우는 것뿐만 아니라 타인들과의 상호작용에서의 확신과 신뢰와 관련이 있다.

🫶 정서 변형

내담자가 자신을 진정시키고 돌볼 줄 알게 되면, 정서를 보다 효과적으로 처리하고, 욕구를 충족하고, 타인과의 관계를 바꿀 수 있게 된다. 이러한 변화는 자신이 정서를 효과적으로 조절하고 일어나는 일에 대처할 수 있고 타인이 자신의 욕구에 적절하게 반응해 줄 수 있다는 믿음에서 비롯된다. 자아와 타인에 대한 믿음을 얻으려면 내담자가 사회적 계약을 재조정하고 타인이 돌봄, 보호, 지지 및 지원을 제공할 의무를 이행하도록 해야 한다. 또한 내담자는 더 많은 자기 자비에 다가가고 자기 보호적으로 되어서, 타인이 책임감 있게 행동하고, 상해, 상처나 방임이 일어나지 않게 하거나, 내담자의 안녕을 확보하기 위해 최선을 다하도록 요구해야 한다. 이러한 변화들이 GAD의 진정한 변형이다.

🫶 사례 예시: 소피

여러 해 동안 GAD에 대처하고 있는 내담자인 소피(Sophie)의 사례를 통해 GAD의 변형을 설명할 수 있다. 어머니는 소피가 태어난 후 매우 아팠고, 아버지는 직장 때문에 오랫동안 집을 떠나 있었다. 부모님은 이민자여서 확대가족의 지원이 없었다. 따라서 소피의 어머니는 갓난아기를 돌보는 것과 자신이 아플 때 소피를 보살피는 것을 이웃에게 의존해야 했다. 소피는 어머니가 정서적으로 불안정했고 감정 기복이 심했던 것으로 기억했다. 갑자기 분노를 터뜨리고 사랑과 지원을 언제 철회할지 예측할 수 없었다. 어머니는 소피를 원망했고 그녀를 돌보는 것을 부담스러워했던 것 같았다. 그녀의 어머니는 질서, 정돈 및 청결을 소중히 여겼기 때문에 소피는 어질러진 것 때문에 야단맞고 벌받은 기억이 수없이 많았다. 그녀는 끊임없이 혼나고, 무시되고 내쳐지는 해충처럼 느껴졌다.

소피는 어머니가 매우 불행하다는 것을 일찍 깨달았다. 부모님 사이에 갈등이 있었다. 부모님이 다툴 때, 그녀는 그들 사이에 끼어들려고 했던 것을 기억했다. 어렸을 때 그들의 폭발을 매우 무서워했다. 그녀의 온 세상이 무너지는 것 같았다. 어머니가 둘째를 낳은 후, 소피는 어머니가 아버지에게 자신은 불행하고 아이들과 함께 해 나갈 수 없다고 말하는 것을 우연히 들었다. 그녀는 혼자 아파트를 차지하고 두 딸을 그에게 맡기고 싶다고 했다. 소피는 이 말을 들었을 때 얼마나 놀랐는지 회상했다. 그녀는 떠나지 말아달라고 애원하면서 어머니에게 달려갔다. 그때부터 소피는 어머니 곁에 머물면서 학교에 가는 것 외에는 거의 밖으로 나가지 않았다. 그녀는 어머니 주위에 맴돌면서 여동생 보살피는 것을 돕고, 식사준비를 하면서 어머니를 기쁘게 하기 위해 열심히 일했다. 그녀는 매번 변하는 어머니의 변덕과 기분에 주의를 기울였고, 아버지에 맞서서 어머니의 편을 들었다. 비록 어머니가 가족에 머물러 있었지만, 소피의 아동기와 청소년기 동안에, 감당할 수 없다고 말하면서 수없이 떠나겠다고 협박했다. 이러한 위협은 소피가 14세에 어머니가 자살을 시도했을 때 절정에 달했다.

소피는 동료들 사이에 갈등이 있었을 때, 직장에서 특히 스트레스가 많았던 시기를 보낸 후에 치료를 받으러 왔다. 치료에서 그녀는 치료사와 문제가 되는 반응을 탐색하면서, 자신이 책임져야 하고, 문제를 해결해야 하고, 자신이 아끼는 사람들을 위해 상황을 더 좋게 만들어야 한다는 것을 내면화했음을 알게 되었다. 그녀는 직장에서 겪고 있는 고통이 어린 시절에 뿌리를 두고 있다는 것을 깨달았다. 그녀는 어린아이였을 때 얼마나 슬펐던가를 떠올렸다. 부모님이 다투고 있을 때 얼마나 무섭고 혼란스러웠던가. 그녀는 평온하고 행복한 가정을 항상 원했었다. 서로 사랑하고 서로를 돌볼 것이라는 것을 알고 있는 편안하고 안정감을 느낄 수 있는 곳이 그녀가 원하는 가정이었다. 그녀는 계속해서 아동기의 감정과 기억을 처리하면서, 어머니를 소홀히 할까 봐 그리고 야단맞을까 봐 두려워서 결코 자신을 놀게 하지 않았다는 사실을 깨달았다.

어린 소녀로서 그녀가 겪었던 경험이 얼마나 고통스러웠는가를 인정하고 그 경험을 받아들이고 표현하도록 허용하는 것이 소피의 치유에 매우 중요했다. 그녀는 아동기 경험을 반추해 볼 기회가 없었다. 치료사와 함께 경험을 탐색하면서 부모님을 다르게 보기 시작했다. 아버지가 그녀의 삶에서 강한 존재는 아니지만 얼마나 인내심이 있었는지 깨달았다. 그녀는 어머니가 얼마나 까다로웠는지 인식하기 시작했고 어머니의 기분과 예측할 수 없는 행동에 대해 아버지가 비난하지 않았다는 것을 알게 되었다. 어렸을 때 그녀는 집안일을 밖에서 말하지 않기로 다짐받았기 때문에 집에서 일어나는 일을 다른 사람들과 공유하고 도움을 구할 수 없었다. 치료사와 함께 자기 침묵에 대해 작업하고, 책임을 재분배하고, 일어난 일에 대해 일관성 있는 이야기를 전개할 필요성에 대해 뜻을 같이 했다.

소피와 치료사는 걱정을 규명하기 위해 걱정 대화에 들어갔다. 이 작업에서 소피가 자신의 고통을 무시하고, 이기적으로 되지 말아야 하고 책임을 져야 한다고 자신에게 말해왔던 것이 명료하게 나타났다. 그녀는 자신의 불안이 타인에게 주의를 기울여야 하고 그들을 주변에 두기 위해서는 그들을 행복하게 해야 한다는 자신의 각오에 뿌리를 두고 있음을 인식했다. 소피가 치료사의 관심과 수용을 내면화하는 데 시간이 걸렸다. 소피가 더 강해지기 시작했기 때문에, 치료사는 그녀의 부정적인 자기 대우, 즉 그녀가 모든 사람을 돌보고 책임질 것에 대한 기대와 요구 및 자신의 감정과 욕구를 무시하고 침묵시키는 것을 바꾸기 위해 두 의자 대화를 제안했다. 천천히, 그녀는 더 자기 자비적으로 되고, 자신의 한계를 스스로 더 수용하게 되었다. 그녀는 자신의 감정과 욕구에 더 주의를 기울이고 자신을 이기적이라고 매도하는 것을 멈췄다.

그녀는 깊은 슬픔과 외로움뿐만 아니라 그렇게 혼자가 되는 것과 책임지는 것에 대한 두려움을 처리했다. 치료사의 지지로 소피는 양육과 타당화에 대한 충족되지 않은 욕구를 당연한 것으로 느끼기 시작했고, 그렇게 박탈당한 것에 대한 분노와 그녀가 너무나 갈망했으나 받을 수 없었던 모든 것에 대한 슬픔을 느꼈다. 소피가 자신의 감정에 주의를 기울이고 어렸을 때 겪은 고통을 인정하고 나서, 치료사는 부모와의 빈 의자 대화를 제안했다. 그녀는 부모에게 그들이 얼마나 불공평하고 무책임했는가를 말해 줌으로써 보호적인 분노에 접근할 수 있었다. 그녀는 어머니가 떠나는 것이 얼마나 무서웠는지, 어머니가 자신을 버릴까 봐 항상 얼마나 걱정했는지에 대해서 어머니에게 말했다. 또한 어렸을 때 한 번도 놀 수 없었던 슬픔과 외로움을 그들에게 말했다. 그녀의 탈출구 중 하나는 독서였고, 책으로 도망가면 안도감과 위안을 얻었다. 빈 의자 작업으로 관계 상처를 계속 다루면서, 그녀는 어렸을 때 부모가 책임감이 있어야 했고, 그들의 문제와 어머니 돌보는 것을 자신에게 떠넘기는 것은 불공평했다고 말했다. 소피는 자신의 욕구를 박탈당했고 자신이 누구이며 무엇을 원하는지 몰랐다고 말해 주었다. 부모는 도움을 받아서 그녀와 동생이 더 잘 보살핌을 받도록 했어야 한다고 힘주어 말했다. 그녀는 자신이 안전하고 편안함을 느낄 수 있는 가정뿐만 아니라 당연히 보호와 사랑을 받았어야 한다고 했다.

치료가 진행됨에 따라 소피는 어린아이인 자신을 진정하고 위로하는 법을 배웠으며 더 이상 성인을 책임질 필요가 없다고 자신에게 말했다. 그녀의 치유에서 중요한 단계는 그녀가 빈 의자 대화에서 상처 입은 아이에게 말을 걸어 그녀는 있는 그대로 받아들여질 수 있고 사랑받을 수 있으며, 그녀가 달라져야 하거나 타인을 돌볼 필요가 없다는 것을 말했을 때였다. 이런 말을 들으면서 소피는 조용히 흐느끼기 시작했다. 이 대화가 끝날 무렵, 그녀는 안도되고 더 가벼워진 것처럼 보였다. 두 의자 대화의 마지막 한 부분에서, "가서 놀고 어른들의 일은 그들에게 맡겨."라고 자신에게 말했다. 그녀는 모든 것이 잘 될 것이라고 자신을 안심시키고 자신에게 책임이 없음을 상기시켰다. 오히려 자신을 돌보는 것이 성인인 그들의 책임이었다. 회기에서 이 말을 한 후, 그녀는 눈에 띄게 이완되고 더 규칙적으로 호흡하기 시작했다. 치료사는 소피가 회기 중에 종종 숨을 참는 것을 관찰하고는 호흡 훈련과 생리 반응을 조절하는 데 도움이 되는 이완 테이프를 권했다.

회기에서 "네 책임이 아니야."라는 말을 듣는 것과 안도감과 이완감을 경험하는 것이 그녀의 마지막 변형 단계였다. 이 말을 그녀의 불안에게 직접 했고 그녀의 긴장이 이완되었다. 이 말들이 자신을 달래고 진정시킬 수 있게 했기 때문에 그녀에게 중요했다. 그 후 그녀는 직장이나 스트레스를 받는 다른 상황에서 자신이 동요되는 것을 발견할 때마다 그 문구를 사용했다. 문제를 해결하기 위해 뛰어들거나 책임을 떠맡는 대신 그녀는 한 걸음 물러나 "내가 책임질 일은 아니야, 다른 사람들도 할 수 있어."라고 말하기 시작했다. 이는 즉시 그녀의 불안과 스트레스 수준을 낮추어 그녀가 평온함을 유지할 수 있게 할 것이다.

소피는 다른 방식을 찾기 위해서, 그리고 타인의 고통에 자신의 책임은 없다는 것을 스스로 확신하기 위해서 다른 사람들의 갈등으로부터 거리를 두는 법을 배웠다. 치료가 끝날 무렵, 소피는 자신의 감정을 더 많이 받아들이고 슬픔과 조바심을 허용하고 자신의 욕구에 더 많은 주의를 기울이게 되었다. 직장에서 스트레스가 많다는 사실을 인정하게 되면서 직장을 바꾸었다. 소피는 능동적으로, 생리적으로 자신을 조절하는 법을 배웠다. 호흡을 더 의식하게 되었고 일과 내내 몇 분 정도 호흡을 모니터링하고 조절했다. 또한 밤에 걱정으로 잠을 깨면 반응을 조절하기 위해 호흡 운동을 이용하기도 했다. 평온함을 유지하는 데 도움이 되는 환경과 이완 및 진정 활동들을 적극적으로 찾았다. 그 중 하나가 요가였으며, 요가를 통해 그녀는 순간에 머물고, 속도를 늦추고 그리고 부정적인 정서를 밖으로 보내는 호흡 기술을 익혔다.

소피가 만든 가장 큰 변화 중 하나는 자신을 놀도록 허용하는 것이었다. 그녀는 자신이 어리석거나, 시간 낭비하거나 또는 여가를 즐기도록 쉽게 허용하지 않기 위해서 오랫동안 스스로 통제해 왔다. 치료사는 그녀가 내려놓고, 탐색하고, 자신이 엉망이 되도록 허용할 수 있게 적극 지원했다. 그녀는 더 많이 놀고 재미있고 편안한 활동에 참여하기 시작했다. 그녀는 두 손으로 진흙의 느낌을 즐기기 위해 도자기를 시작했고, 요트 동아리에 가입했고 댄스를 배웠다. 가장 중요한 것은 그녀가 가족과 친구에게 더 많이 연락하여 연결을 원한다고 말했던 것이다. 우정이 자라고 소원했던 여동생과 더 가까워지면서 소피는 취약감을 덜 느꼈다. 세상 속의 자신의 자리에서 존중받고 수용되고 더 안전하게 느끼면서, 주변 사람들과 더 친밀하고 연결되어 있음을 느끼기 시작했다.

💗 결론

GAD 치료의 핵심은 자기 자비의 내면화와 자기 진정의 발달이다. 내담자가 이를 이루게 되면, 불안을 극복하고 변화의 길로 가고 있는 것이다. 자신의 깊은 고통을 이해하면서, 고통스러운 상황과 정서를 다루기 위해 초기에 발달시킨 대처법과 행동방침(maxim)에 근심과 불안이 어떻게 자리 잡고 있는지를 알게 된다. 과거에 보살피지 않았던 초기의 상처를 떠올리거나 현재에 비슷한 고통을 겪지 않게 보호하려고 했다는 것을 분명히 알게 되면서, 내담자는 다른 방식으로 자신의 불안과 핵심 고통을 규명할 수 있다. EFT에서 내담자는 자신의 걱정 대화를 더 많이 자각하게 되고, 향상된 역량으로 정서경험을 처리하는 것과 같이 더 강한 자아감을 발달시키고 새로운 정서도식을 형성하며, 자신의 감각과 지각을 더 신뢰하게 되고,

타인에게 책임을 물을 수 있는 보호적인 분노에 접근하고 자신의 욕구를 주장하며 그리고 마지막으로 더 큰 자기 수용과 자기 자비에 기반을 둔 자기 진정 능력을 얻게 된다. 이러한 변형 과정을 통해 내담자는 자신의 안녕에 더 최적화되는 새로운 방식으로 자신을 달래고 돌보고 위로할 수 있다. 삶의 도전과 고통에 대처하는 능력에 대한 신뢰와 자기 확신감에 힘입어, 더 평온하고, 더 가볍고 더 행복하게 세상으로 나아갈 수 있다. 불안 없이 그들은 나아가고 순간에 더 즐겁게 살 수 있으며, 삶의 도전에 숙달하면서 자신의 세계를 탐색하고 타인으로부터 지지를 구하는 더 큰 자유를 경험할 수 있다.

참고문헌

Ackerman, S. J., & Hilsenroth, M. J. (2003). A review of therapist characteristics and techniques positively impacting the therapeutic alliance. *Clinical Psychology Review, 23*(1), 1-33. http://dx.doi.org/10.1016/S0272-7358(02)00146-0.

American Psychiatric Association. (2013). *Diagnostic and statistical manual of mental disorders* (5th ed.). Arlington, VA: Author.

Andlin-Sobocki, P., & Wittchen, H. U. (2005). Cost of anxiety disorders in Europe. *European Journal of Neurology, 12*, 39-44.

Angus, L., Watson, J. C., Elliott, R., Schneider, K., & Timulak, L. (2015). Humanistic psychotherapy research 1990-2015: From methodological innovation to evidence-supported treatment outcomes and beyond. *Psychotherapy Research, 25*, 330-347. http://dx.doi.org/10.1080/10503307.2014.989290

Angus, L. E., & Greenberg, L. S. (2011). *Working with narrative in emotion-focused therapy: Changing stories, healing lives.* Washington, DC: American Psychological Association. http://dx.doi.org/10.1037/12325-000

Bachelor, A. (1988). How clients perceive therapist empathy: A content analysis of "received" empathy. *Psychotherapy: Theory, Research, Practice, Training, 25*, 227-240. http://dx.doi.org/10.1037/h0085337

Bakan, D. (1966). *The duality of human existence: An essay on psychology and religion.* Oxford, England: Rand McNally.

Baljon, M., & Pool, G. (2013). Hedgehogs in therapy: Empathy and insecure attachment in emotion-focused therapy. *Person-Centered & Experiential Psychotherapies, 12*, 112-125.

Barlow, D. H. (2000). Unraveling the mysteries of anxiety and its disorders from the perspective of emotion theory. *American Psychologist, 55,* 1247-1263. http://dx.doi. org/10.1037/0003-066X.55.11.1247

Barlow, D. H. (2002). *Anxiety and its disorders: The nature and treatment of anxiety and panic* (2nd ed.). New York, NY: Guilford Press.

Barrett-Lennard, G. T. (1993). The phases and focus of empathy. *British Journal of Medical Psychology, 66,* 3-14. http://dx.doi.org/10.1111/j.2044-8341.1993.tb01722.x

Barrett-Lennard, G. T. (1997). The recovery of empathy-toward others and self. In A. C. Bohart & L. S. Greenberg (Eds.), *Empathy reconsidered: New directions in theory research & practice* (pp. 103-121). Washington, DC: American Psychological Association. http://dx.doi.org/10.1037/10226-004

Bartz, J., Simeon, D., Hamilton, H., Kim, S., Crystal, S., Braun, A., . . . Hollander, E. (2011). Oxytocin can hinder trust and cooperation in borderline personality disorder. *SCAN, 6,* 556-563. http://dx.doi.org/10.1093/scan/nsq085

Beck, A. T., Emery, G., & Greenberg, R. L. (1985). *Anxiety disorders and phobias: A cognitive perspective.* New York, NY: Basic Books.

Benjamin, L. S. (1974). Structural analysis of social behavior. *Psychological Review, 81,* 392-425. http://dx.doi.org/10.1037/h0037024

Benjamin, L. S. (1979). Use of structural analysis of social behavior (SASB) and Markov chains to study dyadic interactions. *Journal of Abnormal Psychology, 88,* 303-319. http://dx.doi.org/10.1037/0021-843X.88.3.303

Benjamin, L. S. (1993). *Interpersonal diagnosis and treatment of personality disorders.* New York, NY: Guilford Press.

Benjamin, L. S. (1996). An interpersonal theory of personality disorders. In J. F. Clarkin (Ed.), *Major theories of personality disorder* (pp. 141-220). New York, NY: Guilford Press.

Benjamin, L. S. (2003). *Interpersonal reconstructive therapy: Promoting change in nonresponders.* New York, NY: Guilford Press.

Berg, A. L., Sandell, R., & Sandahl, C. (2009). Affect-focused body psychotherapy in patients with generalized anxiety disorder: Evaluation of an integrative method. *Journal of Psychotherapy Integration, 19,* 67-85. http://dx.doi.org/10.1037/a0015324

Bernholtz, B., & Watson, J. C. (2011, June). *Client vocal quality in CBT and PET treatment of depression*. Paper presented to 41st Annual Meeting of the International Society for Psychotherapy Research, Bern, Switzerland.

Blatt, S. J., Zuroff, D. C., Hawley, L. L., & Auerbach, J. S. (2010). Predictors of sustained therapeutic change. *Psychotherapy Research, 20*(1), 37-54. http://dx.doi.org/10.1080/10503300903121080

Bohart, A. C. (2012). Can you be integrative and a person-centered therapist at the same time? *Person-Centered & Experiential Psychotherapies, 11,* 1-13. http://dx.doi.org/10.1080/14779757.2011.639461

Bohart, A. C., & Greenberg, L. S. (1997). Empathy: Where are we and where do we go from here? In A. C. Bohart & L. S. Greenberg (Eds.), *Empathy reconsidered: New directions in psychotherapy* (pp. 419-449). Washington, DC: American Psychological Association. http://dx.doi.org/10.1037/10226-031

Bohart, A. C., & Tallman, K. (1999). *How clients make therapy work: The process of active self-healing.* http://dx.doi.org/10.1037/10323-000

Bolger, E. A. (1999). Grounded theory analysis of emotional pain. *Psychotherapy Research, 9*(3), 342-362. http://dx.doi.org/10.1080/10503309912331332801

Bordin, E. S. (1979). The generalizability of the psychoanalytic concept of the working alliance. *Psychotherapy: Theory, Research, Practice, Training, 16,* 252-260. http://dx.doi.org/10.1037/h0085885

Borkovec, T. D. (1994). The nature, functions, and origins of worry. In G. C. L. Davey & F. Tallis (Eds.), *Worrying: Perspectives on theory, assessment and treatment* (pp. 5-33). Oxford, England: John Wiley & Sons.

Borkovec, T. D., Alcaine, O. M., & Behar, E. (2004). Avoidance theory of worry and generalized anxiety disorder. In R. Heimberg, C. Turk, & D. Mennin (Eds.), *Generalized anxiety disorder: Advances in research and practice* (pp. 77-108). New York, NY: Guilford Press.

Borkovec, T. D., & Inz, J. (1990). The nature of worry in generalized anxiety disorder: A predominance of thought activity. *Behaviour Research and Therapy, 28,* 153-158. http://dx.doi.org/10.1016/0005-7967(90)90027-G

Borkovec, T. D., Newman, M. G., Pincus, A. L., & Lytle, R. (2002). A component analysis of cognitive-behavioral therapy for generalized anxiety disorder and the role of interpersonal problems. *Journal of Consulting and Clinical Psychology, 70*, 288-298. http://dx.doi.org/10.1037/0022-006X.70.2.288

Borkovec, T. D., Ray, W. J., & Stöber, J. (1998). Worry: A cognitive phenomenon intimately linked to affective, physiological, and interpersonal behavioral processes. *Cognitive Therapy and Research, 22*, 561-576. http://dx.doi.org/10.1023/A:1018790003416

Borkovec, T. D., & Ruscio, A. M. (2001). Psychotherapy for generalized anxiety disorder. *Journal of Clinical Psychiatry, 62*(Suppl. 11), 37-42.

Bowen, M. (1976). Theory in the practice of psychotherapy. In P. J. Guerin, Jr. (Ed.), *Family therapy: Theory and practice* (pp. 42-90). New York, NY: Gardner Press.

Bowen, M. (1978). *Family therapy in clinical practice*. New York, NY: Aronson.

Bowlby, J. (1973). *Attachment and loss: Vol. 2. Separation: Anxiety and anger*. New York, NY: Basic Books.

Bowlby, J. (1988). *A secure base: Parent-child attachment and healthy human development*. New York, NY: Basic Books.

Bozarth, J. (2001). Client-centered unconditional positive regard: A historical perspective. In J. Bozarth & P. Wilkens (Eds.), *Unconditional positive regard* (pp. 5-18). London, England: PCCS Books.

Breitholtz, E., Johansson, B., & Öst, L.-G. (1999). Cognitions in generalized anxiety disorder and panic disorder patients. A prospective approach. *Behaviour Research and Therapy, 37*, 533-544. http://dx.doi.org/10.1016/S0005-7967(98)00147-8

Brown, T. A., O'Leary, T. A., & Barlow, D. H. (2001). Generalized anxiety disorder. In T. A. Brown (Ed.), *Clinical handbook of psychological disorders: A step-by-step treatment manual* (3rd ed., pp. 154-208). New York, NY: Guilford Press.

Buber, M. (1957). *I and thou*. New York, NY: Charles Scribner's Sons. (Original work published 1937)

Carter, R. M., Wittchen, H. U., Pfister, H., & Kessler, R. C. (2001). One-year prevalence of subthreshold and threshold DSM-IV generalized anxiety disorder in a nationally representative sample. *Depression and Anxiety, 13*, 78-88.

Cassidy, J., Lichtenstein-Phelps, J., Sibrava, N. J., Thomas, C. L., Jr., & Borkovec, T. D. (2009). Generalized anxiety disorder: Connections with self-reported attachment. *Behavior Therapy, 40*(1), 23-38. http://dx.doi.org/10.1016/j.beth.2007.12.004

Craske, M. G., & Waters, A. M. (2005). Panic disorder, phobias, and generalized anxiety disorder. *Annual Review of Clinical Psychology, 1*(1), 197-225. http://dx.doi.org/10.1146/annurev.clinpsy.1.102803.143857

Crits-Christoph, P., Crits-Christoph, K., Wolf-Palacio, D., Fichter, M., & Rudick, D. (1995). Brief supportive-expressive psychodynamic therapy for generalized anxiety disorder. In J. P. Barber & P. Crits-Christoph (Eds.), *Dynamic therapies for psychiatric disorders* (pp. 43-83). New York, NY: Basic Books.

Damasio, A. R. (1994). *Descartes' error: Emotion, reason, and the human brain.* New York, NY: Putnam & Sons.

Damasio, A. R. (1999). *The feeling of what happens: Body and emotion in the making of consciousness.* New York, NY: Harcourt Brace.

Davidson, R. J. (2000a). Affective style, psychopathology, and resilience: Brain mechanisms and plasticity. *American Psychologist, 55*, 1196-1214. http://dx.doi.org/10.1037/0003-066X.55.11.1196

Davidson, R. J. (2000b). *Cognitive neuroscience of emotion.* New York, NY: Oxford University Press.

Decety, J., & Jackson, P. L. (2004). The functional architecture of human empathy. *Behavioral and Cognitive Neuroscience Reviews, 3*(2), 71-100. http://dx.doi.org/10.1177/1534582304267187

DeSteno, D., Gross, J. J., & Kubzansky, L. (2013). Affective science and health: The importance of emotion and emotion regulation. *Health Psychology, 32*, 474-486. http://dx.doi.org/10.1037/a0030259

de Vignemont, F., & Singer, T. (2006). The empathic brain: How, when and why? *Trends in Cognitive Sciences, 10*, 435-441. http://dx.doi.org/10.1016/j.tics.2006.08.008

Dugas, M. J., Buhr, K., & Ladouceur, R. (2004). The role of intolerance of uncertainty in etiology and maintenance. In R. G. Heimberg, C. L. Turk, & D. S. Mennin (Eds.),

Generalized anxiety disorder: Advances in research and practice (pp. 143-163). New York: Guilford Press.

Dugas, M. J., & Robichaud, M. (2007). *Cognitive-behavioral treatment for generalized anxiety disorder: From science to practice.* New York, NY: Routledge.

Elliott, R. (2013). Person-centered/experiential psychotherapy for anxiety difficulties: Theory, research and practice. *Person-Centered & Experiential Psychotherapies, 12*(1), 16-32. http://dx.doi.org/10.1080/14779757.2013.767750

Elliott, R., Bohart, A. C., Watson, J. C., & Greenberg, L. S. (2011). Empathy. *Psychotherapy: Theory, Research, Practice, Training, 48*(1), 43-49. http://dx.doi.org/10.1037/a0022187

Elliott, R., & Freire, E. (2010). The effectiveness of person-centered and experiential therapies: A review of the meta-analyses. In M. Cooper, J. C. Watson, & D. Hölldampf (Eds.), *Person-centered and experiential therapies work: A review of the research on counselling, psychotherapy and related practices* (pp. 1-15). Ross-on-Wye, England: PCCS Books.

Elliott, R., Greenberg, L. S., Watson, J. C., Timulak, L., & Freire, E. (2013). Humanistic-experiential psychotherapies. In M. J. Lambert (Ed.), *Bergin & Garfield's handbook of psychotherapy research and behaviour change* (6th ed., pp. 495-538). New York, NY: Wiley.

Elliott, R., Watson, J. C., Goldman, R. N., & Greenberg, L. S. (2004). *Learning emotion-focused therapy: The process-experiential approach to change.* http://dx.doi.org/10.1037/10725-000

Erikson, E. H. (1959). *Identity and the life cycle: Selected papers* (Vol. 1). New York, NY: W. W. Norton.

Fairbairn, W. R. (1952). *Psychoanalytic studies of the personality.* Oxford, England: Routledge & Kegan Paul.

Farber, B. A., & Doolin, E. M. (2011). Positive regard. *Psychotherapy: Theory, Research, Practice, Training, 48*(1), 58-64. http://dx.doi.org/10.1037/a0022141

Ferrari, P. F., Gallese, V., Rizzolatti, G., & Fogassi, L. (2003). Mirror neurons responding to the observation of ingestive and communicative mouth actions in the monkey ventral premotor cortex. *European Journal of Neuroscience, 17*, 1703–1714. http://dx.doi. org/10.1046/j.1460-9568.2003.02601.x

Feshbach, N. D. (1997). Empathy: The formative years—mplications for clinical practice. In A. C. Bohart & L. S. Greenberg (Eds.), *Empathy reconsidered: New directions in psychotherapy* (pp. 33–59). http://dx.doi.org/10.1037/10226-001

Foa, E. B., & Jaycox, L. H. (1999). Cognitive-behavioural theory and treatment of posttraumatic stress disorder. In D. Spiegel (Ed.), *Efficacy and cost-effectiveness of psychotherapy* (pp. 23–61). Arlington, VA: American Psychiatric Publishing.

Fosha, D. (2000). *The transforming power of affect: A model of accelerated change.* New York, NY: Basic Books.

Freud, S. (1924). *Collected papers* (Vol. 1). London, England: Hogarth Press.

Freud, S. (1961). *Beyond the pleasure principle* (C. J. M. Hubback, Trans.). New York, NY: W. W. Norton. (Original work published 1922)

Frijda, N. H. (1986). *The emotions.* Cambridge, England: Cambridge University Press.

Gallese, V. (2005). "Being like me": Self-other identity, mirror neurons, and empathy. In S. Hurley & N. Chater (Eds.), *Perspectives on imitation: From neuroscience to social science: Vol. 1. Mechanisms of imitation and imitation in animals* (pp. 101–118). Cambridge, MA: MIT Press.

Geller, S. M., & Greenberg, L. S. (2002). Therapeutic presence: Therapists' experience of presence in the psychotherapy encounter. *Person-Centered & Experiential Psychotherapies, 1*(1–2), 71–86. http://dx.doi.org/10.1080/14779757.2002.9688279

Geller, S. M., & Greenberg, L. S. (2012). *Therapeutic presence: A mindful approach to effective therapy.* http://dx.doi.org/10.1037/13485-000

Geller, S. M., Greenberg, L. S., & Watson, J. C. (2010). Therapist and client perceptions of therapeutic presence: The development of a measure. *Psychotherapy Research, 20*, 599–610. http://dx.doi.org/10.1080/10503307.2010.495957

Gendlin, E. T. (1978). *Focusing.* http://dx.doi.org/10.1037/h0088716

Gendlin, E. T. (1996). *Focusing-oriented psychotherapy: A manual of the experiential method.* New York, NY: Guilford Press.

Gilbert, P. (2012). Compassion focused therapy. In W. Dryden (Ed.), *Cognitive behaviour therapy* (pp. 140-165). London, England: Sage. http://dx.doi.org/10.4135/9781446288368.n7

Goldfried, M. R., & Davidson, G. C. (1994). *Clinical behavior therapy.* Oxford, England: John Wiley & Sons.

Goldman, R. N., & Greenberg, L. S. (2014). *Case formulation in emotion-focused therapy: Co-creating clinical maps for change.* Washington, DC: American Psychological Association.

Goldman, R. N., Greenberg, L. S., & Angus, L. (2006). The effects of adding emotion-focused interventions to the client-centered relationship conditions in the treatment of depression. *Psychotherapy Research, 16,* 537-546. http://dx.doi.org/10.1080/10503300600589456

Goldman, R. N., Greenberg, L. S., & Pos, A. E. (2005). Depth of emotional experience and outcome. *Psychotherapy Research, 15,* 248-260. http://dx.doi.org/10.1080/10503300512331385188

Gottman, J. M., & DeClaire, J. (1997). *The heart of parenting: How to raise an emotionally intelligent child.* New York, NY: Simon & Schuster.

Greenberg, L. (1979). Resolving splits: Use of the two chair technique. *Psychotherapy: Theory Into Practice, 16,* 310-318.

Greenberg, L. (1984). Task analysis of intrapersonal conflict. In L. Rice & L. Greenberg (Eds.), *Patterns of change: Intensive analysis of psychotherapy* (pp. 67-123). New York, NY: Guilford Press.

Greenberg, L. S. (2002). *Emotion-focused therapy: Coaching clients to work through their feelings.* Washington, DC: American Psychological Association. http://dx.doi.org/10.1037/10447-000

Greenberg, L. S. (2011). *Emotion-focused therapy.* Washington, DC: American Psychological Association.

Greenberg, L. S. (2015). *Emotion-focused therapy: Coaching clients to work through their feelings* (2nd ed.). Washington, DC: American Psychological Association. http://dx.doi.org/10.1037/14692-000

Greenberg, L. S., & Angus, L. E. (2004). The contributions of emotion processes to narrative change in psychotherapy: A dialectical constructivist approach. In L. E. Angus & J. McLeod (Eds.), *The handbook of narrative and psychotherapy: Practice, theory, and research* (pp. 330-349). Thousand Oaks, CA: Sage. http://dx.doi. org/10.4135/9781412973496.d25

Greenberg, L. S., & Bolger, E. (2001). An emotion-focused approach to the overregulation of emotion and emotional pain. *Journal of Clinical Psychology, 57*(2), 197-211. http:// dx.doi.org/10.1002/1097-4679(200102)57:2〈197::AID-JCLP6〉3.0.CO;2-O

Greenberg, L. S., & Dompierre, L. (1981). The specific effects of Gestalt two-chair dialogue on intrapsychic conflict in counselling. *Journal of Counseling Psychology, 28*, 288-294. http://dx.doi.org/10.1037/0022-0167.28.4.288

Greenberg, L. S., & Elliott, R. (1997). Varieties of empathic responding. In A. C. Bohart & L. S. Greenberg (Eds.), *Empathy reconsidered: New directions in psychotherapy* (pp. 167-186). Washington, DC: American Psychological Association. http://dx.doi. org/10.1037/10226-007

Greenberg, L. S., & Geller, S. (2001). Congruence and therapeutic presence. In G. Wyatt & P. Saunders (Eds.), *Rogers' therapeutic conditions: Evolution, theory and practice: Vol. 1. Congruence* (pp. 131-149). Ross-on-Wye, England: PCCS Books.

Greenberg, L. S., & Goldman, R. N. (2008). *Emotion-focused couples therapy: The dynamics of emotion, love, and power.* Washington, DC: American Psychological Association. http://dx.doi.org/10.1037/11750-000

Greenberg, L. S., & Johnson, S. M. (1988). *Emotionally focused therapy for couples.* New York, NY: Guilford Press.

Greenberg, L. S., & Malcolm, W. (2002). Resolving unfinished business: Relating process to outcome. *Journal of Consulting and Clinical Psychology, 70*, 406-416. http://dx.doi. org/10.1037/0022-006X.70.2.406

Greenberg, L. S., & Paivio, S. C. (1997). *Working with emotions in psychotherapy.* New York, NY: Guilford Press.

Greenberg, L. S., & Pascual-Leone, J. (1995). A dialectical constructivist approach to experiential change. In R. A. Neimeyer & M. J. Mahoney (Eds.), *Constructivism in psychotherapy* (pp. 169-191). Washington, DC: American Psychological Association.

http://dx.doi.org/10.1037/10170-008

Greenberg, L. S., & Pascual-Leone, J. (1997). Emotion in the creation of meaning. In M. Power & C. R. Brewin (Eds.), *The transformation of meaning in psychological therapies: Integrating theory and practice* (pp. 157-173). Hoboken, NJ: John Wiley & Sons.

Greenberg, L. S., & Pascual-Leone, J. (2001). A dialectical constructivist view of the creation of personal meaning. *Journal of Constructivist Psychology, 14*(3), 165-186. http://dx.doi.org/10.1080/10720530151143539

Greenberg, L. S., Rice, L. N., & Elliott, R. K. (1993). *Facilitating emotional change: The moment-by-moment process.* New York, NY: Guilford Press.

Greenberg, L. S., & Rushanski-Rosenberg, R. (2002). Therapist's experience of empathy. In J. C. Watson, R. N. Goldman, & M. S. Warner (Eds.), *Client-centered and experiential psychotherapy in the 21st century: Advances in theory, research and practice* (pp. 168-181). Ross-on-Wye, England: PCCS Books.

Greenberg, L. S., & Safran, J. D. (1987). *Emotion in psychotherapy: Affect, cognition, and the process of change.* New York, NY: Guilford Press.

Greenberg, L. S., & van Balen, R. (1998). *The theory of experience-centered therapies.* New York, NY: Guilford Press.

Greenberg, L. S., & Watson, J. C. (1998). Experiential therapy of depression: Differential effects of client-centered relationship conditions and process experiential interventions. *Psychotherapy Research, 8,* 210-224. http://dx.doi.org/10.1080/105033 09812331332317

Greenberg, L. S., & Watson, J. C. (2006). *Emotion-focused therapy for depression.* http://dx.doi.org/10.1037/11286-000

Griffin, D., & Bartholomew, K. (1994). The metaphysics of measurement: The case of adult attachment. In K. Bartholomew & D. Perlman (Eds.), *Attachment processes in adulthood* (Vol. 5, pp. 17-52). London, England: Jessica Kingsley.

Hanrahan, F., Field, A. P., Jones, F. W., & Davey, G. C. (2013). A meta-analysis of cognitive therapy for worry in generalized anxiety disorder. *Clinical Psychology Review, 33,* 120-132.

Hazan, C., & Shaver, P. (1987). Romantic love conceptualized as an attachment process. *Journal of Personality and Social Psychology, 52*, 511-524.

Henry, W., Schacht, T. E., & Strupp, H. (1990). Patient and therapist introject, interpersonal process, and differential psychotherapy outcome. *Journal of Consulting and Clinical Psychology, 58*, 768-774.

Hettema, J. M., Neale, M. C., & Kendler, K. S. (2001). A review and meta-analysis of the genetic epidemiology of anxiety disorders. *American Journal of Psychiatry, 158*, 1568-1578. http://dx.doi.org/10.1176/appi.ajp.158.10.1568

Hoffman, D. L., Dukes, E. M., & Wittchen, H. U. (2008). Human and economic burden of generalized anxiety disorder. *Depression and Anxiety, 25*, 72-90.

Hofmann, S. G., & Smits, J. A. J. (2008). Cognitive-behavioral therapy for adult anxiety disorders: A meta-analysis of randomized placebo-controlled trials. *Journal of Clinical Psychiatry, 69*, 621-632. http://dx.doi.org/10.4088/JCP.v69n0415

Horvath, A. O., Del Re, A. C., Flückiger, C., & Symonds, D. (2011). Alliance in individual psychotherapy. *Psychotherapy: Theory, Research, Practice, Training, 48*(1), 9-16. http://dx.doi.org/10.1037/a0022186

Horvath, A. O., & Greenberg, L. S. (1989). Development and validation of the working alliance inventory. *Journal of Counseling Psychology, 36*, 223-233. http://dx.doi.org/10.1037/0022-0167.36.2.223

Hughes, S. (2013). *Transforming emotional injury with a developmentally significant other through a series of unfinished business dialogues in clients with generalised anxiety disorder: A task analytic approach* (Unpublished doctoral dissertation), Trinity College, Dublin, Ireland.

Hughes, S., Timulak, L., & McElvaney, J. (2013, June). *Transforming emotional injury with a developmentally significant other through a series of unfinished business dialogues in clients with generalized anxiety disorder: A task analytic approach.* Paper presented at the Annual Conference of the Society of Psychotherapy Research, Copenhagen, Denmark.

Ito, M., Greenberg, L. S., Iwakabe, S., & Pascual-Leone, A. (2010, June). *Compassionate emotion regulation: A task analytic approach to studying the process of self-soothing in therapy session.* Paper presented at the World Congress of Behavioral and Cognitive Therapies (WCBCT) Boston, MA.

Jackson, P. L., Brunet, E., Meltzoff, A. N., & Decety, J. (2006). Empathy examined through the neural mechanisms involved in imagining how I feel versus how you feel pain. *Neuropsychologia, 44,* 752-761. http://dx.doi.org/10.1016/j.neuropsychologia.2005.07.015

Johnson, S. M. (2004). *Emotionally focused couples therapy.* Boston, MA: Allyn & Bacon.

Judd, L. L., Kessler, R. C., Paulus, M. P., Zeller, P. V., Wittchen, H. U., & Kunovac, J. L. (1998). Comorbidity as a fundamental feature of generalized anxiety disorders: Results from the National Comorbidity Study (NCS). *Acta Psychiatrica Scandinavica, 98*(393), 6-11.

Keil, W. (1996). Hermeneutic empathy in client-centered therapy. In U. Esser, H. Pabst, & G. Speirer (Eds.), *The power of the person-centered approach: New challenges, perspectives and answers* (pp. 65-80). Cologne, Germany: GwG-Verlag.

Kennedy-Moore, E., & Watson, J. C. (1999). *Expressing emotion: Myths, realities and therapeutic strategies.* New York, NY: Guilford Press.

Kennedy-Moore, E., & Watson, J. C. (2001). How and when does emotional expression help? *Review of General Psychology, 5,* 187-212.

Kessler, R. C., Ruscio, A. M., Shear, K., & Wittchen, H. U. (2009). Epidemiology of anxiety disorders. In M. B. Stein & T. Steckler (Eds.), *Behavioral neurobiology of anxiety and its treatment* (pp. 22-35). Berlin, Germany: Springer.

King, J. L., & Mallinckrodt, B. (2000). Family environment and alexithymia in clients and non-clients. *Psychotherapy Research, 10*(1), 78-86. http://dx.doi.org/10.1080/713663595

Klein, M. H., Mathieu-Coughlan, P. L., & Kiesler, D. J. (1986). The experiencing scales. In L. S. Greenberg & W. M. Pinsof (Eds.), *The psychotherapeutic process: A research handbook* (pp. 21-71). New York, NY: Guilford Press.

Kohut, H. (1984). *How does analysis cure?* http://dx.doi.org/10.7208/chicago/9780226006147.001.0001

Kolden, G. G., Klein, M. H., Wang, C. C., & Austin, S. B. (2011). Congruence/

genuineness. *Psychotherapy: Theory, Research, Practice, Training, 48*(1), 65-71. http://dx.doi.org/10.1037/a0022064

Korte, S. M., Koolhaas, J. M., Wingfield, J. C., & McEwen, B. S. (2005). The Darwinian concept of stress: Benefits of allostasis and costs of allostatic load and the trade-offs in health and disease. *Neuroscience and Biobehavioral Reviews, 29*(1), 3-38. http://dx.doi.org/10.1016/j.neubiorev.2004.08.009

Kwan, K., Watson, J. C., & Stermac, L. (2000, June). *An examination of the relationship between clients' social experience of psychotherapy, the working alliance and psychotherapy outcome.* Paper presented at the 31st Annual Meeting of the Society for Psychotherapy Research Conference, Chicago, IL.

Lamagna, J., & Gleiser, K. A. (2007). Building a secure internal attachment: An intrarelational approach to ego strengthening and emotional processing with chronically traumatized clients. *Journal of Trauma & Dissociation, 8*, 25-52.

Lang, P. J., Bradley, M. M., Fitzsimmons, J. R., Cuthbert, B. N., Scott, J. D., Moulder, B., & Nangia, V. (1998). Emotional arousal and activation of the visual cortex: An fMRI analysis. *Psychophysiology, 35*, 199-210. http://dx.doi.org/10.1111/1469-8986.3520199

Lecce, S. (2008). *Attachment and subjective well-being: The mediating role of emotional processing and regulation* (Order No. NR39774). Available from ProQuest Dissertations & Theses Global (304370385).

Lecce, S., & Watson, J. C. (2007, June). *Attachment and affect regulation.* Paper presented at the 37th Annual Conference for the International Society of Psychotherapy Research, Madison, WI.

LeDoux, J. E. (1996). *The emotional brain.* New York, NY: Simon and Schuster.

Legerstee, M. (2013). The developing social brain: Social connections and social bonds, social loss, and jealousy in infancy. In M. Legerstee, D. W. Haley, & M. H. Bornstein (Eds.), *The infant mind: Origins of the social brain* (pp. 223-247). New York, NY: Guilford Press.

Legerstee, M., Markova, G., & Fisher, T. (2007). The role of maternal affect attunement in dyadic and triadic communication. *Infant Behavior & Development, 30*, 296-306.

http://dx.doi.org/10.1016/j.infbeh.2006.10.003

Lieberman, M. D., Eisenberger, N. I., Crockett, M. J., Tom, S. M., Pfeifer, J. H., & Way, B. M. (2007). Putting feelings into words: Affect labeling disrupts amygdala activity in response to affective stimuli. *Psychological Science, 18*, 421–428. http://dx.doi.org/10.1111/j.1467-9280.2007.01916.x

Lietaer, G. (1993). Authenticity, congruence, and transparency. In D. Brazier (Ed.), *Beyond Carl Rogers: Towards a psychotherapy for the twenty-first century* (pp. 17–47). London, England: Constable.

Linehan, M. M. (1993). *Cognitive-behavioral treatment of borderline personality disorder*. New York, NY: Guilford Press.

Luborsky, L., & Mark, D. (1991). Short-term supportive-expressive psychoanalytic psychotherapy. In P. Crits-Christoph & J. P. Barber (Eds.), *Handbook of shortterm dynamic psychotherapy* (pp. 110–136). New York, NY: Basic Books.

Malin, A. J., & Pos, A. E. (2015). The impact of early empathy on alliance building, emotional processing, and outcome during experiential treatment of depression. *Psychotherapy Research, 25*, 445–459. http://dx.doi.org/10.1080/10503307.2014.901572

Marganska, A., Gallagher, M., & Miranda, R. (2013). Adult attachment, emotion dysregulation, and symptoms of depression and generalized anxiety disorder. *American Journal of Orthopsychiatry, 83*(1), 131–141.

Mauri, M., Sarno, N., Rossi, V. M., Armani, A., Zambotto, S., Cassano, G. B., & Akiskal, H. S. (1992). Personality disorders associated with generalized anxiety, panic, and recurrent depressive disorders. *Journal of Personality Disorders, 6*, 162–167.

McCann, I. L., & Pearlman, L. A. (1990). *Psychological trauma and the adult survivor: Theory, therapy, and transformation*. New York, NY: Psychology Press.

McGaugh, J. L. (2002). Memory consolidation and the amygdala: A systems perspective. *Trends in Neurosciences, 25*, 456–461. http://dx.doi.org/10.1016/S0166-2236(02)02211-7

McGaugh, J. L., & Roozendaal, B. (2002). Role of adrenal stress hormones in forming lasting memories in the brain. *Current Opinion in Neurobiology, 12*, 205–210. http://dx.doi.org/10.1016/S0959-4388(02)00306-9

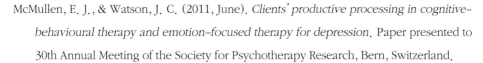

McMullen, E. J., & Watson, J. C. (2011, June). *Clients' productive processing in cognitive-behavioural therapy and emotion-focused therapy for depression.* Paper presented to 30th Annual Meeting of the Society for Psychotherapy Research, Bern, Switzerland.

McMullen, E. J., & Watson, J. C. (2015, June). *Does therapists' empathy contribute to changes in clients' self-criticism and neediness?* Paper presented at the Society for Psychotherapy Research Conference, Philadelphia, PA.

McMullen, E. J., Watson, J. C., & Watson, N. (2014, June). *The relationship between attachment style, affect dysregulation, and anxiety to wellbeing.* Paper presented at the Society for Psychotherapy Research Conference, Copenhagen, Denmark.

Mennin, D. S. (2004). Emotion regulation therapy for generalized anxiety disorder. *Clinical Psychology & Psychotherapy, 11*(1), 17–29. http://dx.doi.org/10.1002/cpp.389

Mennin, D. S., Heimberg, R. G., Turk, C. L., & Fresco, D. M. (2002). Applying an emotion regulation framework to integrative approaches to generalized anxiety disorder. *Clinical Psychology: Science and Practice, 9*(1), 85–90. http://dx.doi.org/10.1093/clipsy.9.1.85

Mennin, D. S., Heimberg, R. G., Turk, C. L., & Fresco, D. M. (2005). Preliminary evidence for an emotion dysregulation model of generalized anxiety disorder. *Behaviour Research and Therapy, 43*, 1281–1310. http://dx.doi.org/10.1016/j.brat.2004.08.008

Mineka, S. (1985). Animal models of anxiety-based disorders: Their usefulness and limitations. In A. H. Tuma & J. D. Maser (Eds.), *Anxiety and the anxiety disorders* (pp. 199-244). Hillsdale, NJ: Erlbaum.

Mineka, S. (2004). The positive and negative consequences of worry in the etiology of generalized anxiety disorder: A learning theory perspective. In J. Yiend (Ed.), *Cognition, emotion and psychopathology: Theoretical, empirical and clinical directions* (pp. 29-48). New York, NY: Cambridge University Press. http://dx.doi.org/10.1017/CBO9780511521263.003

Mineka, S., Yovel, I., & Pineles, S. L. (2002). Toward a psychological model of the etiology of generalized anxiety disorder. In D. Nutt, K. Rickels, & D. Stein (Eds.), *Generalized anxiety disorder: Symptomatology, pathogenesis and management* (pp. 41-55). London, England: Martin Dunitz.

334 참고문헌

Mineka, S., & Zinbarg, R. (1996). Conditioning and ethological models of anxiety disorders stress-in-dynamic-context anxiety models. In D. A. Hope (Ed.), *Nebraska symposium on motivation, 1995: Perspectives on anxiety, panic, and fear* (pp. 135–210). Lincoln: University of Nebraska Press.

Mlotek, A. (2013). *The contribution of therapist empathy to client engagement and outcome in emotion-focused therapy for complex trauma* (Master's thesis). Available from ProQuest Dissertations & Theses Global. (Order No. MR87379)

Moons, W. G., Eisenberger, N. I., & Taylor, S. E. (2010). Anger and fear responses to stress have different biological profiles. *Brain, Behavior, and Immunity, 24,* 215–219. http://dx.doi.org/10.1016/j.bbi.2009.08.009

Murray, H. A. (1938). *Explorations in personality.* Oxford, England: Oxford University Press.

Nadel, L., Hupbach, A., Gomez, R., & Newman-Smith, K. (2012). Memory formation, consolidation and transformation. *Neuroscience and Biobehavioral Reviews, 36,* 1640–1645. http://dx.doi.org/10.1016/j.neubiorev.2012.03.001

Newman, M. G., & Llera, S. J. (2011). A novel theory of experiential avoidance in generalized anxiety disorder: A review and synthesis of research supporting a contrast avoidance model of worry. *Clinical Psychology Review, 31,* 371–382. http://dx.doi.org/10.1016/j.cpr.2011.01.008

Niles, A. N., Craske, M. G., Lieberman, M. D., & Hur, C. (2015). Affect labeling enhances exposure effectiveness for public speaking anxiety. *Behaviour Research and Therapy, 68,* 27–36. http://dx.doi.org/10.1016/j.brat.2015.03.004

Norcross, J. C., & Wampold, B. E. (2011). Evidence-based therapy relationships: Research conclusions and clinical practices. In J. C. Norcross (Ed.), *Psychotherapy relationships that work: Evidence-based responsiveness* (2nd ed., pp. 423–430). New York, NY: Oxford University Press. http://dx.doi.org/10.1093/acprof:oso/9780199737208.003.0021

Paivio, S. C., & Laurent, C. (2001). Empathy and emotion regulation: Reprocessing memories of childhood abuse. *Journal of Clinical Psychology, 57,* 213–226. http://dx.doi.org/10.1002/1097-4679(200102)57:2⟨213::AID-JCLP7⟩3.0.CO;2-B

Paivio, S. C., & Pascual-Leone, A. (2010). *Emotion-focused therapy for complex trauma: An integrative approach.* Washington, DC: American Psychological Association. http://dx.doi.org/10.1037/12077-000

Park, A. (2011, December 5). Two faces of anxiety. *Time Magazine.* Retrieved from http://time.com/741/the-two-faces-of-anxiety/

Pascual-Leone, A., & Greenberg, L. S. (2007). Emotional processing in experiential therapy: Why "the only way out is through." *Journal of Consulting and Clinical Psychology, 75,* 875-887. http://dx.doi.org/10.1037/0022-006X.75.6.875

Pascual-Leone, J. (1987). Organismic processes for neo-Piagetian theories: A dialectical causal account of cognitive development. *International Journal of Psychology, 22,* 531-570. http://dx.doi.org/10.1080/00207598708246795

Pascual-Leone, J. (1991). Emotions, development, and psychotherapy: A dialecticalconstructivist perspective. In J. D. Safran & L. S. Greenberg (Eds.), *Emotion, psychotherapy, and change* (pp. 302-335). New York, NY: Guilford Press.

Pennebaker, J. W. (Ed.). (1995). *Emotion, disclosure, and health.* Washington, DC: American Psychological Association. http://dx.doi.org/10.1037/10182-000

Perls, F. S. (1969). *Gestalt therapy verbatim.* Moab, UT: Real People Press.

Piaget, J. (1972). *The child's conception of the world.* Totowa, NJ: Littlefield, Adams, & Co.

Porensky, E. K., Dew, M. A., Karp, J. F., Skidmore, E., Rollman, B. L., Shear, M. K., & Lenze, E. J. (2009). The burden of late-life generalized anxiety disorder: Effects on disability, heath-related quality of life, and healthcare utilization. *American Journal of Geriatric Psychiatry, 17,* 473-482. http://dx.doi.org/10.1097/JGP.0b013e31819b87b2

Porges, S. W. (2011a). Neuroception: A subconscious system for detecting threat and safety. In S. W. Porges (Ed.), *The polyvagal theory: Neurophysiological foundations of emotions, attachment, communication, and self-regulation* (pp. 11-19). New York, NY: W. W. Norton.

Porges, S. W. (2011b). *The polyvagal theory: Neuro-physiological foundations of emotions, attachment, communication, self-regulation.* New York, NY: W. W. Norton.

Pos, A., Geller, S., & Oghene, J. (2011, June). *Therapist presence, empathy, and the working alliance in experiential treatment for depression.* Paper presented at the meeting of the Society for Psychotherapy Research, Bern, Switzerland.

Prigerson, H. G., Shear, M. K., Bierhals, A. J., Zonarich, D. L., & Reynolds, C. F. (1996). Childhood adversity, attachment and personality styles as predictors of anxiety among elderly caregivers. *Anxiety, 2,* 234-241.

Prosser, M. C., & Watson, J. C. (2007). *Beyond rapport: How therapist empathy contributes to outcome in the treatment of depression.* Paper presented at the Society for Psychotherapy Research Conference, Madison, WI.

Pynoos, R. S., Steinberg, A. M., & Piacentini, J. C. (1999). A developmental psychopathology model of childhood traumatic stress and intersection with anxiety disorders. *Biological Psychiatry, 46,* 1542-1554.

Rankin, K. P., Gorno-Tempini, M. L., Allison, S. C., Stanley, C. M., Glenn, S., Weiner, M. W., & Miller, B. L. (2006). Structural anatomy of empathy in neurodegenerative disease. *Brain: A Journal of Neurology, 129,* 2945-2956. http://dx.doi.org/10.1093/brain/awl254

Rapee, R. M. (2001). The development of generalized anxiety. In M. W. Vasey & M. R. Dadds (Eds.), *The developmental psychopathology of anxiety* (pp. 481-504). http://dx.doi.org/10.1093/med:psych/9780195123630.003.0021

Rennie, D. L. (1994). Clients' deference in psychotherapy. *Journal of Counseling Psychology, 41,* 427-437. http://dx.doi.org/10.1037/0022-0167.41.4.427

Revicki, D. A., Travers, K., Wyrwich, K. W., Svedsäter, H., Locklear, J., Mattera, M. S., . . . Montgomery, S. (2012). Humanistic and economic burden of generalized anxiety disorder in North America and Europe. *Journal of Affective Disorders, 140,* 103-112. http://dx.doi.org/10.1016/j.jad.2011.11.014

Rice, L. N. (1965). Therapist's style of participation and case outcome. *Journal of Consulting Psychology, 29,* 155-160. http://dx.doi.org/10.1037/h0021926

Rice, L. N. (1974). The evocation function of the therapist. In D. Wexler & L. N. Rice (Eds.), *Innovations in client-centered therapy* (pp. 289-311). New York, NY: Wiley Interscience.

Rice, L. N., & Kerr, G. P. (1986). Measures of client and therapist vocal quality. In L. S. Greenberg & W. M. Pinsof (Eds.), *The psychotherapeutic process: A research handbook* (pp. 73-105). New York, NY: Guilford Press.

Rice, L. N., & Saperia, E. (1984). Task analysis and the resolution of problematic reactions. In L. N. Rice & L. S. Greenberg (Eds.), *Patterns of change: Intensive analysis of psychotherapy process* (pp. 29-66). New York, NY: Guilford Press.

Rizzolatti, G. (2005). The mirror neuron system and imitation. In S. Hurley & N. Chater (Eds.), *Perspectives on imitation: From neuroscience to social science: Vol. 1. Mechanisms of imitation and imitation in animals* (pp. 55-76). Cambridge, MA: MIT Press.

Rodrigues, A. (2016). *Exploring the relationships among attachment, emotion regulation, differentiation of self, negative problem orientation, self-esteem, worry, and generalized anxiety.* (Unpublished doctoral dissertation). University of Toronto, Toronto, Ontario, Canada.

Rodrigues, A., & Watson, J. C. (2015, August). *Attachment in worry and generalized anxiety.* Paper presented at the Annual Conference for the American Psychological Association, Toronto, Canada.

Roemer, L., Molina, S., & Borkovec, T. D. (1997). An investigation of worry content among generally anxious individuals. *Journal of Nervous and Mental Disease, 185,* 314-319. http://dx.doi.org/10.1097/00005053-199705000-00005

Roemer, L., & Orsillo, S. M. (2002). Expanding our conceptualization of and treatment for generalized anxiety disorder: Integrating mindfulness/acceptance-based approaches with existing cognitive-behavioral models. *Clinical Psychology: Science and Practice, 9,* 54-68. http://dx.doi.org/10.1093/clipsy.9.1.54

Roemer, L., Orsillo, S. M., & Barlow, D. H. (2002). Generalized anxiety disorder. In D. Barlow (Ed.), *Anxiety and its disorders: The nature and treatment of anxiety and panic* (2nd ed.; pp. 477-515). New York, NY: Guilford Press.

Rogers, C. R. (1951). *Client-centered therapy: Its current practice, implications, and theory.* Oxford, England: Houghton Mifflin.

Rogers, C. R. (1957). The necessary and sufficient conditions of therapeutic personality change. *Journal of Consulting Psychology, 21,* 95-103. http://dx.doi.org/10.1037/h0045357

Rogers, C. R. (1959). A theory of therapy, personality, and interpersonal relationships, as developed in the client-centered framework. In S. Koch (Ed.), *Psychology: A study of a science: Vol. II. Formulations of the person and the social context* (pp. 184-256). New York, NY: McGraw-Hill.

Rogers, C. R. (1961). *On becoming a person.* Boston, MA: Houghton Mifflin.

Rogers, C. R. (Ed.). (1967). *The therapeutic relationship and its impact: A program of research in psychotherapy with schizophrenics.* Madison: University of Wisconsin Press.

Rogers, C. R. (1975). Empathic: An unappreciated way of being. *The Counseling Psychologist, 5*(2), 2-10. http://dx.doi.org/10.1177/001100007500500202

Rogers, C. R., & Truax, C. B. (1967). The therapeutic conditions antecedent to change: A theoretical view. In C. R. Rogers, E. T. Gendlin, D. J. Kiesler, & C. B. Truax (Eds.), *The therapeutic relationship and its impact: A study of psychotherapy with schizophrenics* (pp. 97-108). Madison: University of Wisconsin Press.

Saedi-Chekan, S. S., & Watson, J. C. (2015, October). *Comparing two clients in emotion-focused therapy for generalized anxiety disorder across four dimensions of negative emotions, positive emotions, negative treatment-of-self, and positive treatment of-self.* Poster presented at the meeting of the Ontario Psychological Association, Toronto, Ontario, Canada.

Safran, J. D., & Muran, J. C. (2000). *Negotiating the therapeutic alliance: A relational treatment guide.* New York, NY: Guilford Press.

Salzman, C., & Lebowitz, B. (1991). *Anxiety in the elderly: Treatment and research.* New York, NY: Springer.

Schore, A. N. (1994). *Affect regulation and the origin of the self: The neurobiology of emotional development.* Hillsdale, NJ: Erlbaum.

Schore, A. N. (2003). *Affect dysregulation and disorders of the self.* New York, NY: W. W. Norton.

Shahar, B. (2014). Emotion-focused therapy for the treatment of social anxiety: An overview of the model and a case description. *Clinical Psychology & Psychotherapy, 21,* 536-547.

Siegel, D. J. (2012). *The developing mind: How relationships and the brain interact to shape who we are* (2nd ed.). New York, NY: Guilford Press.

Spinoza, B. (1967). *Éthique*. Paris, France: Gallimard.

Sroufe, L. A. (1996). *Emotional development: The organization of emotional life in the early years*. http://dx.doi.org/10.1017/CBO9780511527661

Staal, M. A. (2004). *Stress, cognition, and human performance: A literature review and conceptual framework*. Hanover, MD: National Aeronautics & Space Administration.

Stern, D. N. (1985). *The interpersonal world of the infant: A view from psychoanalysis and developmental psychology*. New York, NY: Basic Books.

Sullivan, H. S. (1953). *The interpersonal theory of psychiatry*. New York, NY: W. W. Norton.

Timulak, L., & McElvaney, J. (2015). Emotion-focused therapy for generalized anxiety disorder: An overview of the model. *Journal of Contemporary Psychotherapy*. Advance online publication.

Tugade, M. M., & Fredrickson, B. L. (2004). Resilient individuals use positive emotions to bounce back from negative emotional experiences. *Journal of Personality and Social Psychology, 86*, 320.

Ulvenes, P. G., Berggraf, L., Wampold, B. E., Hoffart, A., Stiles, T., & McCullough, L. (2014). Orienting patient to affect, sense of self, and the activation of affect over the course of psychotherapy with cluster C patients. *Journal of Counseling Psychology, 61*, 315-324. http://dx.doi.org/10.1037/cou0000028

van der Kolk, B. A. (1994). The body keeps the score: Memory and the evolving psychobiology of posttraumatic stress. *Harvard Review of Psychiatry, 1*, 253-265. http://dx.doi.org/10.3109/10673229409017088

van der Kolk, B. A. (1996). The body keeps the score: Approaches to the psychobiology of posttraumatic stress disorder. In B. A. van der Kolk, A. C. McFarlane, & L. Weisaeth (Eds.), *Traumatic stress: The effects of overwhelming experience on mind, body and society* (pp. 214-241). New York, NY: Guilford Press.

van der Kolk, B. A. (2005). Developmental trauma disorder: Toward a rational diagnosis for children with complex trauma histories. *Psychiatric Annals, 35*, 401-408.

van Deurzen, E. (2012). *Existential counseling and psychotherapy in practice* (3rd ed.). Thousand Oaks, CA: Sage.

Vygotsky, L. S. (1978). *Mind in society: The development of higher psychological processes.* London, England: Harvard University Press.

Warwar, S., & Greenberg, L. S. (1999, June). *Emotional processing and therapeutic change.* Paper presented at the annual meeting of the International Society for Psychotherapy Research, Braga, Portugal.

Watson, J. C. (1996). The relationship between vivid description, emotional arousal, and in-session resolution of problematic reactions. *Journal of Consulting and Clinical Psychology, 64,* 459-464. http://dx.doi.org/10.1037/0022-006X.64.3.459

Watson, J. C. (2002). Re-visioning empathy. In D. J. Cain & J. Seeman (Eds.), *Humanistic psychotherapies: Handbook of research and practice* (pp. 445-471). Washington, DC: American Psychological Association. http://dx.doi.org/10.1037/10439-014

Watson, J. C. (2006). Resolving trauma in process-experiential therapy. In G. Striker (Ed.), *Case studies in psychotherapy integration* (pp. 89-106). Washington, DC: American Psychological Association. http://dx.doi.org/10.1037/11436-008

Watson, J. C. (2007). *Facilitating empathy. European Psychotherapy, 7*(1), 59-65.

Watson, J. C. (2011). The process of growth and transformation: Extending the process model. *Person-Centered & Experiential Psychotherapies, 10*(1), 11-27. http://dx.doi.org/10.1080/14779757.2011.564760

Watson, J. C. (2012, July). *Working with self-soothing for anxiety in EFT.* Paper presented at the 10th Conference of the World Association for Person Centered and Experiential Psychotherapy and Counselling, Antwerp, Belgium.

Watson, J. C. (2015, June). *Mapping patterns of change: Implications for theory, research, practice and training.* 46th Annual Meeting of the Society for Psychotherapy Research, University of Pennsylvania, Philadelphia, PA.

Watson, J. C., & Bohart, A. (2001). Integrative humanistic therapy in an era of managed care. In K. Schneider, J. F. T. Bugenthal, & F. Pierson (Eds.), *The handbook of humanistic psychology* (pp. 503-520). Thousand Oaks, CA: Sage.

Watson, J. C., & Geller, S. M. (2005). The relation among the relationship conditions, working alliance, and outcome in both process-experiential and cognitivebehavioral psychotherapy. *Psychotherapy Research, 15*(1-2), 25-33. http://dx.doi.org/10.1080/10503300512331327010

Watson, J. C., Goldman, R., & Vanaerschot, G. (1998). Empathic: A postmodern way of being? In L. S. Greenberg, J. C. Watson, & G. Lietaer (Eds.), *Handbook of experiential psychotherapy* (pp. 61-81). New York, NY: Guilford Press.

Watson, J. C., Goldman, R. N., & Greenberg, L. S. (2007). *Case studies in emotionfocused treatment of depression: A comparison of good and poor outcome.* Washington, DC: American Psychological Association. http://dx.doi.org/10.1037/11586-000

Watson, J. C., Gordon, L. B., Stermac, L., Kalogerakos, F., & Steckley, P. (2003). Comparing the effectiveness of process-experiential with cognitive-behavioral psychotherapy in the treatment of depression. *Journal of Consulting and Clinical Psychology, 71*, 773-781. http://dx.doi.org/10.1037/0022-006X.71.4.773

Watson, J. C., & Greenberg, L. S. (1994). The working alliance in experiential therapy: Enacting the relationship conditions. In A. Horvath & L. Greenberg (Eds.), *The working alliance: Theory, research and practice* (pp. 153-172). New York, NY: Wiley.

Watson, J. C., & Greenberg, L. S. (1996). Emotion and cognition in experiential therapy: A dialectical-constructivist position. In H. Rosen & K. Kuelwein (Eds.), *Constructing realities: Meaning-making perspectives for psychotherapists* (pp. 253-276). San Francisco, CA: Jossey-Bass.

Watson, J. C., & Greenberg, L. (1998). The alliance in short term experiential therapy. In J. Safran & C. Muran (Eds.), *The therapeutic alliance in brief psychotherapy* (pp. 123-145). http://dx.doi.org/10.1037/10306-005

Watson, J. C., & Greenberg, L. S. (2009). Empathic resonance: A neuroscience perspective. In J. Decety & W. Ickes (Eds.), *The social neuroscience of empathy* (pp. 125-138). http://dx.doi.org/10.7551/mitpress/9780262012973.003.0011

Watson, J. C., & Kalogerakos, F. (2010). The therapeutic alliance in humanistic psychotherapy. In J. C. Muran & J. P. Barber (Eds.), *The therapeutic alliance: An evidence-based guide to practice* (pp. 191-209). New York, NY: Guilford Press.

Watson, J. C., & Lilova, S. (2009). Testing the reliability and validity of the scales for experiencing emotion with a Canadian sample. *Person-Centered & Experiential Psychotherapies, 8*, 189-207. http://dx.doi.org/10.1080/14779757.2009.9688488

Watson, J. C., McMullen, E. J., Prosser, M. C., & Bedard, D. L. (2011). An examination of the relationships among clients' affect regulation, in-session emotional processing, the working alliance, and outcome. *Psychotherapy Research, 21*(1), 86-96. http://dx.doi.org/10.1080/10503307.2010.518637

Watson, J. C., McMullen, E. J., & Watson, N. (2014, June). *The role of early life experiences in the subjective experience of well-being.* Paper presented at the Society for Psychotherapy Research Conference, Copenhagen, Denmark.

Watson, J. C., & Prosser, M. (2002). Development of an observer rated measure of therapist empathy. In J. C. Watson, R. Goldman, & M. Warner (Eds.), *Client-centered and experiential psychotherapy in the 21st century: Advances in theory, research and practice* (pp. 303-314). Ross-on-Wye, England: PCCS Books.

Watson, J. C., & Rennie, D. L. (1994). Qualitative-analysis of clients' subjective experience of significant moments during the exploration of problematic reactions. *Journal of Counseling Psychology, 41*, 500-509. http://dx.doi.org/10.1037/0022-0167.41.4.500

Watson, J. C., & Schneider, K. (2016). Humanistic and experiential psychotherapy. In J. C. Norcross, G. R. VandenBos, & D. K. Freedheim (Eds.), *APA handbook of clinical psychology: Vol. 2. Theory and research.* Washington, DC: American Psychological Association.

Watson, J. C., Steckley, P. L., & McMullen, E. J. (2014). The role of empathy in promoting change. *Psychotherapy Research, 24*, 286-298. http://dx.doi.org/10.1080/10503307.2013.802823

Watson, J. C., & Watson, N. (2010). Operationalizing incongruence: Measure of self-discrepancy and affect regulation. In M. Cooper, J. Watson, & D. Hoelldampf (Eds.), *Person centered and experiential therapies work: A review of the research on counselling, psychotherapy and related practices* (pp. 164-187). Ross-on-Wye, England: PCCS Books.

Watson, N., Watson, J. C., & McMullen, E. J. (2014, June). *Criterion validity of selfdiscrepancy and affect dysregulation measures.* Paper presented at the Society for

Psychotherapy Research Conference, Copenhagen, Denmark.

Weinstock, M. (2009). Contributions of early life stress to anxiety disorder. In H. Soreq, A. Friedman, & D. Kaufer (Eds.), *Stress from molecules to behaviour: A comprehensive analysis of the neurobiology of stress responses* (pp. 189-205). http://dx.doi.org/10.1002/9783527628346.ch10

Whelton, W. J., & Greenberg, L. S. (2001). The self as a singular multiplicity: A process-experiential perspective. In J. C. Muran (Ed.), *Self-relations in the psychotherapy process* (pp. 87-110). http://dx.doi.org/10.1037/10391-004

Wilson, M. (2001). The case for sensorimotor coding in working memory. *Psychonomic Bulletin & Review, 8*(1), 44-57. http://dx.doi.org/10.3758/BF03196138

Wilson, M., & Knoblich, G. (2005). The case for motor involvement in perceiving conspecifics. *Psychological Bulletin, 131,* 460-473. http://dx.doi.org/10.1037/0033-2909.131.3.460

Wing, E. H., Jr. (2010). *The relationship between therapist empathy, the working alliance, and therapy outcome: A test of a partial mediation model* (Doctoral dissertation). Available from ProQuest Dissertations & Theses Global. (Order No. 3398120)

Wolfe, B. E. (2005). *Understanding and treating anxiety disorders: An integrative approach to healing the wounded self.* Washington, DC: American Psychological Association. http://dx.doi.org/10.1037/11198-000

Wolfe, B. E., & Sigl, P. (1998). Experiential psychotherapy of the anxiety disorders. In L. S. Greenberg, J. C. Watson, & G. Lietaer (Eds.), *Handbook of experiential psychotherapy* (pp. 272-294). New York, NY: Guilford Press.

World Health Organization. (2016). *International statistical classification of diseases and related health problems, clinical modification* (10th ed.). Geneva, Switzerland: Author.

Yalom, I. D. (1980). *Existential psychotherapy.* New York, NY: Basic Books.

Zaretskii, V. K. (2009). The zone of proximal development: What Vygotsky did not have time to write. *Journal of Russian & East European Psychology, 47*(6), 70-93. http://dx.doi.org/10.2753/RPO1061-0405470604

Zinbarg, R., Craske, M., & Barlow, D. H. (1994). *Therapist's guide for the mastery of your anxiety and worry program.* Albany, NY: Graywing.

찾아보기

인명

내용

저자 소개

Jeanne C. Watson

캐나다 토론토 대학교(University of Toronto) 온타리오 교육학 연구소의 응용심리학 및 인간발달학과 교수이다. 인본주의적 경험주의 심리치료의 대표주자로서 정서중심치료의 발달과 경험주의 접근의 처리과정에 공헌하고 있다. 2001년에 국제 심리치료연구회(International Society for Psychotherapy Research)에서 수여하는 우수 조기 경력 공로상(Outstanding Early Career Achievement Award)을 수상했다. 2014년부터 2015년까지 국제 심리치료연구회의 회장을 역임했다. 왓슨 박사는 다음의 심리치료와 상담에 관한 7가지 저서를 공동 저술하거나 공동 편집했다.

『정서중심치료 배우기: 변화를 위한 과정 경험적 접근(Learning Emotion-Focused Therapy: The Process Experiential Approach to Change)』(2003), 『정서를 표현하기-신화, 현실 및 치료적 전략(Expressing Emotion: Myths, Realities, and Therapeutic Strategies)』(1999), 『21세기의 내담자 중심과 경험적 심리치료(Client-Centered and Experiential Psychotherapy in the 21st Century: Advances in Theory, Research and Practice)』(2002), 『경험주의 심리치료 편람(Handbook of Experiential Psychotherapy)』(1998), 『우울증 처치의 과정 경험주의적 심리치료(Process-Experiential Psychotherapy in the Treatment of Depression)』(2005) 및 『우울증의 정서중심적 처치의 사례연구(Case Studies in Emotion Focused Treatment of Depression)』(2007). 이 외에도 70여 편 이상의 논문과 기사를 썼다. 왓슨은 유럽과 북미에서 정서중심치료 훈련을 지도하면서 토론토에서 시간제로 심리치료센터를 운영하고 있다.

Leslie S. Greenberg

캐나다 요오크 대학교(York University)의 저명한 심리학 연구 명예교수이다. 개인과 부부 치료의 정서중심적 접근에 대한 다음과 같은 주요한 저서들을 집필했다.

『부부를 위한 정서중심적 치료(Emotionally Focused Therapy for Couples)』(1988), 『정서 변화의 촉진(Facilitating Emotional Change)』(1993) 및 『정서중심치료 내담자가 자신의 감정을 다루도록 코칭하기(Emotion-Focused Therapy: Coaching Clients to Work Through Their Feelings)』(2002), 그리고 왓슨(Jeanne Watson)과 함께 『우울증을 위한 정서중심치료(Emotion-Focused Therapy for Depression)』(2006)와 『정서중심 부부 치료: 정서, 사랑, 권력의 역동(Emotion-Focused Couples Therapy: The Dynamics of Emotion, Love, and Power)』(2008)을 저술했다. 『정서중심치료를 위한 사례 공식화(Case Formulation in Emotion-Focused Therapy)』(2015)와 『정서중심치료의 이론과 실제 (Emotion-Focused Therapy: Theory and Practice)』(2010)를 골드만(Rhonda Goldman)과 함께 저술했다. 그는 변화의 과정 처리에 대한 연구를 광범위하게 출판했다.

그린버그 박사는 국제 심리치료연구회에서 수여하는 우수 연구경력상(Distinguished Research Career Award of the International Society for Psychotherapy Research), 칼 로저스상(Carl Rogers Award) 및 응용 연구에 대한 우수 교수의 기여에 대한 미국심리학회상(American Psychological Association Award for Distinguished Professional Contributions to Applied Research)을 수상했다. 또한 전문직으로서의 심리학에 혁혁한 공로를 인정받아 캐나다 심리학 전문가협회상(Canadian Psychological Association Professional Award for Distinguished Contribution to Psychology as a Profession)을 수상했다. 개인과 부부를 위한 치료센터를 운영하면서 국제적으로 정서중심 접근을 훈련하고 있다.

역자 소개

윤명희(Myunghee Yun)

미국 뉴햄프서 대학교 가족학과 가족치료석사

경성대학교 상담심리전공 교육학박사

현 오로라 부부가족상담센터 소장

〈주요 역서〉

정서중심치료: 내담자가 자신의 감정을 다루도록 코칭하기(공역, 학지사, 2021)

안혜원(Hyeowon Ahn)

경성대학교 상담심리전공 교육학박사

현 오로라 부부가족상담센터 상담원

〈주요 논문〉

자비명상에 기반한 부모교육프로그램 개발과 효과(공저, 교육치료연구, 2019)

싸띠명상이 중학생의 마음챙김, 심리적 수용 및 심리적 안녕감에 미치는 효과(공저, 동서
정신과학, 2010)

범불안장애를 위한 정서중심치료
-두 의자 대화와 빈 의자 대화를 중심으로-
Emotion-Focused Therapy for Generalized Anxiety

2023년 1월 10일 1판 1쇄 인쇄
2023년 1월 15일 1판 1쇄 발행

지은이 • Jeanne C. Watson · Leslie S. Greenberg
옮긴이 • 윤명희 · 안혜원
펴낸이 • 김진환
펴낸곳 • ㈜**학지사**

04031 서울특별시 마포구 양화로 15길 20 마인드월드빌딩
대표전화 • 02-330-5114   팩스 • 02-324-2345
등록번호 • 제313-2006-000265호

홈페이지 • http://www.hakjisa.co.kr
페이스북 • https://www.facebook.com/hakjisabook

ISBN 978-89-997-2800-6 93180

정가 20,000원

출판미디어기업 **학지사**

간호보건의학출판 **학지사메디컬** www.hakjisamd.co.kr
심리검사연구소 **인싸이트** www.inpsyt.co.kr
학술논문서비스 **뉴논문** www.newnonmun.com
교육연수원 **카운피아** www.counpia.com